明蔣大鴻◎撰

北京學易齋刊行

鄭同◎校閲

蔣大鴻家藏地學捷旨

華齡出版社

影印四庫存目子部善本匯刊〔二十一〕

謝路軍◎主編

责任编辑：薛　治
责任印制：李未圻

图书在版编目（CIP）数据

影印四库存目子部善本汇刊. 21 /（明）蒋大鸿撰.
—— 北京 ：华龄出版社，2021. 2
ISBN 978－7－5169－1826－5

Ⅰ. ①影… Ⅱ. ①蒋… Ⅲ. ①哲学－古籍－善本－汇编－中国 Ⅳ. ①B2

中国版本图书馆 CIP 数据核字（2021）第 001036 号

本书影印，概依底本。凡古本有旧残及漫漶之处，一律保持原貌，特此说明。

ISBN 978-7-5169-1826-5

书　　名：影印四库存目子部善本汇刊（二十一）：蒋大鸿家藏地学捷旨
作　　者：（明）蒋大鸿撰　郑同校

出版发行：华龄出版社
地　　址：北京市东城区安定门外大街甲 57 号　邮　　编：100011
电　　话：（010）58122246　传　　真：（010）84049572
网　　址：http://www.hualingpress.com

印　　刷：廊坊市长岭印务有限公司
版　　次：2021 年 4 月第 1 版　2021 年 4 月第 1 次印刷
开　　本：889×1194　1/16　印　　张：41.25
字　　数：170 千字　印　　数：600
定　　价：380.00 元

地學提音自序家藏録

夫地理之學肇自黃帝指南之造其後公劉遷豳周公卜洛及子貢子夏孔林之作皆相陰陽而觀流泉仰覩聖賢地道之用雖始流露一端而究未之顯言也自秦末漢初赤松子傳黃石公亦之青囊經出其辭幽微尤未彰明至晉又郭景純因青囊以著奧書則地學始明於世迨晉末五胡亂華之際雖有明此者仍屬聊也至唐丘延翰傳羅經之用更為表白但此正傳不過數人有不得傳者不知其中窾妙乃臆度亂擬顛倒陰陽變亂五行惑世害民故楊筠松著奧語天玉寶照諸經玄空大卦五行是天合地合人合九宮挨星之秘曾求已著青囊序皆所以明地理正道而近今術士轉以唐有一和尚名一行僧之八卦翻星

長生三合陰陽混褋等法為諸家五行褋乱而出名曰滅蠻經將以擾外國而反乱中華以訛傳訛失其正道要知楊益之地學出自河洛先天後天老少陰陽之秘裝成掌訣傳與黃妙應口傳心授之用至蔣大鴻造以辨正平洋山法全書天元五歌寺篇以傳後世門人于鴻儀姜垚仝較至明有極（無）子冷謙著歸厚録之妙用以求楊公之真旨如清有范半池未得蔣公之實指难明辨正之奧義反說此書有訛於 乾隆二十三年自行蒐集諸家五行摸著乾坤法竅一書頒行天下实為真謬也但有識此辨正書者觀其法竅之類乃真誤也盖學後者皆遵 楊曾蔣三公之傳真為天元地理不独表白地學之機实（实）足以救世人之患也故特為序耳

遵古勸釋歌

芳山程東雅謹識

天機妙訣有因由。楊公秘傳數百秋。愁嘆世間英烈士。身歸中五萬事休。
我今有日登山望。觀看屍骸實堪憂。此向原是時師立。誰知丟入火坑頭。
真訣時師為能會。陰陽差錯誤闊淨。山水不旺何為地。不講亡者進休囚。
若然不信衆腸話。不見榮今反見愁。怒氣陰風坟塋（坯）尸。骨散作骷髏。螻、
螻
蟻所食妖狐抱。拋露荒郊壙野途。日月照臨能作怪。行人遇見悲淚
流。後代兒孫皆主絕。傷丁破產總根由。哀亡父母誰育別。太限來時也難留。
有人遵受楊公教。必然勿丟火坑頭。勸人學習天心秘。兒孫世代是公候。
蔣公得授妙應訣。年將四十浪白頭。依當立向無差誤。源遠流長永不休。

古聖身藏名姓隱。形雲駕送紫雲遊。堪笑庸愚痴呆漢。難免荒郊土一坵。
識得此篇天機妙。紫雲山上任遨遊。陰陽衰旺明得定。百世其昌樂攸之。

地學揭旨總目卷首

歸厚撼錄卷之二

陽宅指南卷之三

湛池立宅法　俱係繪圖

兩宅摘要卷之四

下元離宮宅

下元兌宮宅

下元宗向宅

西富東貧宅

兩元兩衰宅

四局太旺宅

二局太吉宅

兩元廢敗宅

離山坎向局 大富貴

下元坤宮宅

上元宗向宅

下元夾襟宅

財多丁少宅

中上太敗宅

南北宅 南富有丁 北貧少丁

兩宅立向法

兩水合襟宅

上元丙向式 大發

蔣氏秘函卷之五

天玉外傳上
天玉外傳下
火神精
水到窮時辨辨
平陽千金訣
覆墓海角經 丘著
三字青囊經
星峦經
天驚九星斷

天玉外傳中
指迷賦
太極篇
定卦篇
渾心篇
覆旧坟墓篇
理氣經
雌雄詩斷
真穴真辨

下卷目録總辨

碎金集目卷之十

論五不葬
論生水蚁
蚁性出路
各元九星司令
總論篇
元運篇
玄空合璧卷十一
先後两天正序
水龍洛書挨星圖

論六凶葬
平洋火山地多似蟻
丁鴻蚁詩
三元三卦分東西訣
三元紫白宅式
山龍洛書挨星圖
上元坎卦山地兊宮圖

上元山坤卦飛宮圖
上元水离卦飛宮圖
上元水兑卦飛宮圖
上中元水乾卦飛宮圖
下中元水巽卦飛宮圖
下元水震卦飛宮圖
下元水坤卦飛宮圖
下元水坎卦飛宮圖
水龍詩斷

上元山震卦飛宮圖
上元水艮卦飛宮圖
上中元山巽卦飛宮圖
下中元山乾卦飛宮圖
下元山兑卦飛宮圖
下元山艮卦飛宮圖
下元山离卦飛宮圖
山龍詩斷
陽宅詩斷

家藏

地學揵旨目次卷末

即玄空宝藏

二十四山挨星圖
八方元運衰旺定局
主運流年九星加臨吉山歌
陰陽二宅同斷
青囊萬卷故失真
楊曾妙訣分明語

三元九宮分運
理三元運氣說 陽宅用
衰旺兩方喜忌訣
相宅東西兩卦分宮例
天涯莫謂泛知音
道不虛傳只在人

離宮水路夹卦斷

震宮水踏夹卦斷

兑宮水路夹卦斷

坤宮水路夹卦斷

艮宮水路夹卦斷

道光元年辛巳歲中秋節期宝文堂抄滕申立齋謹録

嵩山子古本歸厚録

化氣章第一

一元氤氲生。天成地。化育物萬。爲人惟貴。天降陽精。地載陰魄。陽精爲氣。陰魄是骨。兩儀倫經。五行全質。乃具三才。乾坤始定。天有混劫。人有死年。升陽還靈。留陰反泉。是曰歸藏。葬礼具焉。金玉非寳。石槨非堅。苟求厚葬。擇地爲先。既得吉兆。裸葬何嫌。地之真氣。吊天元符。身魂魄合。反精導和。二曜周還。五行相摩。朽骨復生。美色燦華。灵魂休暢。翔歩元都。九二無傷。允昇太靈。子孫精魄。祖父育養。如此草木。佈種栽秧。根芽膏澤。枝葉晃朗。

其本或潑。枯落夭枉。吾視凶葬。棺槨崩。螻蚁所食。寒泉所凝。狐狸蝎蛇。窟穴是凴。骨化怪異。冥灵不寧。子孫絶滅。宗祀用傾。此理不誣。聖賢所教。尽性窮理。造端地竅。世有竪儒。高視遠蹈。不相厥宜。棄親於道。告以禍福。嗤冷微笑。詎意厥宗。翻成不孝。亦有狂且。狎天貪眊。否德不藏。侈求地宝。殫資傾謀。終無明效。惟彼哲士。体道通元。地名法象。心曰象先。先天已立。萬象自全。心為天地。詔我後賢。

此章言人與天地同。是一元之氣所生。人身有天地。即具阴阳五行之妙。既没則陽升於天。所存軀體。即是陰魄。復歸於地所謂葬也既葬之後又能以日月五行陶鑄之靈生其既死之魄朽骨復靈人能不傷致陰之魄蘊成真陽死昇天表此其最上者也子孫之精魄即祖宗之精魂故死者受氣則生者受昌此根本枝葉一氣相通不易之至理也上之為聖為英成仙成佛雖於性命立極疑非陰陽不所能拘亦必其先人受山川靈淑之氣而後乾坤道實萃于其躬下此而祿位名壽無一非地之所司古之大儒首重此義惟以安親根本原非邀福私心特祖宗一氣感通先靈之安身不安托之渺茫無從可驗故即于子孫之隆替卜祖宗之安危世人

動曰，我非求福，惟入土為安，輙以委之凶地，或致翻棺覆槨，螻蟻寒泉，骨殖化為怪異，祖先陰魄消散滅絕，卒有覆宗絕嗣之禍，豈非不孝之太者乎？然太德受太地，小德受小地，不德受惡地，天有一定之律。若狂人不知修德，妄希大地，鬼神必塞其聽，將以凶為吉，轉福為禍，誠為可畏。蓋心是太極，地象陰陽，太極既妙，兩儀是從，山河大地，總是一心所化現。茍能修德存心，則我本來之地已吉，自然而得吉地。此又吾師先天之一學，立乎陰陽五行之先者，故又歸本心地，而諄諄語戒後者歟。

分流章第二

稽古鴻濛。未分天地。水火二氣。升降壹元。坎離一交。乃媾乾坤。陰陽闔闢。剛柔相涵。或凝為山。或流為川。地血為水。地骨為石。葬山依骨。葬地依血。山君爲骨。（水泉砂礫。）地君爲血。瀉滷磽确。山亦多石。地亦多水。多水多石之處。葬皆不美。多水之處。吉凶难理。石多則乱。水多則涣。石乱难降。水涣难叛。乱石勿葬。乱水勿按。可葬之乱。已而不攏。可按之涣。已而不散。不攏不散。大聚之驗。骨体堅立。血脉流行。堅不可傷。流不可凝。頑瀹宣導。实為合成。言龍言脉。皆有強名。至人察之。覔照孔明。

此章言人知坎離交而成乾坤，不知混沌之先，未有天地，不成乾坤，只此水火二氣，為真陰真陽，升降虛無之表，隨元氣而上下，道家所謂梵氣也，此氣摩蕩不已，其清虛者，日上而為天，其重濁者，日下而為地，所為坎離一交，而乾坤成也，然乾坤之体，雖判然二物，而乾坤之氣則晝夜交媾不已，一闔一闢，互而剛柔，剛者為山，柔者為川，石為地之骨，水為地之血，人秉水火之氣以生，故其沒也，骨血復還于水土，制為葬法，葬高山則石為生氣，葬平洋則水為生氣，得生氣者吉，失生氣者凶，但高山則在在有石、平洋則在在有水、亦有葬石葬水、而俗不吉者何、蓋知石水而不知石水之用者也、石多則粗頑駁雜、水多則脉乱分馳、而且未必合元運所以不吉、亦竟有雜乱而竟反吉者、必雜中有清、乱中有礼、散中有聚故也、今人但知葬乘龍脉、而不知高山来龍有脉可尋、平洋一片、有何脉息、但以水之流動處、即為真龍、故經曰、山羣以山為龍、水羣以水為龍、人能於水中尋龍、不以地之実處求過峽、脉息、轉関、剝換、則得平洋之真訣矣、蓋山脈堅剛、須天造地設、一定不移、葬法絲毫不可虧損、任其自然、無容勉強、水則動而不靜、流而不息、實無定質、可變凶為吉、亦可轉吉為凶、太局既定、不妨小小改作、以就內局、當填則填、當濬則濬、既填既濬之局、與天生地成之局、渾合為一、初無缺陷、所謂裁成補相、能奪神工、改天命之作用也、且水既動為用、理當導之使行、所以去水之地、愈去愈遠、愈清愈靈、庸術不知、以蓄水為得蔭、乃從下流禁遏、尾閭不通、血脈不貫、便成死龍矣、蓋平洋惟以水為真脉得此真氣則發山之真龍福力無異矣夫天一生水是坎中一点真陽化生萬物故木非水不滋金非水不清土非水不潤火非水不相濟則燥極而自滅息五行以水為本此即先天之妙萬物生生而不窮也甚矣乎地以水為龍接元而用切勿拘泥合水而言龍也

幹之章第三

水龍以成還分幹枝大江千里起祖之基百里十里宗派流漸一里半里小枝之餘氣接太幹建國封圻氣接小幹公卿

纍〻氣接太枝。甲地〻逢時。氣接小枝。富庶可期。屈曲生龍。鍾灵孕奇。勁直死龍。勢如土灰。滯〻痴龍。縱福亦愚。條〻現龍。電奔雲飛。单龍生羽。自交自孳。双龍並駕。樂得雌雄。一龍衆子。並蒂两枝。胞胎之厚。元精未斵。慎勿貪幹。〻老則危。扶幹立枝。其幹乃澌。慎勿棄枝。愈細愈宜。一枝独立。荣衆枝皆輝。中枝同荣。遠幹息隨。幹之動處。始有枝茂。枝之合處。幹氣不离。來者為公。去者為私。公是過客。私是主持。中水不聚。一水發機。發機之所。及衆不齐。名曰化氣。嘘入吸歸臍。微茫渺忽。不極所歷。此是元竅。妙希夷希。夷希有朕。

非神妙窺。

此承上章言既以水為龍則水龍便分枝幹千里百里至一二里皆以得遠水者為幹得近水者為枝而福力分為然必屈曲活動而後謂之龍不然雖有水而尽属死氣枝幹皆不可扦若半生半死則棄死就生亦可發達亦有太湖太蕩略有兜收可葬而氣內未極深秀砂体亦甚美艷謂之痴龍但發財丁而少俊傑條條之水有首有尾圍攔緊密望之可見名曰現龍遇時騰升可以变化单行之水只少輔佐

止須本体、轉身旋繞、或別生枝節、使是羽翼、其氣自能交媾、雖单不孤、猥龍雌雄交配、久而不替、更不待言、亦有一條单水、其間兜收不一、行如瓜藤、止如節包、一地之上、或二穴三穴、不可限数、此是胎深氣厚、故養育尤多、只皆各自成局、主客相應、此既能收彼、亦能欄則同扦並発、不相違背、亦無減力之患、令人但知幹龍之貴、不知幹老反不生育、須幹上又能生枝、然後幹氣始藉枝融液、反能接幹之氣、不使走作、如老夫得少女、枯木生柔枝、而後能恠孕生子、開花結実、小枝反幹不符、疑其氣薄也、弱不知脫卸深藏、愈細愈妙、但此三三兩兩、五五六六、奇贊不齊、不相統攝、又不能成地、必有一水獨結、而衆水皆為其用、若能使衆枝翼衛一枝、必是極太結局、並遠來幹水亦皆環繞迎朝、全力凝注在此、斯為上等之龍矣、幹之動處二句、是上文慎勿貪幹四語之意、枝之合處二語、是上文慎勿棄枝六語之意、來者指通行之水而言、雖太聚、亦是衆人共得之水、故曰借公、公者但可借為外秀、故曰客、去者指浜底、從中流出之水、雖一滴、亦是本身元神精華、妙滙緊貼哉身故曰私々者則託命於此將此真氣為帥將以控制八方砂水共為兵卒故曰主持由此言之則中水雖有大局非此一水全無靈驗然則發中水之机者此一水也若此一水而亦無中水同其大小同其長短同其形勢又安知其孰為主孰為客哉必也中大特小中小特太中長特短中短特長中直特曲中曲特直中斜特正中死特活而後生氣独聚於此々為真龍而餘者皆其輔佐矣但此水之玅在微茫渺忽之间即造化之太極人身之元竅變々化々皆從自出故曰化氣世目遇此

此逆離恍惚無可致辨然其間不知確乎有可見之形可據之理非幻浪之談在學者神而明之可也此章極言無枝之水不成化氣縱有大局亦不能收其叮嚀誥誡之意切矣、教人認水龍之法尽之矣

艮山坤收坤水下元之局、

迎此等冲水而收得太湖大蕩水者福力最大如收江海水者公侯可期

來客去主圖

正幹枝穴

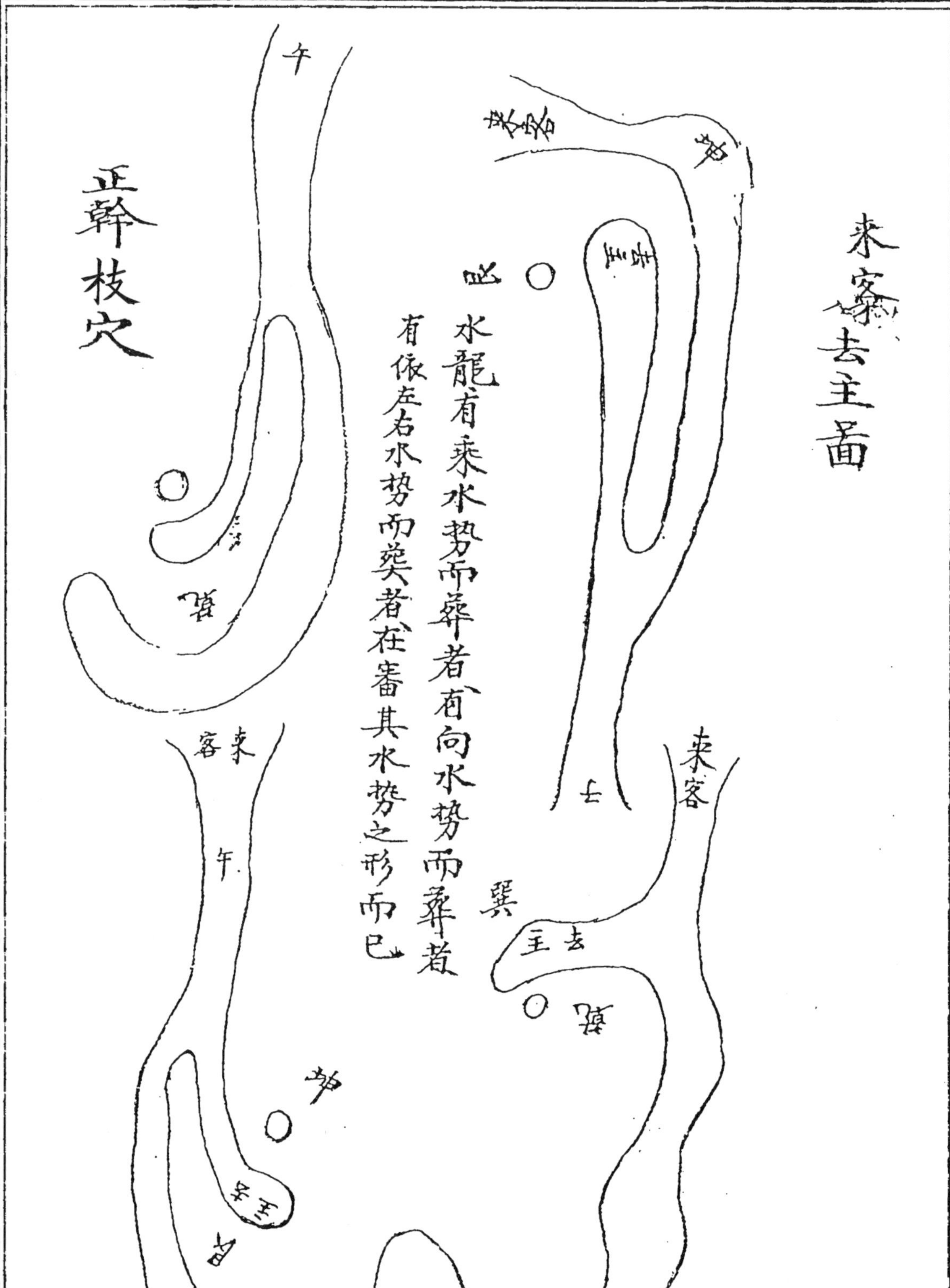

水龍有乘水勢而葬者有向水勢而葬者有依左右水勢而葬者在審其水勢之形而已

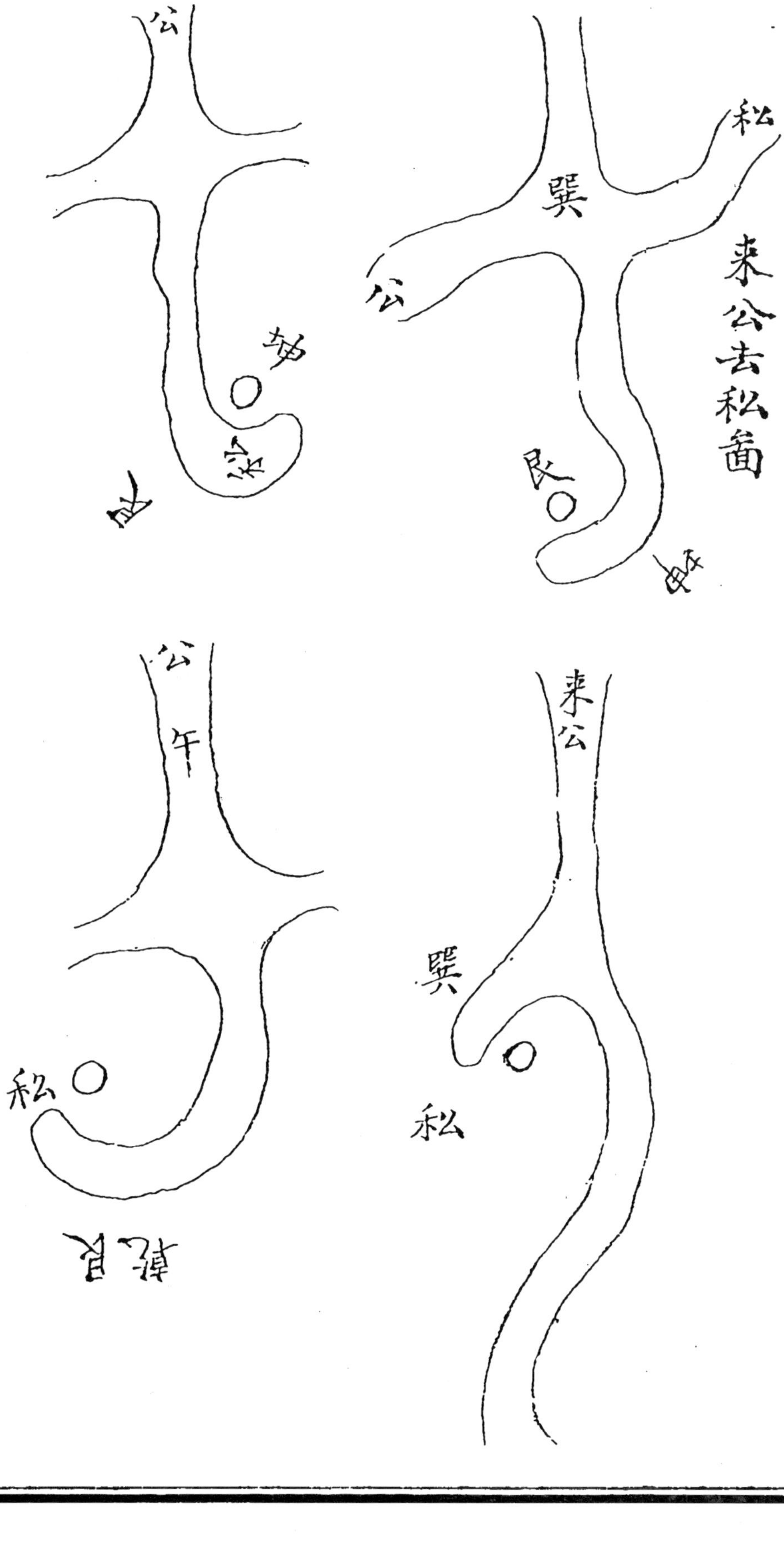
来公去私畲
私
巽
公
公
艮
来公
巽
私
公
午
私

老幹生枝畵

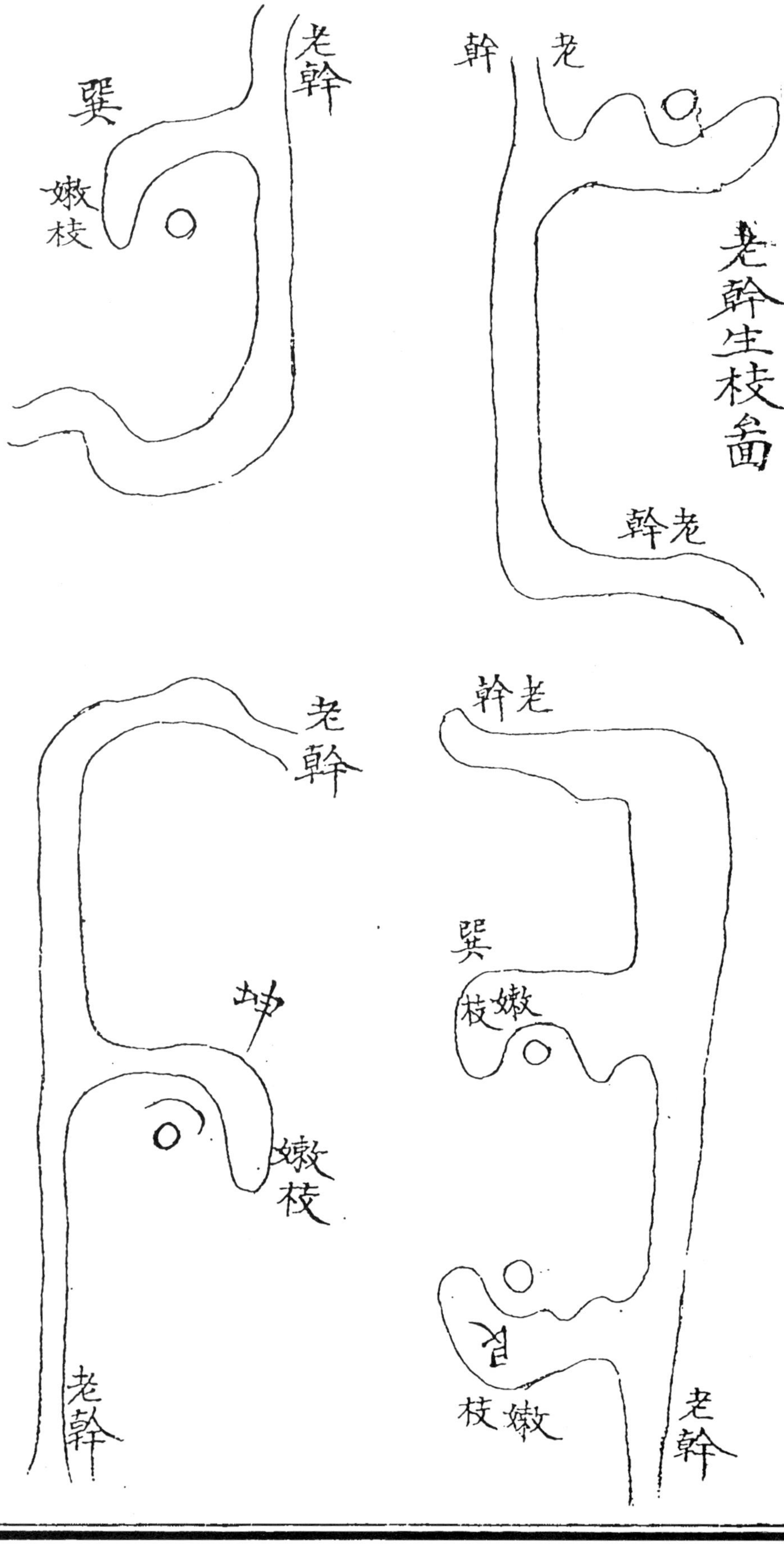

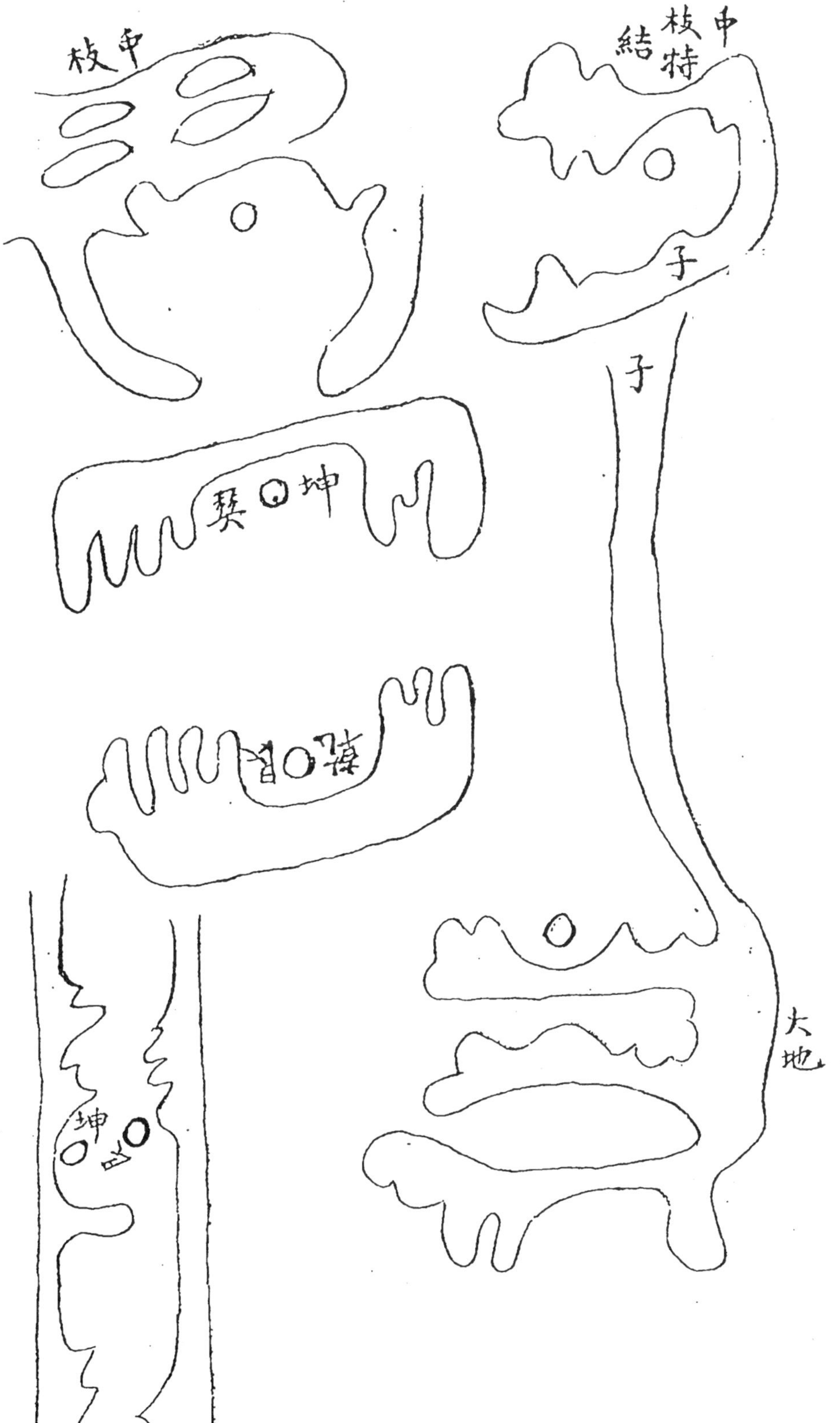
中枝
中枝特結
子
子
癸
坤
大地
坤

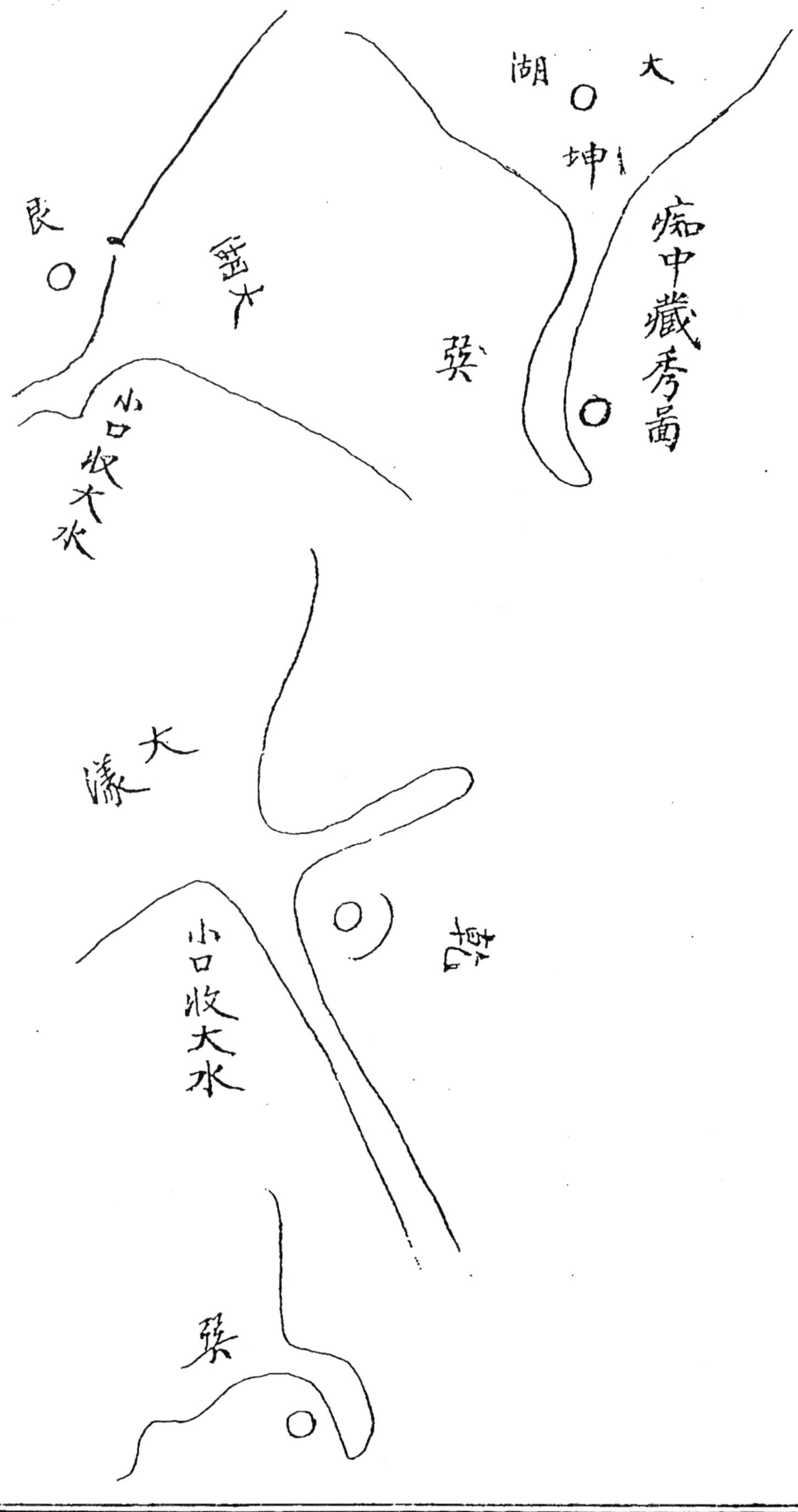
大湖
坤
痴中藏秀畄
艮
大
癸
小口收大水
大漾
乾
小口收大水
癸

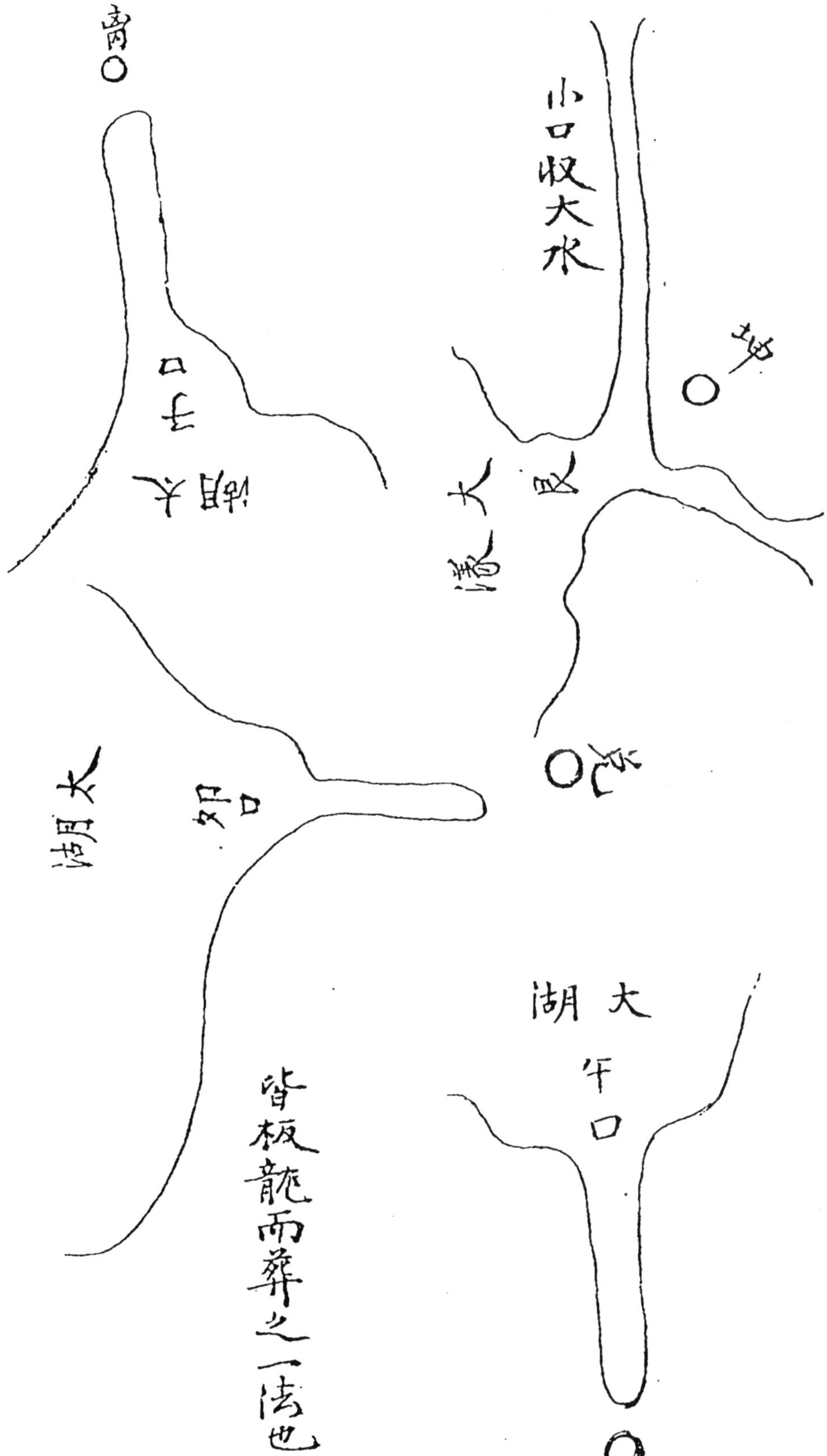
小口收大水
坤
大湖
大湖
大湖
午口
皆板龍而葬之一法也

瓜藤

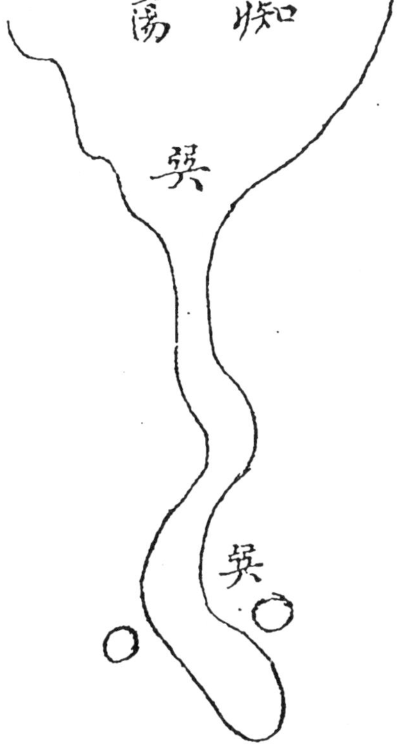
痴蕩

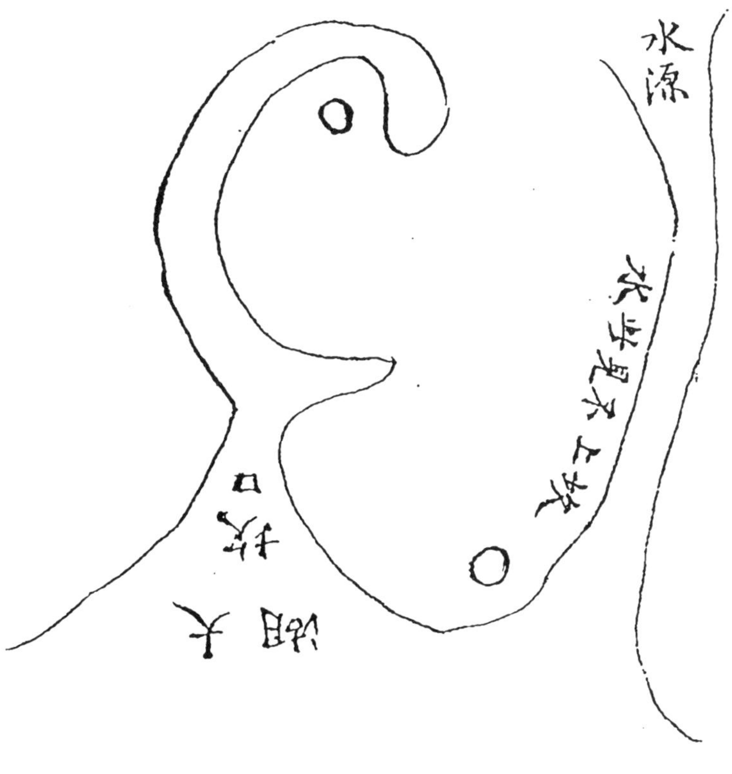
水源

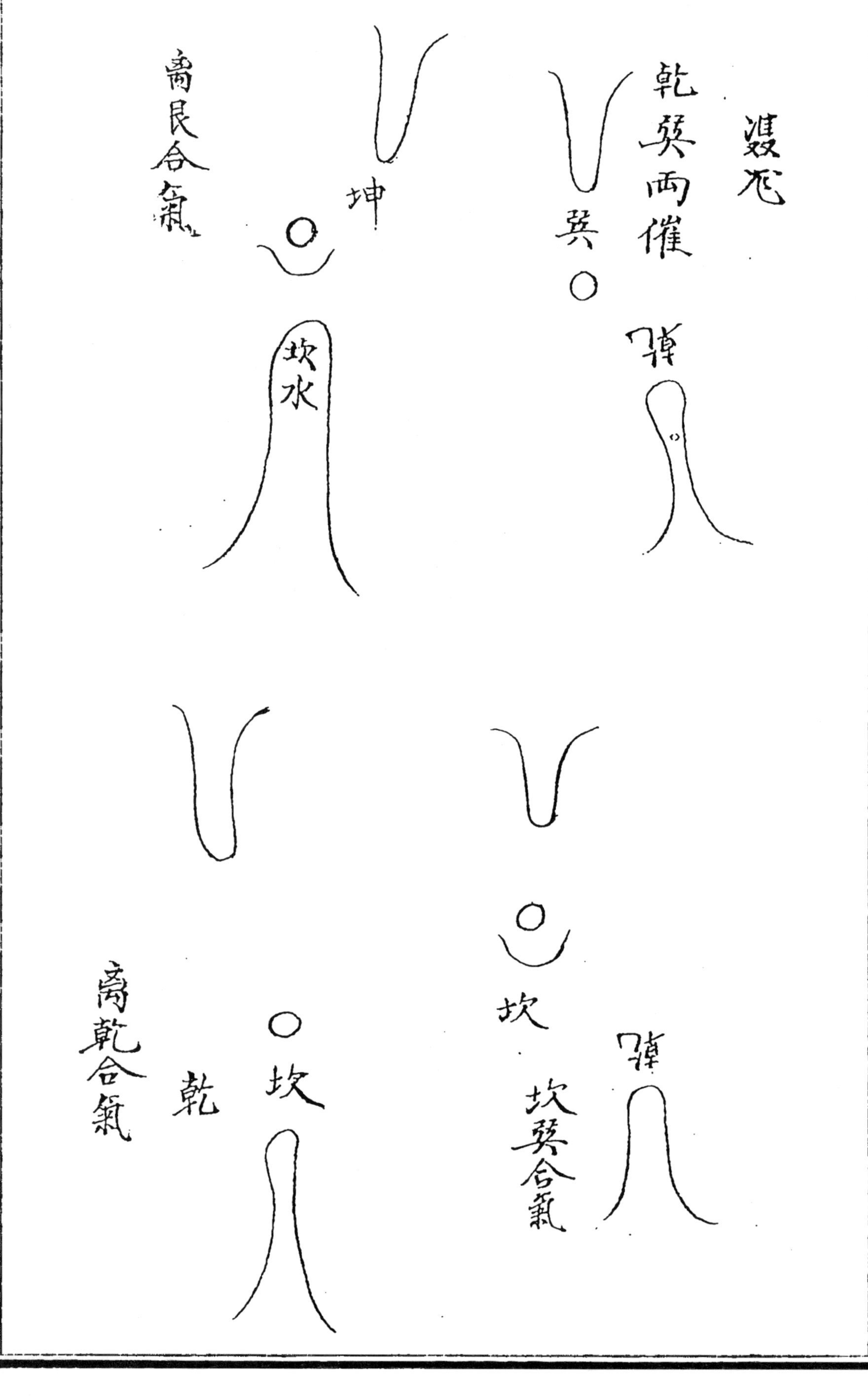
乾癸兩催
癸
坤
離艮合氣
坎水
坎
坎癸合氣
乾
坎
離乾合氣

双龙

前坎後離坎離合氣

前坎右震坎震合氣

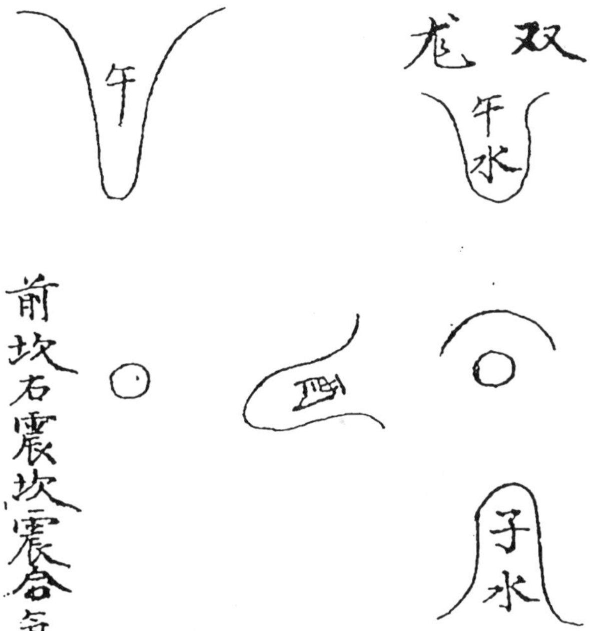

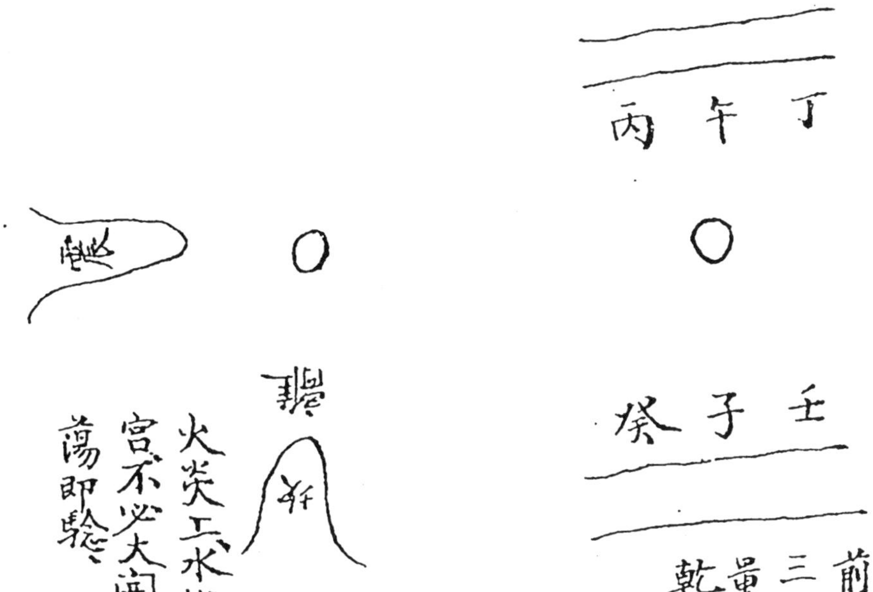

前坎後離、坎離交媾、三元不替、坎離之水、力量最大、蓋稟先天之乾坤也、

火炎上、水潤下、乾坤離二宮、不必大開口、只要略蕩一蕩即驗、

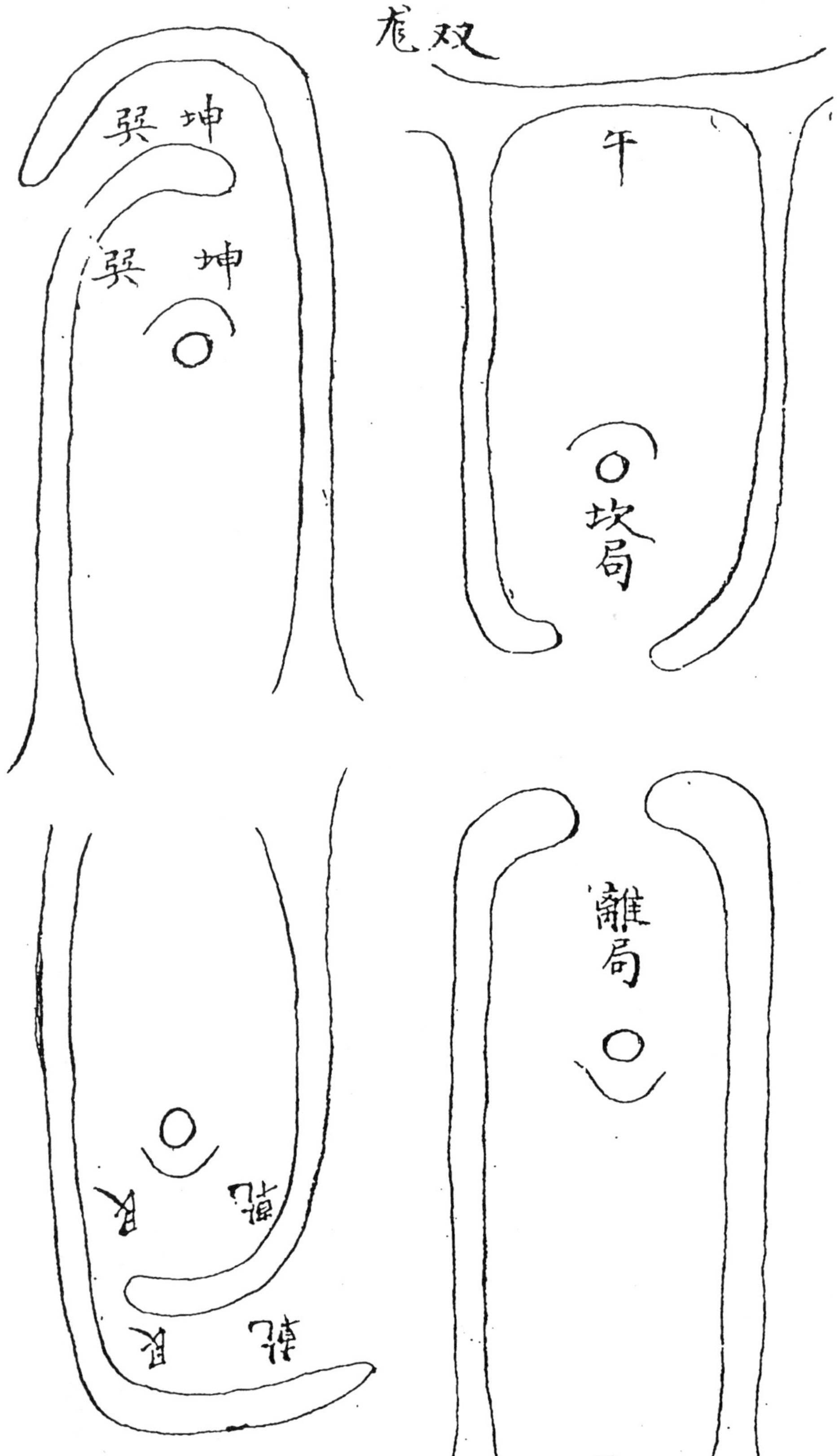
双龙
坤
巽
坤
巽
午
坎局
離局
乾
艮
乾
艮
子

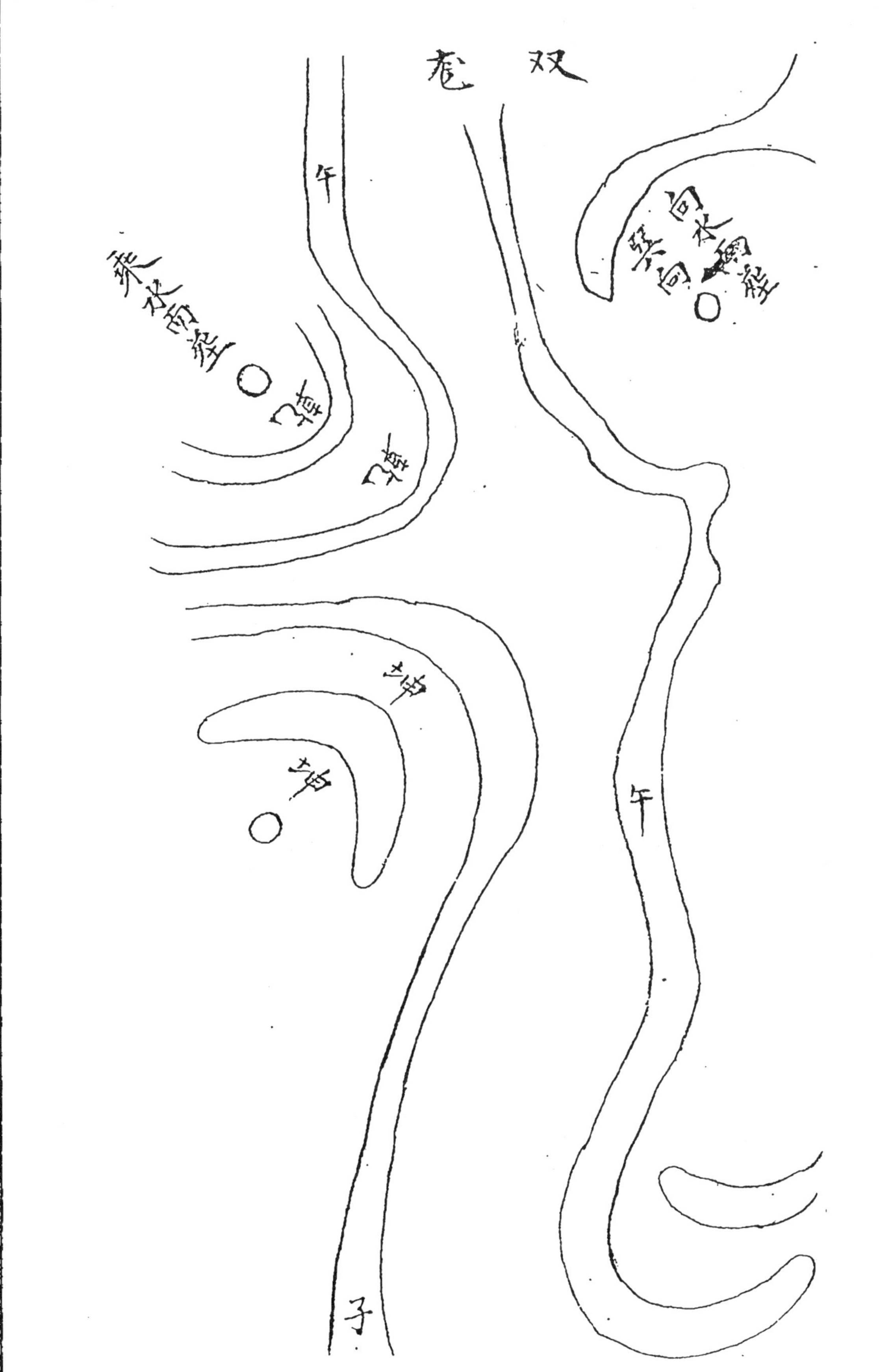
午
午
子

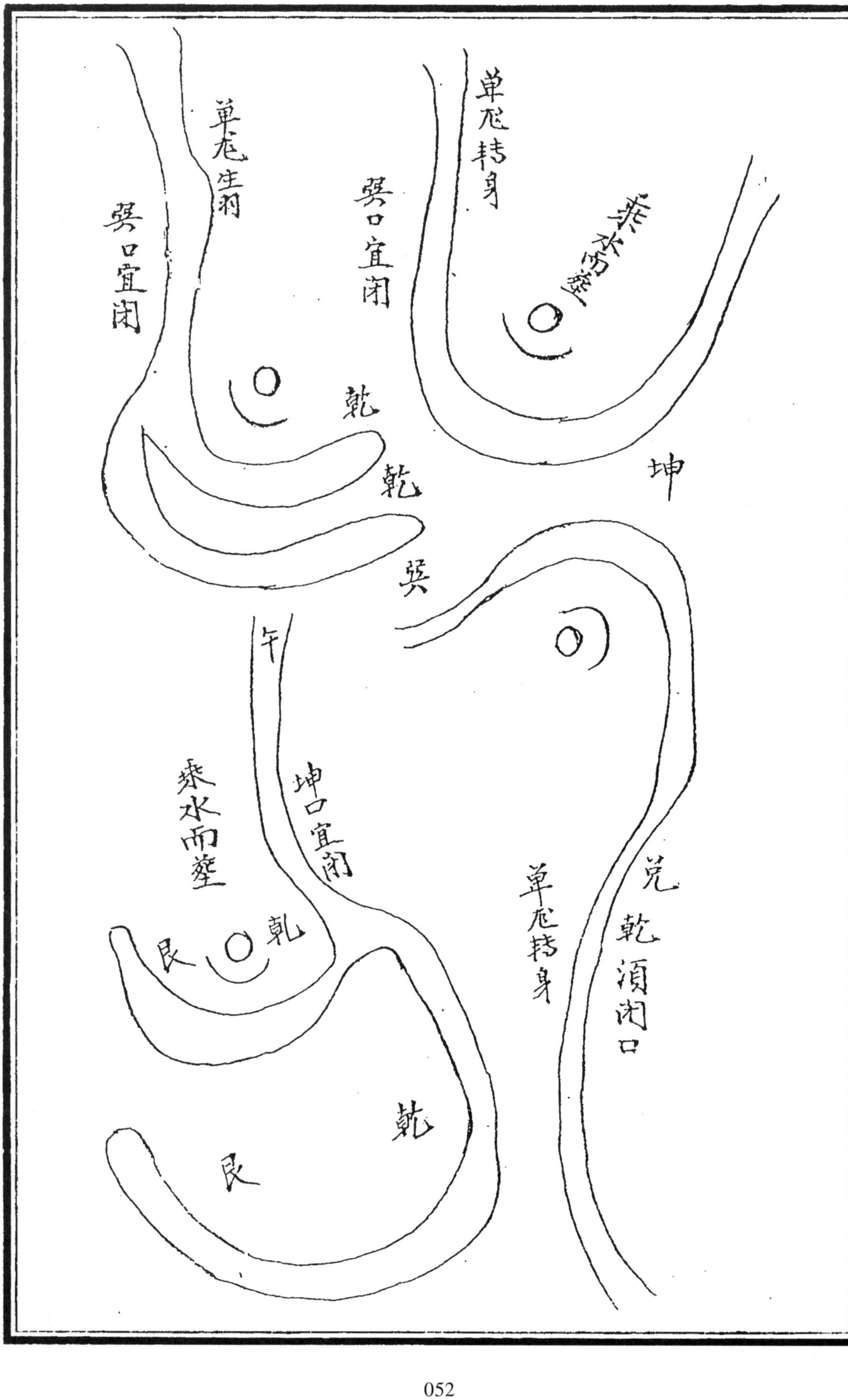
單龍生羽
巽口宜閉
單龍轉身
巽口宜閉
乘水而塟
乾
乾
坤
巽
午
乘水而塟
坤口宜閉
艮
乾
單龍轉身
兌
乾須閉口
乾
艮

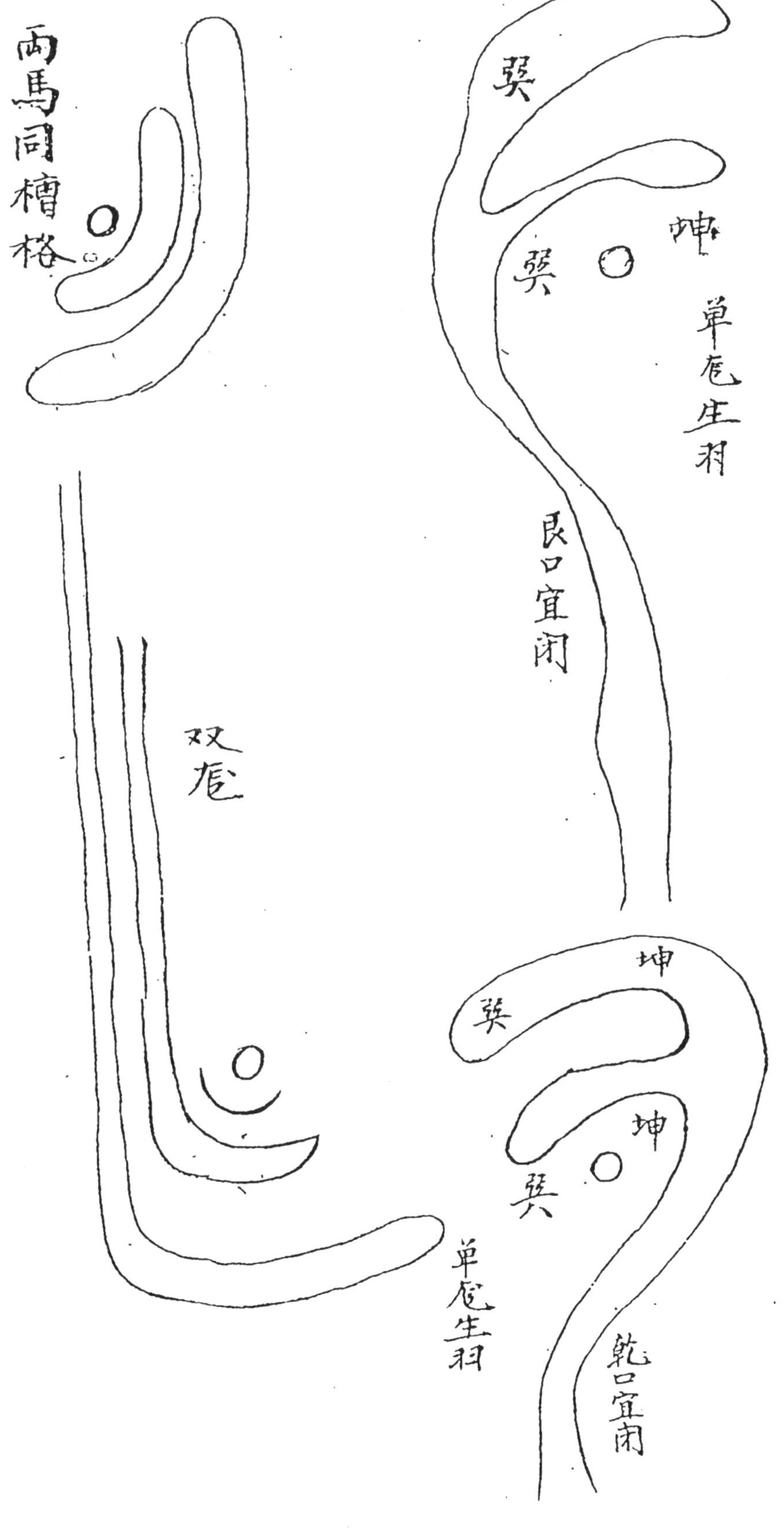
兩馬同槽格
巽
坤
巽
单龙生羽
艮口宜闭
双龙
坤
巽
坤
巽
单龙生羽
乾口宜闭

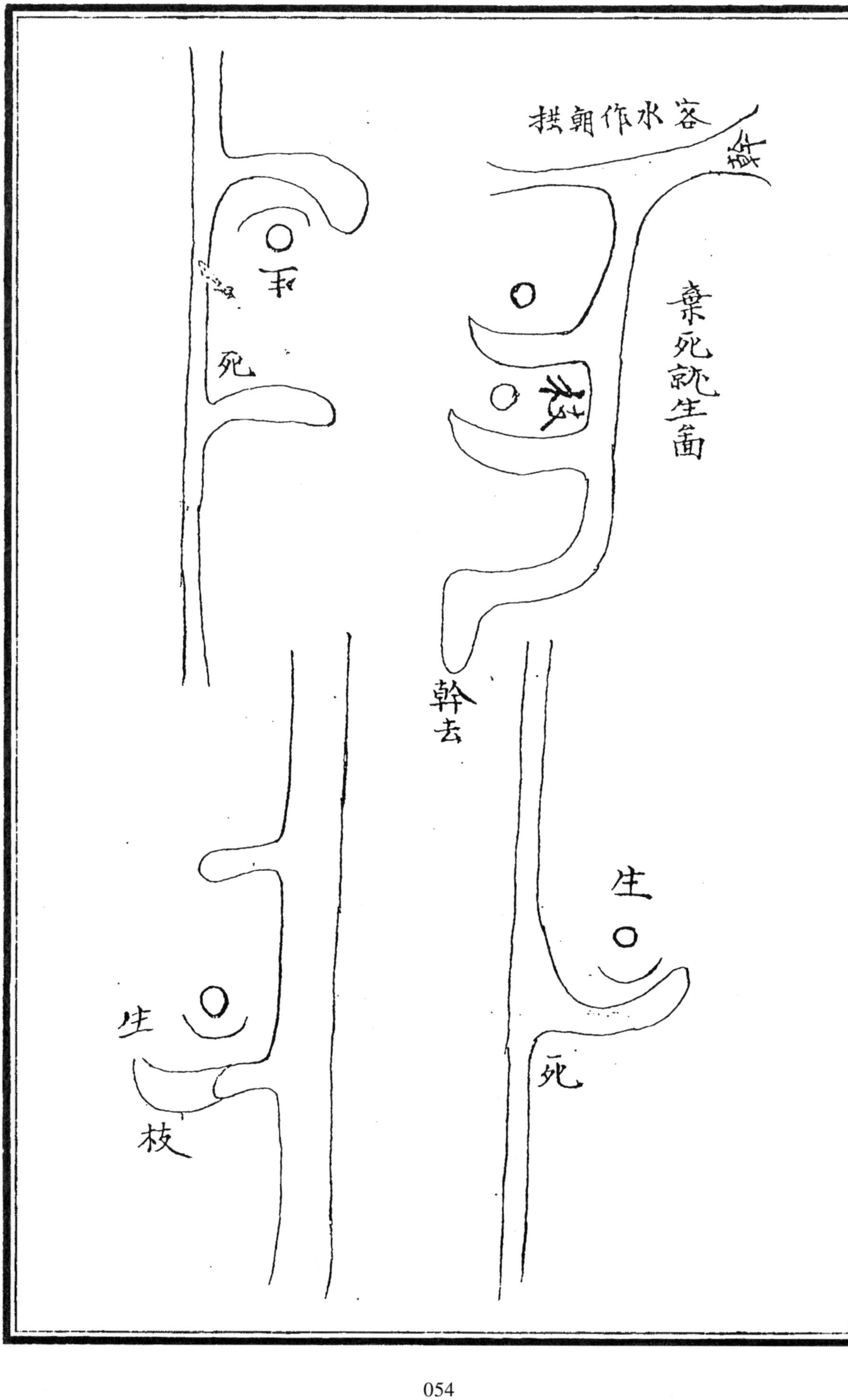
容水作朝拱
棄死就生面
死
幹去
生
死
生
枝

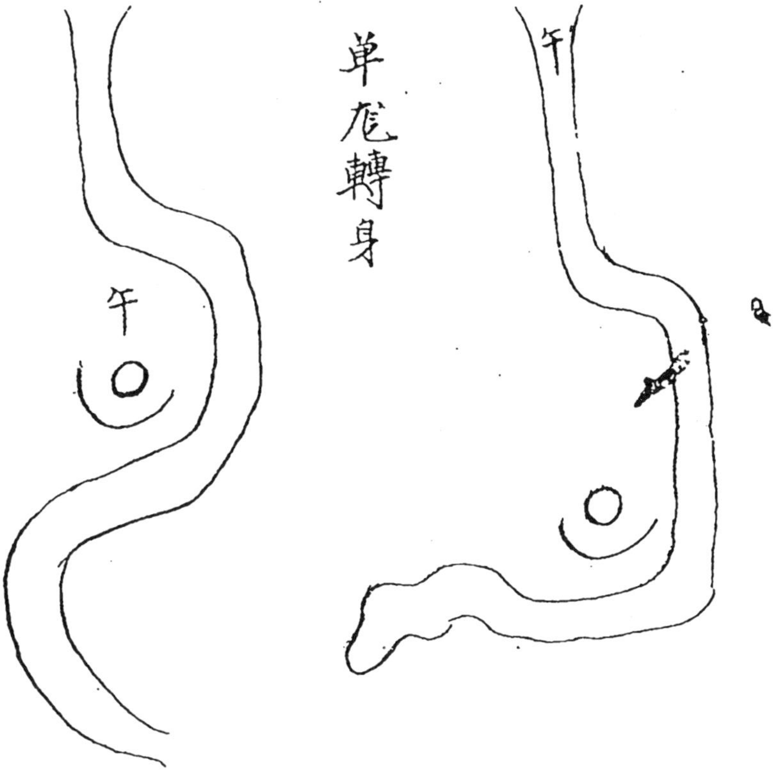
午
单龍轉身
午

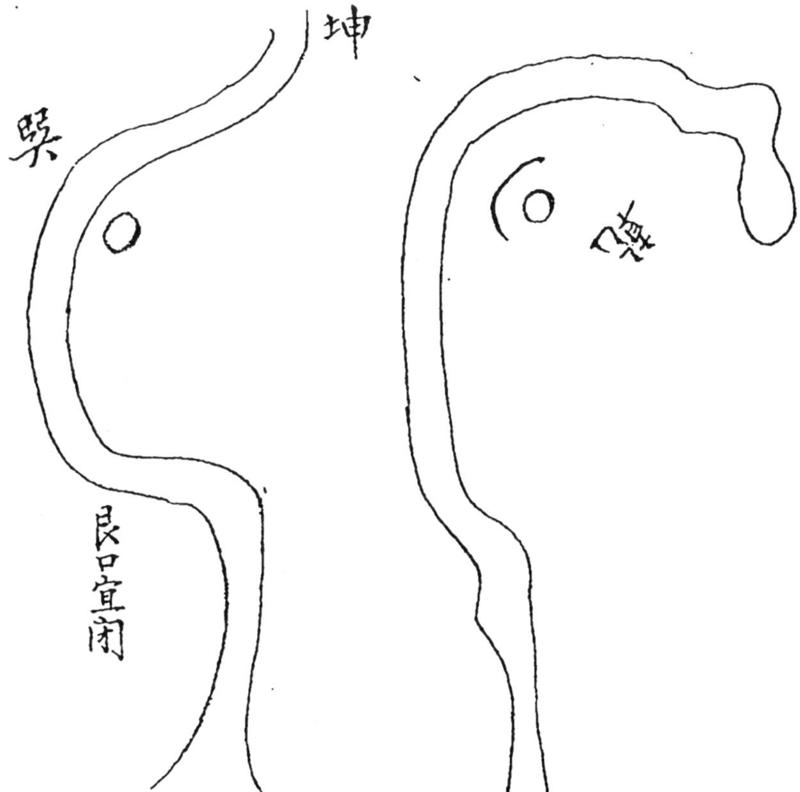
坤
巽
艮口宜閉

胎息章第四

龍以幹言。穴以枝節。已龍之水。更辨胎息。幹水有息。幹氣已錢。枝水無息。枝水終穹。何謂息道。覌水轉環。轉處不分。元精內涵。一轉一息。一息成胎。息多胎足。磅礴雲雷。若見分流。內環外棹。滸液滲泄。物華中耗。雖有轉形。止尿漏道。息道氣聚。交雄媾雌。漏道氣絕。屬瘦鷰餓。惑此二道。龍穴安知。

前篇既分龍枝幹。此又申明枝水幹水。各有結与不結。不得謂枝水。即是結氣也。若是胎息。雖是幹水亦為結氣。若無胎息。雖尿枝水亦為結。不息道者。水之曲折轉瀉処是也然轉処又須毫無滲漏乃為息道蓋水脉一轉即地氣一蓄若有二轉三轉四轉其地之真氣蓄養純全胎元滿足塋下立發福澤攸久雲雷变化定産賢才或觀其水雖曲折而轉角之処別有分流而路三叉則元氣尽失謂之漏道豈有龍胎乎大都幹水行龍須幹有息道而後穴為真穴世人但知曲水為秀更認流通会合之処為龍神蓄聚之方終不知漏息之道淊亡天下無非盲瞽豈不哀哉

辨象章第五

三垣即紫微大微少微也

天有列星。地有羣生。羣生之体。因宿象形。無精不曜。無貌不星。山星易晓。水星难明。吾惟指出。竟尔迷津。圓者金形。直者木體。鋭者象火。波者象水。方正端平。中央之位。五行之中。各有趋避。或獨或兼。变化不紀。不惟五曜。亦有星垣。五曜散陳。得一則尊。星垣合義。倚蓋拱門。三垣帝座。二十八藩。匕中一司。座下一官。有類之者。秉憲执權。隨星所用。以效灵源。星垣下降。化而為物。為龍為鱗。為龟為鳳。或以鳥翔。或以獸立。或象制器。或象宝玦。萬象千章。不可名說。女貴男榮。文僚武列。各蘊禎祥。辨之勿失。垣星外势。星主内氣。垣不得星。垣為虚氣。星不得垣。星能自制。若借外垣。威神不世。語子淵微。当筹本計。識星爲先。莫貪垣勢。

天垂象。聖人則之。五帝三皇。朝帝典法。生民日用。皆天象所具。充潛動植之物。亦莫不然。惟地乘天之所有。上應天象。山形有天星。水形亦有天星。人但知山星。不知水星。且有專以地形名星。所謂眠倒星辰竪起看者。尤爲茫昧。故指水星以覓羣迷。此故救世之津梁。人間之秘寶。不可忽也。五行各有本形。水形五星之中。以金土爲上穴。中惟取金土乃爲正結。木星亦須剪裁變作土金。乃可立穴。

水星穴須外变出為佳、火星忌用、但可外砂、五星亦可兼体、隨形变化、葢兩儀之內、惟有五行、所以一事一物、無不備具其象、人得一星之精華、便可備五行之妙用矣、天象五星為緯、二十八宿為經、而三垣者、乃其主宰也、然垣宿亦不離五行、水龙兼数星之体、即成一垣宿之局、又借外水以為葢照、拱抱、構成堂宇、廣闢門墻、即是垣局、然垣中列宿亦不必具其全形、或得其中一星之貴秀、已出羣表、其星所應、即以天星所主驗之、即上應星垣、下應萬物、動值禽獸、制器宝玉、無一不具。

則官尊卑職之文武惟義所底略備玉髓真經與山同斷揔之外有垣局不可無內星立穴既有穴星即不合垣局而元氣周固太發何疑故戒孝者先須近察穴星不可遠貪垣局亦與前章幹枝之論表裡發明耳

水星與山星用法相同以形論也而其實則山管山水管水又大不相同也平洋塟法以水為龍既有龍形可就而堂局必要迎元運之旺氣與山龍大不相同所謂顛顛倒倒也賴公曰山龍乘氣水龍迎氣也

乘龍章第六

脉就形成。何法乘之。乘龍之法。宏農所遺。龍有首尾。龍有背腹。龍有尾耳。龍有手足。身是龍行。首是龍止。水轉為腹。水出為尾。短淺小枝。手足是比。幹龍方行。轉多氣鍾。法登其腹。毋枝同功。最忌背脊。形如反弓。若水大巨。雖腹莫容。復求枝水。捕幹藏風。母龍乳子。其樂融融。大結之塋。能產豪傑。枝龍息処。氣聚如首。木杪露華。花出梢秀。方葬其耳。圓葬其口。最忌額角。胡領並咎。枝尽強直。見首反醜。水腹取栽。情視其受。幹上小枝。掌足之形。法葬半尽。懸珠肘亭。忌葬其爪。太過斯傾。亦忌登頸。不及則崩。詳求真息。三格得平。

上章既詳胎息真脉，復詳星象真形，龍穴之道，思過半矣。然其槃龍，必有下手工夫。晉世宏農太守，郭景純遺法至今存也。其法以外水行者爲龍身，以枝水行者爲龍首，以枝水出口爲龍尾，以枝幹轉曲之處爲龍腹，以小枝止者爲龍掌足，皆因象取義，不可執也。幹水雖是行龍，若有机轉，則真氣藏蓄，胎元已定，就腹作穴，於枝水力量相等，即前章所謂幹水有息，幹息氣已鍾之說也。若灣曲向外，反突之處，象脊全無包藏，充突之氣，斯不可穴。穴之敗絕必矣。然幹水下穴，兩旁相距止十丈，左右乃可就腹取裁、若大澗而大、至二三十丈之遠、便名江河、止堪為尾之地、不堪為結穴之區、倘就腹下穴、雖環抱不能發福、所謂幹尾氣散、难求穴也、須別尋近幹枝水立穴、藏風而已、幹水而外抱、則子母相從、有乳養之義、必生豪傑、建立大功、福力寵厚、非小富小貴可比数也、枝尾之所以取尽者、其枝長大、到尽处環抱、如木杪花梢、得雨露之润、英華發越、脉尽氣鍾、其形方者兩旁有耳、皆於下穴、從長酌取、其形圓处是口、止下上穴、若当止水鋒首、正中是為龍額、水直氣冲、止水鋒旁兩角、是為龍角其水偏射皆水木之交斷不可穴其圓处環抱之形外象胡領其勢反背如頂下逆舞豈可攖之亦有枝水尽处其形醜拙斜飛反竄不成星体者难下龍首穴須退出別求龍腹可受之处立穴不可拘定尽穴也更有幹水小枝水道短淺不成龍身止作行龍掌足而論其立穴处又不可求太盡以來脉不遠斃下不深到尽处反無力也穴下半尽之处是為中氣脉就兩半肘上懸珠亦是取象不必以辞害意其大尽处為爪曲突处為脛太過不及皆不可穴差法頂有

幹龍大枝小枝三格之不同，然總以息道為凖，三格皆得其平矣。必再四叮嚀而歸於真息者，若不可不察也。

御極章第七

穴以御龍曰為三極。從水在後，騎龍之格；倚水在旁，挾龍於腋；親水面前，扳龍之的。若逢四隅，不離三式，依形化裁，因勢取則。上格騎龍，氣蔭腦宮；中格挾龍，透脅當胸；扳龍湧泉，合之真通。二法雖亞，但貴氣鍾。氣鍾之穴，弟上奇功，更有後蔭，用效無窮。裁扶其微，天驚地震。氣固八國。要取後䕶。至道根荄。造化所名。人囂元陽。藏神泥丸。泥丸九宮。太乙宅焉。爲乾爲鼎。鍊骨成仙。比及物化。魂升於天。元精未藏。天靈伏潛。若水䕶頂。養魂得全。骨朽復榮。魄散再團。予若悟之。神超象先。癸山首卯。癸水首流。山脈接首。母山比道。水脈接首。身水比悠。微脈分遠近。迴紫抱黃。山水揔要。紆徐轉環。息道后抱。哉生月滿。漏道後抱。死魄流洄。三極一元。真胎自全。

龍穴既定。而御坐向。所以統御龍穴者也。若穴落四隅。因勢立向。近前者爲扳龍。近左右者爲挾龍。近後者爲騎龍。揔不出此三格也。惟騎龍穴後水正䕶腦宮。爲最上之格。

挟龍水在兩旁，氣從左右來，旁透胸脇，法次之。挾龍水在穴前，氣入湧泉，其應稍緩，法又次之。二格雖不及騎龍，只要胎息氣鍾，分龍之法，原相伯仲。若立穴處，以水面水，而外局更有後抱，即分騎龍一体，不分輕重，發福悠久，豈有窮時？夫此穴後抱水一法，千古不傳，我師特為指出，功侔造化，天地為之震驚，非世間術數之書，可望其涯際。若謂乾坤元氣，周流八百，塋法隨方可取，何必取其後簇，蓋因人身一小天地，元首象天，乃陽神所栖，泥丸九宮，諸天帝君所都之境以首爲乾爲鼎九轉丹成陽神破頂而出即謂天仙人之死也魂升於天亦從此出身雖既死而元精尚存毫髮未盡潛伏天靈之内一得天一真陽水氣灌注蔭養天魂再生死者不死而子孫蒙其福澤矣若悟此道豈非回骸起死功侔造化者乎蓋塟法未有不歸重於天靈者塟山則項接山脉而後山氣斯爲吾有而来山比適矣塟水則項接水脉而後水氣斯爲吾有而来水比從也未聞塟山者向山而穴則知塟水之穴向水亦皆謬也依水穴氣自

旁入，是從旁胸腸透入天灵，其情稍清親，其應稍速，向水穴氣自入湧泉，徐徐貫至天灵，其情較速，其應亦遲矣。須有外〔後抱〕水兜收，後抱胎息之氣，則真真息自旁而來者，謂後靠抱接，而逆上還歸腦宮，所以分騎龍一体而論者也。夫後靠非穴後有水，即為後靠也，須後抱是真息之水，應在生魄，其氣貫入天灵，無有不發也。若後抱是漏道之水，雖其形似抱，空抱而已，應旁死魄，腦氣泄盡，如何可發也。是故息道在後，漏道在前，名為坐生朝死，富貴之穴，若息道在前，漏道在後，名為死卿朝生縱有吉氣入穴小發而已不旋踵而衰落。驗諸家舊坟墓無不然者同一地也而坐向一差千里之謬有如此者然則坐向亦安可不慎哉

定卦章第八

在昔神聖。天錫圖書。先天後天。表裡懸符。无体致用。一元所孚。本無兩象。豈曰分途。八卦之方。九宮之位。辨色定數。乖居都會。斗柄應之。以旋九氣。晝握四時。充塞涵蓋。干則有十。支盈其二。二五居中。四維氣時。二十四道。燦乎不昧。溯厥原初。实惟卦体。高山有絡。絡則分經。平地有氣。氣則同情。憒憒庸術。干支経庭。至人

秘室隱而不評。吾今敗洩。蒙害救民。當發太顧。恐干天刑。丙丁皆離。壬癸皆坎。四正四維。同歸畔岸。正以干輔。維以支贊。陰陽截然。不相泮渙。何以乘之。非閃非峽。亦無起祖亦無轉結。隨城成龍。隨地成穴。滴水先到。真氣招攝。水脉不离。骨親肉貼。更知变局。更畏失貽。失胎之処。一毫以乘。艮母巽類。兌母乾猜。八卦皆涵。言之可哀。分星定位。一謬百危。欲求珠宝。乃得塵灰。此詳堂氣。分別加揆。羅経一定。辨入纖埃。亦有兼宮。星符偕好。一胎所育。兩嬰懷抱。此衰彼盛。容顏难老。旺氣兩来。三息四道。交媾嘘吸。陽施陰抱。是在格全。傾歇勿宝。詳辨清濁。斯為卦要。

此章言河圖洛書、雖有先天後天体用之分、实則一元而非二象、地之洛書九宮、即先天河圖也、八卦定位、而九宮充符、所以象卦斗杓之旋轉、此理充塞宇宙、無物不具於洛書、而地者太象也、方隅虽有二十四道、其体不過八卦能統攝之、故四正以干為輔、四維以支為輔、五帝三王分天下為九州、即是大九宮明堂大室、即王者建極端居之九宮、井田之制、即民間之小九宮、先王體國經野、莫不如是、後人侵失其法、則以山龍涵之反失大地之正矣、蓋山龍有脉絡、譬如人之筋骨、自頂至踵，一絲相連，亂而有經。故分支干，若平地則如人之血脈，觸處流通，不可測其從何而來，故不尋干支脈絡，但領八方之氣。陽卦則干支之陰者，皆隨卦而為陽；陰卦則干支之為陽，亦隨而為陰，不必更立干支名色。以平波之氣浩蕩無垠故矣。若其乘之之法，又非以実地連綿處為氣到，故関峽起伏俱可不論，祖宗子孫亦無差別，隨地皆可定穴，只以立穴處一滴相近者為先到，便是真氣流露。如此一水相親，即便成局。如水近甲卯乙三方，即是先局；近戌乾亥三方，即是葵局。雖方圓一坪，四圍皆水，略無來龍，而可分九氣。如近南為坎局，近北為離局，近西南為艮局，近東北為坤局之類，居中作穴，斯為五皇中宮局。若三方水，遠近適均，亦作五皇論，此定体也。作穴之法，只將此地外應合本元局氣旺者，又觀內氣融結消息，參看太勢向背，何者為真，何者為偽，何者得全，何者得半，而後擇一局扞之，非謂局局可下也。假如外應堂局元運等類，皆利此局，而此局內氣未清，不妨少加人工以清之，斯為裁成輔相之妙用。今之時師亦有能言局者，而所下穴往往錯誤，禍福胥壞，何也？病在下局不真，所謂失胎是也。失胎則毫釐之差、千里之謬矣、蓋辨法、要將羅格定、看此地是何堂局、所謂堂局者、非明堂之堂、乃論貼身、所近之水、不拘左右前後、皆為堂氣、此水近在申宮、認為艮局是也、不知此水、申宮兼庚、則艮氣未清、而犯震氣、若在下元、去盛就衰、不幾求福、而得禍乎、八宮皆於此辨、不可不慎、亦有兩宮齊到、襍而不清、猶然獲吉者、則以星体之法、極其完固、皆兩宮所喜也、如前艮震兩局、在下元、艮旺而發、及交上元、震氣又旺、反得長久、而無体替矣、更有一種奇地、兩宮水到、或三宮四宮齊到、此為精脩會胎息交道。最為和美。三元不敗之地。但須体格純金。而無一毫顛倒欹斜。或其收氣之水。参差零襍。即非真地。反不如單局之力專矣。

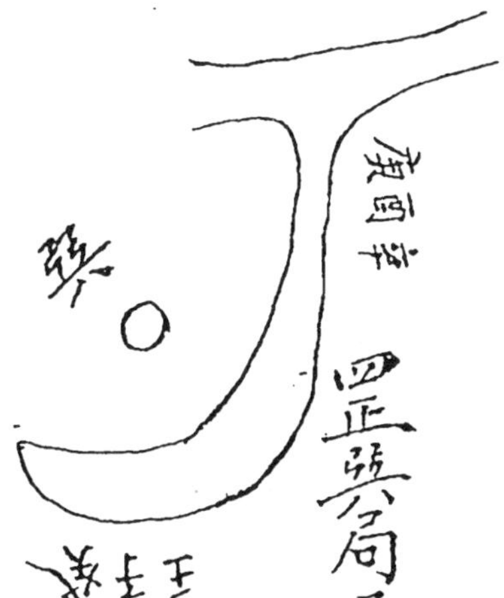

四正癸局用西北角立穴

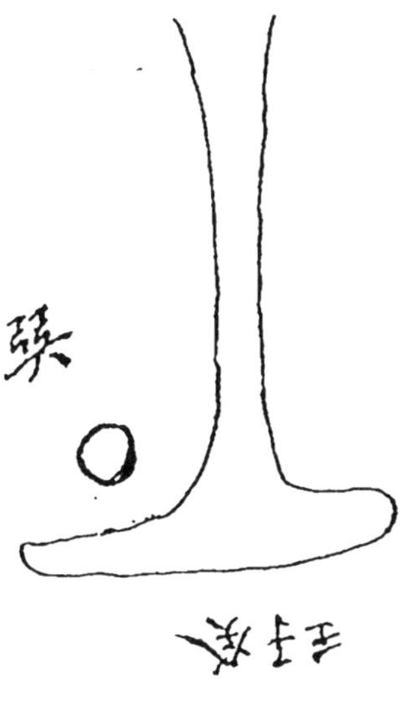

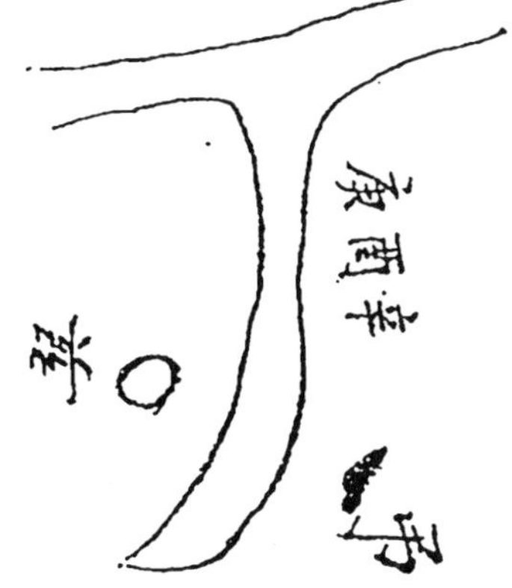

置离局旁北水立穴

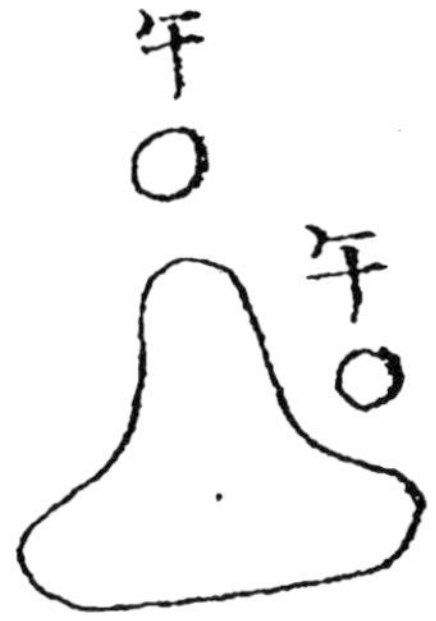

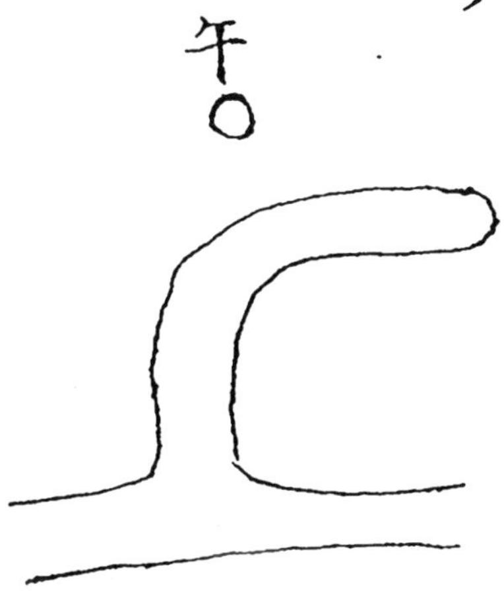

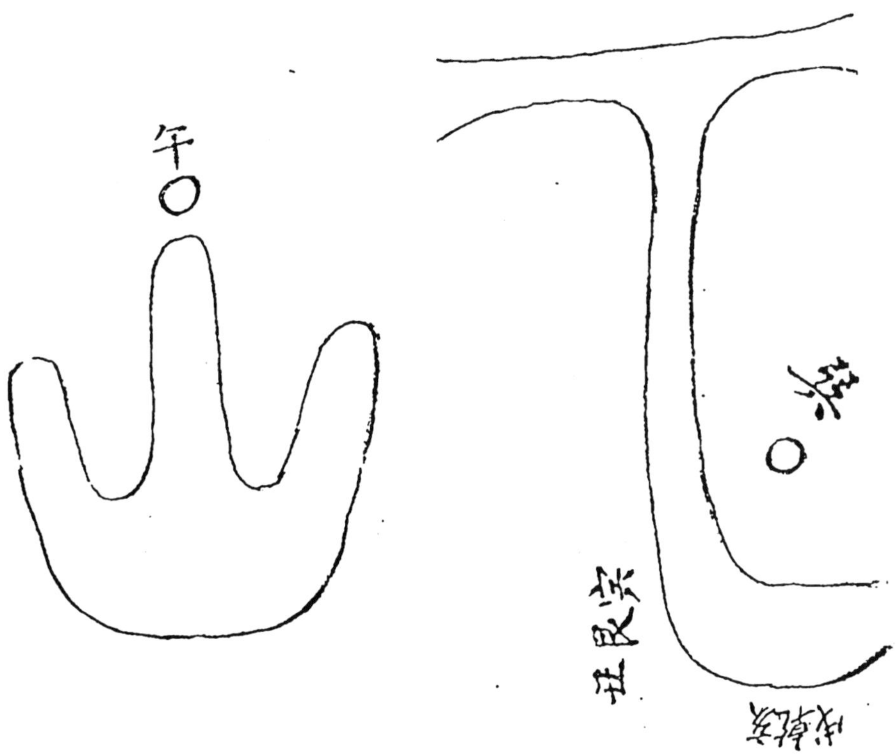

正西震局面倒側傍西水立穴

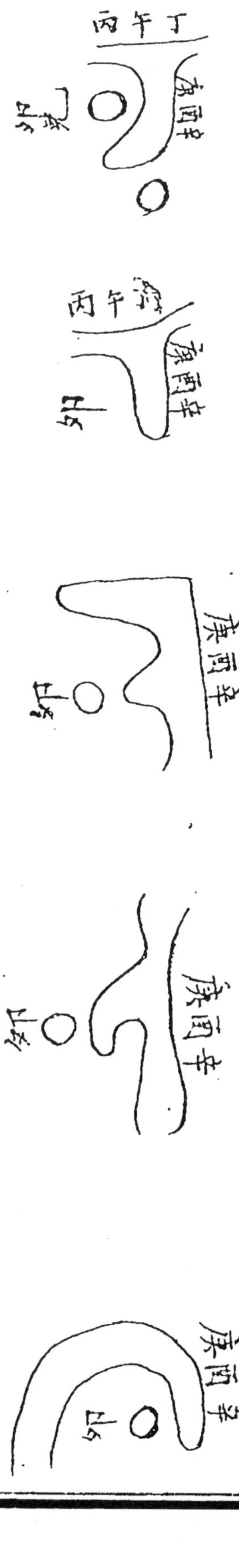

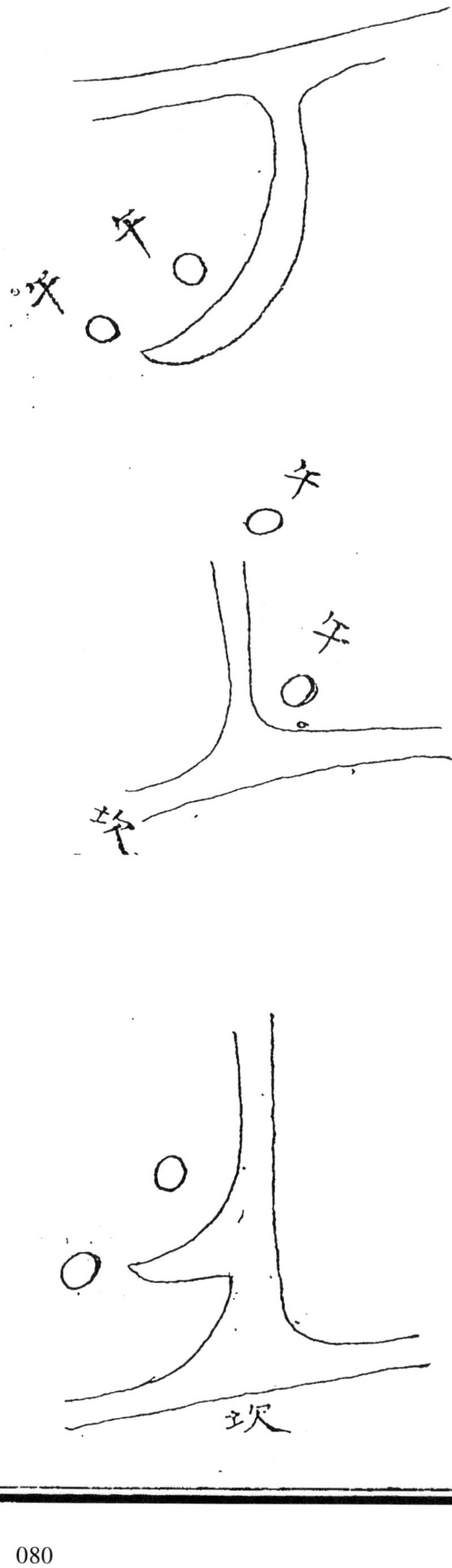

四隅外局畫例俱傍西水立穴

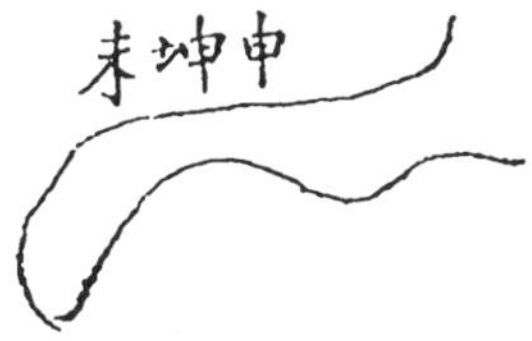

四正坎局畫例俱傍南水立穴

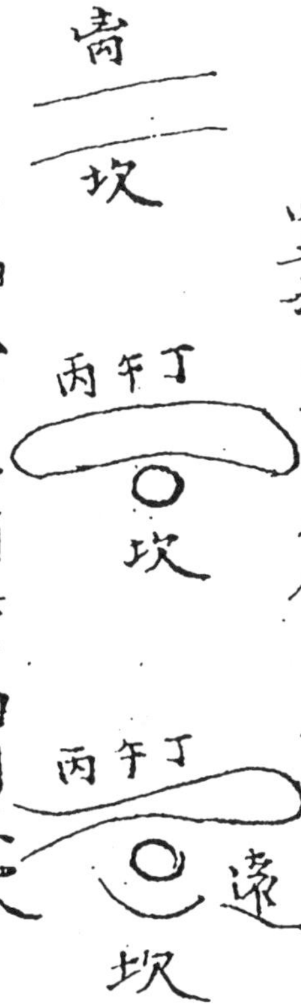

四隅坎局畫例俱吊南角立穴

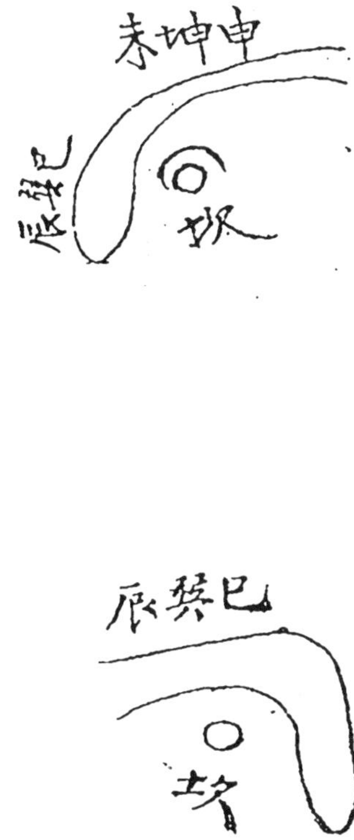

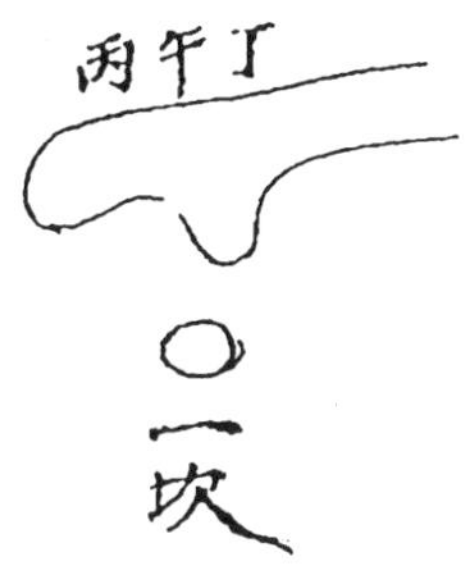

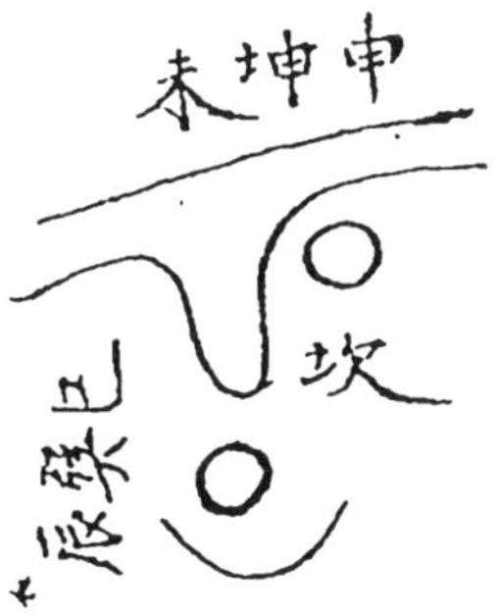

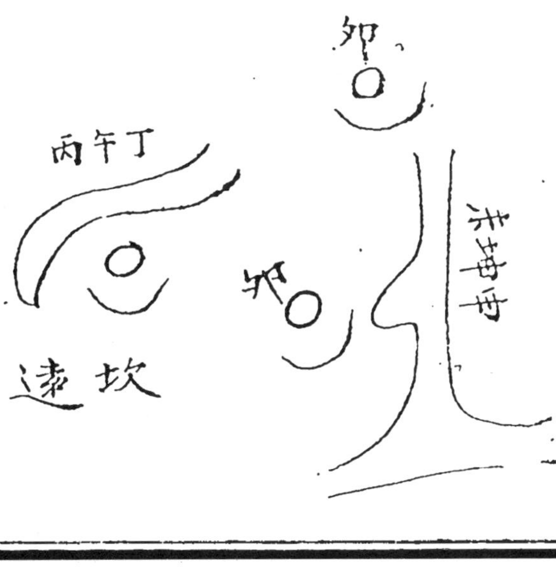

四正艮局例俱吊西南角立穴

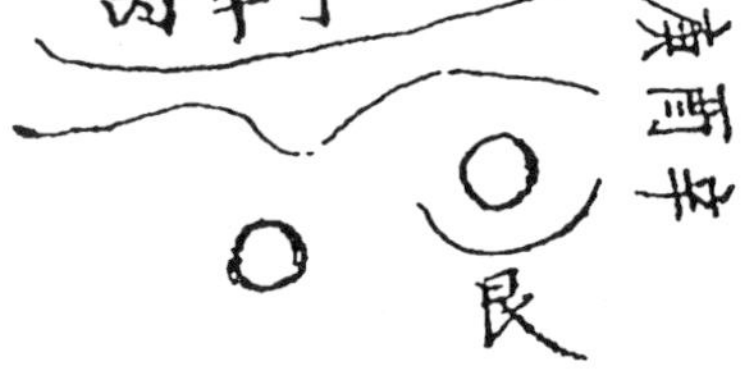

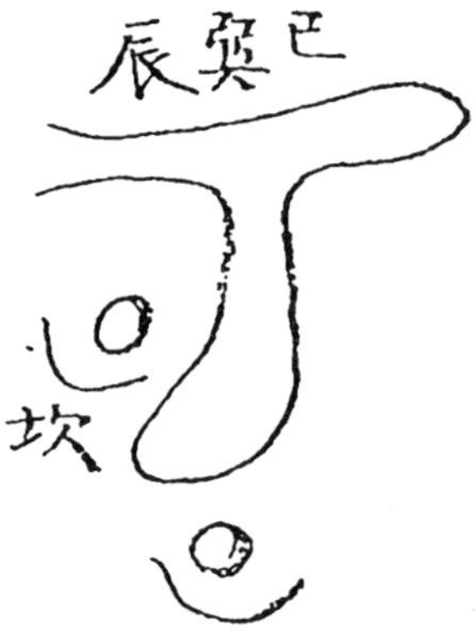

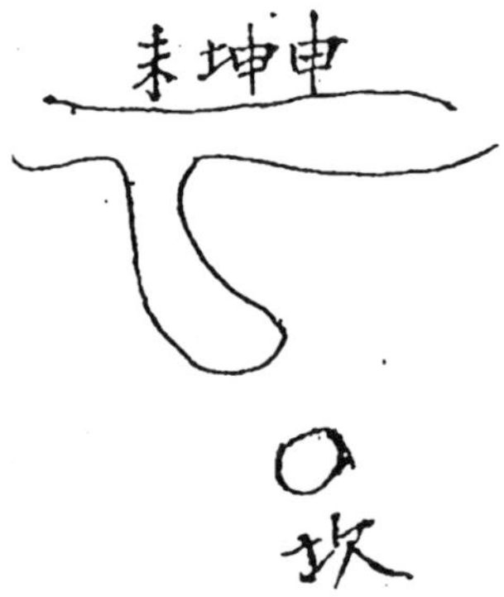

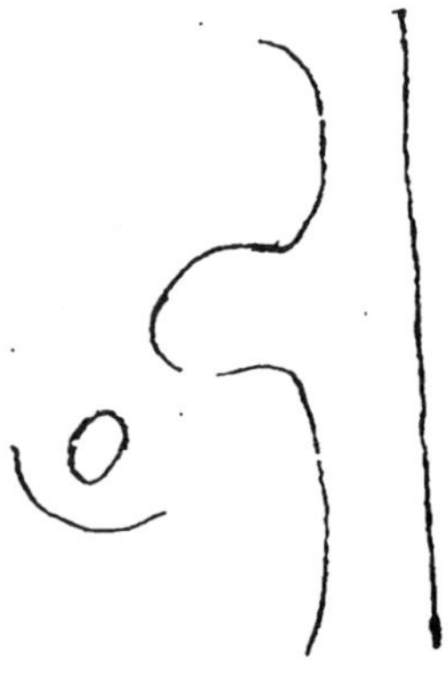

四隅艮局畫例俱旁西南水立穴

四正坤局圖例俱弔東北角立穴

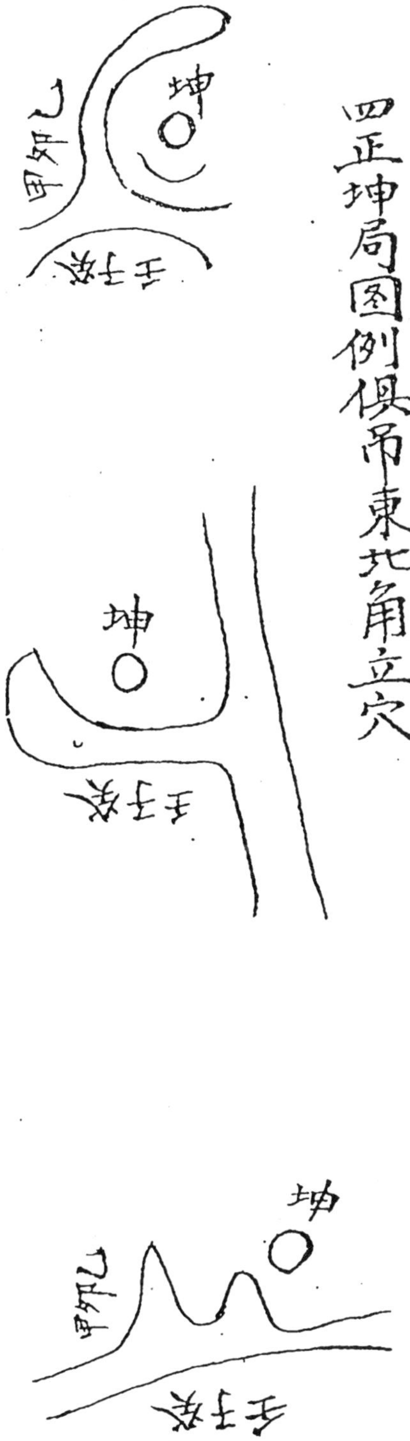

四隅乾局面例俱傍東南水立穴

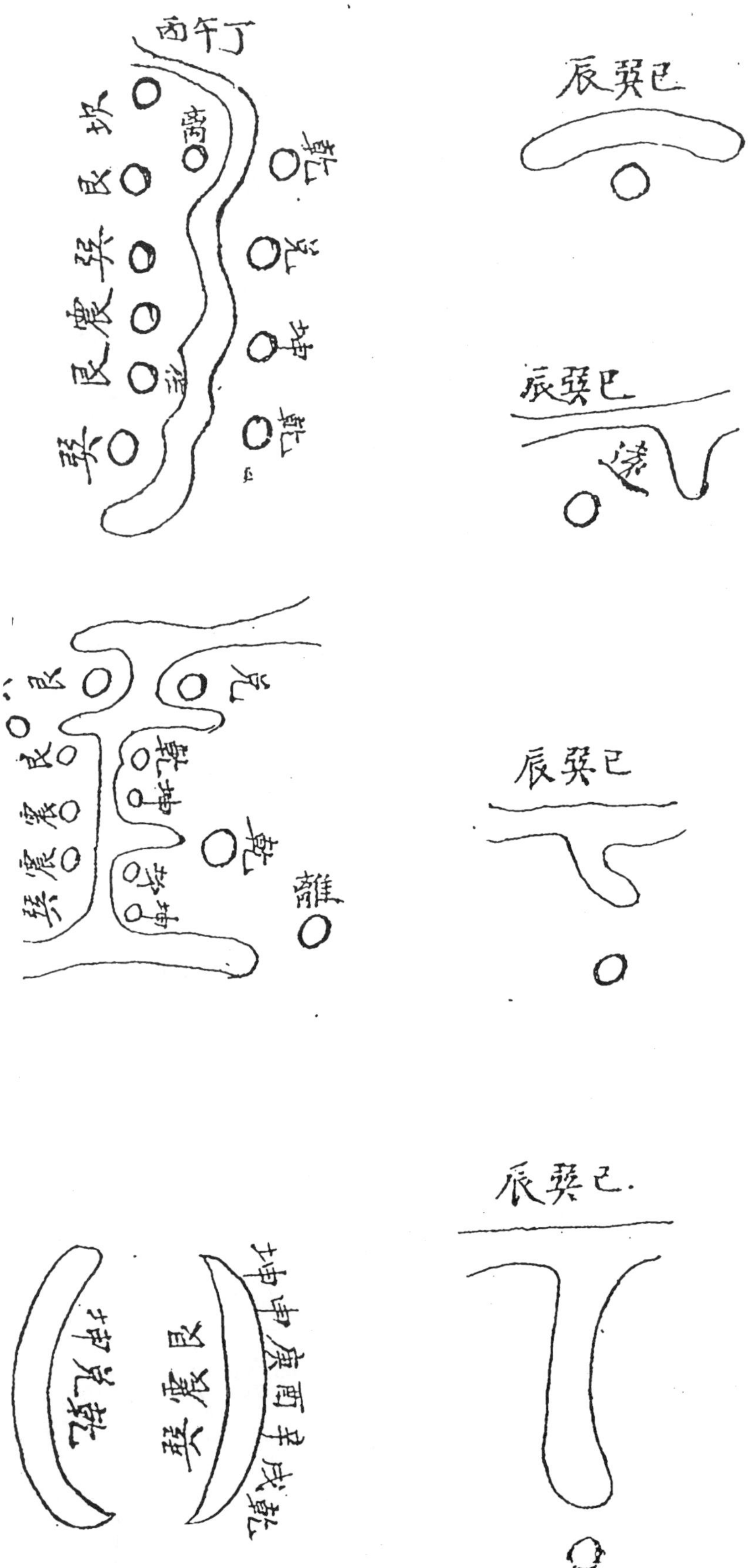

凡水龍之来，必要曲折有情，葬法必要頂其生動有力之处，或靠正幹，或依嫩枝類，皆以生氣可依者為上，或葬於直来生处，或葬於湾抱之处，皆要看前面堂局，旺氣而兼端正，拱抱後龍勢力者，發福亦大，前面氣旺而濶展，發福亦久遠不替，至於四圍皆水，四面可葬者，則又看元運以葬之，無論兼三兼四，必合宫水另到為真，若四面水繞，即作中宫論矣。

乾坤艮巽兼收局

坎離震兌兼收局

坎离震兼收局

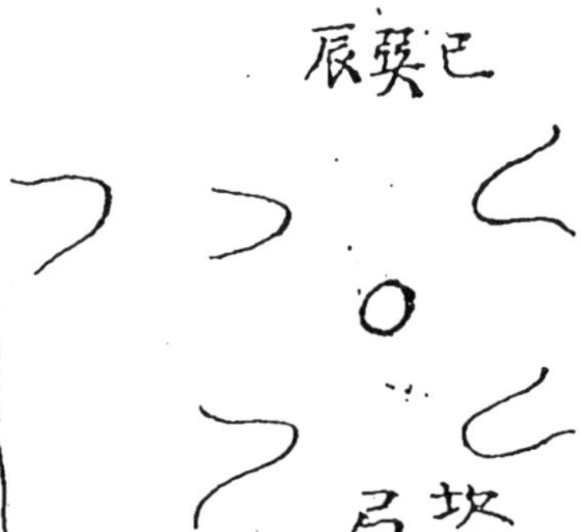

乾坤艮巽兼收局

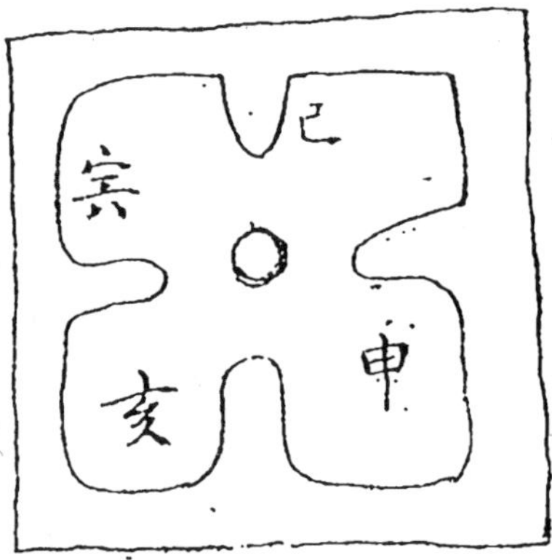

坎离震艮兼收局

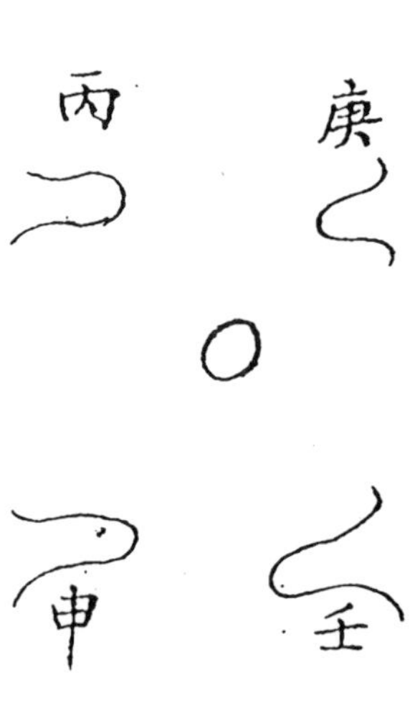

乾坤艮巽兼收局

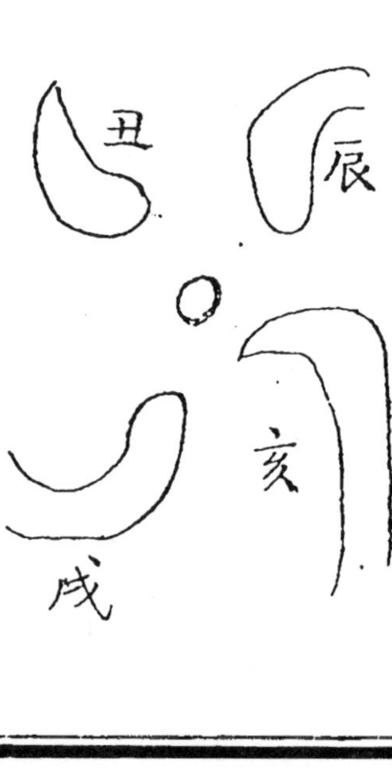

四正方地立局圖

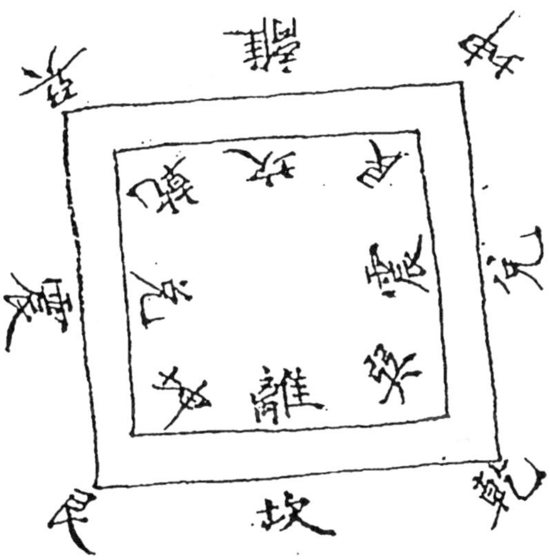

四隅地立局圖

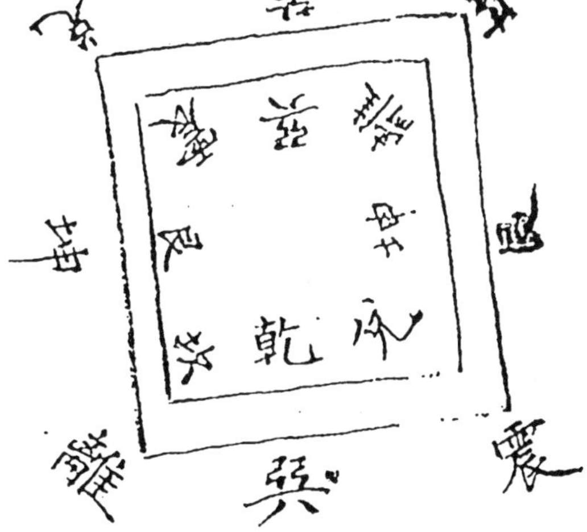

凡地不拘方員其四面有水繞者可隨時變局立穴以收吉方之水

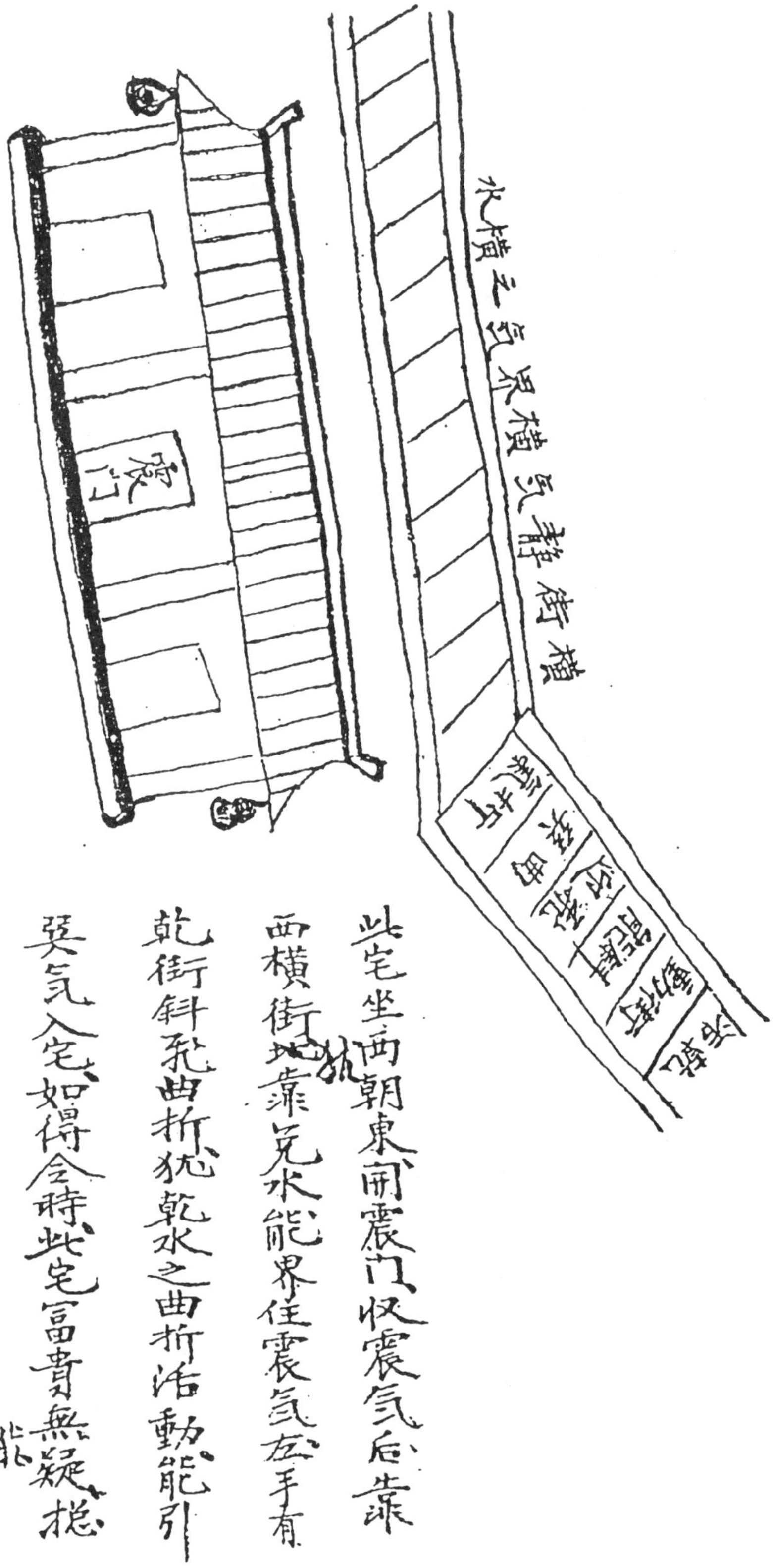

此宅坐西朝東，開震门，收震气，后靠西橫街，北靠兑水，能界住震气。左手有乾街斜飛曲折，犹乾水之曲折活動，能引巽气入宅，如得令時，此宅富貴無疑。總之，橫街能界气，斜直冲射之街能迎来气，故天元云：迎神界气两重関。

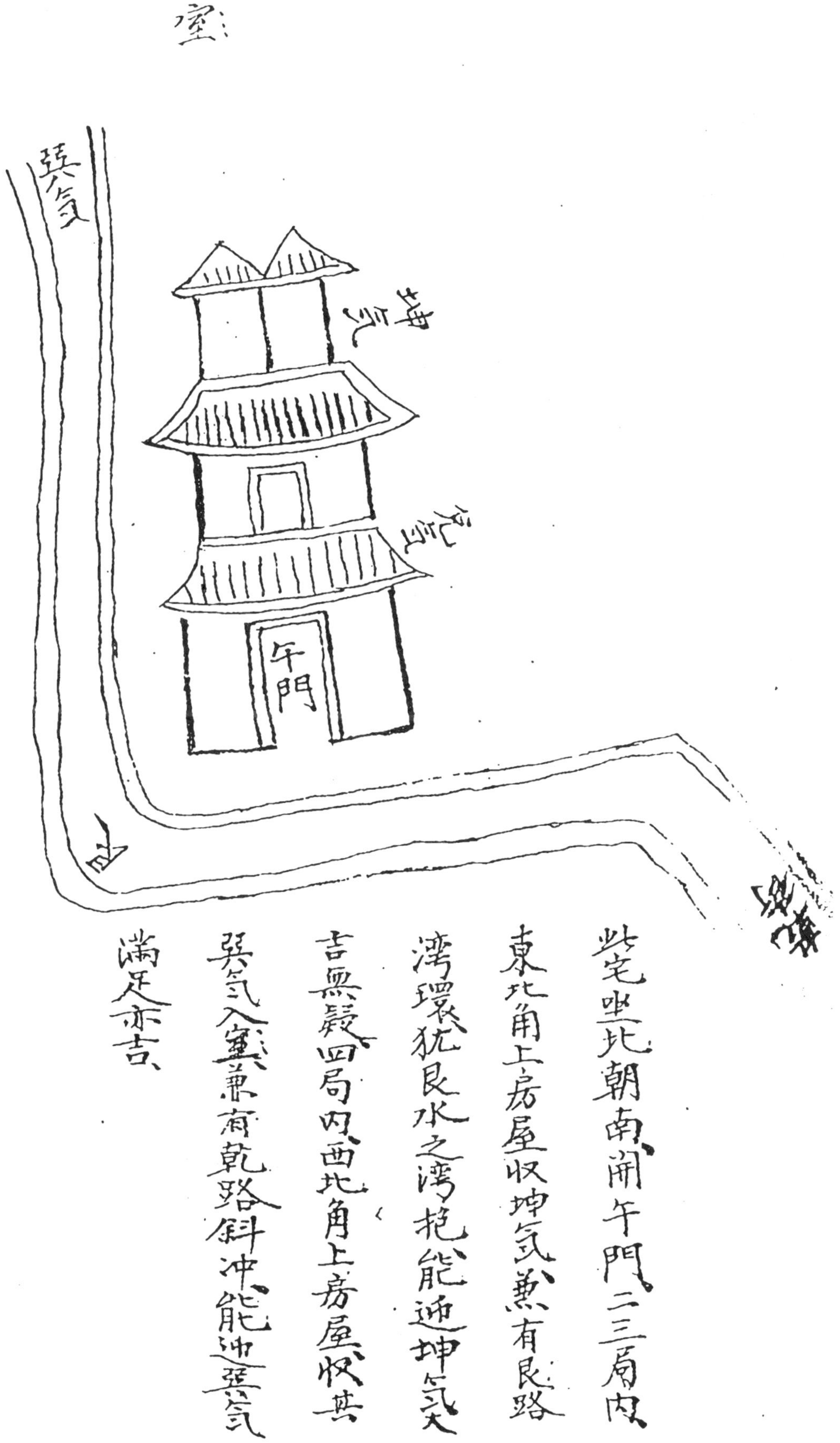

此宅坐北朝南，開午門，二三局內東北角上房屋收坤氣，兼有艮路灣環，猶艮水之灣抱，能迎坤氣矣，吉無疑。四局內，西北角上房屋收其巽氣入室，兼有乾路斜沖，能沖巽氣滿足，亦吉。

圜水並歸

水底斷際例

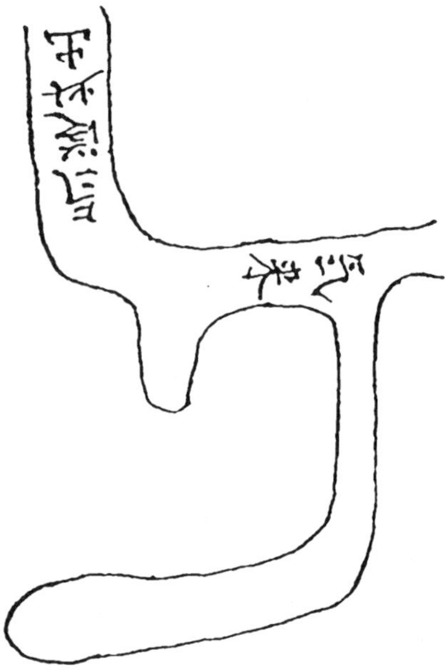

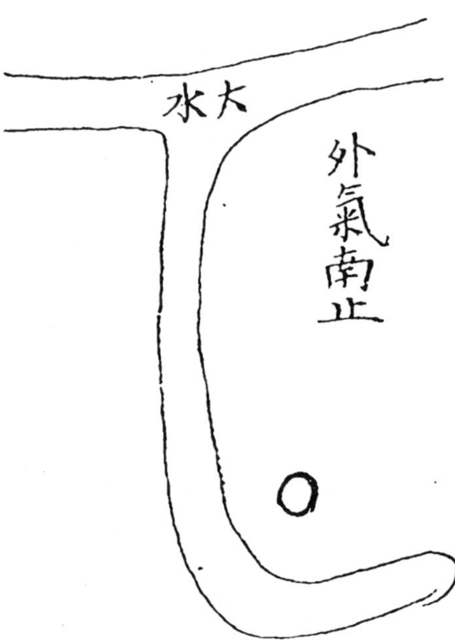

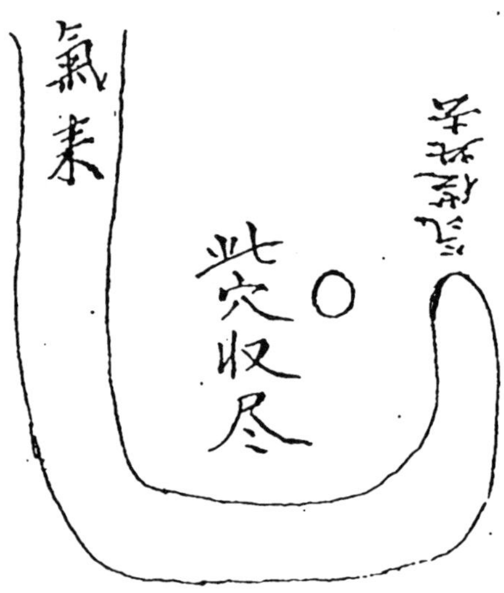

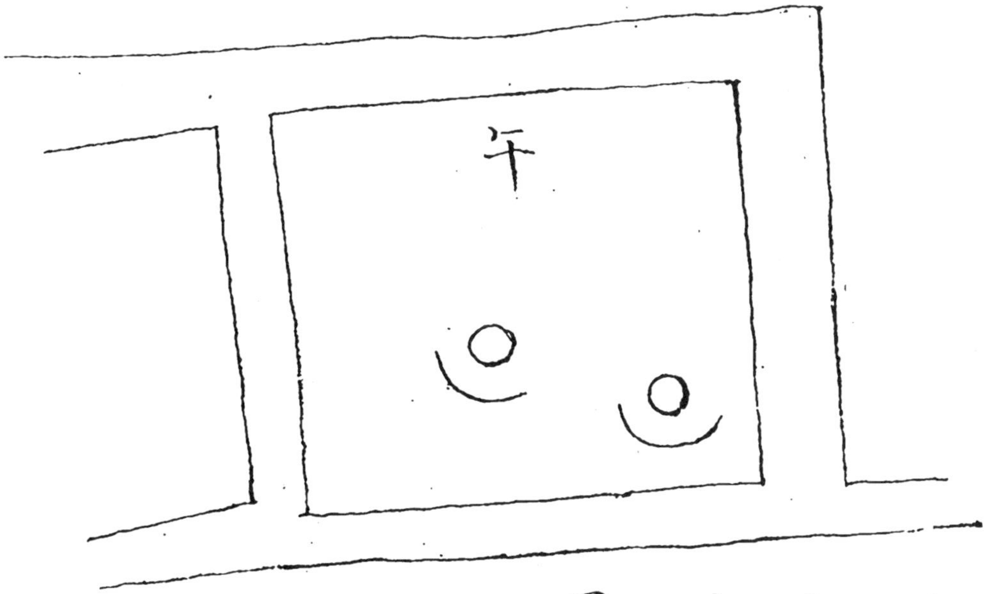

此地宜爲周姓祖地乾方地發族、中穴發貴、六七八九俱發係变局乾穴取離氣沿迹直冲後蕩之水、坎乾之發於离者也、

四圍之水穴上有不見

審運章第九

日有中昃。月有盈虧。地有衰旺。家有興廢。天道之常。物無遁情。朝而昇食。暮而危衰。運逢忽敗。知者先明。朝哭於巷。夕歌於庭。運逢驟進。愚者莫驚。其運為何。九宮之次。上元一統。二三佐治。中元四統。下元七統。八九迭制。中元正運。元外餘氣。餘氣既竭。王公輿隸。地力孰厚。星曜全強。康衢畬茂。險道可航。地力偏薄。星曜踳駁。福力不全。禍來絕索。一衰一旺。休咎相代。兩衰一旺。旺不能載。兩旺一衰。衰亦何害。下士失時。河清难待。上士乘時。授師救敗。移易陰陽。更張莫懈。細察星方。以防其潰。

此章言天道無百全之數故有陽九百六之阨雖至美之地不能有旺無衰雖至德之家不能有興無廢禍福倚伏有不得而逃也全倚乎三元之運運旺則寒門驟發運衰則久貴忽傾人但見其止此一坟止此一宅而前後之不相侔如此反以地理為足不信豈知墓宅不更而元運自轉陰陽之道毫不容間惟知者為能先覓耳元運者上元甲子以一白坎為統龍二黑坤三碧震甫之共主六十年坎先管甲子甲戌二十年甲申甲午二十年入坤甲辰甲寅二十年又入震各管二十年然每有未來過去發福先後輕重之不同而同在一元之中則皆乘旺氣中元

甲子四録巽為統龍，五黄中宫，六白乾輔之。下元甲子，七赤為統龍，八白艮、九紫離輔之，其主治俱治如前。歴驗已往之地，則上元三龍，在中元未嘗不發，益中元有上元之餘氣也。天啓下元甲子以前，公卿驟發，反有横財致富者，此中元之地。一交下元甲子，巽局忽然敗絶，而兑地皆發。至甲申乙酉方变，凡被禍者，皆六五之地，則知下元甲子二十年，尚属中元餘氣，至甲申始刻尽耳。坎至此時兼艮者發，乾者亡，坤震尽亡矣。夫同以退之運，其參差不齊者，何哉？嘗聞吾師曰：坎離為天地之中氣，中男中女即先天之乾坤、中藏戊己真、其上三元不敗者多震水以壯而根深兑金以少而剛堅、且為日月之門户春秋之平候故亞於坎離艮之象為山、亡不可易、其質堅矣故其父亦比震兑乾為老亢之金、坤為既産之土、五黄廉貞之吐火亦無根據依物而炎、故皆不久巽為稚木、奇花爛熳、不耐風雨、尤為易衰然、龍運雖定、而尤當以地力消詳也、若水脉深長環抱重疊則為得氣多、雖入敗運、止於不發、尚可自保、水脉短淺而環抱亦少、則為得氣薄、雖入旺運、縱發亦多頗躓、五福不全、則且有一坟一宅之家則無牽制，巨墳宅不過，又當參觀，假如兩地，一旺一衰，互相抵當，則享平福，又當審其力之大小，以決勝負，一旺不敵二衰，則衰能為害，一衰不敵二旺，則旺能為福，余嘗見處衰宅而發者，必有佳墓，亦有墓衰而發者，必有佳宅。或遠祖墳得正氣，而新扦之禍未彰，或新扦穴吉而未發，必旧墳之凶煞未除，要之上吉，始能敵小凶，而祖禰更切於高曾矣，作者求失元之大地，不如得及時之小地，人壽幾何，待其去衰入旺，身與家已同敝矣，故吾師嘗教人開塞以救本元之盛衰，良苦心乎，但須斟酌來情方位之真偽，而後乃為速驗，若來情不合，雖修亦何益之有乎。

來情章第十

卦運眞機。問厥來情。來情文幹。以類分行。幹水來去。世曰易明。支水有止。來去難明。支之入口。吐納滋生。執此言來。其來有經。穴若來乘之脉。氣可凴。若指爲去。倒置不寧。幹水乘離。坎危欣入幹水來震兌。脉不失。八卦之門。各歸本室。支之來位。依此而循。共曲折。視其斜直。度其修短。測其移易。一氣兼氣。因方定質。分元辨位。應時效績。幹水出地。亦有還氣。還氣注蔭。从來不異。支水中停。其環立止。候止候還。審來審去。入妙通微。始全卦義。

前二篇言定審運地氣與旺衰廢之道。幾乎盡矣。不知運之魁應。在乎卦眞。而卦之眞偽。在乎來情。來情者。

水之来去也水之来去即地氣之来去故卦運非此不真而論氣脉者所首重也立穴所乘之局氣不敵水路所乘之来氣善於来氣者知来氣之精微則局氣又不足言也幹水有幹水之来支水有支水之来幹水之来去易知而支水之来去难知令人但知流水方来為来水流去之水為去水以此概論枝幹則謬矣流来為来流去為去通行幹水則然為若夫浜淒停止不通之支水則反以止処望出口為来出去望止去為去蓋水之行脉如山無二山以幹之落処為来以支之尽去為止惟　亦然自江湖溪蕩流入小支則流之口

為來而水之盡処為止故支水發於盡処世人以為源頭水尾、有出無入有去無來之地、而不知有去無入、有來無去、真氣止息之処、所以發福最易、而歷年亦久矣、凡水路來自坎方、即為離龍、水路來自離方、即為坎龍、八卦皆然、又須循其曲折、如離方有一曲折、即是一節蹕最坎龍、离上有二曲折、即是二節坎龍也、視其斜直者、若是離方來、直至坎方止、則為真坎氣、若离方直來、又斜過左邊、向艮方止、即為坎龍兼足、艮龍入首發矣、艮龍入首斜過右邊內乾方止、即為変。坎龍發足，乾龍入首矣。廢其修短者，离路水長，坤路水短，即為坎氣。若是離方直來，不斜過坤迴向艮坤，長艮氣短矣。若離路水短，坤路水長，又為坎氣短艮氣方。長矣。溯其移焜易者，水從坤來入口，又行至巽方一轉，路行巽巽方始轉而後結穴，則為外坤艮內補乾艮矣。如此（又從坤方入口，行至巽方一轉，又行至艮方一轉，而後結穴，則為內坤外乾艮矣。）盤此変局，實不一端，故地有一氣者，有兼二氣者，有兼三氣者，以其水行方位定之。龍之貭幹，以此分上中下三元，辨長中少三位，應時取效，永無差忒。幹水結氣，立穴之後，必有去水，此去水流去處，亦有還氣，如水從巽方來，又從坤出向艮立穴則左乾右艮矣如水從巽方位從乾方出向巽立穴則為前乾後巽矣水從巽方來又從兌方出向南立穴亦為左離右震矣一元位來去一元大

乾

癸兩元位上去來兩元衰旺分應歷歷不爽支水如不差忒差於中間則到底一節亦同去水亦作還氣論如坤水折曲而去至艮方止而就中停立穴作為巽方向是左坤右艮之局矣蓋穴迎來為氣之水止穴迎去水為氣之還察其來即知氣止審其去即知氣還此章論水論穴之法必須精詳變化方能入妙適

微而後八卦之義毫厘辨晰無有不全而三元運氣興衰亦係毫芒皆照矣

注受章十一

局氣之理。要水注受。親水如離。坎脉斯有。親水如兌。震氣入口。以及八宮。之可制。土雖水雄。為相牝牡。亦有變化。以踈奪親浮光露影。地氣轉輪。親水在乾。踈水在坤。內氣轉巽。外氣艮分。入宮化見。二耦三隣。但有水見。氣即交侵。兩枝連理。騈拇双娘。莫論一局。失命喪身。大小輕重。以別主賓來者宮神。踈者照神。照神有二。目接斯真。滿照潴涯。動照通神。照本實位。宮乃主。人主勢剛強。驕客伏馴。賓勢盛大。主權不振。賓主交動。此謝被新。詳其遠近。以時屈伸。來氣之法。莫為汶已。

夫八宮立局收氣之理。本以貼身接氣之水。氣受雌雄交媾而成局也。貼離水為坎脉。貼兑水為震脉。八宮以例推之。此定局也。亦有變氣為局者。局外特出踈遠之水。浮光露影。奪其局中之氣。如貼乾水立局。本為巽氣。而坤有水見。則為內巽外艮。凡八宮立一局者也。有他局水相見。皆能奪本宮之氣。以至二水三水參差互見。無不見然、若此就近穴一局而論、如巽兑而變震上元必衰巽巽而變兑、下元必衰、求生得死、求旺反衰、未有不失身喪命者乎、今人但知有合元之氣、豈知有失元之氣、以奪之哉、其中必當權、其太小輕重、以斷賓主相旺之數、蓋親水內局是為宮神、踈水外局是為照神、亦有二等、通流曲折者為動神、蕩漾積潴者為滿神、二照立均、總以目所觀者為真、望之不見者為力微矣、夫宮神為主、照神為賓、本是定位、然須宮神水道深澗、更是重重息道聚氣之局、然後主勢倒健外来照神之水，終是浮氣，不能奪之，故當主氣元中不彼其害。若照神之氣過於宮神，已氣又微薄弱，主不能制強賓，即當主局元旺，亦難發福，直待照神所旺之元，乃始暢達，亦有宮神照神，主賓齊動，則一局萎謝，一局更新，反成三元不敗之地，更須參其尺度之遠近，以決發福之先後。大若地氣之應，自近若始，宜於本元水近，他元水遠，然後下逮，自近及遠，以漸消發，斯為順理。若本元之水遠，而他元之水近，則初運之時，雖有照神控制，終嫌本局不得旺時，難求速效矣。拼元局者、慎勿泛泛、致失趨避之道也。

總要本元的大水近而且旺有力、他元之水小而遠、則亦不妨、若本元之水小而無力、他元之水大而且近、換元可發、本元不盛、若本元之水與他元之水、兩兩相見、光燦在前、本元可發、他元亦可發、謂之三元不敗、若離山落下平地立穴、而坟前左右無水、則專以龍論、亦以山向論、必是一家元龍乃發也。

巨浸章十二

亦有一方。滿洋巨浸。虽曰痴龍。豈無良殯。湖蕩池沼。為子復論。縱不生支。亦能積潤。溯其根苗。实從元運。裁穴之法。亦有真機。

若穴沼池。方矩員規。氣秉其横。中正奇長。大湖小蕩。中氣推移。側生測死。目巧在微。變化之妙。義同幹枝。衆水浩浩。一隅可喻。衆水奔趨。一引曲入。一喻一入。衆水駐跡。水聚砂田。渟渟滴滴。不漫不散。真氣已蟄。乘元蔭後。穰福應疾。此是真息。舟支為正。若無真息。穴坐其圓。倚借外勢。望之淵淵。形舟衆殊。彼強我斫。日引月長。福必待年。三吳江楚。大澤連綿。世家墓宅。亦產英賢。驪黃之外。用綴斯篇。

水龍之分幹枝固美。亦有湖蕩池沼之穴。在枝幹之外。則另為一種。又不可息漏二道論胎元。亦豈容以痴龍目之。斷其不發秀也、此等之地、雖不生枝、亦蓄其氣、只要元運合時、亦發科第、但立穴之法、自有真機、不從散漫處混下穴耳、池沼與湖蕩、又是兩等、不同一法也、池沼顯而易下、湖蕩隱而難扦、池沼只要方圓成象、平正不敧、便可取裁、但宜於橫處受穴、不可以直處立穴、如一方池、橫則看處為土象、直則看處為木象矣、圓池亦須微微橫潤、乃是金星開口、大圓則四週無受穴、反是頑金、從何處下手、凡池沼立穴、須察水中之氣、左右相等、平正端麗、而後氣脈涵蓄、若立向偏斜、或邊輕或邊重、而受穴中、則無真氣不能發福，太湖大蕩則差法又宜精密，益其勢散漫，雖居正中，猶难聚氣，棄死就生，亦從幹枝之理变化而來，但舟江湖溪澗之枝幹形象迴別耳。假如有外蕩直奔而奔，積偶稍稍曲入，其中即有砂角関欄外來衆水，逆如此駐足，即是太蕩為幹，小蕩為枝，太蕩為漏道，小蕩為息道，即為龍胎，豈非貴地。若得乘元，又有後蔭，差下立發，豈必以湖蕩為緩局也。又有一種地，既無内局小蕩，又無曲水入口，而座於土圩環繞，形如滿月，亦是吉象，更藉外砂翼衛望其天蕩之水、对穴淵渟、雖屎流通、而因有外砂、更不消散、且其立局之水、端凝秀麗、迥毋他処不同、移步換形、分別妍醜、則衆穴皆賤、一穴独貴、理所必然、若其氣脉不始聚、难以速效、須日積月纍、穴中久々之氣足、而後胎應、三吴江楚、此等地局、發者甚多、下此等穴、須於牝牡黄驪之外、別有巧悟、故特發明此篇、使学者深知妙用、不得概以痴龍忒之耳、

原隱章十三

水龍之地。毋山相貿。山之生氣。鍾於高阜。水之生氣。鍾於

卑受。卑受之氣。不當前後。何謂明堂。堂前地高。高而益高。代產英豪。如或傾瀉。貧窮逋逃。穴後地低。如泥歸底。低而漸低。業業不推。如或隆起。絕世無兒。穴左坦然。青龍蜿蜒。長子亢宗。家餘稅錢。穴右土厚。白虎短促。少男疾病。貧遭禍咎。卑而大卑。當作水推。能奪高局。相土須知。大江以北。千里平陸。土常有餘。水常不足。高厚為岡。平低為谷。春雨秋霖。為洩為蓄。何必江湖。而後成局。宜詳尺度。兼別沙簇。剖露一端。以該地軸。

此章言高山與平洋事事相反高處以高處為生氣以（水處）卑

下為生氣，正以山龍從山上高处來，水龍從水中低处來也。凡平洋穴法，後龍宜低坦，一步低一步，則後龍綿遠，子孫攸久蕃庶，壽考無涯。穴之左右亦須低坦，乃為龍虎環抱。穴中氣足，左低長發，右低少發。若穴後有高地，或兩重叠山，壓下損丁，子孫稀少，漸漸高去，後嗣不絕。青龍高，長子貧窮；白虎高，季子消乏。惟明堂之內，則宜漸漸遠高，為送氣歸堂，大發財祿；傾瀉蕩然，則財散矣。然三方低下之处，必須四望平夷，若有一处極低，便作水論，依水定向之氣，反為所奪，向氣不真矣。且江南水多之地以江湖溪澗為龍局，江北中原千里平曠，無水可收，即以低地為水，高地為山，便成九局，以斷吉凶。若雨下時，其低即有水脉流通，便成枝幹。若外有數里陰砂護穴，則大地矣。偶因原隰露此一班，秀者即是，而推則中原龍平，已了然指掌矣。

星符章十四

先天九氣，化為元皇，端拱紫微，以執天剛，尊星帝座，弟七同行，化成輔弼，陰符斗罡，兆至極陰，実禀至陽，坎中一氣，先天乾藏，識主司六合，旋幹無殃，八卦之母，列宿之王，斟酌元气，化育萬方。地之嘘吸。雖殊黄泉。地之方位。上合蒼天。靈位辰次。水位星躔。斗精所化。委々原々。運此九曜。以符九宮。是大五行。名曰玄空。父母交歡。子女繼宗。行々相比。位々相從。顛倒錯亂。不同而同。地之九宮。即天九曜。紫白分輝。餘色映照。二卦迭推。潛符默導。消納從天。歆有父道。胎息從地。如母之保。天道主施。地道主受。三吉為純。輔弼為咎。但宜於前。不宜於後。若襍四凶。神聖莫救。閲路欲清。法當詳究。亦有隱曜。天外空浮。隱之果寂。照之畢空、收。更有轉曜。其變難求。宜慎而喜。宜樂而憂。向竅向實。內流外、外流。々不必盡。其流窮、休。採星之訣、至聖所秘、有得之者、掌握天地、惟此五行立命斯契、諸家妄作、盡為妖魅。

此章言天地之內，氣化流行，一皆九星所主宰。混沌未開之先，有先天氣母，以虛無為祖氣，化成九星，以為天地。一曰天皇大帝，即尊星；二曰紫微大帝，即帝星；三曰北斗第一貪狼星；四曰北斗巨門星；五曰北斗第三祿存星；六曰北斗第四文曲星；七曰北斗第五廉貞星；八曰北斗第六武曲星；九曰北斗第七破軍星。而尊帝二星，又化為輔弼，在武曲之旁，隱而不現，皆高居紫微垣，以主宰天地。紫微垣者，北辰天樞，在天壬癸之方，北極至陰，而實一陽所自生，坎中藏乾爻，有此一陽，而後羣陰羣陽無不普遍、故能維繫天地、旋轉造化、斗柄所指、四時之氣隨之而轉、以此九星之氣下施於地、化育万物、故人之生命無不繫屬於九星、窮通壽夭、豈能逃哉、地氣雖發黄泉、而实毋天地之位合、一地之靈位、即寥廓無星之処、為天之次舍、所謂辰也、地之水道、自天津析木而来、即天星所經、辰毋星皆本於九星、所以地之吉凶、純以九星而斷、地有九宮、天有九星、九宮即九星之象、九星乃九宮之精、猶日魂月魄、運轉乾坤也、雖只八卦、中而藏戊己真土、乃有九宮、以符九星也、故楊公九宮卦例以一白水配貪狼而於星化為木二黑土配巨門三碧水配祿存而於星化為土四綠木配文曲而於星化為水五黃土配廉貞而於星化為火六白金配武曲七赤金配破軍八白土配左輔九紫火配右弼而於星化為水可見八卦即九星之象九星即八卦之精而其中金木水火土並無定名全混斗中九星旋轉樞機運此九曜而八宮之五行出焉總屬先天一氣之所變化故曰玄空大卦五行其坎坤震巽乾艮兌離乃八卦父母子女坐宮入用之次第非

人所造，顛倒錯乱而愈井然，不同之中有大同，若存爲八卦，則以乾坤為父母，以六卦為子女，二十四道，又以八卦為父母，干支為子息，以三路歸于一卦，二十四道，分為八卦，佈例九宮，各宮俱有一曜，坐守一宮，隨元用事，如一白主元，以九紫照之，故紫白分輝而余曜映照，各效其炅，每一元中，總一卦為主，而用一卦配之，每元迭推，方合消納之法，消納從天，以水為主，水得天一真陽之氣，每地交媾，故有父道，地得地二真陽之氣，每天交媾，故有母道，父之所施，母之所受，惟能收三吉之水、則地無不吉、三吉即輔弼、輔弼即三吉、吾師以詳宣照第五章註內矣、三吉輔弼喜在卦前、忌在卦後、如臣之於君、向君者良臣、背君者奸臣也、而非良相矣、凡地宜專收三吉輔弼、不以禄四凶出卦也、此四凶者、非破禄廉文之四凶、乃卦中上下之四凶也、如禄凶亡禍立至、神仙莫救、吉路又要極吉、若吉凶各宫齊到、則吉者應吉、凶者應凶、吉凶駁矣、隱曜者、內堂不見之水、遠去數里之外、若不照穴、則隱而不見、禍福未驗、若一照穴、則禍福立應、更甚於內堂之水、蓋水之爲物禍福之應，而最速者，其光氣之為也。如三光之照物遠，則其光愈顯，所以力愈重也。夫農小舍，發福而起高樓即敗者，見外凶水也；有初產不發，樹木參天而後貴者，見外吉水也。轉曜者，或內卦旺而力薄，外卦衰而力厚，則轉而為不吉矣；或內卦衰而力薄，外卦旺而力厚，則又轉而吉矣。凡曜運變，吉凶原無一定。立向之法，或坐實向空，或坐空向實，向中有來水為實，無來水為虛，向依常而論，向中有直去之水，是為虛向。亦有吉向反凶、凶向反吉者，蓋因星卦不明，衰旺有病矣然去水星卦貼本身出口第一折為準既折之後穴中復見其去水之影仍作來論矣所謂外流是也去水流不盡者去口之外開一大漾所去之水停積此中光氣愈甚是雖去而復來吉凶亦必顛倒矣孝者慎之雖有遲速之不同總以因卦流神之合星卦命否以定吉凶流神之合星卦又而得一氣清真者發福極速同為全美但恐日久發洩太盡而後嗣凋零務要兼收輔弼宮神以為先時補救之

良策則流神似不能尽善尽美然反能源遠流長而無休替矣此指坎卦一卦為例如他卦另有輔救之法以詳宜照經中之註此法是用九宮卦例將九星自貪挨至右弼自宮挨至九宮旋轉九嚮星挨而用之即楊公所著天玉經云空大卦之定理也以此屢驗古塚新坟無不灵應如神誠為天地所秘古云有人識得挨法朝是凡夫暮是仙人能尽此挨星之用造化在掌噓吸通於灵座矣古人傳書不傳訣恐干天怒除此

挨星大五行之外，其他諸家五行，雜亂而出，难以枚牽，皆非消納之正道，至於双山三合，勉強支離，乃後人偽造妖魅而已，或更將九星，認作長生貪狼沐浴巨門之類，分生暮旺者，犹為不通，夫盈天地之内，惟一氣化氣生，生則無乎不死，生則無乎不死，豈有限定某方為我生，某方為我死之理，此後人附會之談，戒孝者慎勿惑焉，更有黄泉八煞，毫無根據，全然偽造，擯而去之可也。

篇中所云，去口湖海之地，只以落朝去處為的，蓋来朝送上之水，不謂之来，落水歸元，同流尾閭，天地自然之道也。中陽子云，九星之説，但以四吉四凶斷向水應驗，斷吉凶微渺之事，至於興衰代運，只在八卦，不関九星。作者既知八卦三元来情真僞，則九星亦可畧也。

陽兆章十五

陰陽二用。妙在氣交。天降而下。地浮而高。土膚之上。媾精之交。噓吸橐籥。如春發妍。笑彼庸術。握地及泉。氣盈在上。枯骸不粘。水淹凝積。泛濫及棺。天光不照。尚得陰寒。趄塚成山。凶形寬坦。勢若昂昂。孤峰岩險。妥作坦墉。砂迷水掩。舒則冲融。囚則難展。

坟前趂屋。壓損明堂。陽和晦暝。自失晶光。居中仲廢。居左長荒。若逢右畔。季子茫茫。碑碣门庭。朝家典制。若據形象。以闇為貴。至有徵瑕。時為大累。贅此瑣言。庶幾尽義。

此言乾坤之氣。一日不交則萬物皆死。不成天地矣。天地之妙。只有二氣交會之中。二氣無処不交。天地以至陽之氣下交乎地。地以至陰之氣上交乎天。一升一降。媾精之処。常在土之膚。覌乎雨露降而阜木萌芽。此其驗矣。南方土氣薄嫩。置壙平田。累土成坟。以吸三光之入之和，下引黃泉之氣，則陰陽冲和矣。庸術以不得土為不得氣，掘地及泉，使棺槨浸潤，骨為寒凝之氣所閉，陽和之氣及透於上，塋者不沾，豈能應耶？殊不知氣化周流六虛，即懸棺空堂，而地之吉凶未有不應。世有權厝而發福者，不必深入地也。古人不封不樹，今俗尚坟壠，亦須平坦冲夷乃為合格。若築地太高，累土聳拔，則孤露危險，元氣四散不歸，更不可以厚築垣墉，隔斷外來秀氣，惟垣平寬大，猶得展舒。若高峻窄小，則名為囚，而生氣閉塞。屋宇碑亭墓

门等事一有侵逼雖屬小失亦恐太傷破尽言如此

還原章十六

厥初生民。男女媾精。天魂地魄。交癸媾壬。橐籥孚胎。百日成形。十月圓胎。出腹産嬰。弦望之数。上法天行。命尽氣終。陰漓陽愆。魂越泥丸。魄沉湧泉。百骸僵卧。血凝髓寒。亦媾十朔。海渴河乾。瘞埋之法。反天入地。接續元陽。魂錮魄鑄。若得佳成。死而不死。瘞乘旬中。骨有餘寒。瘞乘十月。骨液未泯。地脉灌輸。枯木復根。一期三載。葉葉枝枝分。此猶不瘞。朽敗空存。雖有吉壤。杳隔不仁。久久蒸噓。麗霜乃春。若曾凶瘞。改僞移真。

敗氣先体。魄感塵灰。歷年世久。瑞應曷臻。古之葬禮。周孔所作。天子七月。士庶逾朔。暴棺棄屍。子道之薄。陰陽諸忌。下愚不孝。莫嫌渴葬。敢問先覺。

此章言既得吉地、貴乘初喪急葬、接續生氣、還元反本之義。以人之怪胎、十月胎成、故人之告祖亦十月而体竭死者、元陽已升於天、葬得吉地、反天元以入地中、如入炉冶、魂復、魄後聚、須及其骨液未竭、乃可舟地脉流通、如接木、須新剪之枝、若經氣泄、豈能活耶、葬法七日最佳、七七猶可、斷不可葬過十月、若更遲之一期三載、雖有吉壤、何從接氣，必待塟下久遠，枯者漸消，而後徐蔭應耳。若曾於凶地塟過，改扦吉壤，前穴敗氣沖漏骨間，魂精散盡，直侯惡氣全消，吉氣乃入，能以歲月計慮哉！今人緩塟，亦有數端：賢者不忍其親，難以遽塟；不賢者置親膜外，或停棺於室，或淺厝別地，暴露多年，真同棄屍。又庸師拘忌山向，一家百口，年命沖刑，此吉彼凶，終無塟日。試思古以來，天子七月而塟，諸侯五月而塟，大夫三月而塟，士庶逾月而塟，又何嘗有山向年命之紛紛者，盍亦折衷先覺矣。

孔子四月死、三月葬、其山向年月可知矣、

此章言父母死至七日宜葬、以其真氣未散、一得吉地便能接元氣而發生也、若暴露多年、則骨液已竭、雖葬入吉地、难于吉氣、何况失元之地乎、蓋亡者從元氣之生旺、應及血骨、而血。蔭之真精、乃因元氣之生旺應及子孫也、鴻猷氏誌、

附葬章十七

葬法分穴如宅分房。々分衰旺。穴分善良。先葬就弱。后葬就強。先葬獲吉。後葬獗張。亦有佳城附葬不寧。

一穴孱氣。枝葉本傾。保護祖根。千秋勿入。貧賤权宜。昭穆分立。移宮換宿。至危之術。未觀精微。鮮不蹭蹬。方位之法。一主分疆。九宮三元。辨別針鋩。莫侵煞位。自遠咎殃。祔中真氣。必有改更。咫尺萬里。立辨死生。局運元符。而正同情。法宜謹慎。智者莫輕。測新量舊。立祔參衡。

此章言高山真穴、都只一穴、不能兩棺、平坦、詳通可容艱合塟、然得穴真地、昭穆亦非所宜、貧家艱而營建、乃有祔塟、不知穴氣真偽、間不容尺、其間大判吉凶、不可不慎、亦有塟祖失穴、而祔塟得之者、亦有祖穴得氣、而因附反傷，若若無真見，則祖宗根本之地，斷不可宜輕加添祔，披枝傷根，禍豈一人独受乎。蓋祔塟之法，從主穴論，則以主穴為主，分出八方針鋭之差，如八卦易位，須於主穴之旺方添塟，若侵三元煞氣之位，主穴煞動，立見凶殃，禍及一門，不但祔塟之家而已。且物物有一太極，祔塟竟不可以主穴為凭，其穴亦有另來風，另有元氣運，另有外氣內氣消納之法，事事皆变，名雖為祔，实與另扦正穴無异，当以正法斷之甚矣，言局之不可忽也。假如近穴其水到堂，本是乾氣照氣，以穴一祔左向丈余離之地，則癸水变來為離水，又乘坎氣，元運衰旺，逥而主氣不同矣。是以另有一穴斷法，作者審之。

陽基章十八

大輿之地，豈惟藏形。往古圣哲，建都作京。襟江帶河，九野座灵。兆民萃处，百堵聿興。維宅之基，每墓合符。墓氣凝足，宅氣步衍。數四倚之地，廣厦不移。宮改換，自奧及隅。爰有五机，实為宗要。一地二門，三衢四礄，五曰隅空。八風是竅，独尊三元。微參九曜，遊年卦例。禍福不兆，墓氣從地，宅氣從門。一門易向，榮落轉輪。門通大道，氣入閨壼。前后旁側。

分勢均形。重门協吉。甬路相仍。轉步衰位。美惡相叅兼。男女居室。人之大倫。房闈是主。堂皆是賓。祠庙之宇。神昊所凭。建置不失。人鬼咸寧。置宅廣原。地符繞貫。比廬則聚。单室恒涣。若在都邑。無龙水遠。爰始獲沾濡。厥功無算。深山之宅。八方蔽藏。山形凹缺。風来集方。依高立局。反氣舒陽。是為主治。餘理不常。墓氣及胃。宅氣及身。如此滌條。彼如沃根。根荣以歲。條茂及辰。墓吉宅凶。蓄蓋食貧。墓凶宅吉。殃及後人。墓宅并吉。介福千春。能丕失驗。邁種之英。

此章言輿家之理，不惟坟藏形而已，即古圣王体国経野，大而京師，小而郡邑，以至市鎮村落，莫不有形势分会焉。其九宫五局之法，与墓同符，而不無小異。盖墓气止取一勺元辰之水，而京師都邑則取大江大河為局，大水在南作坎，大水在北作離，大势衰旺，此其樞也。至於各家宅氣，又就其所依小水而分九局。且陰地取其結聚，陽基取其敷衍，格局有狹廣之異。四倚者，或前或後，或左或右，常倚一水也。以倚一水，則局真，雖作廣厦，其氣不变。若隩隅之地，掛角立宅，止中宫太势，收氣不襍，前後帶煞，气有改变矣。如掛角艮宅，西南角二方貼水，則前帶左廂近南水作坎局，後帶右廂近西水作震矣。一宅分房，便殊衰旺、陰宅氣在地中、止收穴內之氣、陽宅氣在地上、不專以地中之氣為主、兼取門氣、蓋氣本橫行、無途入宅、門戶一啓、氣即其門而入、其氣無力相敵、地衰門旺、地旺門衰、吉凶参半、須門地並旺、然後可召諸福也、門地之外、又論道路、直來者、作來氣斷、橫截者、作止氣斷、如乾方有路來朝、則宅受乾氣也、如坤方有橫街、則宅受艮氣、朝路比來危、橫路比界水、所謂三衢橋梁同斷、嶠者、鄰居高峻處、如艮方有高屋逼近而來、則氣鄰障斷、反從艮方轉氣、斷近斷低、歸結到宅、氣亢白、若艮方有高屋、黃白
門謂四隅、反氣自高及下也、高屋多則氣厚、高屋少則氣薄、若高樓高屋因
停蓄、隅空者、方隅空缺、或在宅外、或在宅中、能引風從空、
聚漸、注結到宅、氣亦有倍加矣

而入最関利害、此五機若惟有三元之衰旺為興廢、而立向則仍
以九星地局為主、然亦有不合九星、而不害其為吉、故曰微
發、害不甚重矣、名曰遊年則非一定可之、彼執遊年為一定之
死例者、可哀也哉、至於遊年卦例、止參值年神煞、以斷
吉凶之應而已、其实禍福不係如此、若宅氣旺、雖絶命五
鬼何害於吉、若宅気衰、雖天医生気何救於凶、總之以宅
気衰旺為凭、相宅者只在五機、按三元之衰旺、義盡此矣、
從地、從门、又申言门之為重、蓋地乃一定之物、不能改移、
门則可隨方而改、倘有失元之地、改一旺门、便能起衰、

得元之地行一衰门、便主臧福、尺寸之门、荣枯頻異、不可不慎也、门以通大路為重、蓋气在太中、路隨人往来、一開门、便從门入前门後门旁側便门、或吉或凶、分遠近大小冷热動静而論興廢、一宅止一门独旺、則全美無瑕、若諸门皆旺、層遞而入并由吉路、則諸美畢臻矣、或轉入衰路凶门、美惡相争、不能歸一、亦有長短親踈分別勝負、至於宅中内门、則尤以房门為重、蓋因一阴一阳之謂道、家道興衰、在夫婦配合之際、生育男女、繼祖承祧、皆原如此、宅内重门之道路、步步從旺门引入閨閫、便開吉门以迎之、則五福全收、若中堂正屋、賓客酬酢之所作歸根復命之鄉、不甚重也、古人營室、宗廟為先、厝火之地、須在吉方、人鬼俱安、乃為安宅、若在荒村曠野之処立宅、則五机之中、尚以地氣為重、与陰宅相似、然統必比屋聚廬、而後可以会合風氣、收攬陽和、極小之物屋、亦必須二進三進、始有蓄積、一帶直屋、反散布数樣、氣皆渙散、地雖吉亦不驗也、若在城市、則五机甚重、不尚以水為局、雖遠水亦有乗旺發福、若更得近水路梁河生氣、福力非常可比、近衰水之地、其禍深巷之宅、八方局蔽、水氣輕、禍但以山形空缺、外為門路、能司禍福尤甚矣、其人跡車馬往來之路、即為動氣、至於立宅、本氣只以附近之山為主、如近乾方山、即受乾氣、近艮方山、即受坤氣是也、其余理氣轉移不常、權非一定矣、阴阳二宅不可偏廢、蓋墓氣從亡者之骨、葬及生人力深而後宅气在本身力浮而速、朝種暮收知者固不可以阳廢阴、又何可以重阴而廢阳也哉 阳宅之法備詳此篇矣

陰陽二宅之得元氣以發之者而見發歷有明驗惟阳宅更捷本年會試遇江南胡先生諱長炅談及堪輿都是蔣公所傳渠家阳宅兌龍卯向巽水出坎阳宅是坎门樓是离乾兌皆空便门是乾京离兌宅坤間出入大门艮坤上是鼓樓極其高峻

陽宅指南

天元歌已有陽宅一卷暢厥大旨此篇作於甲子之冬添補二十年所未備世人不知重陽基陽基效驗在須臾死生貧富如抄券育子扦官貴及時此是天机真骨髓前賢寶惜未曾題着非世德人膺天眷孰許輕談洩化機

第一要訣看宅命動處來外實處靜空邊引氣宜迎收命從來氣天然定宅処為宅身虛処為宅命空在何方即知宅命在何方

第二要訣看宅体端正周方斯為美前賢修長離氣專若然偏濶分坐執凡有缺処即变一卦如坎宅缺前乾角則变為乾宅非本体之正卦矣

第三要訣看坐向坎離震兌針尖上必得正卦合天

子孫奕世敞高门

七赤兌中门在坤
如何此宅少災迍
只因间架东西洞
兌家綿長仇变恩

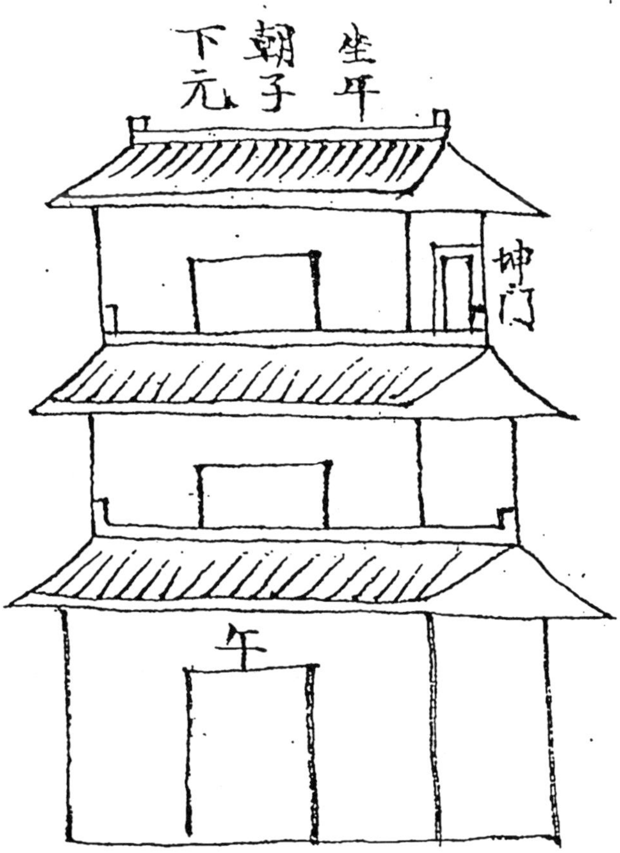

傍城立局法

城上一道方巽圍
千戶万门乾氣歸
若是中元居此宅
门前車馬日騈〻

巽角高圍巽風
巽氣不入能收乾氣
乾風而震圍高亦
能收兑氣七亦吉

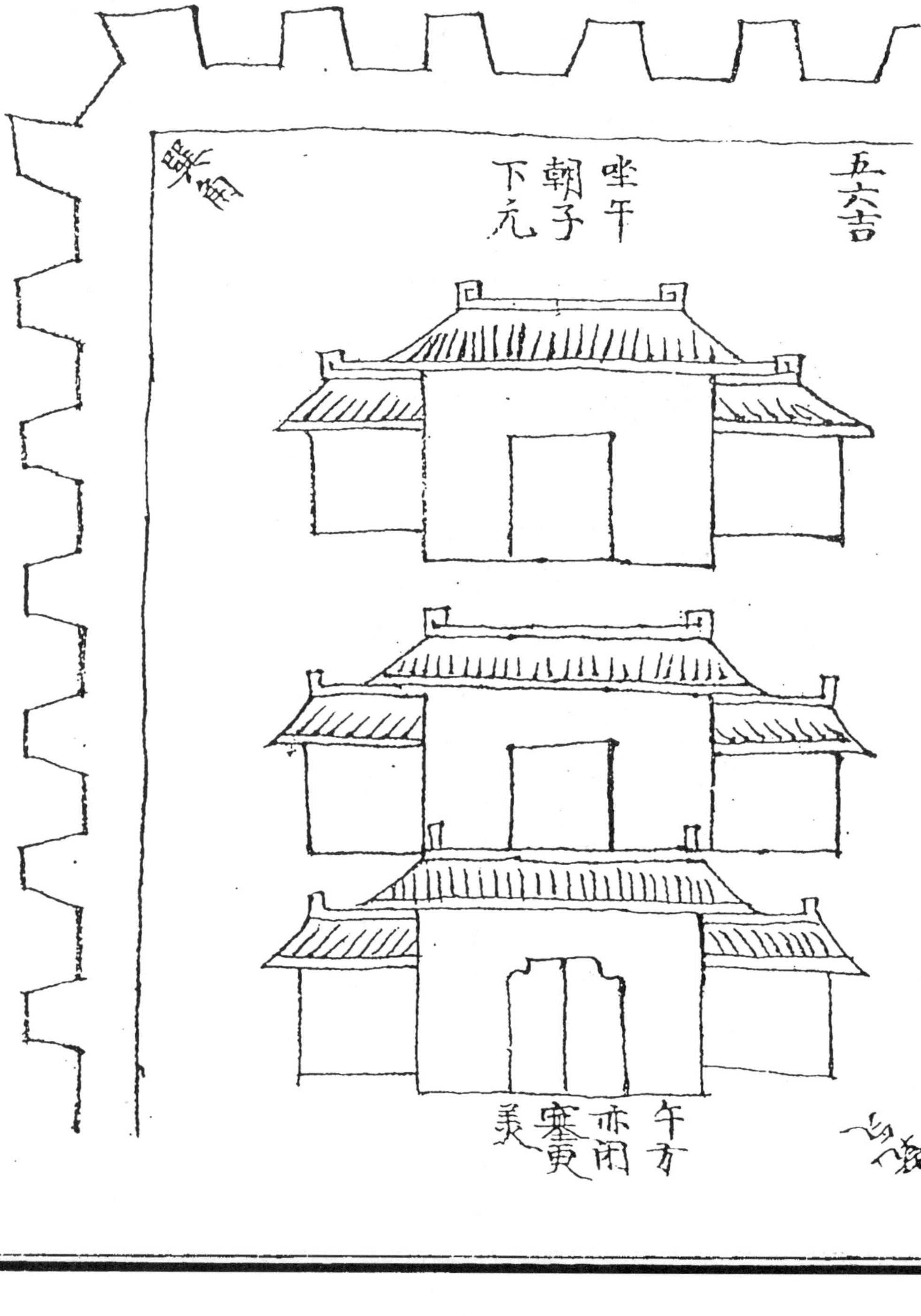

睥睨環連過
左坤滿城
旺筆艮
方宅
下元
宅此真
瑰瑞不中
魁元位也尊

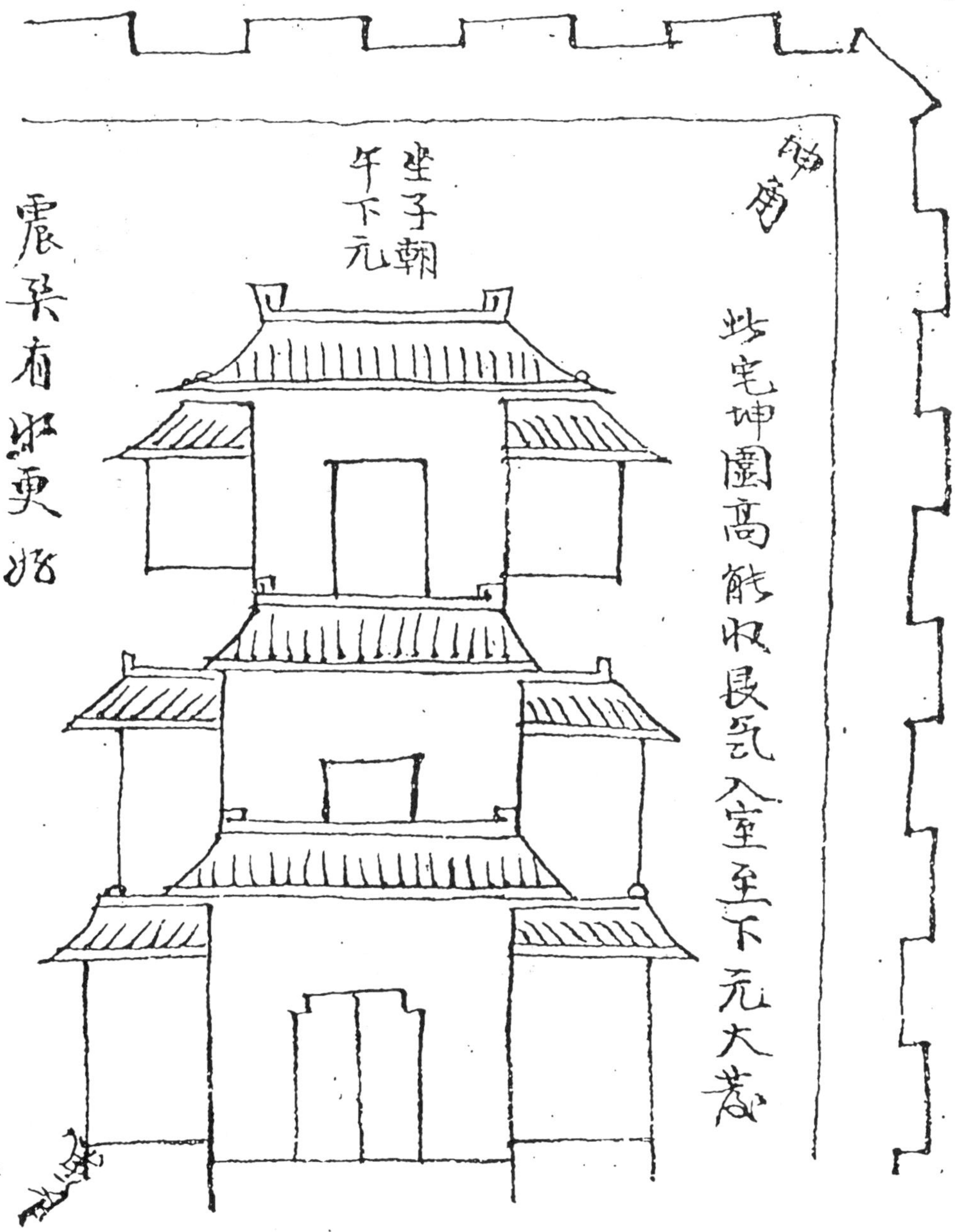

午

高楼反照

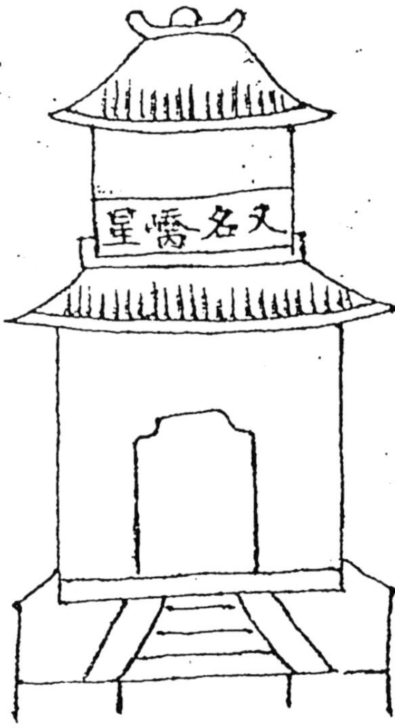

一第高楼壓在离人言高
閉塞太陽誰知坎氣攔当
是一白元中作照推

此宅午方建高楼逼近坎
宅能回坎氣入穿至一白
元中大發財丁

傍隣借氣法

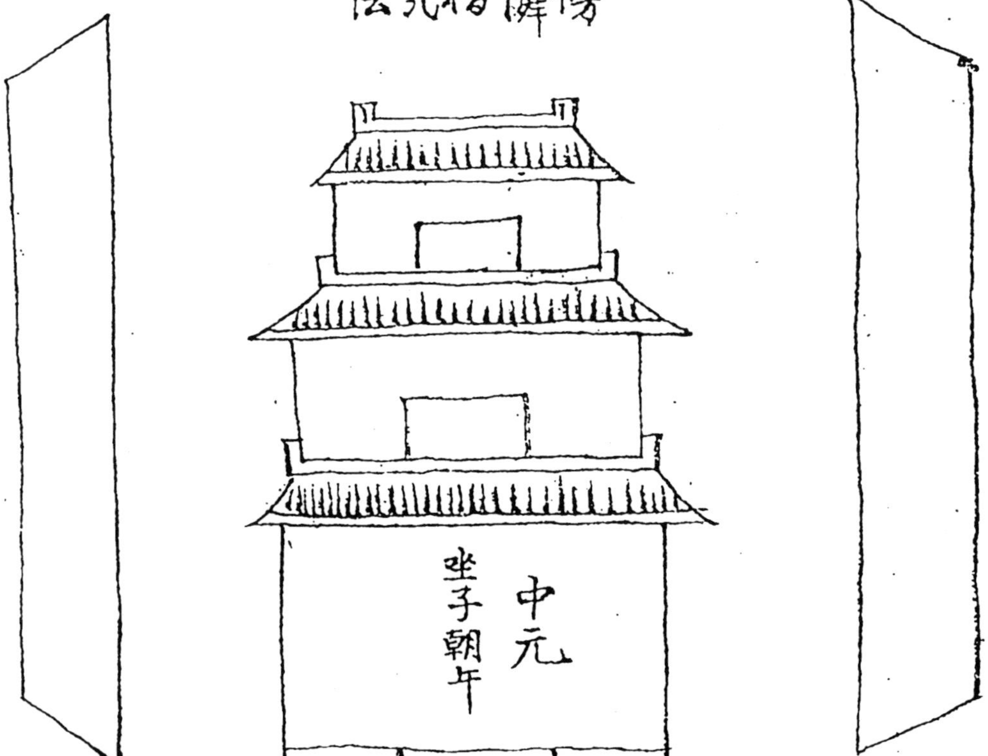

西南隣宅有高樓
靠微低房艮氣收
此宅偏宜下元運
安居興業日餘餘

震巽有水更好

此坎宅迎坤方有高樓能迴艮氣入室故大旺下元

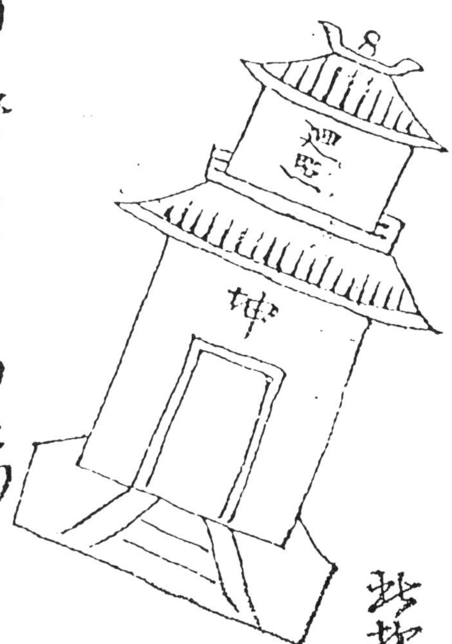

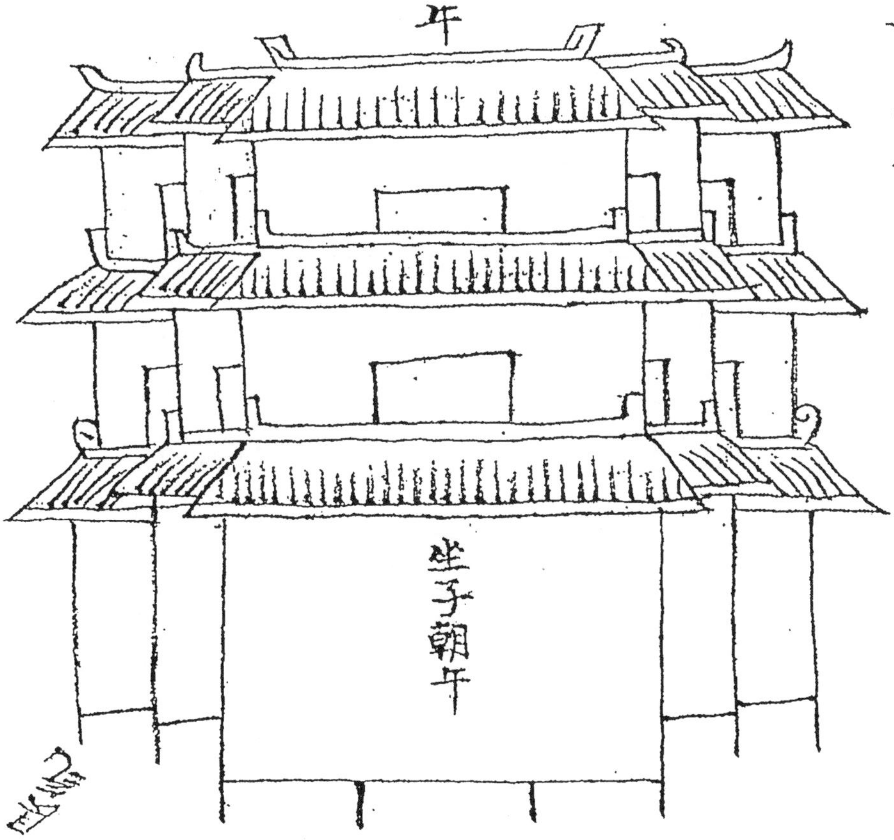

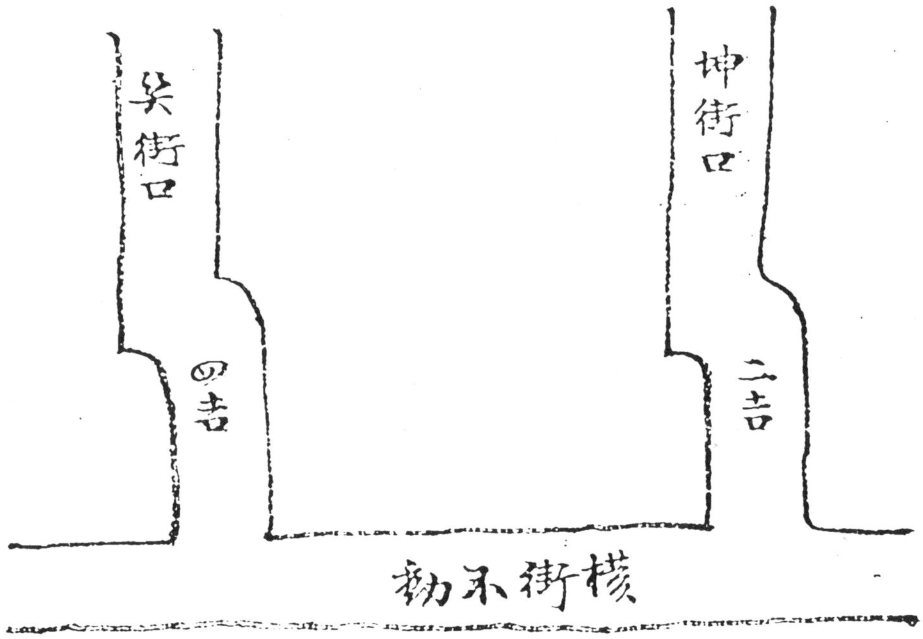

此宅運處城市向其中街道論循環

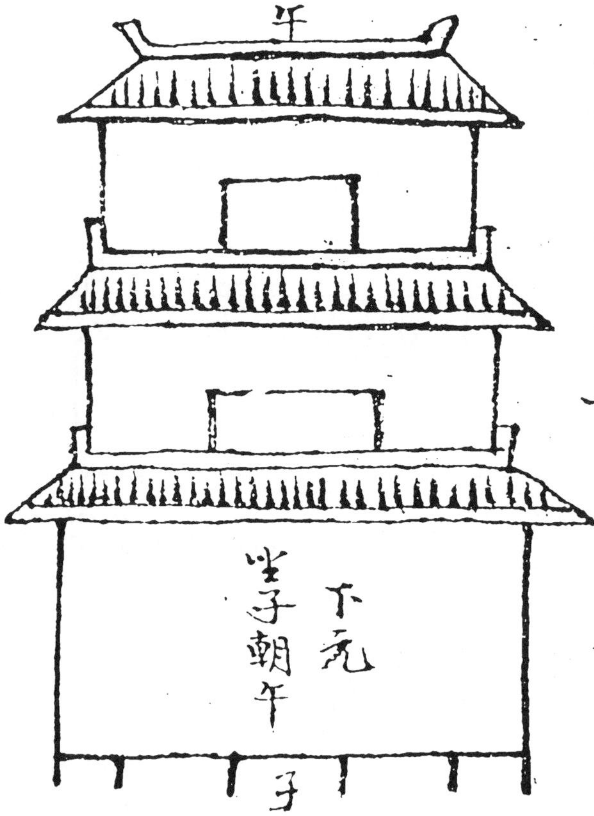

坤來入宅龍神動若是東西巽轉關

癸坤避閉西南開舊亡離風拂面來下元宅內多興旺縱不三公也有財

離方開風閉風納氣法

坤閉

癸閉

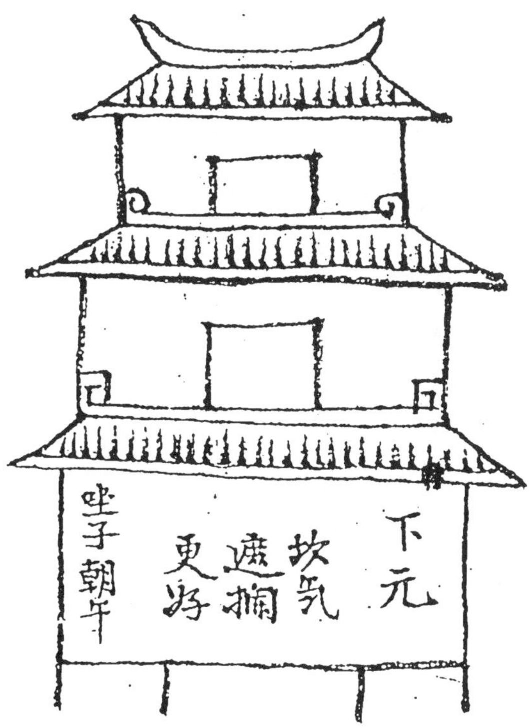

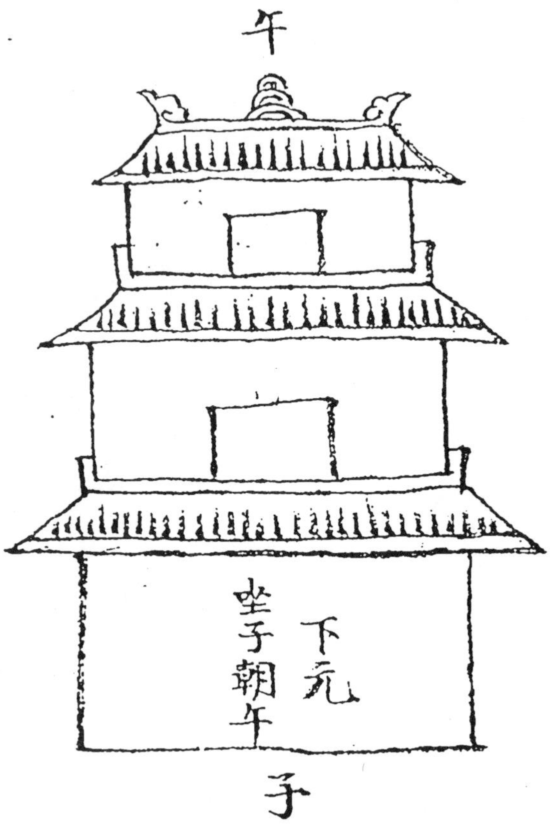

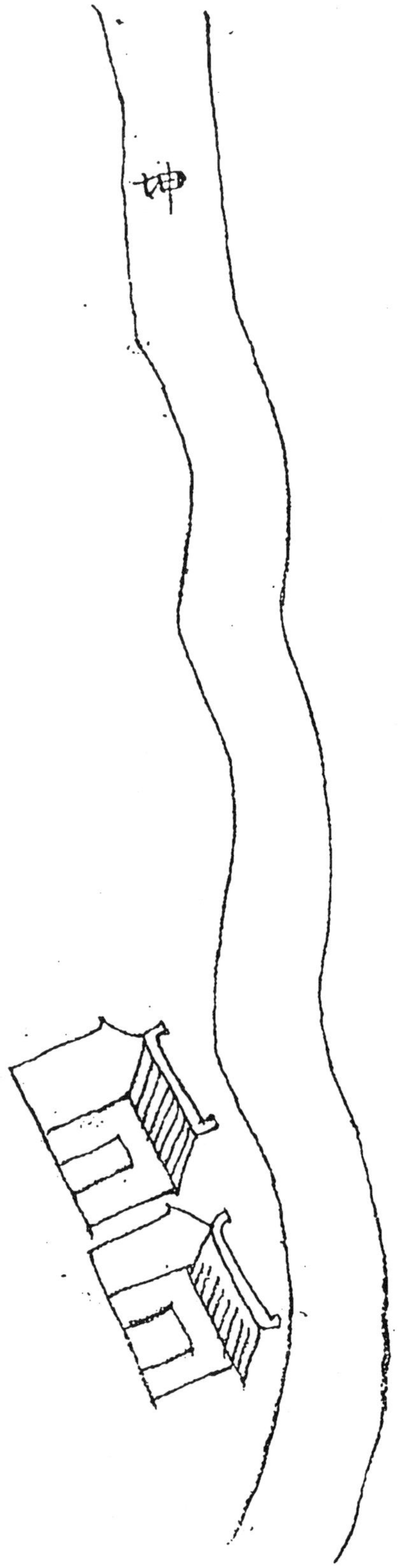

一直橫街本靜垣
其間斜曲露微痕
若來坤位朝平宅
開戶通之發上元

開門納氣法

此宅〻重〻独漏
坤黑風吹到我
家〻門工元居此
真大利財祿
乘时旺
子孫

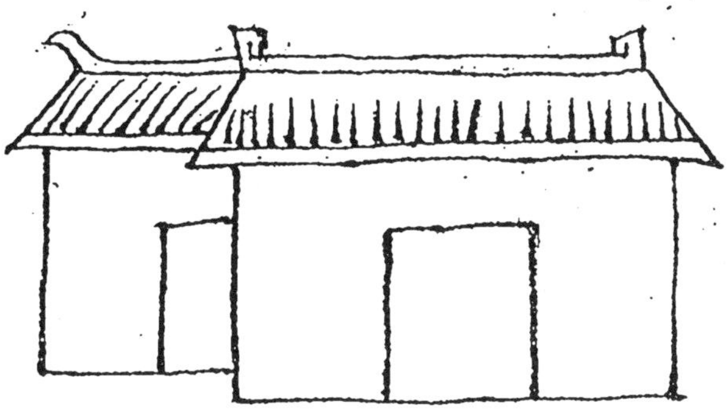

坤方開之吉

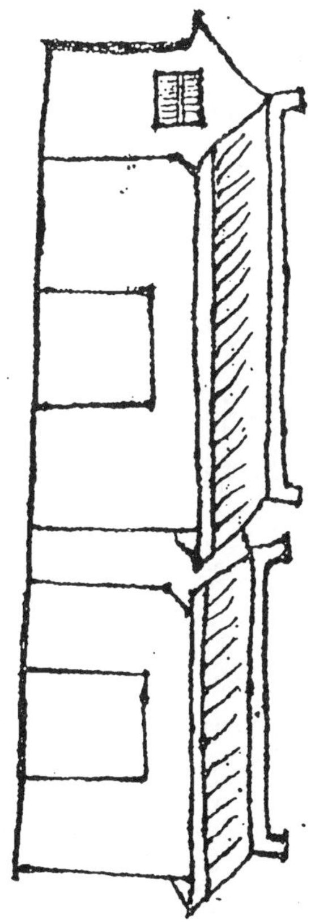

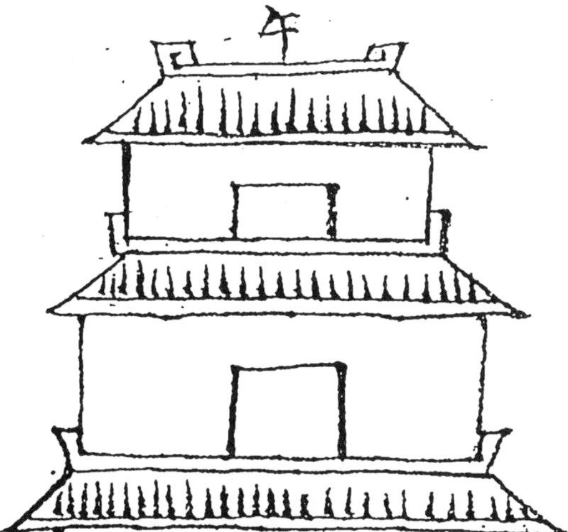

此屋連牆大屋通或居曠野或城中八方俱有分風法誰內三元審細踪角掛东南風受癸君然东北艮風吹再將门路来相引參別毛无論吉凶

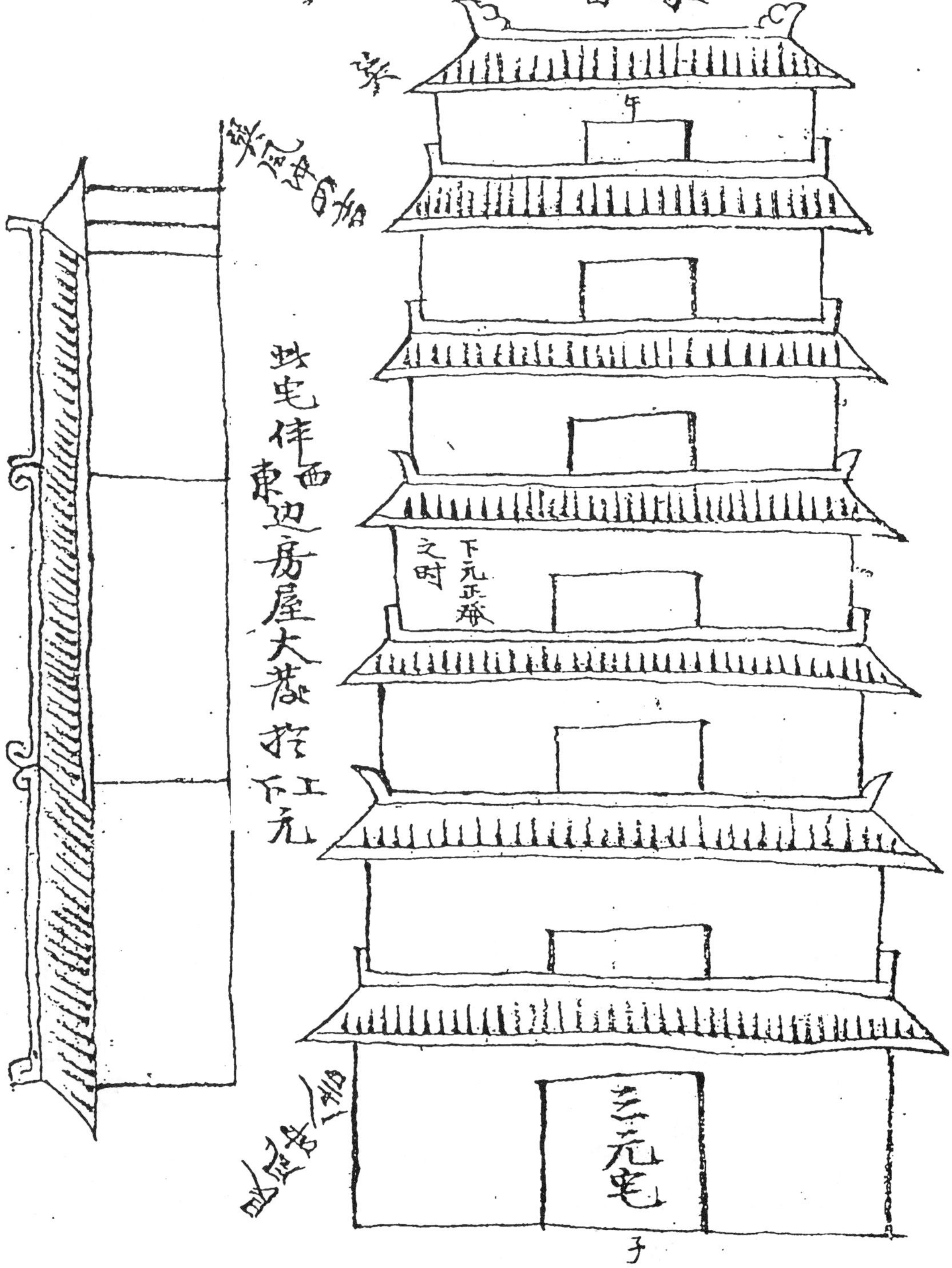

朝南之宅正門
開於是離宮紫
氣來宅深七赤
下元發局淺
中門未是招震
巽之方以應閉
自然安穩發
吾財

開風引氣法

乾兌艮離之時可佳

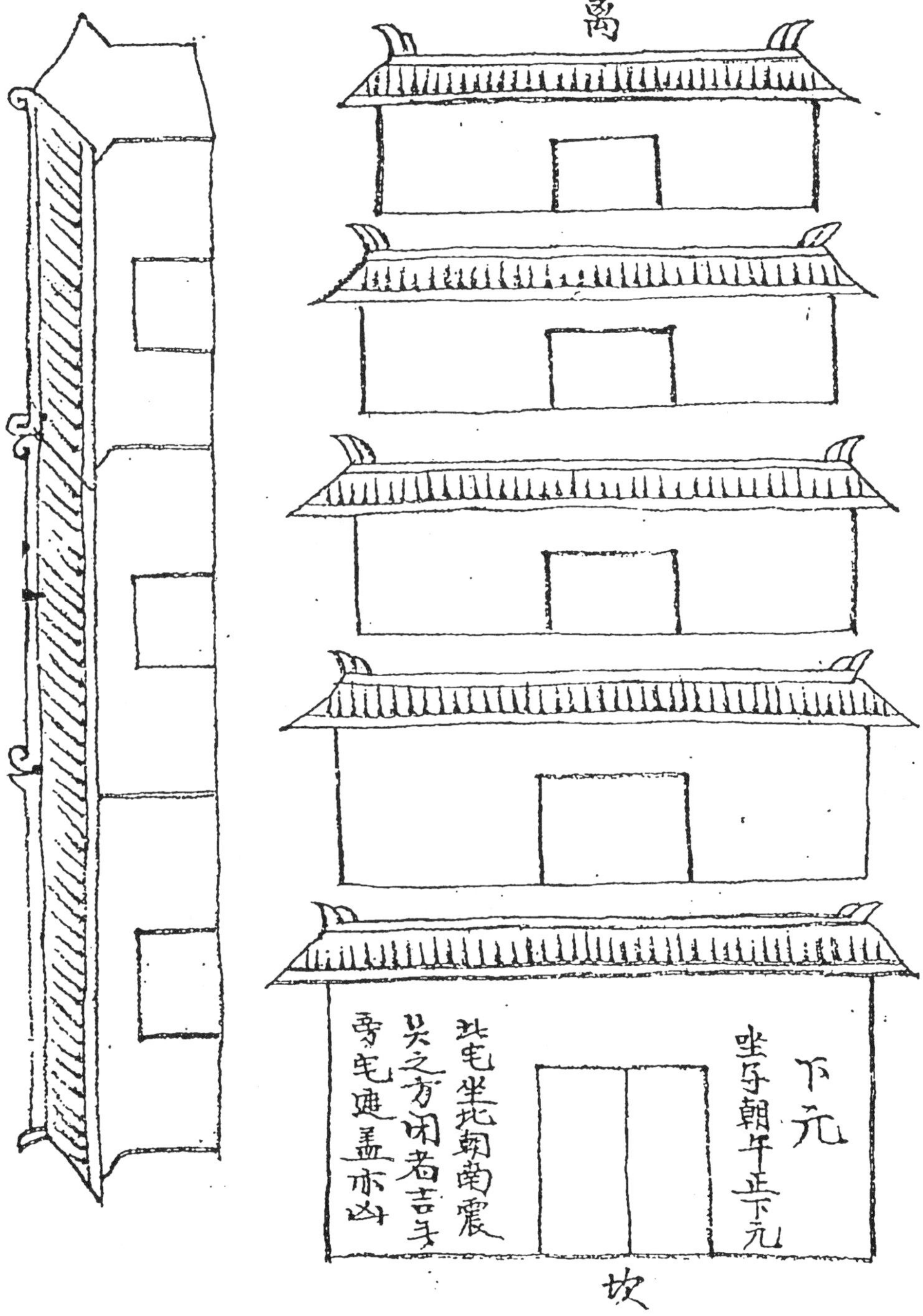

此宅兩三進有大北門開間宅形淺促是震兌之形且開離門兩內室在左兼坤峯在右兼巽峯下元似乎平穩特未必發財發福耳

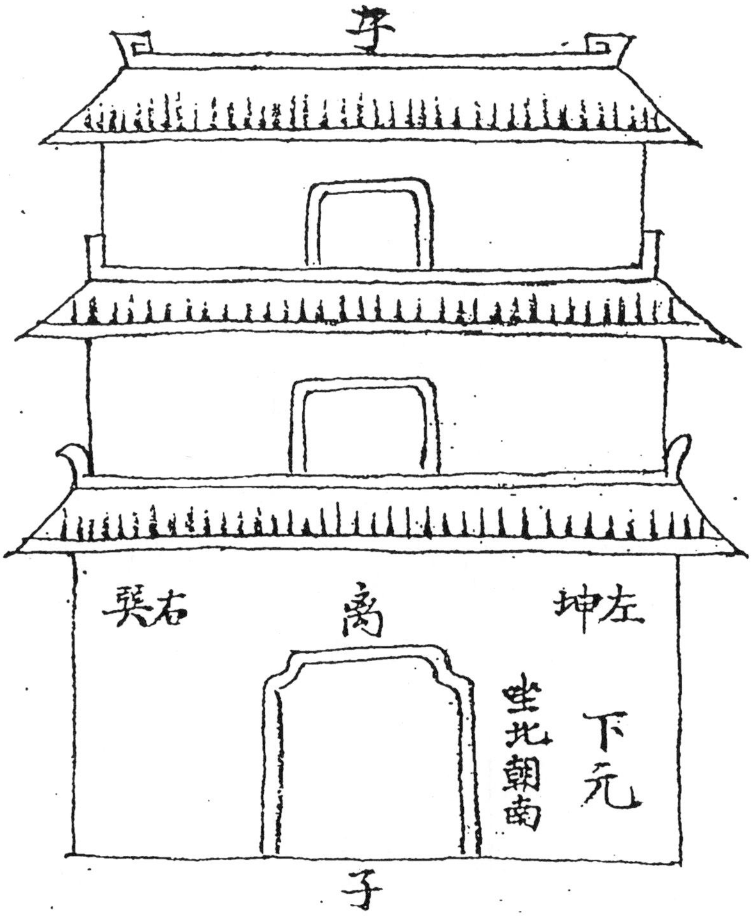

離方中通路重重直行離風到正宮 此宅下元全

旺家更無瑕 琚換妻容

震巽有水更妙

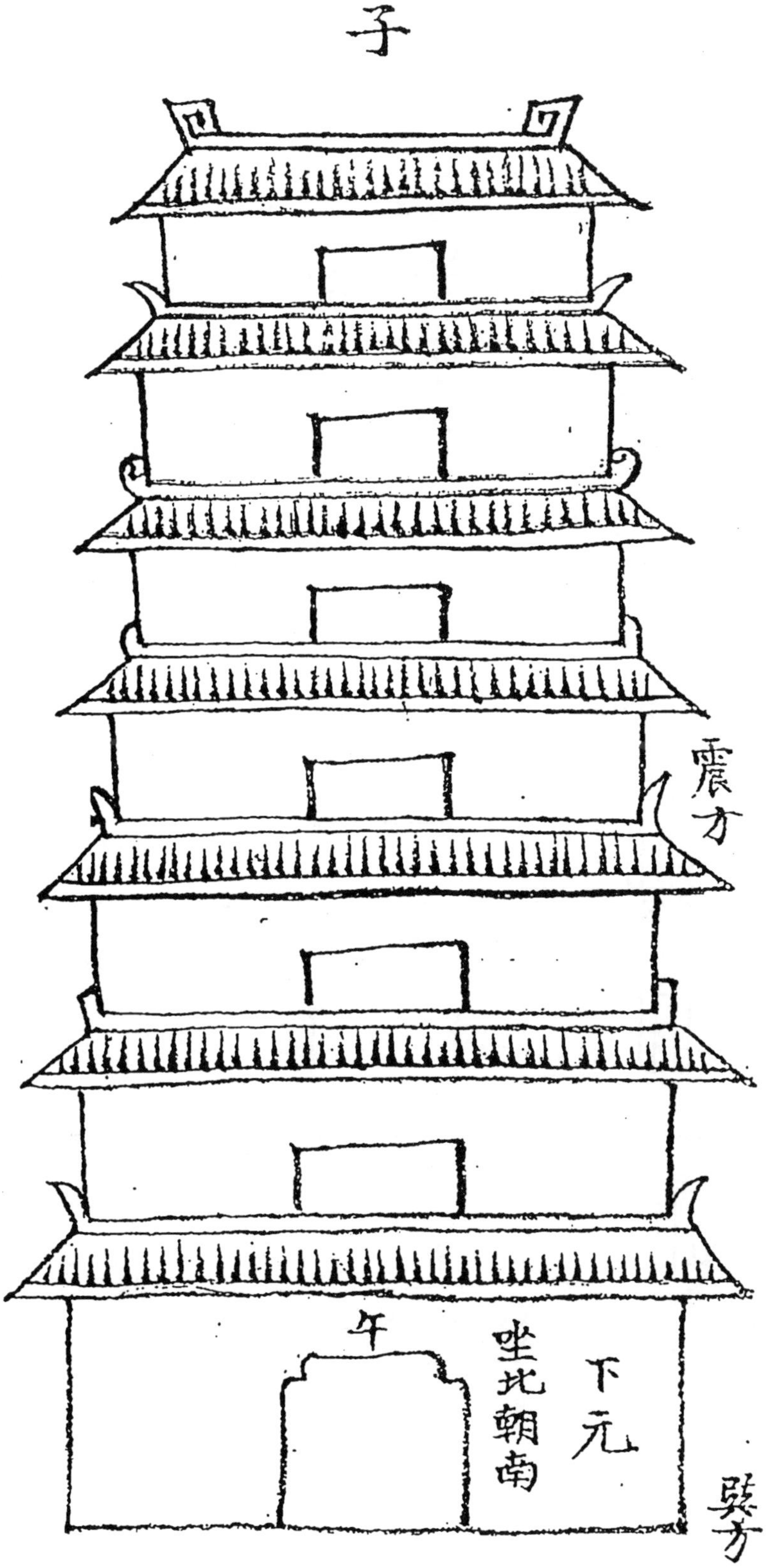

此上元之宅开巽门则能受风巽气但门路太多受气不专故非全美之宅

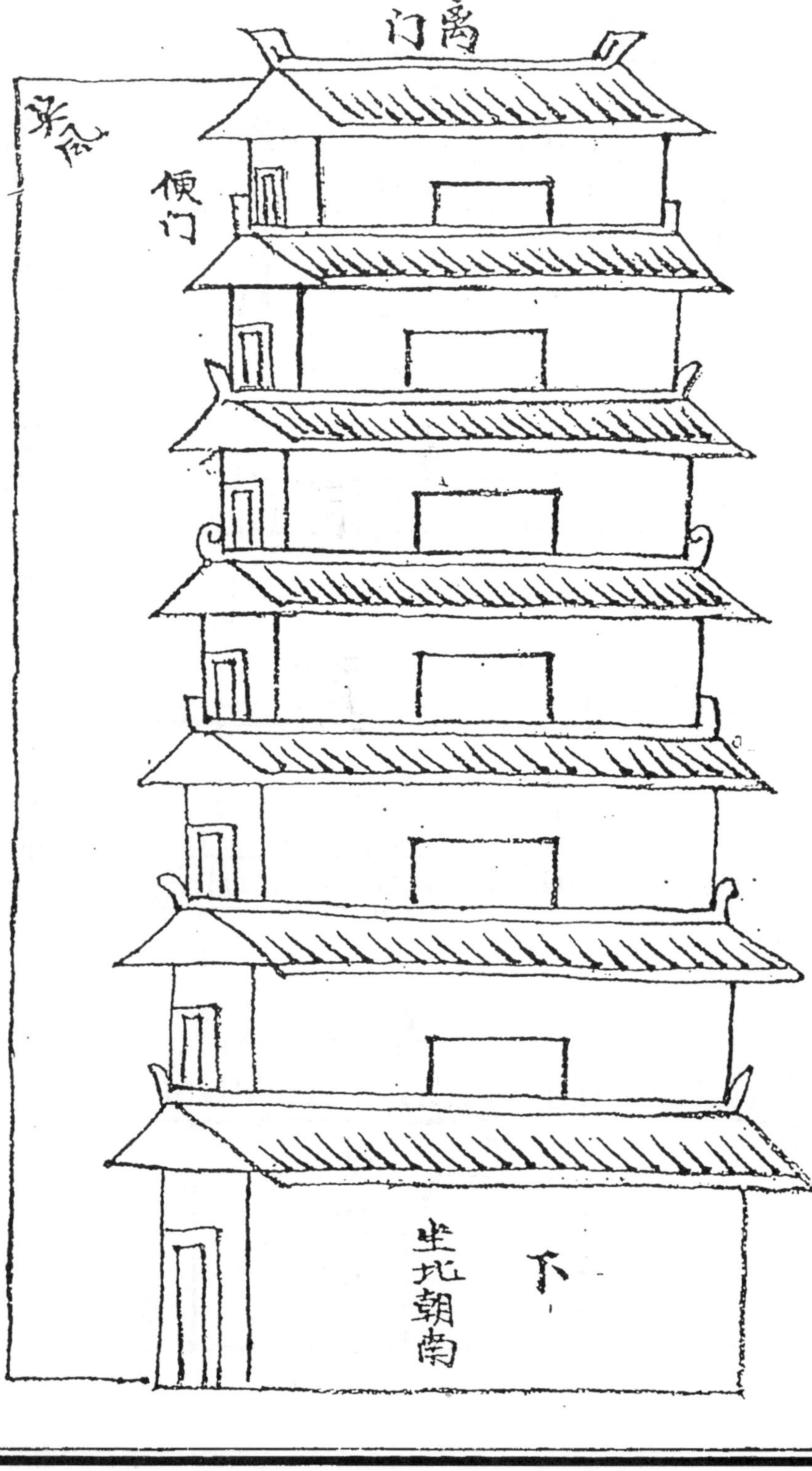

正门离上路偏东　转进深宫巽气浓
中元家道虽然旺　阃内须防灾祸重

离门两路夹东西，并利离门两不欺。
只要宅深收气足，下元此宅发无疑。

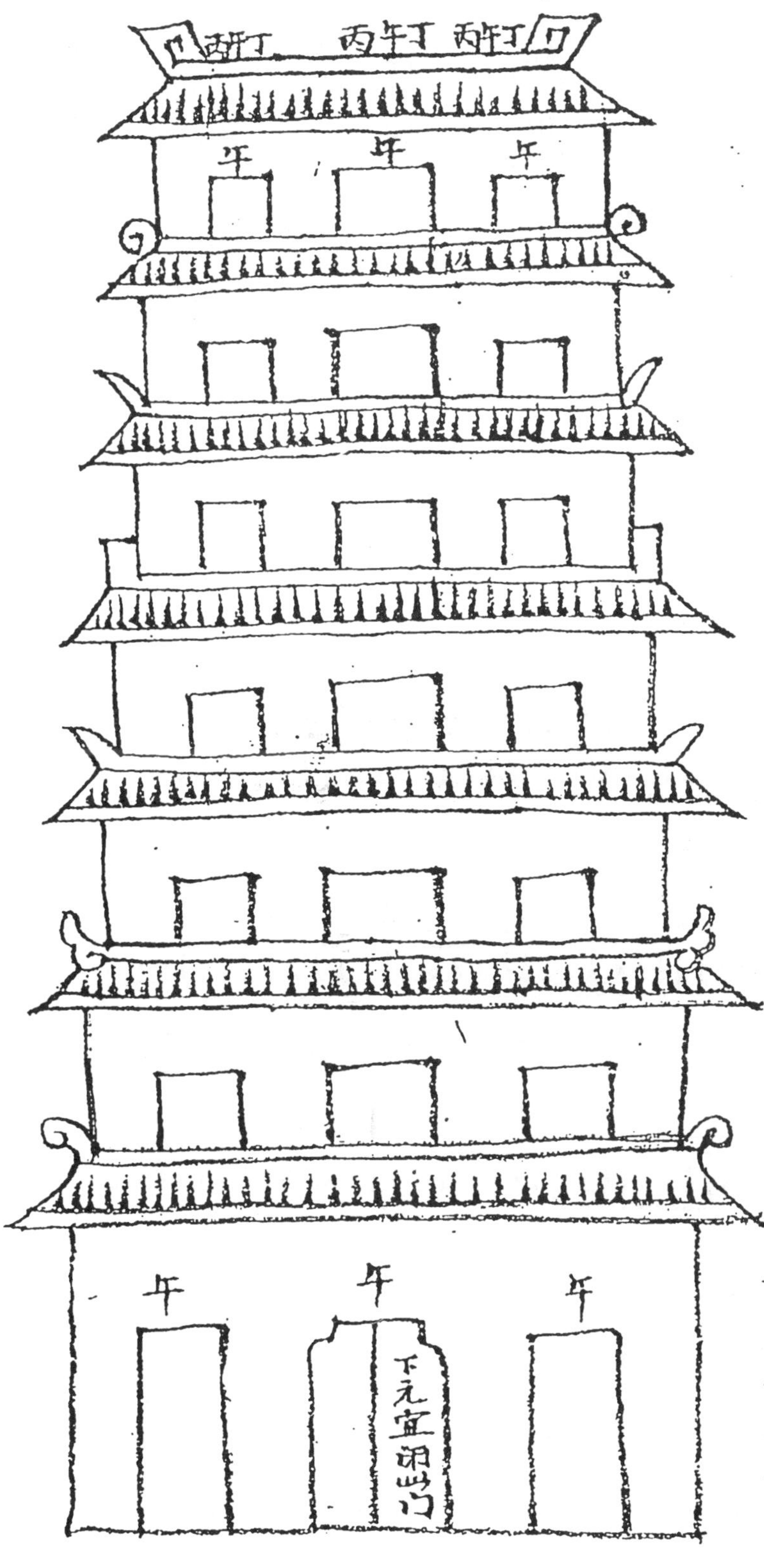

下元
若必相通合离门

室內西南宅
艮坤離神
鐘左欹
開門
只要
宅方真
紫氣着迹
深奧襍神論

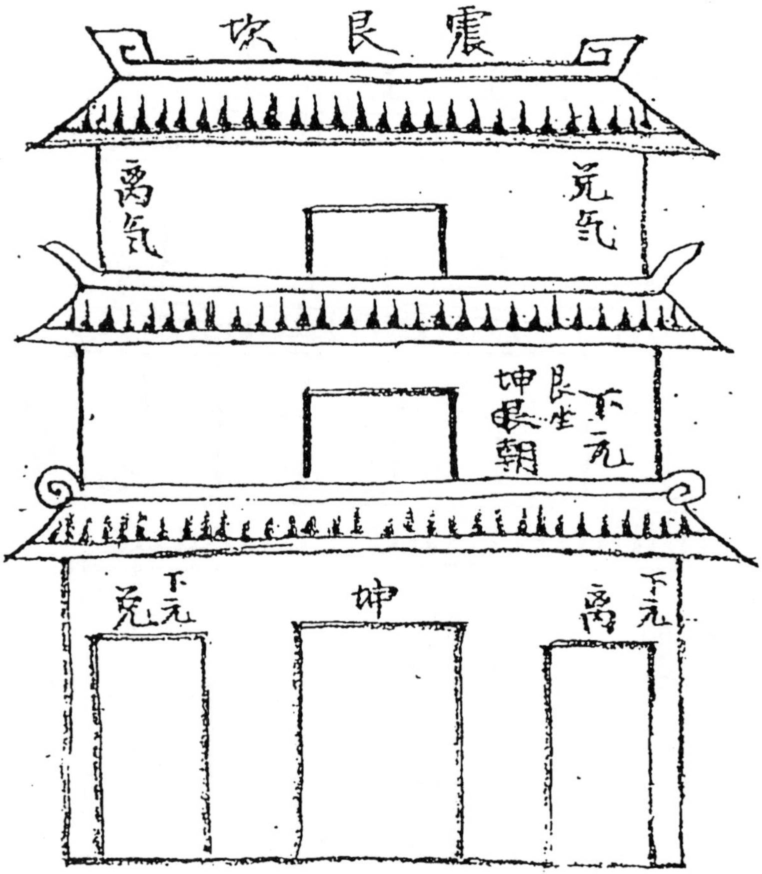

雖亦離門宅形深去畢
兌坤氣深故下元只許平
穩後難發福走左路龍
可右路全非

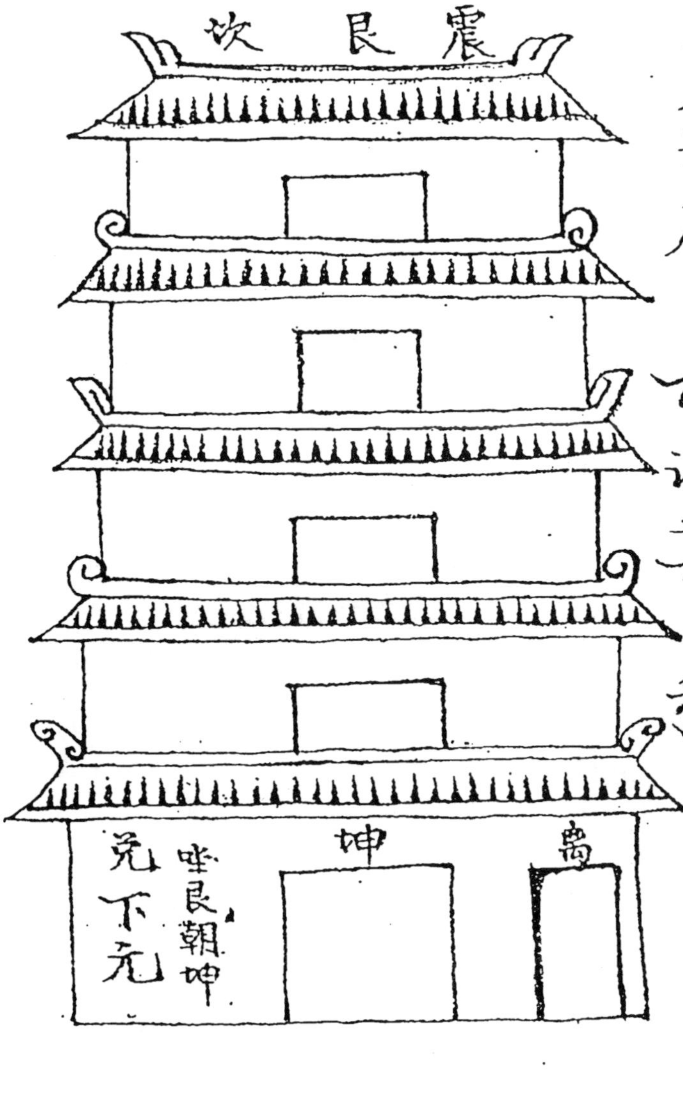

此宅雖開離門然坤宅深
長氣是離門西坤氣來安故只
可許其平穩

屋内东南宅坐乾门開右畔萦风鲜台取宅方巽之運以進深遠祿迯牽

此宅方是离门下元

大发以開震门上元吉

開巽门中元大吉

此宅下元之宅以開震门則屋受震氣開巽门則屋受巽氣

惟開离门乃下元之真旺门也

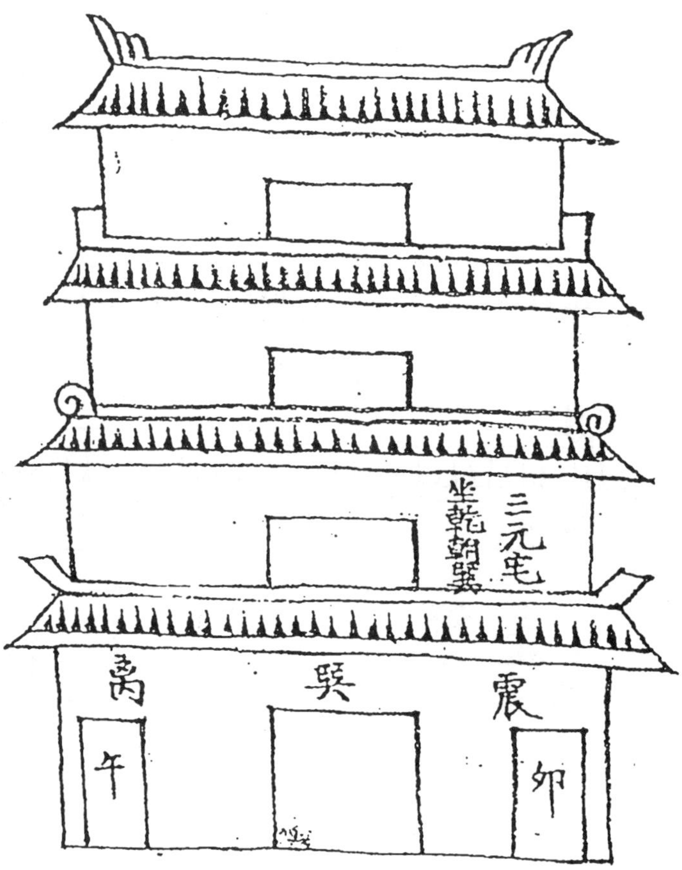

此宅深长带巽峰离门气偏下元不能大旺

走右路龙可走左路全非

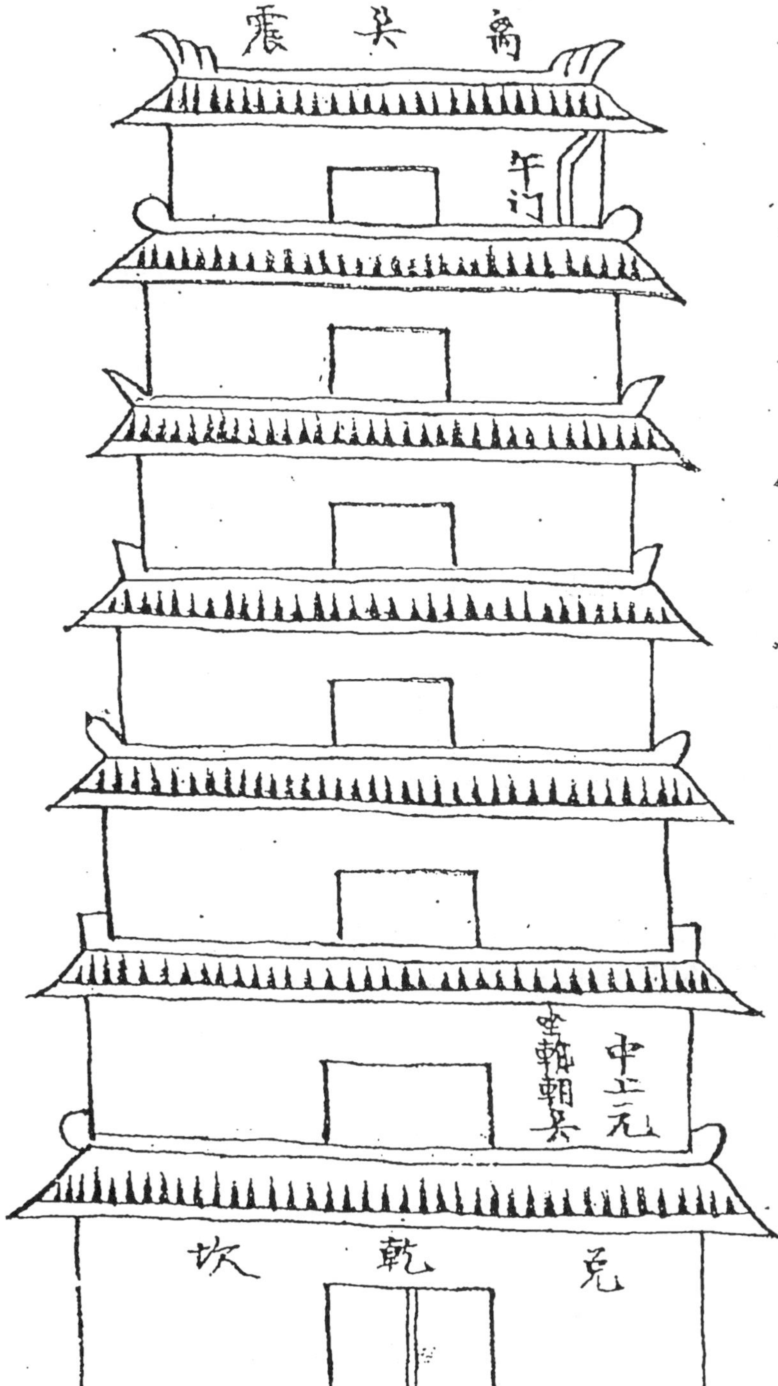

前门坤位後
左坎两峯
俱注一
白轉
上中
是盛不
須言終到
下元後半摻

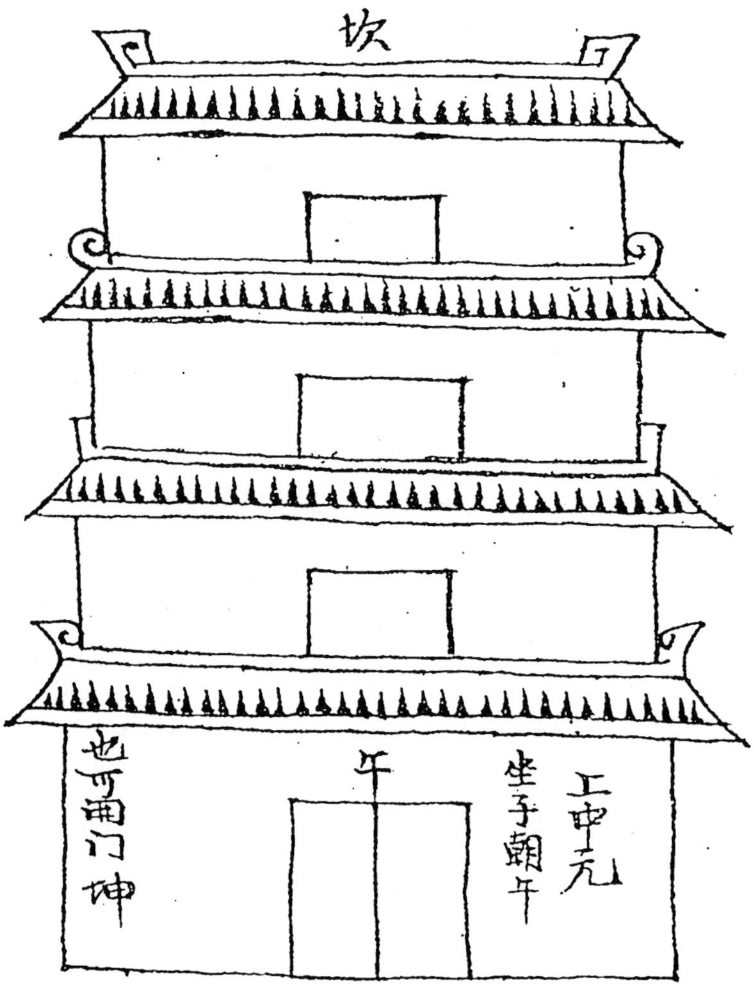

门開紫白不相叅而位但詳之挨運下元年數錦添起三四局中何訪问

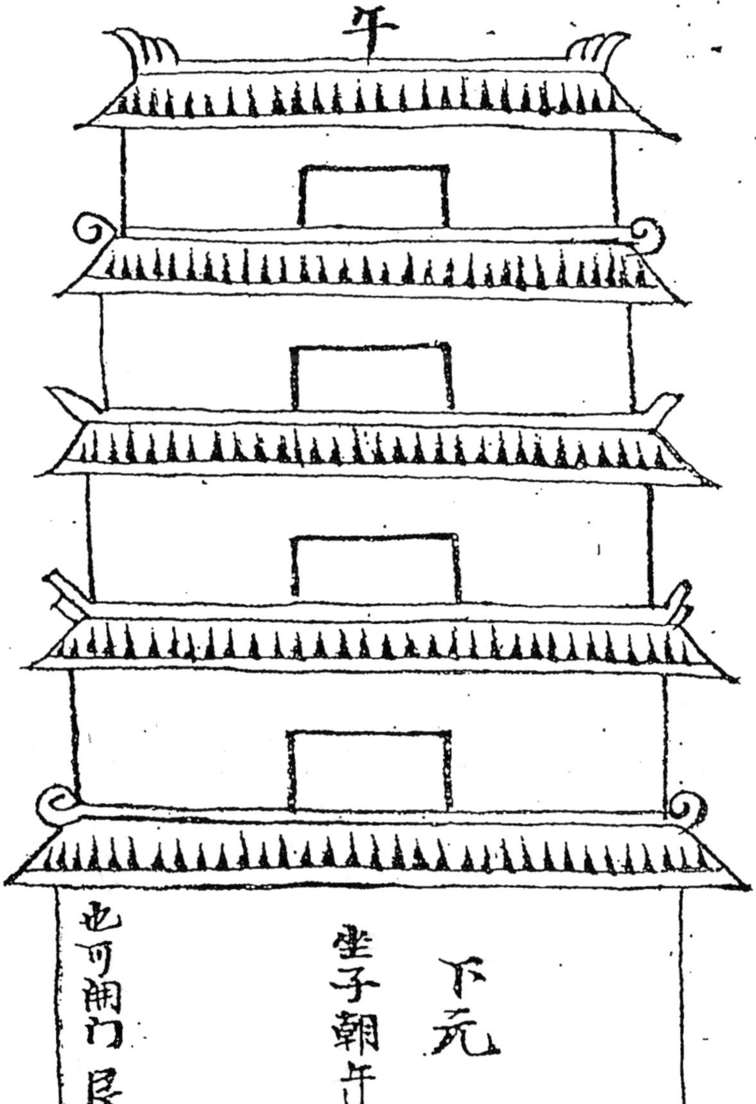

正宅离九宅
门三些宅
元下失
正旺
只恐
分房亲
切废一枝
毛发一枝残

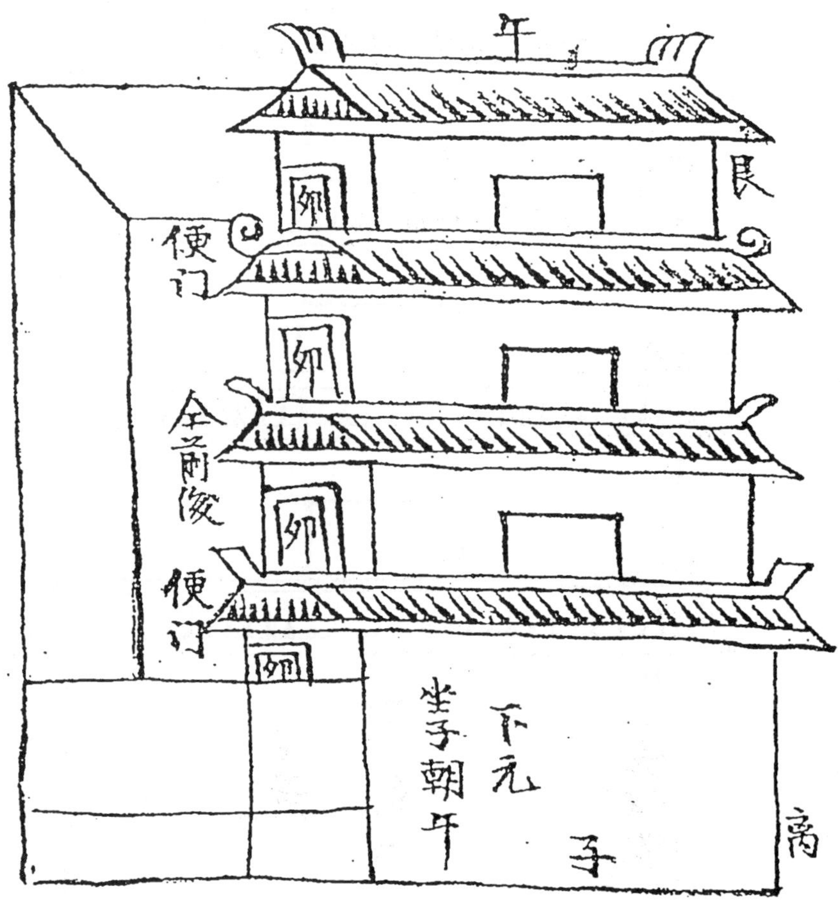

一宅修成南內房兩門離坎對相穿只看內房何處位
三元衰旺不同年房居房帶與中工派帶為房利下元
此是移宮真妙訣異細見此莫輕言

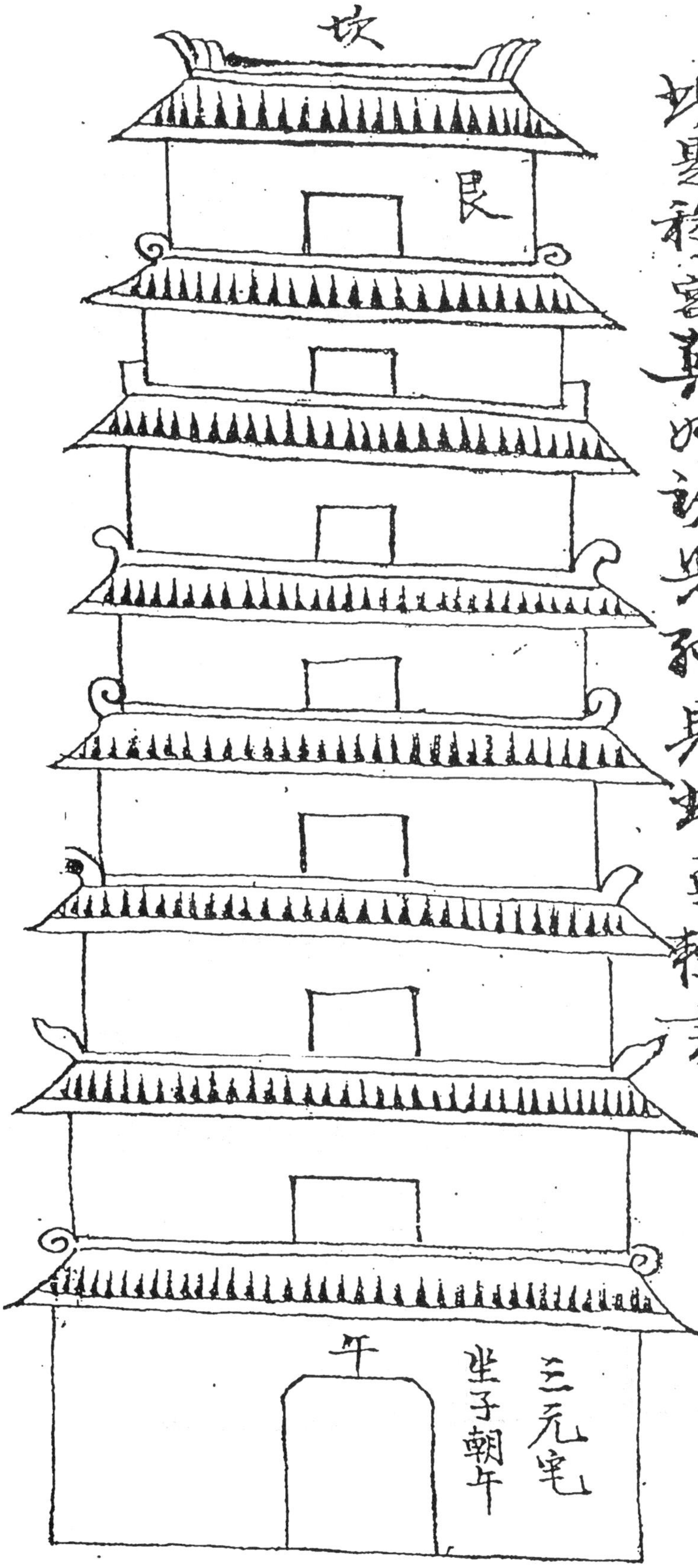

离九兮明门
在艮不應
下元别
有論
只緣
此宅东
西深门发
碧方常守困

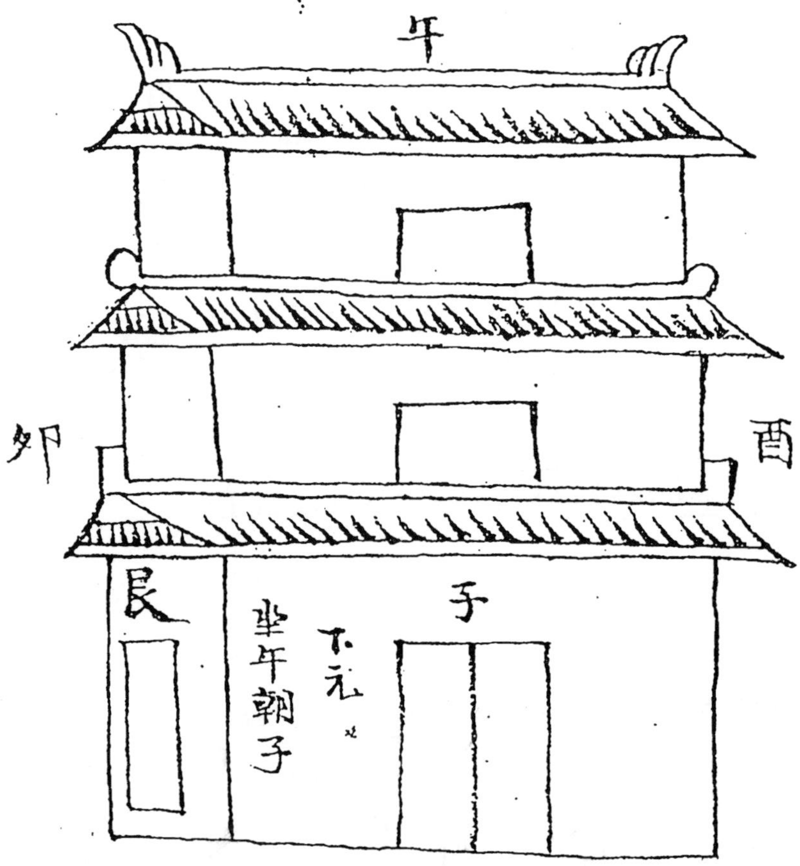

朝南之宅兑
门读何意
下元亦不
离四缘
内
房都
左似门
兼坤掌
不分明

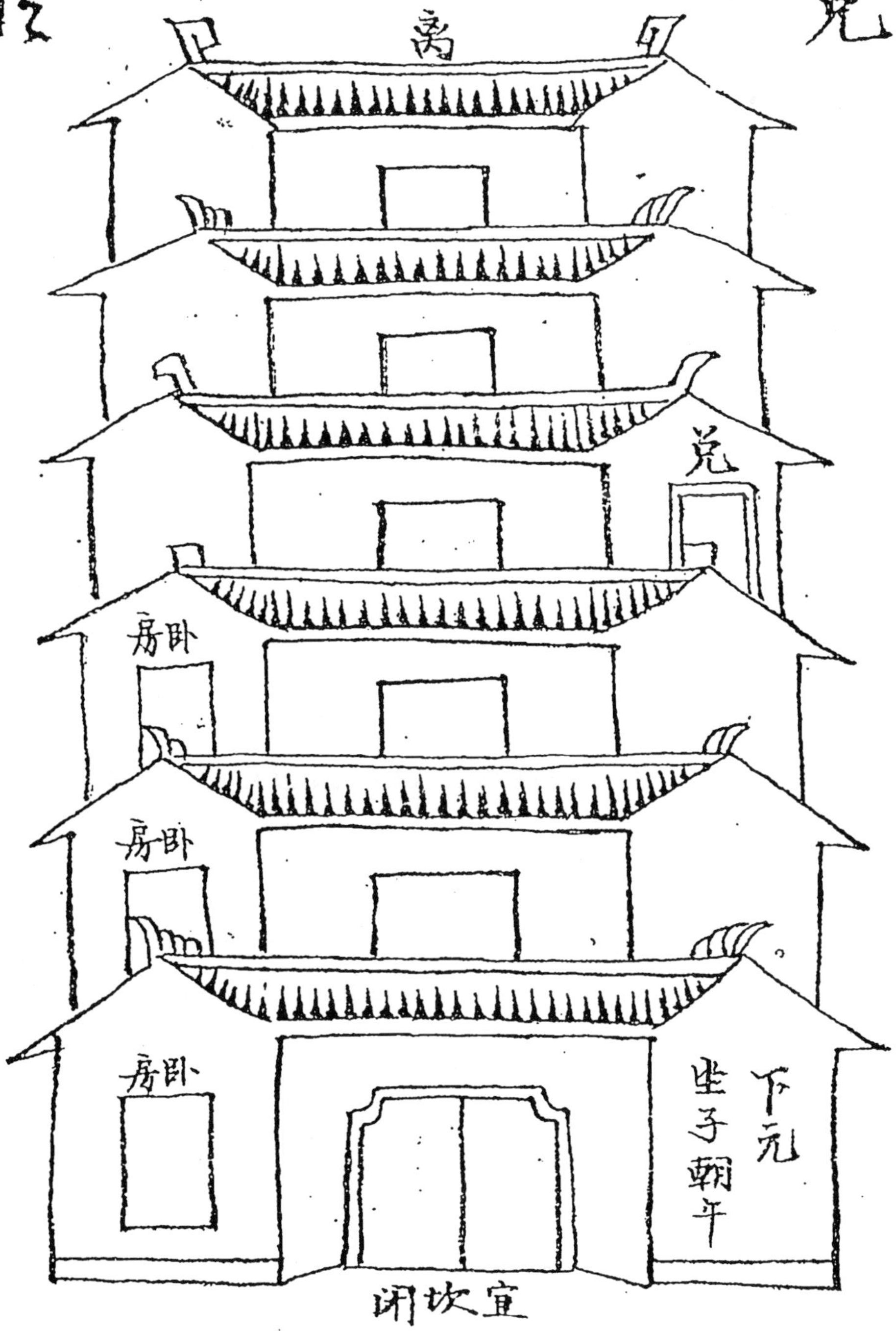

一樣兑門宅震方，如何此宅比他強，只爲面西房在震。兑風清潔少參商

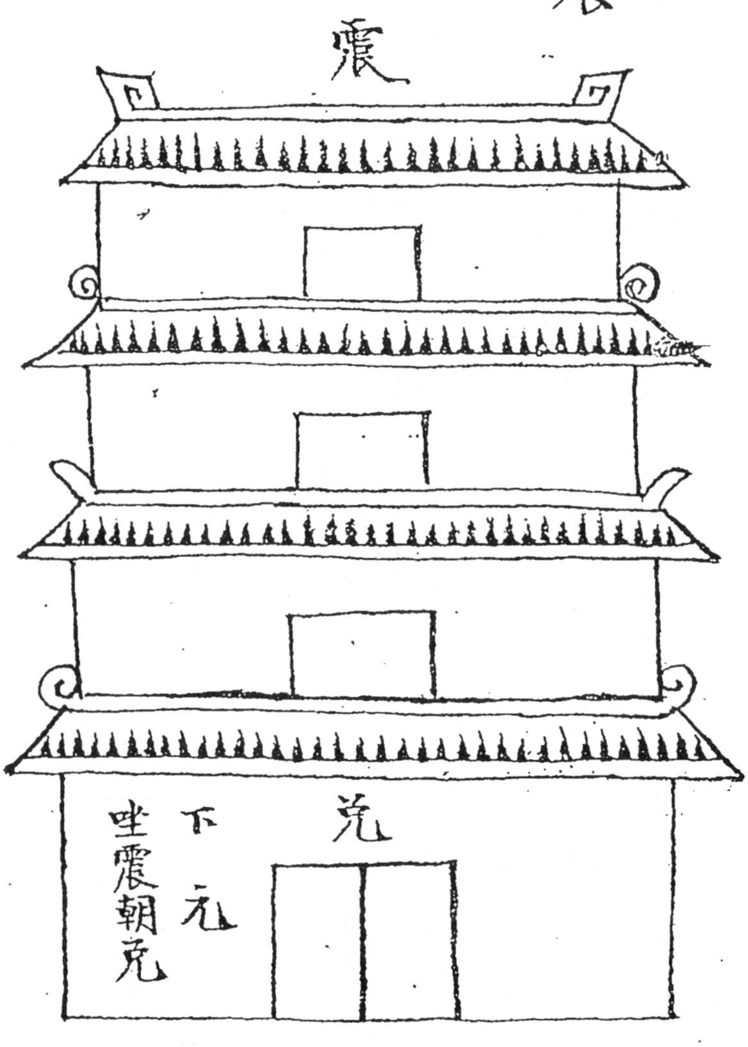

兑门之宅有坎去
漫说朝西七赤
强兑之内房
偏左右乾
坤夬带
恐凶
章

凡造屋不宜太长不宜太扁
盖不能排定八卦也

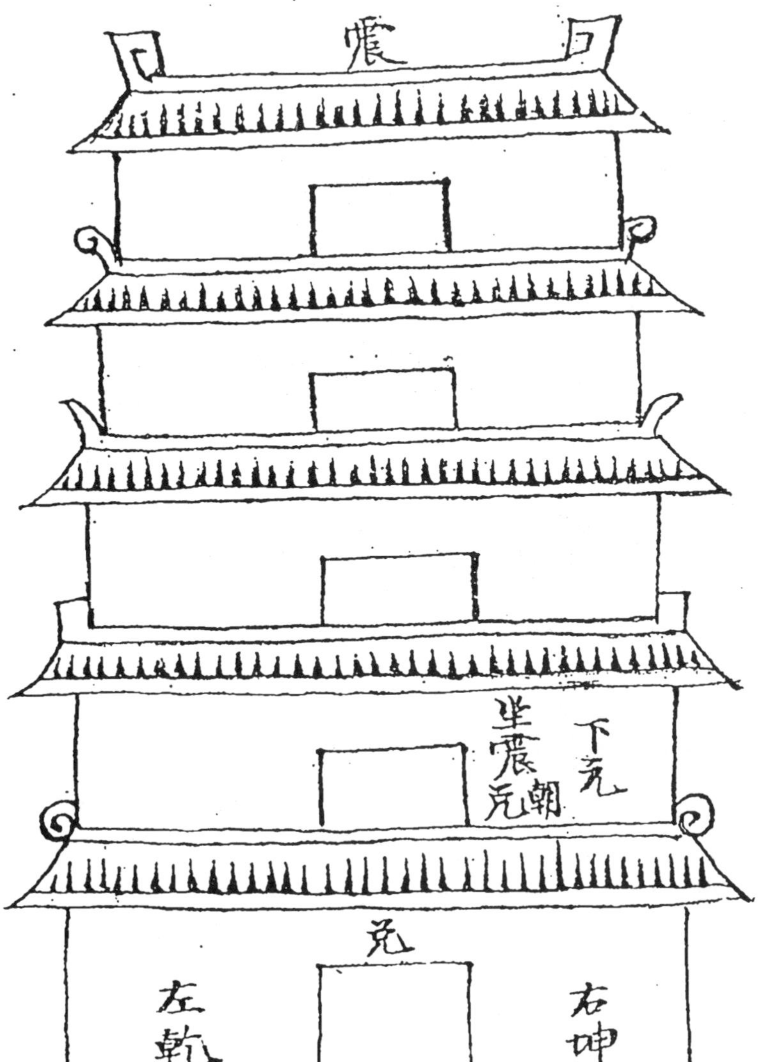

此宅朝南门正西，下元旺局发端倪。
只因宅相东西阔，屋内迎正兑气栖。

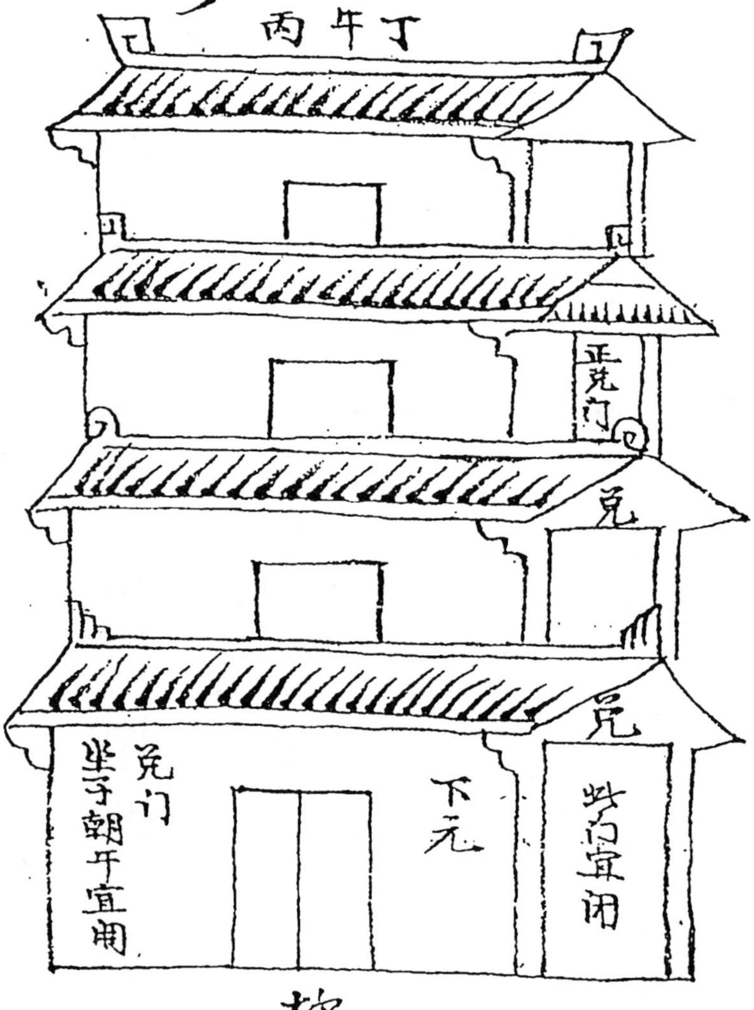

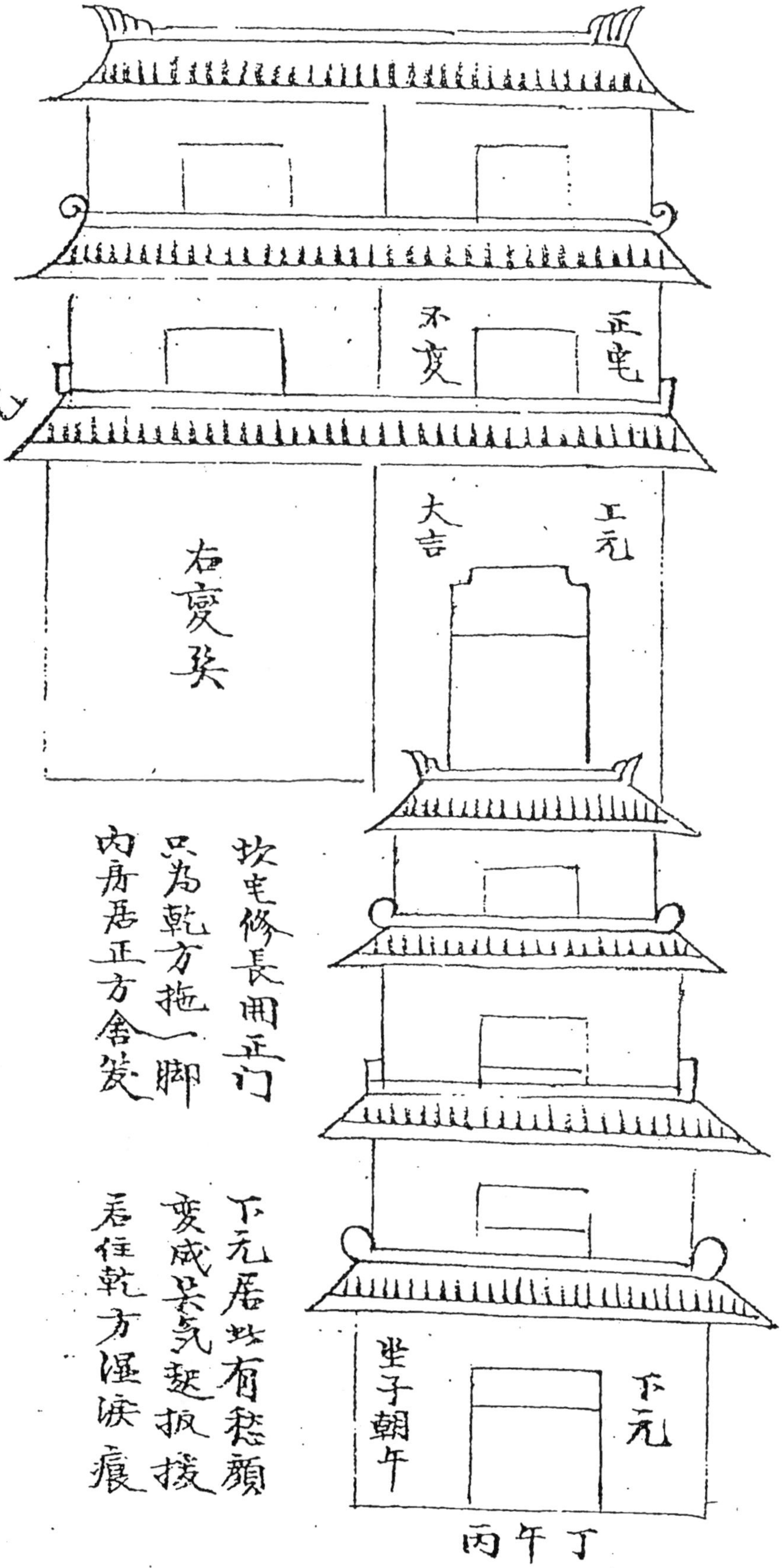

坎宅修長用正门
只為乾方拖一脚
内房居正方舍發

下元居此有愁顔
变成呆氣起振撥
居住乾方湿疾痕

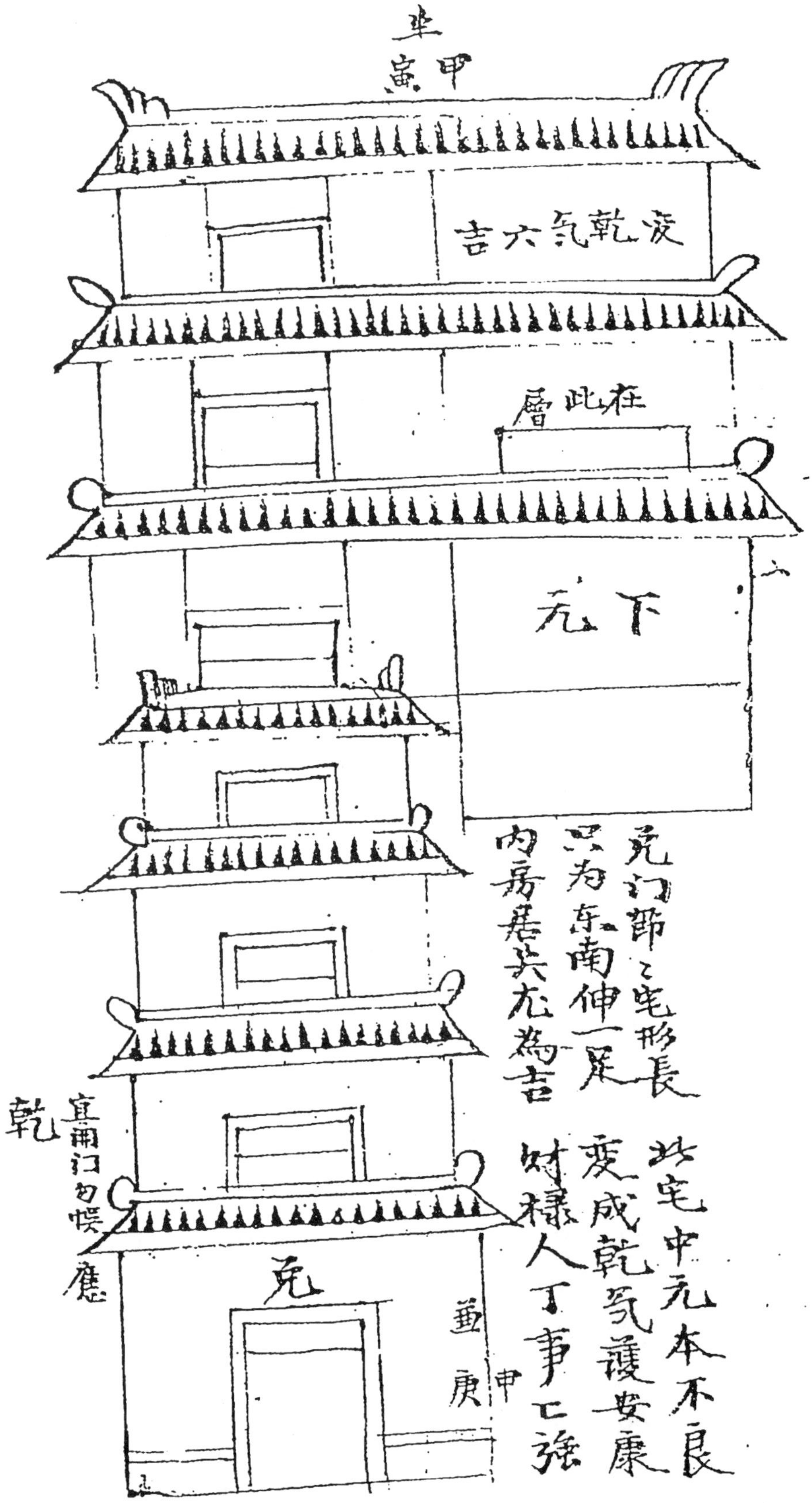
坐
寅甲
发乾氣六吉
在此層
下元
兑门節節宅形長
只为东南伸一尺
内房居其左為吉
此宅中元本不良
变成乾气護安康
財禄人丁事事強
乾
宜開门勿慄應
兑
酉
庚
申

艮宅坤门七赤管　怨将房屋卖他人　谁知变成离宫宅　昨日冰

清今日春　天公妙用七颠倒　识得玄机好康身

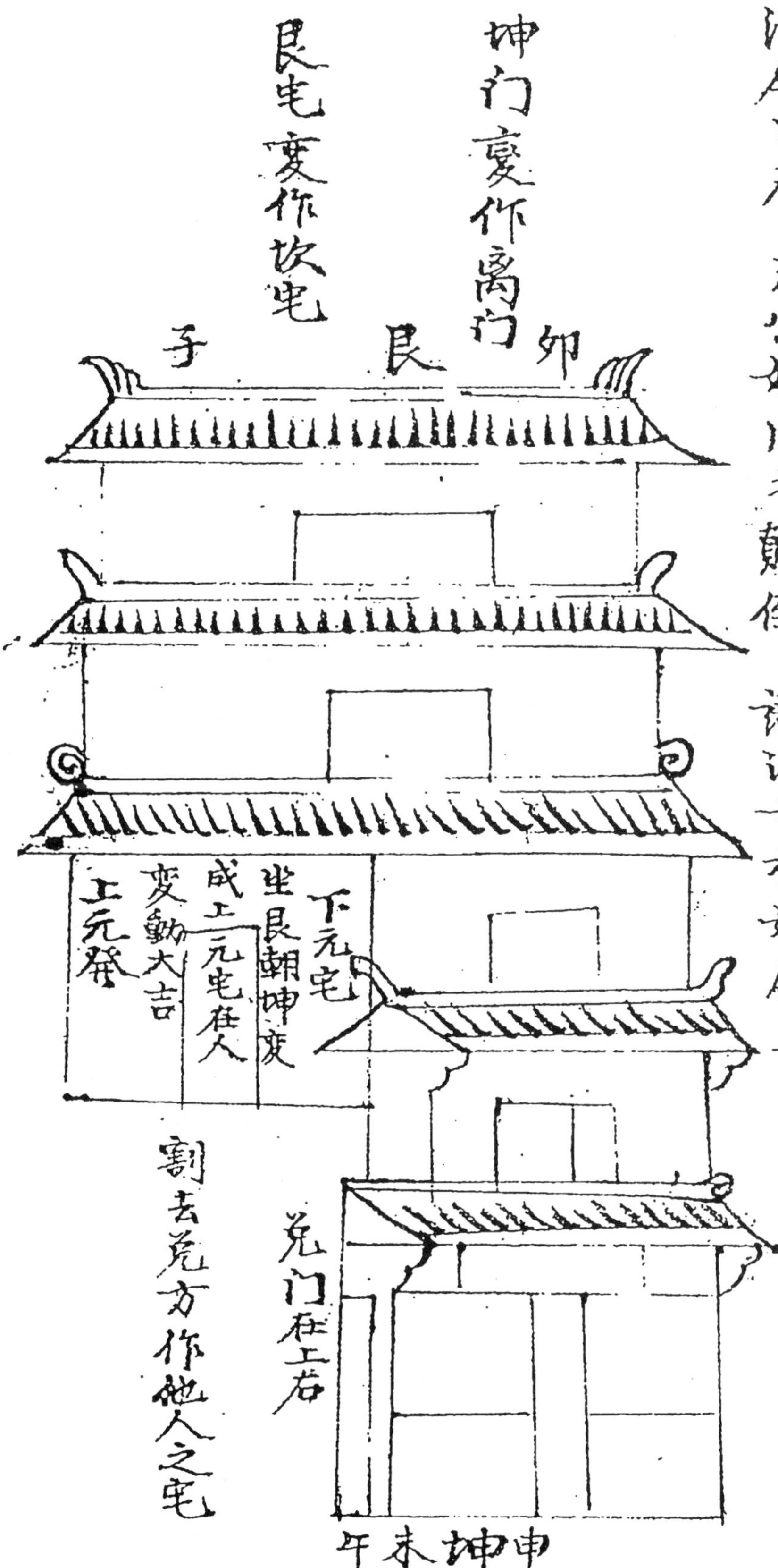

兑氣中元受著貧
难留屋角折为薪
人言乾上凹风入
豈料门阑喜氣新
此诀时师谁得会
教君问我谪仙人
此方正之宅中元得乙
凹风入室发福若形
局修長則乾方之凹
变成艮宅坤方反秸

兑氣中元上三十年 撤去乾方引乾

风吹到癸吉

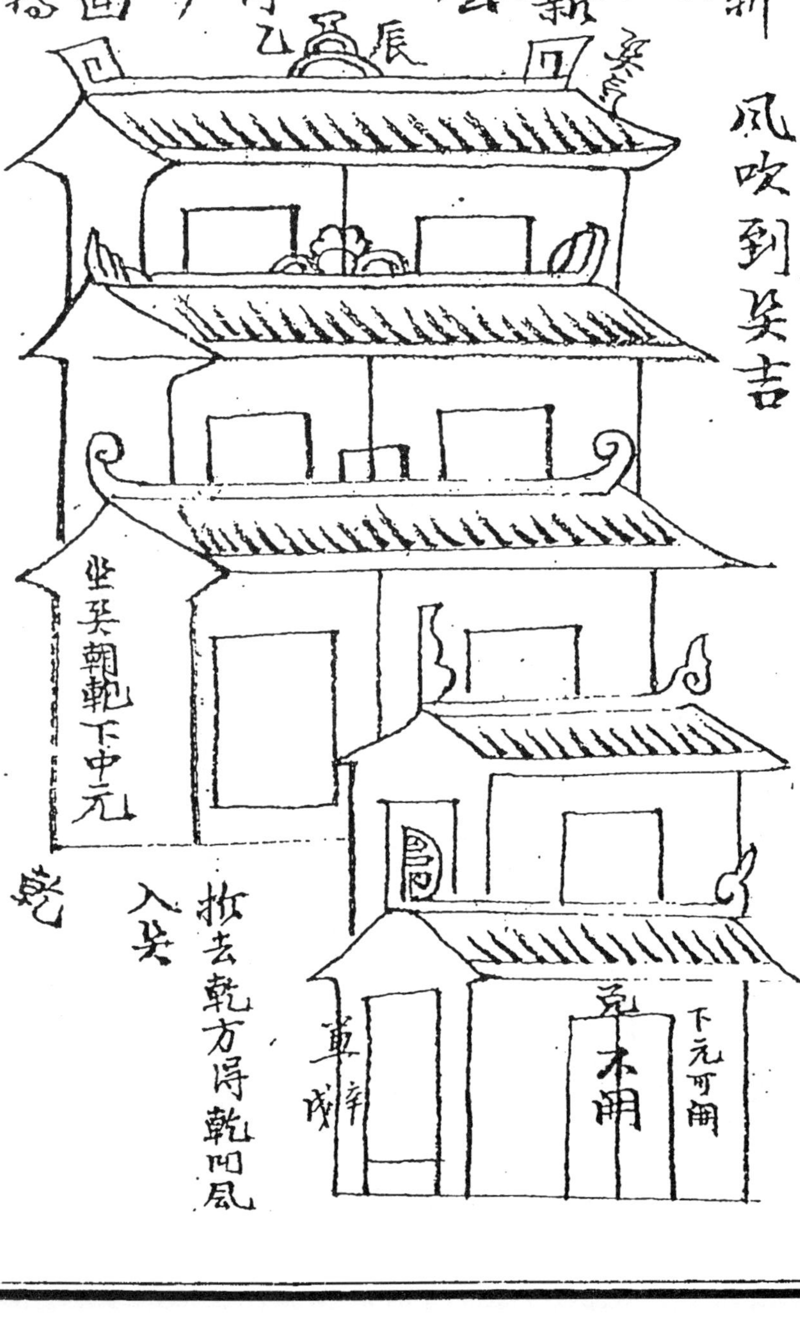

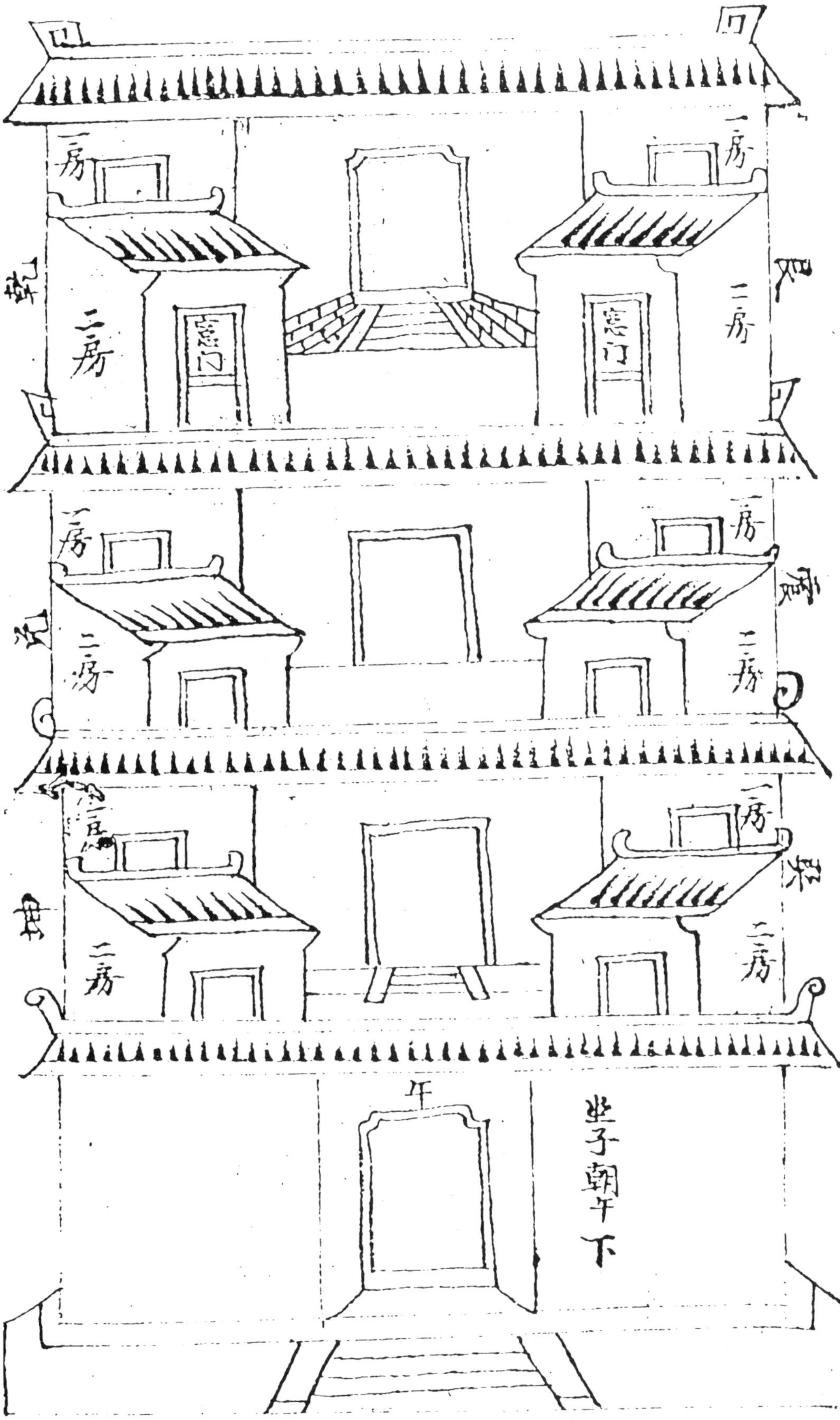
一房
二房
窓门
一房
二房
窓门
一房
二房
一房
二房
一房
二房
一房
二房
午
坐子朝午
下

此篇以七局言

宅门只把主人量
僕妾児孙各有房
一步一星随地变
门窗微路要推详
天光最处留春色
此是精微更最揭
一宅之中吳福異
贵生贵死互微在

艮一号：此房天井開門窗在兑七凶

艮二号：此房天井門窗兑七吉

震一房：此房乾坤兩天井俱不通兑吉

震二号：此房天井門窗在兑上元吉

巽一号：此房乾坤兩天井若俱通兑離兑門亦凶

巽二号：此房坤黝天井門窗在兑七凶三吉

四楝　天井　三楝　天井　二楝　天井

乾一号：此房天井門在巽凶

乾二号：此房天井門在巽卯七凶

兑一号：此房開艮門在上元

兑二号：此房若開卯門四吉七凶

坤一号：此房巽艮兩天井若開巽門七赤金凶

坤二号：此房巽黝天井門窗在震三吉七凶

楝頭

此宅同门够變烟
一株荊樹各时鲜
只據门路宫々变
莫說青囊理数偏
長房居中离气正
下元方得喜气迎
次房变坤一白荐
季長变巽中元仙
八宫依此诵旺相
此诀分房少人传

坎宅秘倖少人知 東卦头门西卦為 随时变换用门路 一当元運白兴时

坐子向午变换三元宅

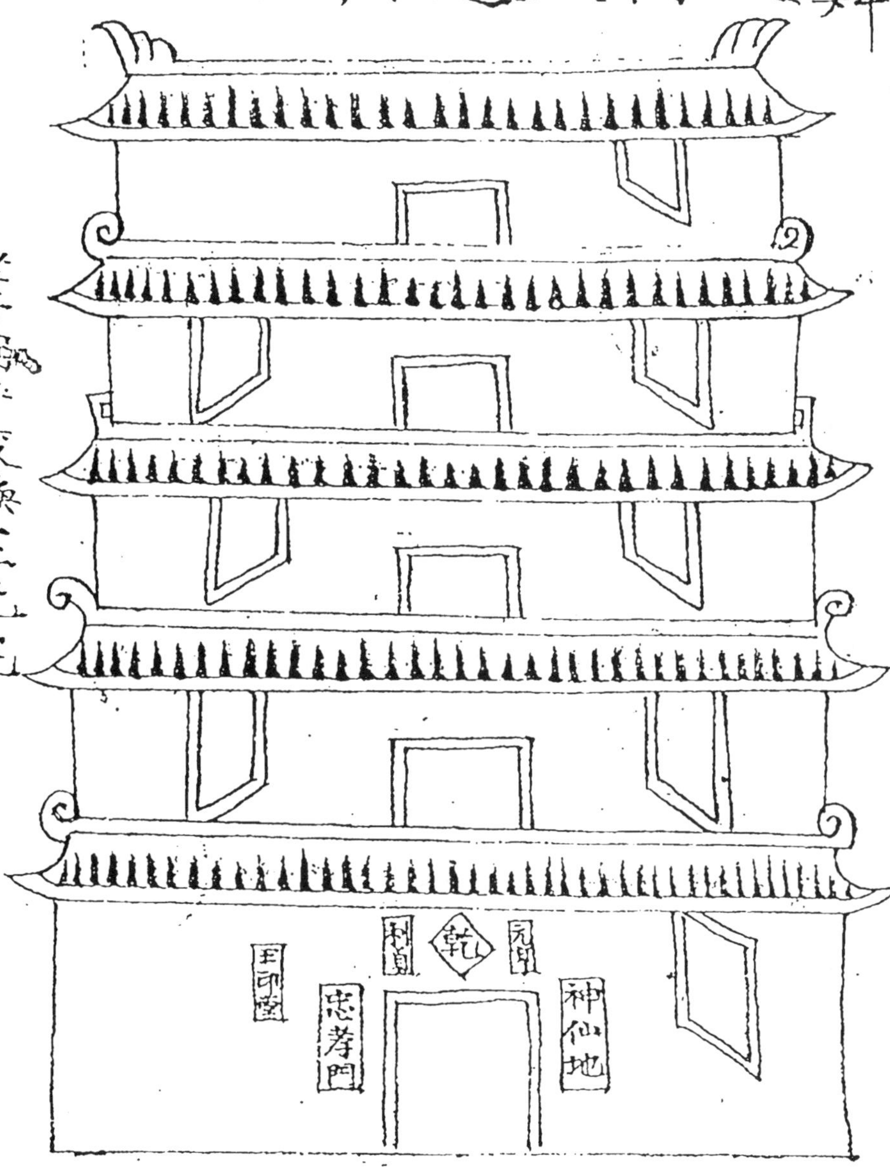

此宅中元之大發
能避凶害趨為吉
一交七赤大不老
須得楊公真妙訣

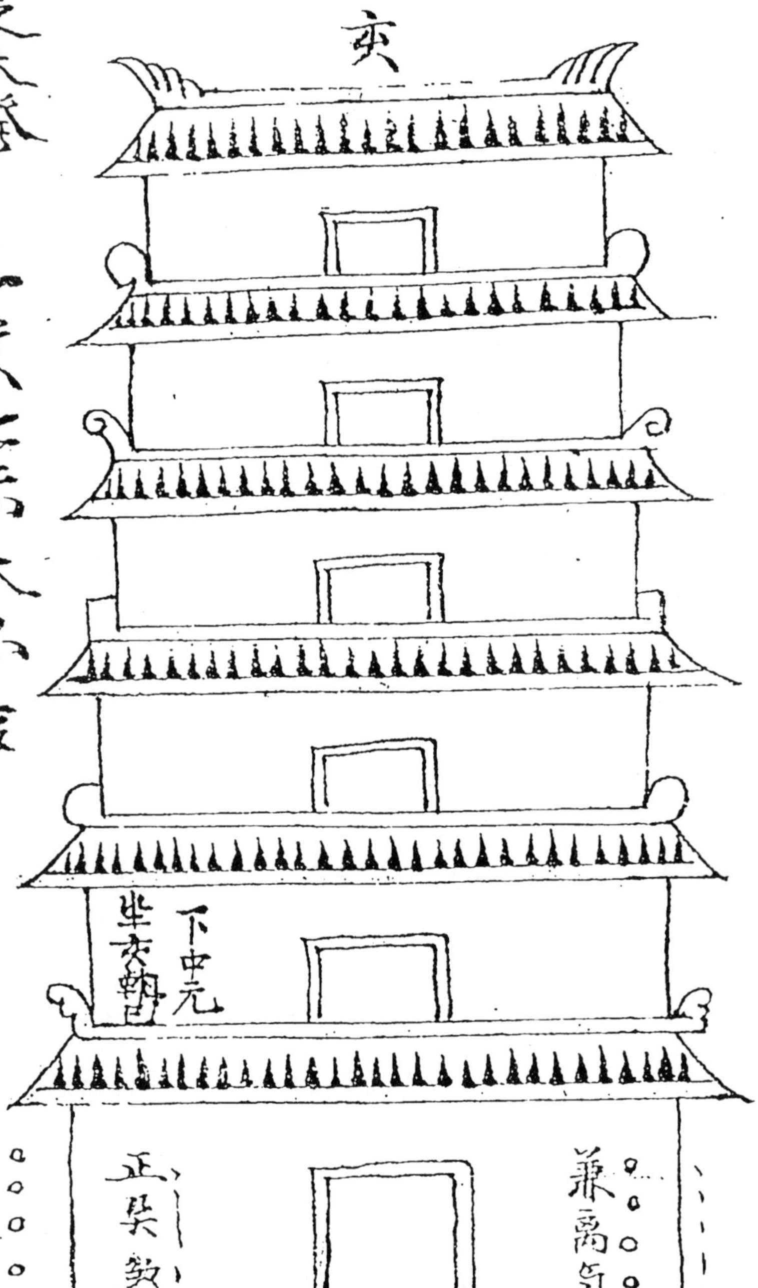

壬山丙向门用丙

此是下元天瑞景　宅内道分左右房

癸離若混終難准

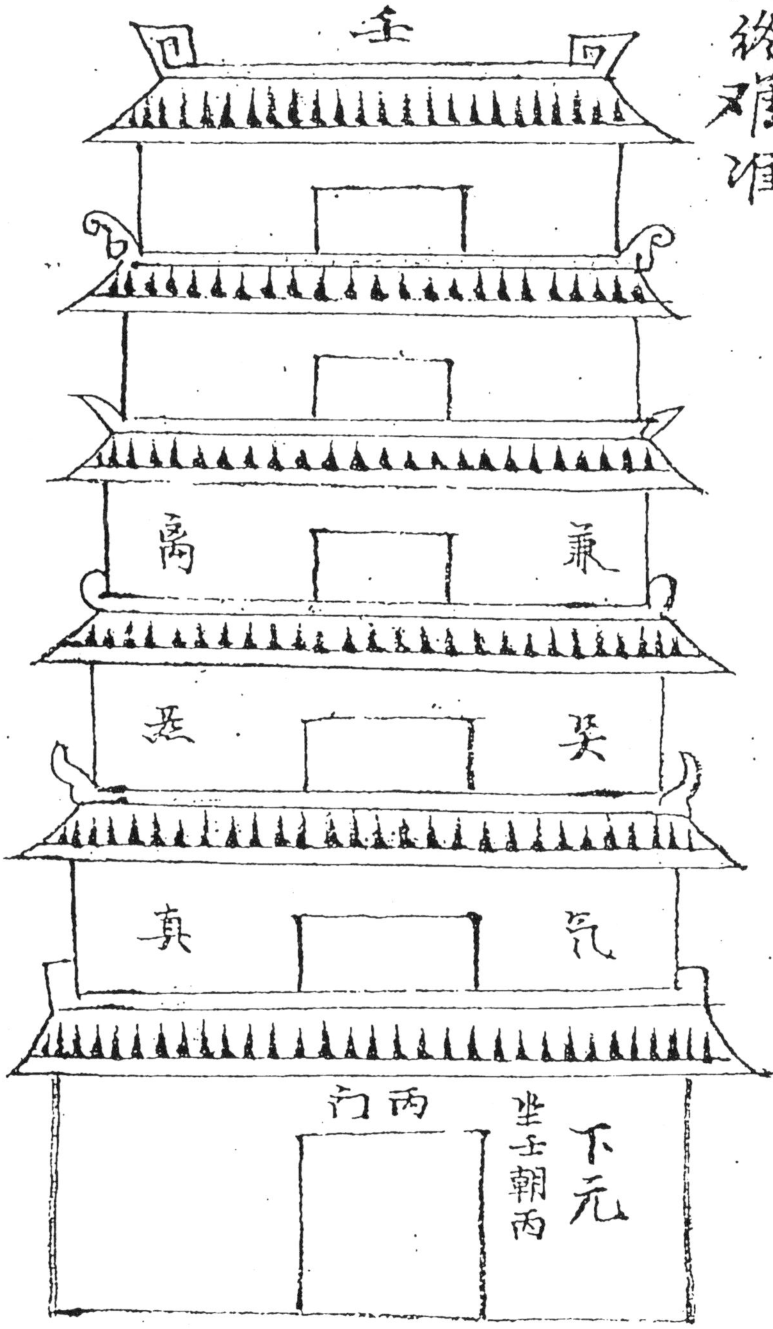

嶠星收氣法

宅内高樓名嶠星兜收風氣下门庭若振旺氣除〻魁煞氣來时漫潤零東南高拱納乾風此宅中元瑞氣濃天下元多庭魄錦衣

当下元之时将高樓振去大吉

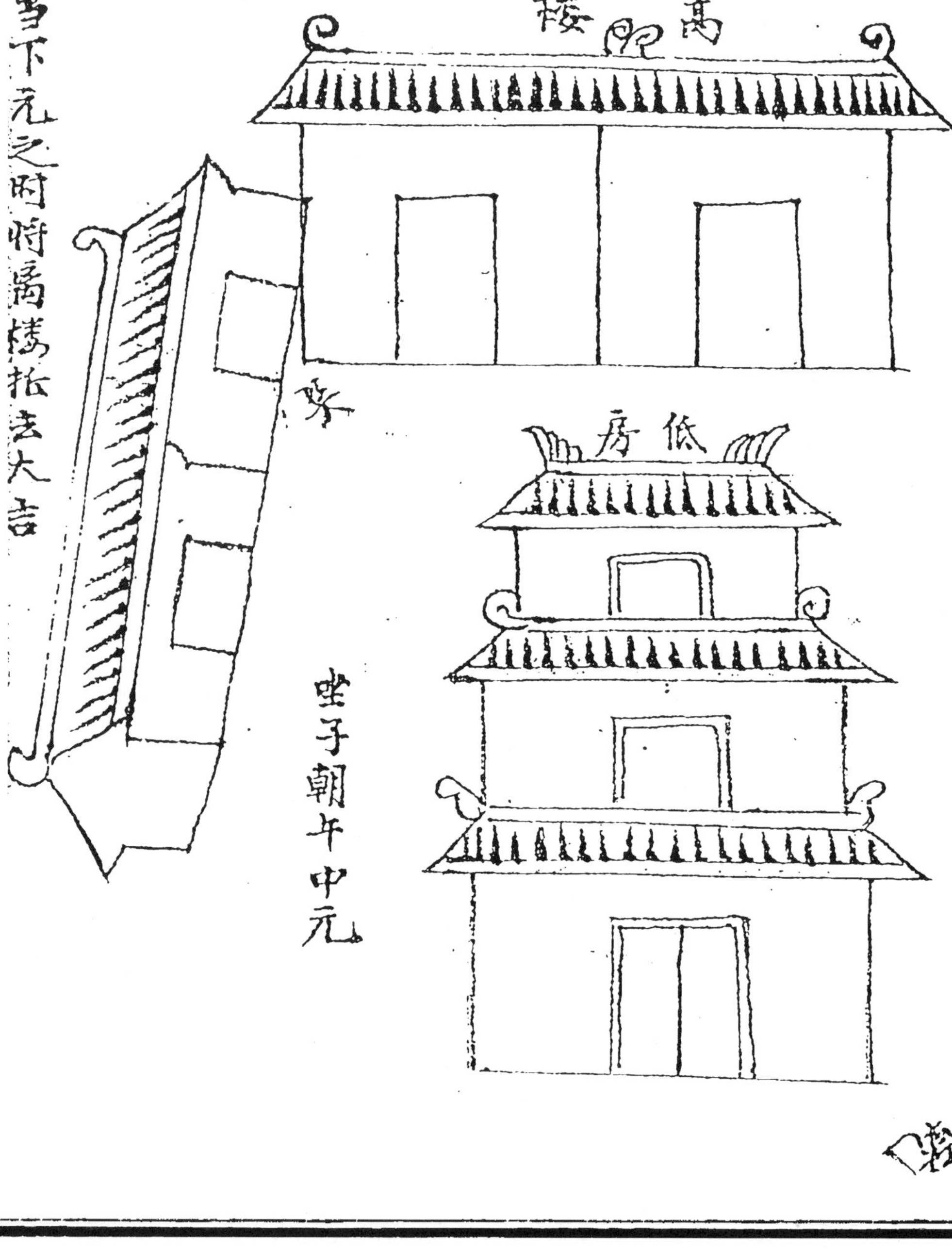

此局要為三面高樓拂漢中只餘一面是低平坎風入宅元亡雜造宅偏宜數此形三元宅在人變動

坐子朝午

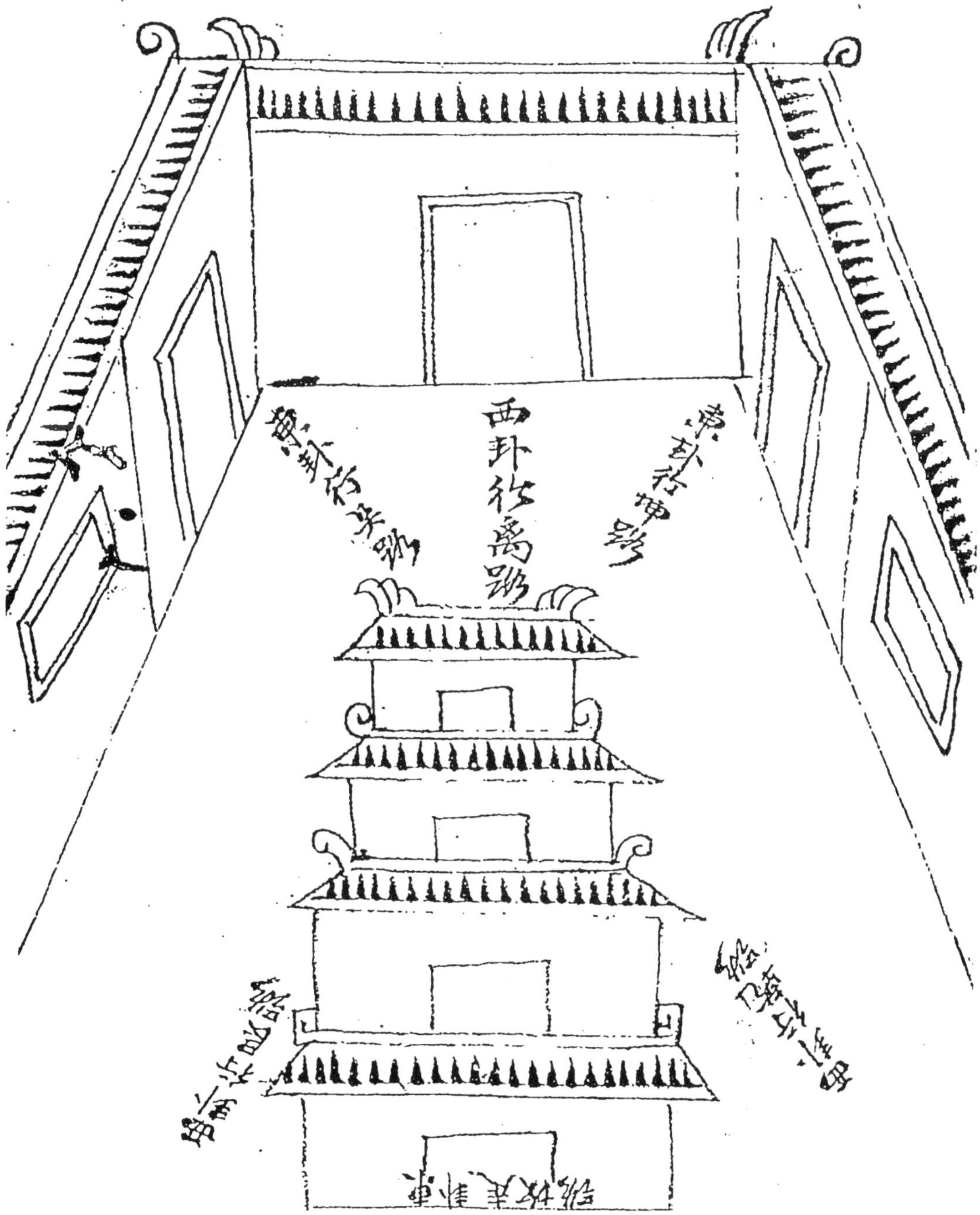

坎宅東卦九十年內癸樓可造西卦九
十年不利然癸角高又能引風入乾
則乾財又吉

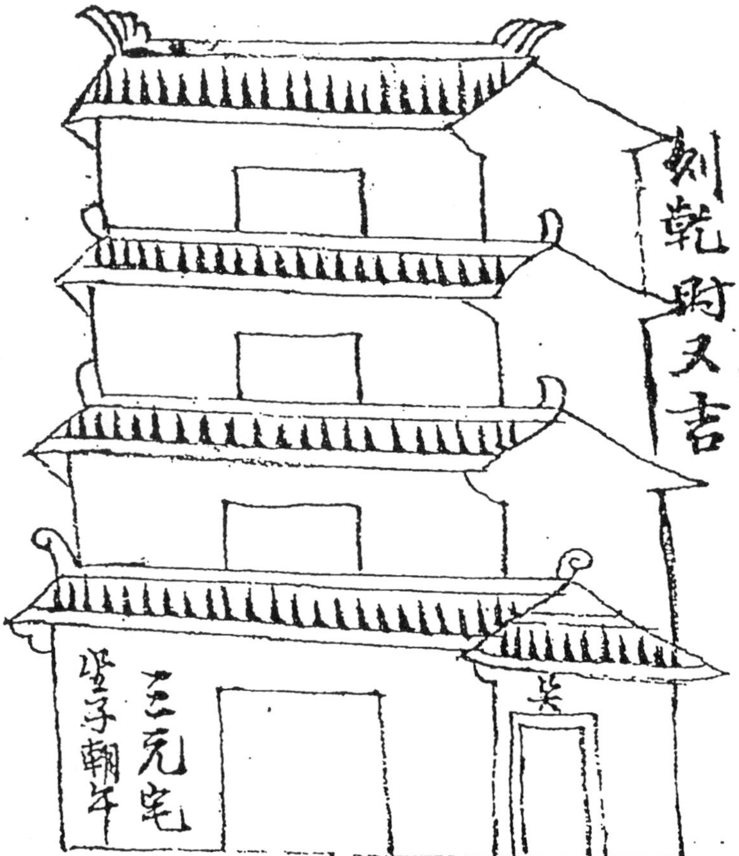

東卦吉

修方起造係安危存宅隣房一倒
推動看賦方能驟發衰方有碍甚
堪怨太岁煞方俱不論三元局內
看浮遷假如癸上添新屋中元
陰起下元發幸得低平尤可畏
若然高大化為灰

旧宅居西新宅东莫云高聳起青龍上元雖得添祥瑞 上赤元中实祸逢生方宜起造但太高則又能致煞風迴插入宅必傷丁破産

旧宅居东新宅西莫言元局宜與元中元起造多虧失又赤與滌更有餘

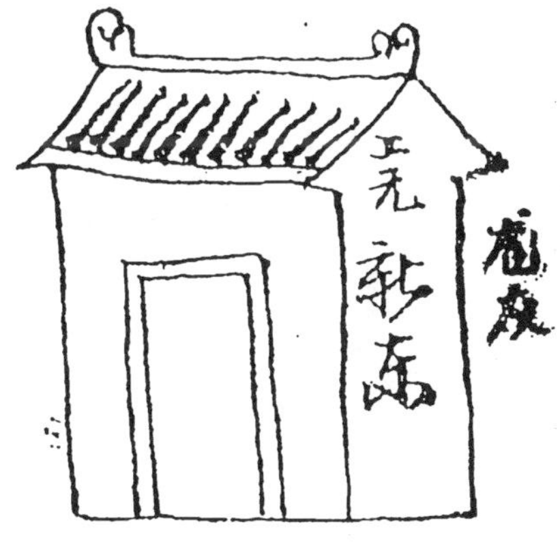

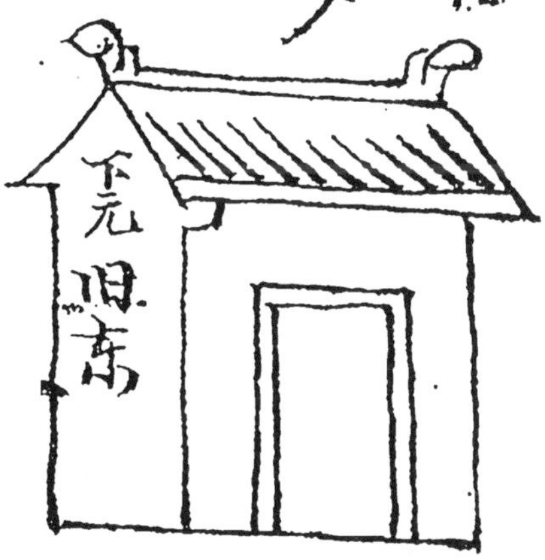

謾說建樓占六旁
天門高起道吉祥
誰知宅內逢之住
七赤元中犯煞方

乾方高樓

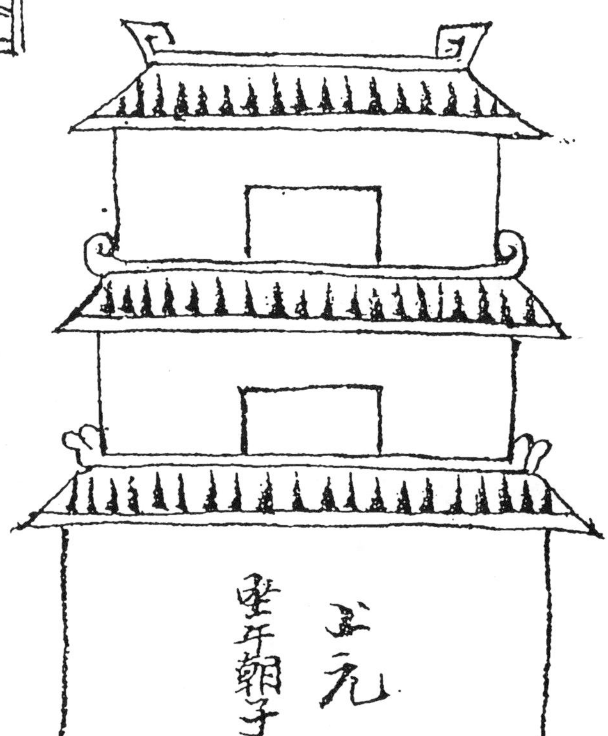

七赤元中乾巳逆運為魁
不可修動及高壓

南方朱雀起高樓　掩却陽光事可憂
不慮門高來損妻　下元修看旺神頭

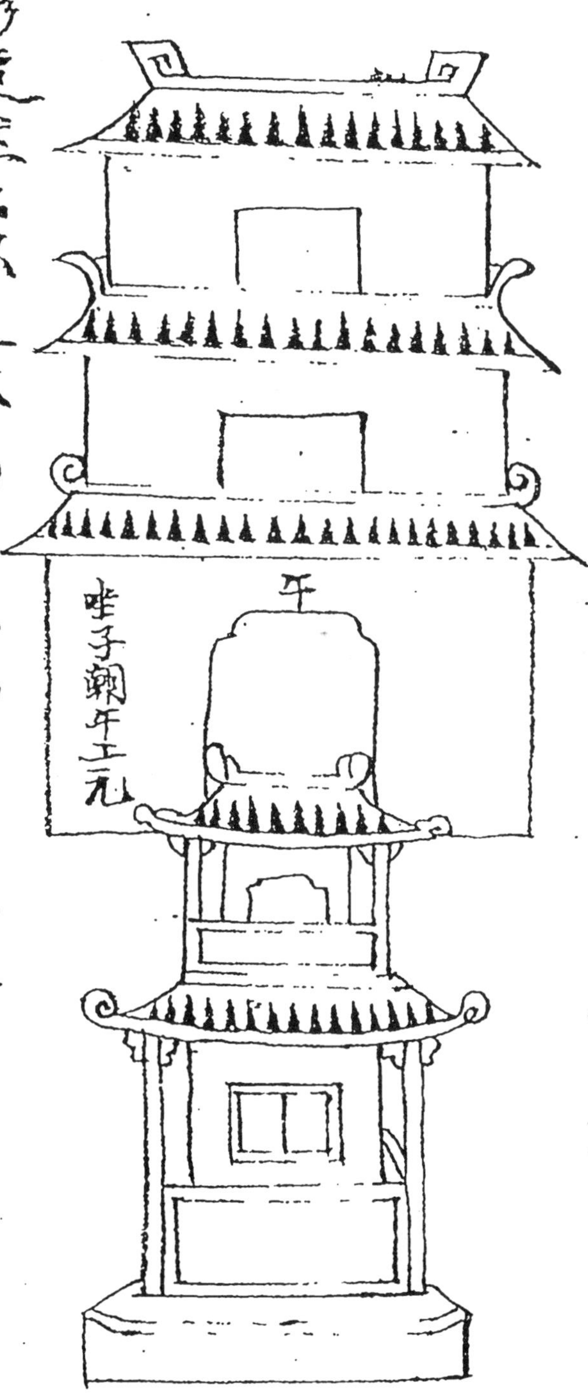

旺方宜修造然亦不宜太高若太高反坎氣觀之矣

上元坎氣正巽隆室後高樓起數重此是本宮添一層愈高愈發福無窮

此當嶠星反迎法不同但樓高則能反迎屬宮煞氣若不過高則又謂之添助坎氣矣

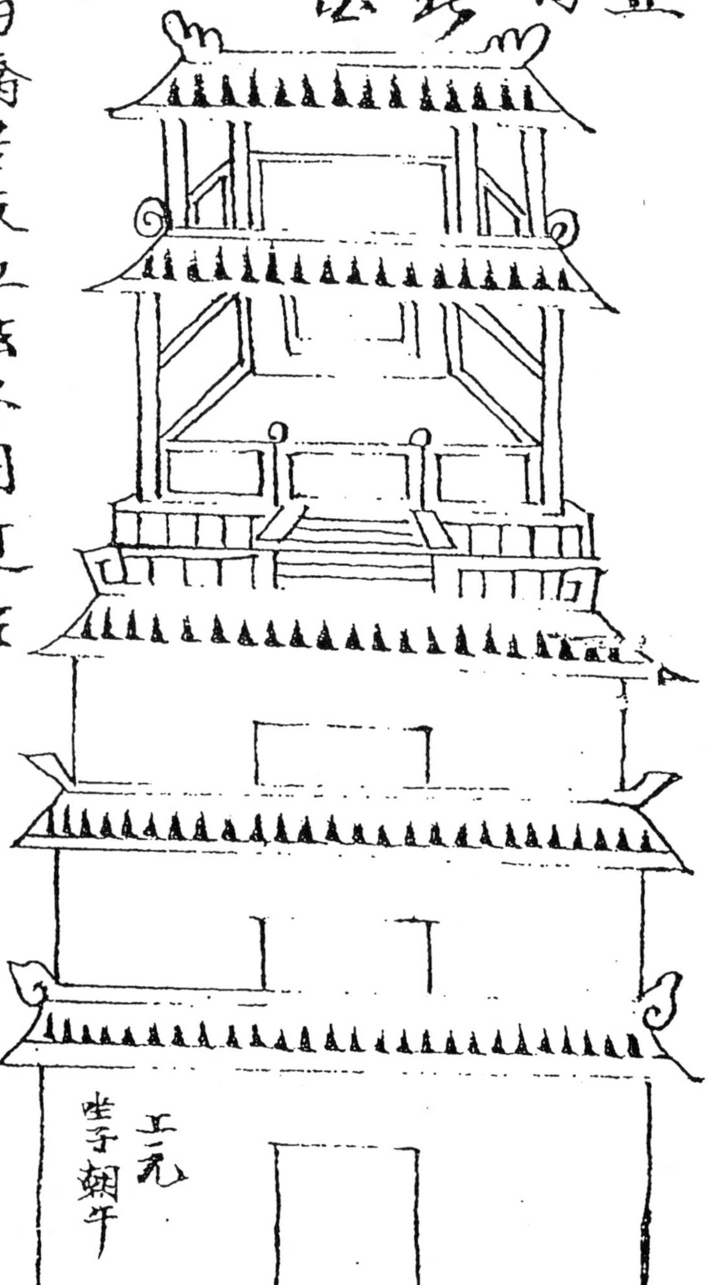

門

坤水衝影惟下元偶因屋舊畢

底埋禍災忽到平安宅只為修

坤氣煞高

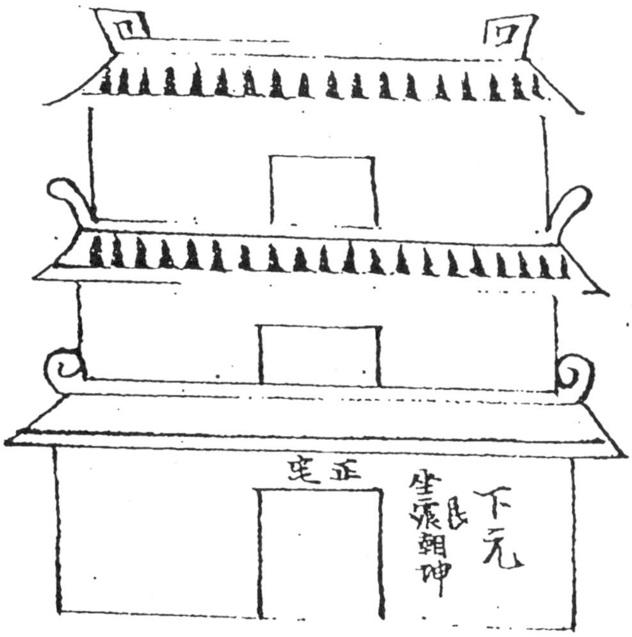

此既埋吉煞之方不可修造

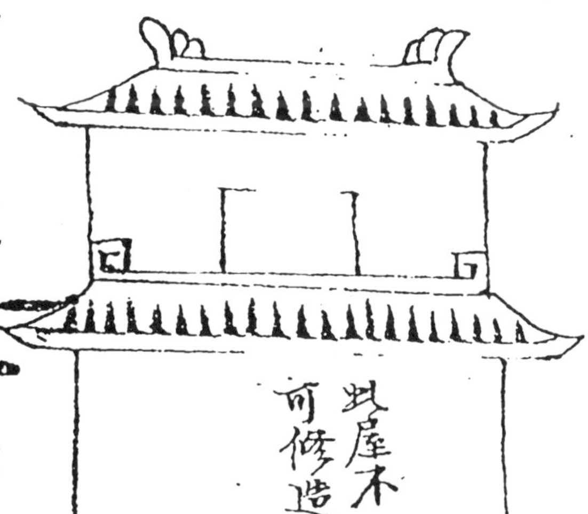

坤池乃下元艮宅

之吉地一經修屋遇

斷吉方之水故吉轉

為凶

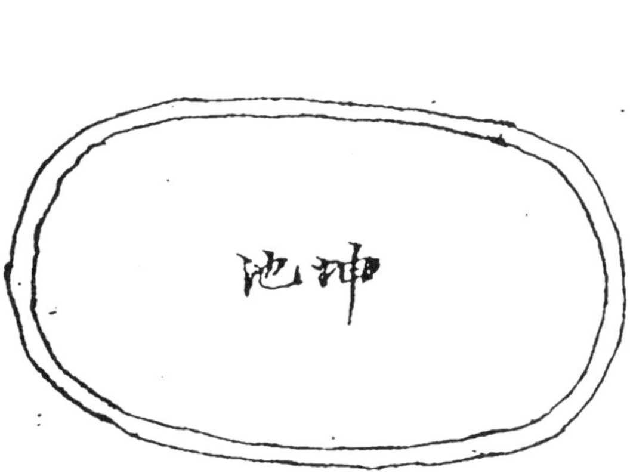

坎山

大遠不應

依山立局法

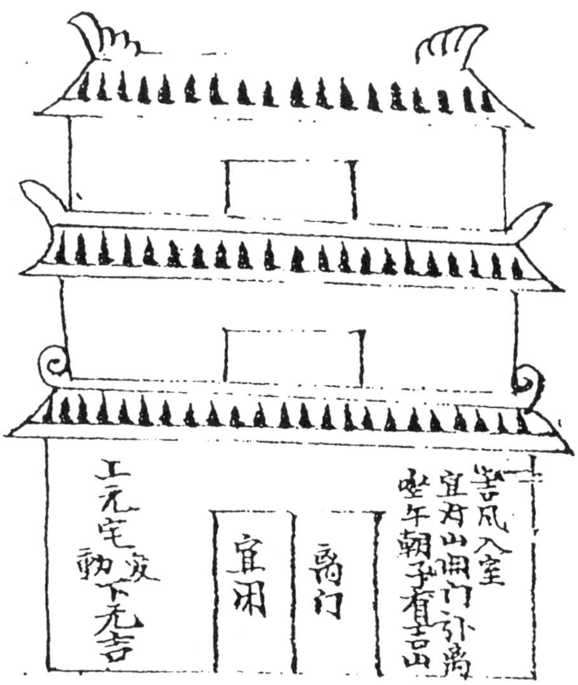

坎山低〻山〻蓋
不須千仞也闌擱
若然高插青云上
此宅下元有餘歡

坎山高則能兜收离氣然亦要折開离门引風入室乃能全合

坎山高用离门不利若离上有墩亦可

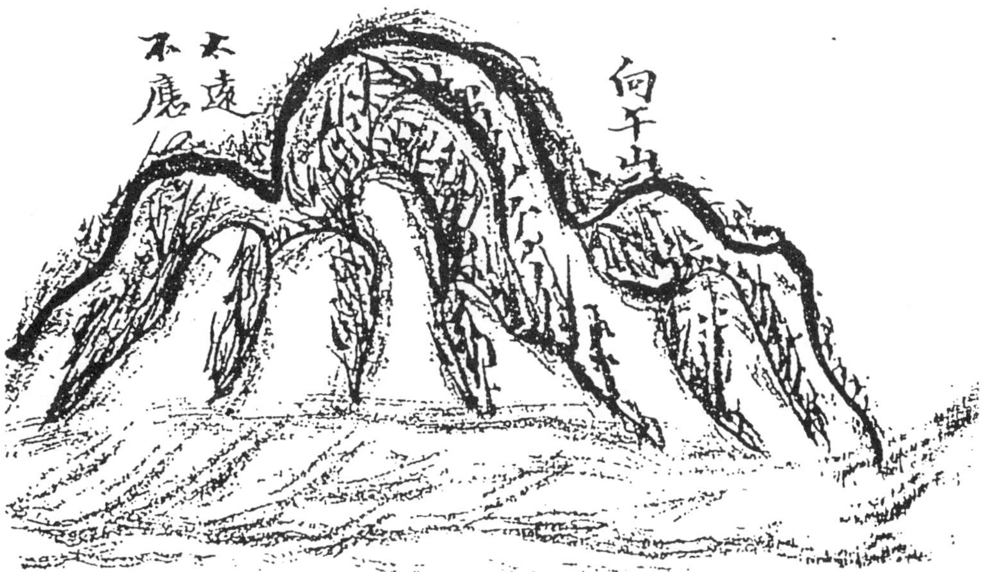

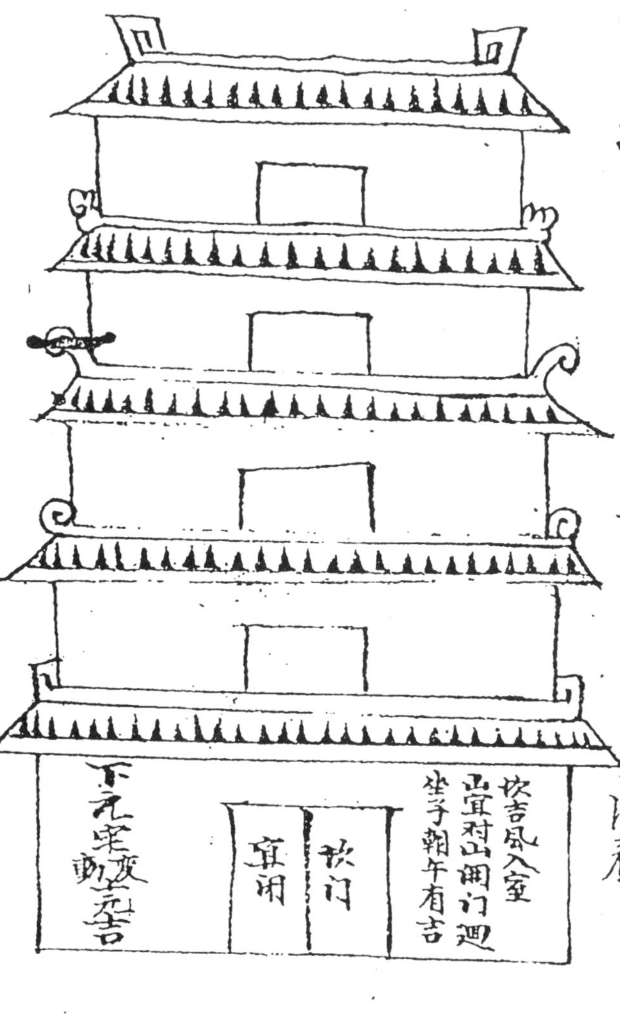

离山一带在离方山下村庄妇亡强者少
别星来损破三元常见祟育了康 三元两字当活看

乾山進宅中元安入向衍壽最不堪言
是高峯興廢大縱然經而也須爲

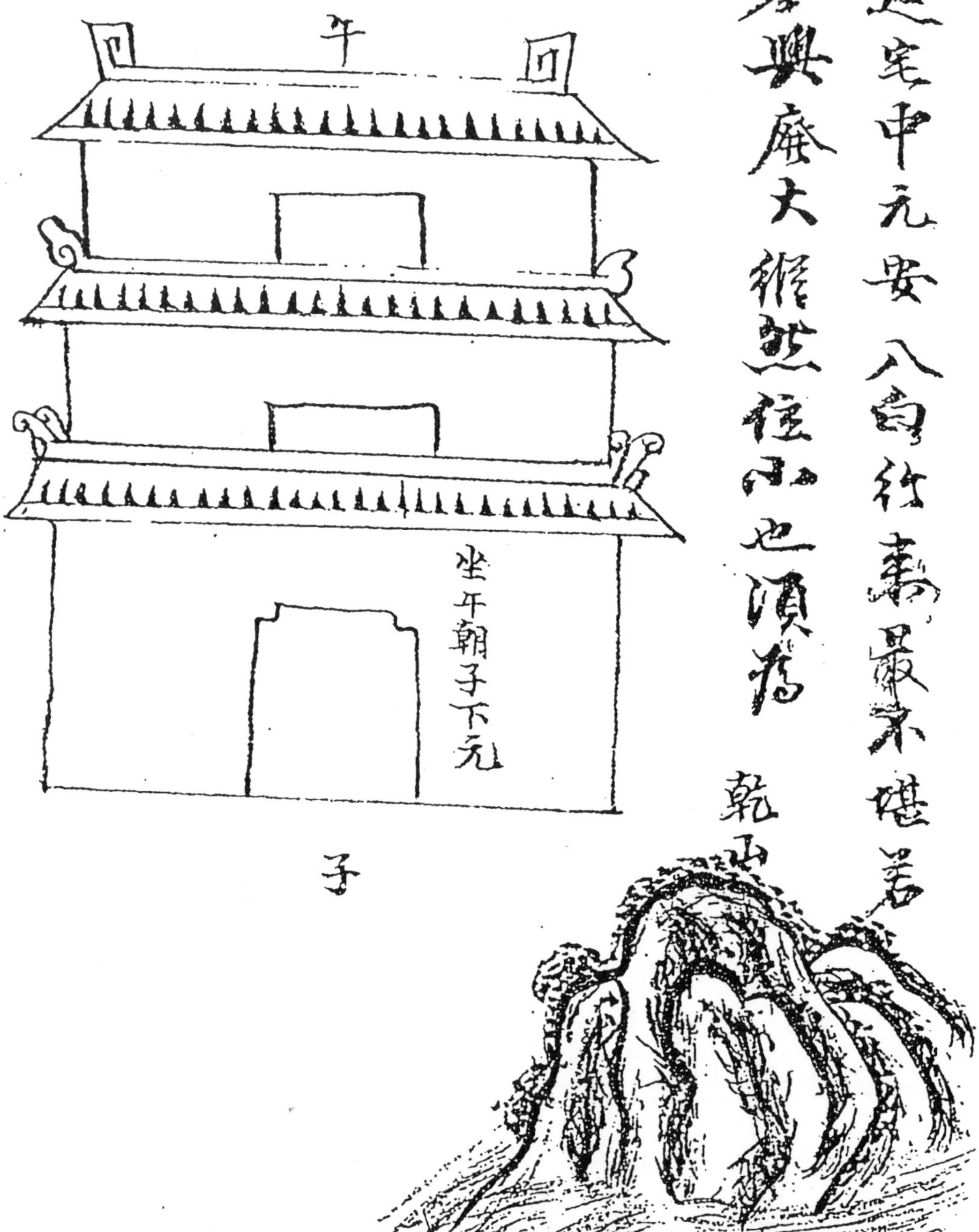

山宅風门法

山勢周圍细
洞天秘门坎
工搖入烟路
中便是神仙坎空
宅不識人间
晋魏年

工元

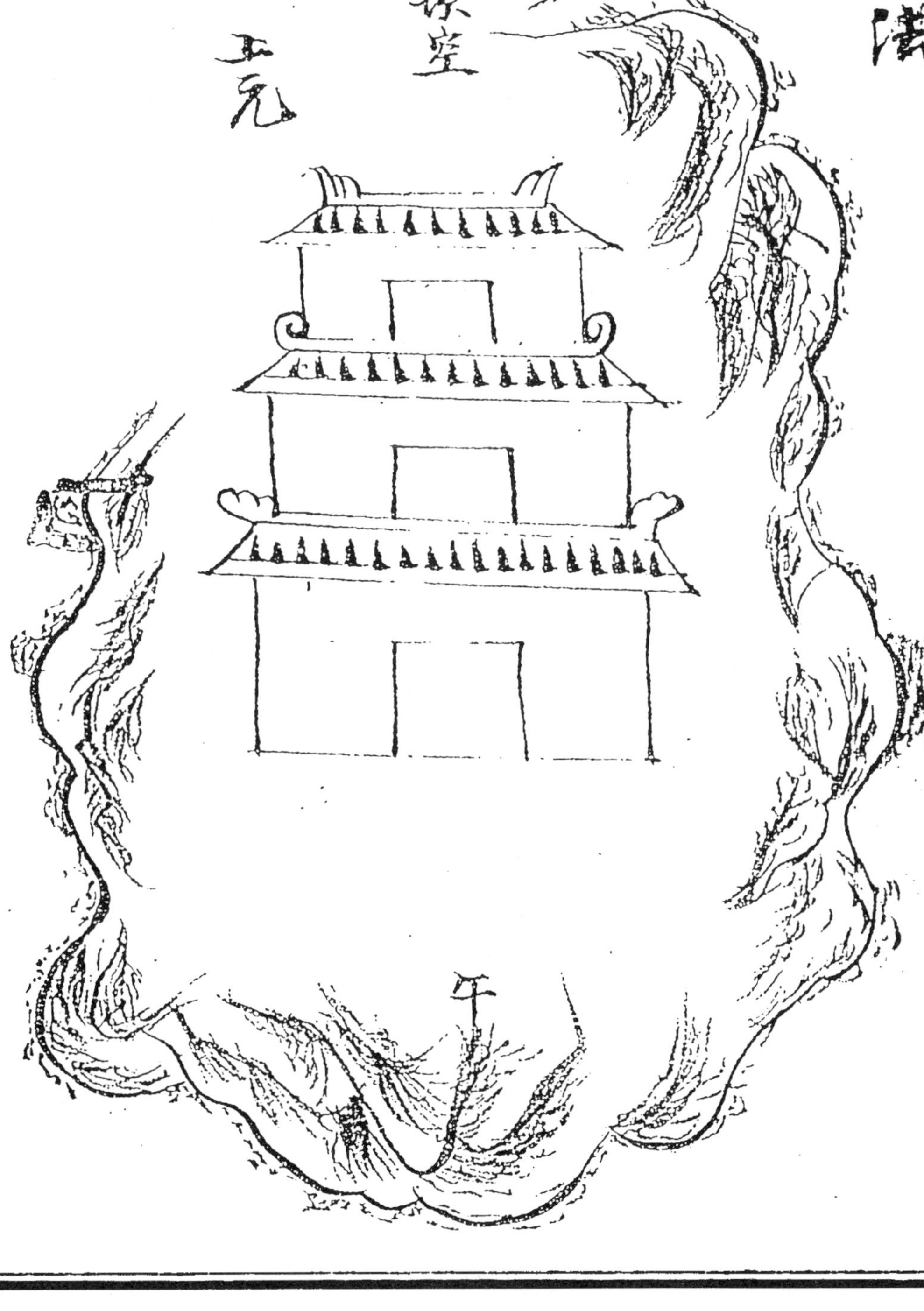

宅若居中兩氣
平倘居山角又移
星左受坤等巽不
到
利右受巽氣坤不
侵我為稽舌乎風
法趋避之詞貴審
晴
風水之說乘乎其時坤巽二方
旺氣午入故上中元旺發

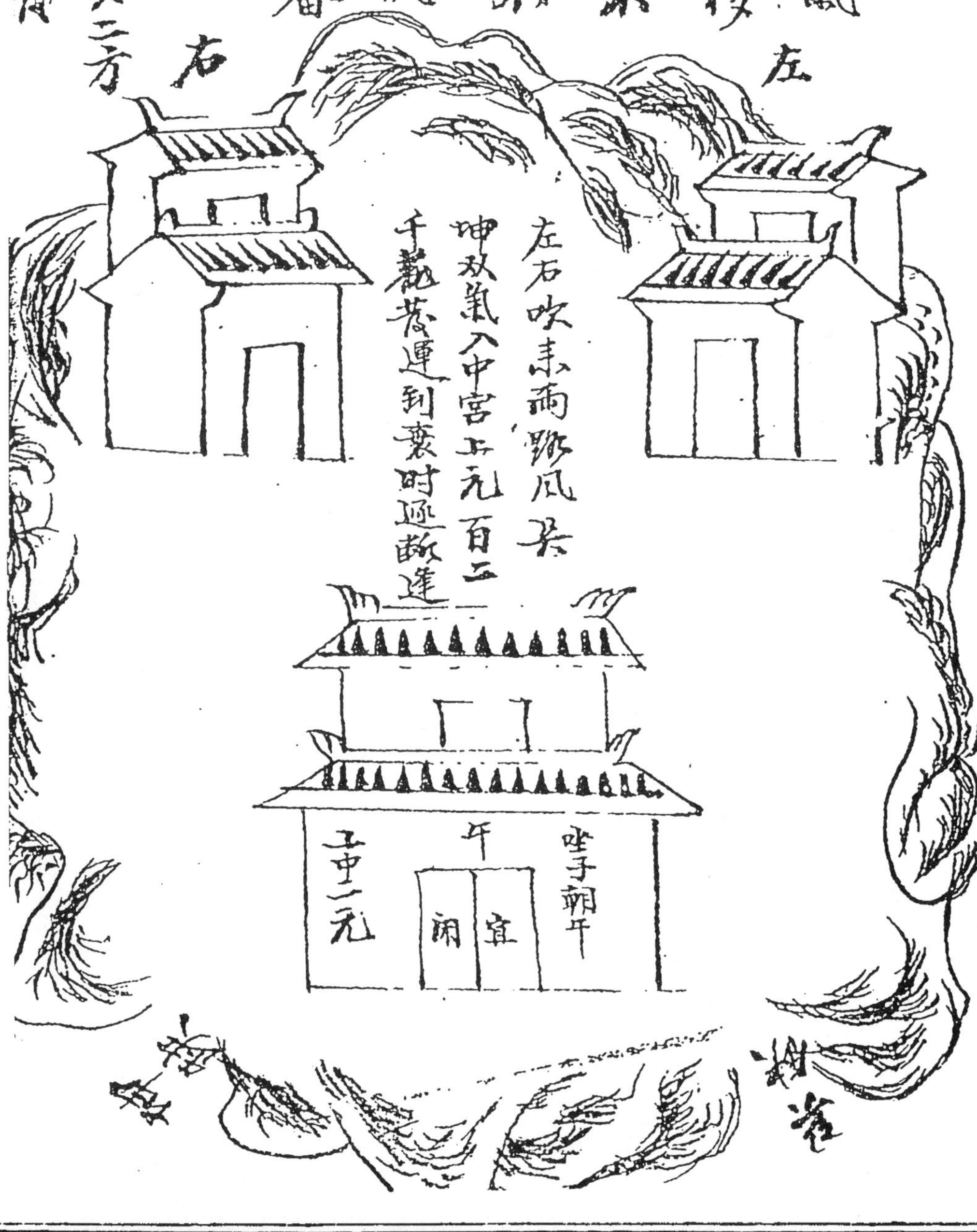

諸山列陣錦
羅城〻内闊
陽底且平若
曉依山安
宅得元得享
逐時新

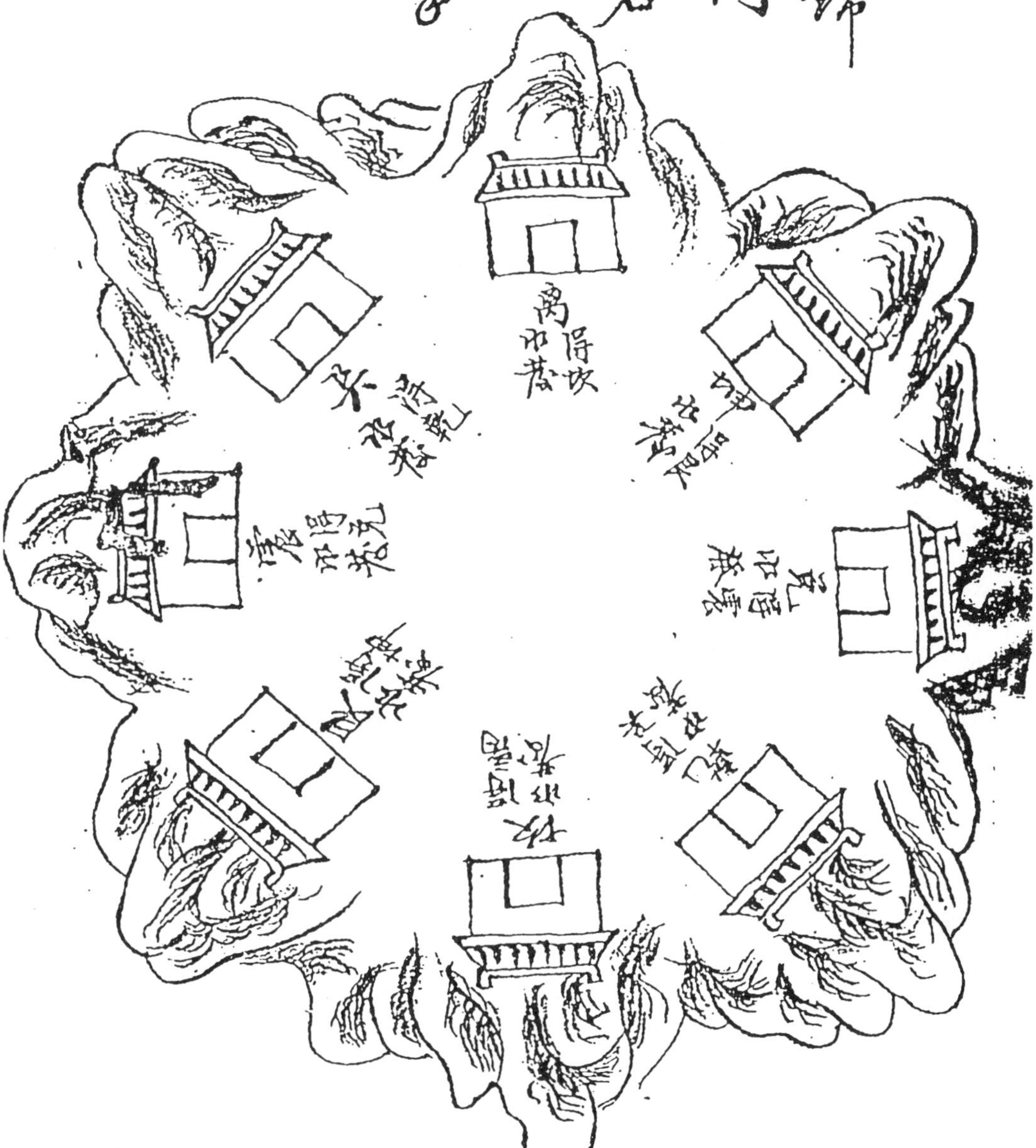

四门通風至の
偶我求也是列
仙居中元享子尽
人间福七赤輔
廻作餐瓏
上中元卅年要癸口通
下中元卅年要乾口通

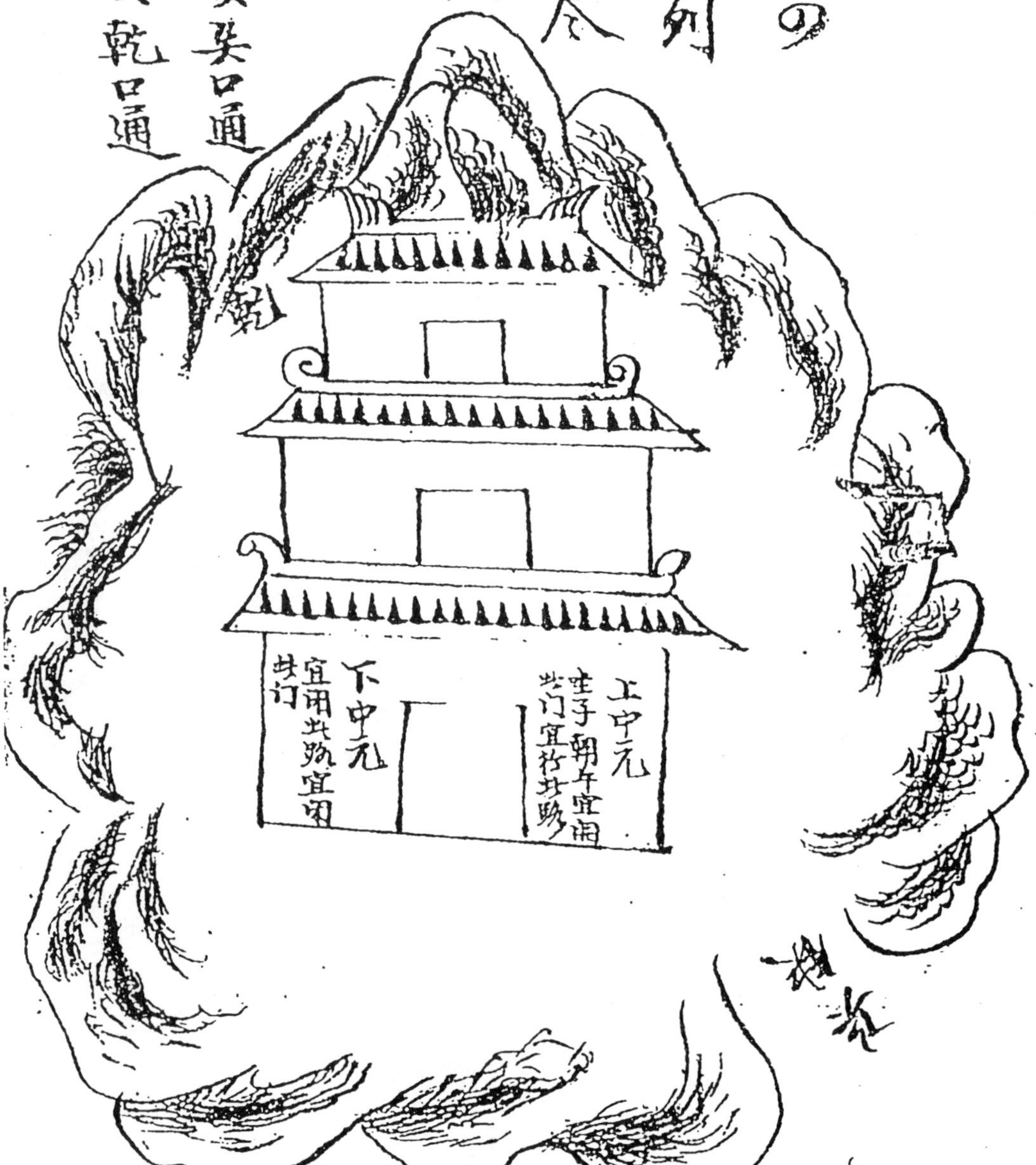

の西三圍不見
風獨指乾位見
依空些山但虎
中元宅赤白交
臨怕吳侠踪

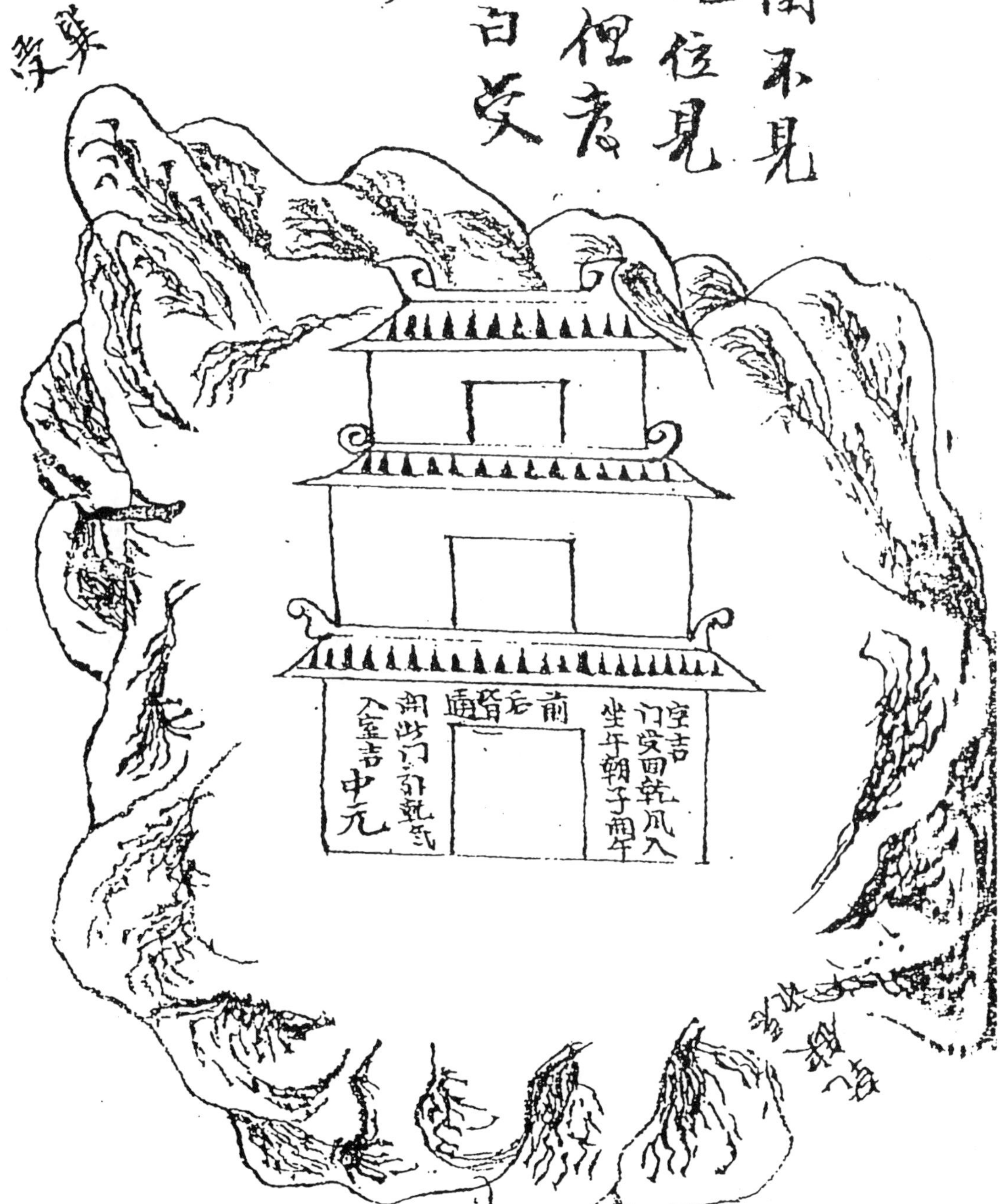

离方有水注堂壽坎上陽基氣脉金先在上元開甲第三元長見福綿〻

依水立局法 下元時亦要少禍息

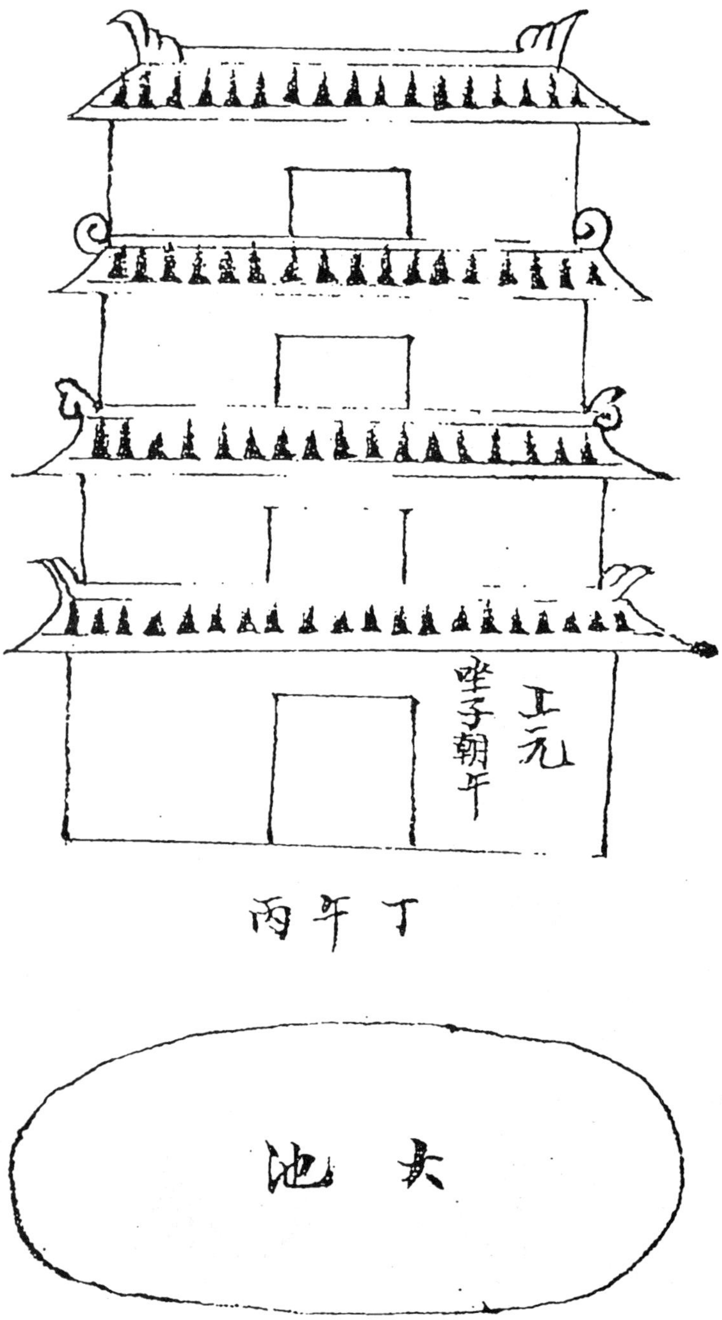

八廊閑閣
立圖仙离
方開敞見
青天下元
宅此真瑶
島只恐衰
时有变迁

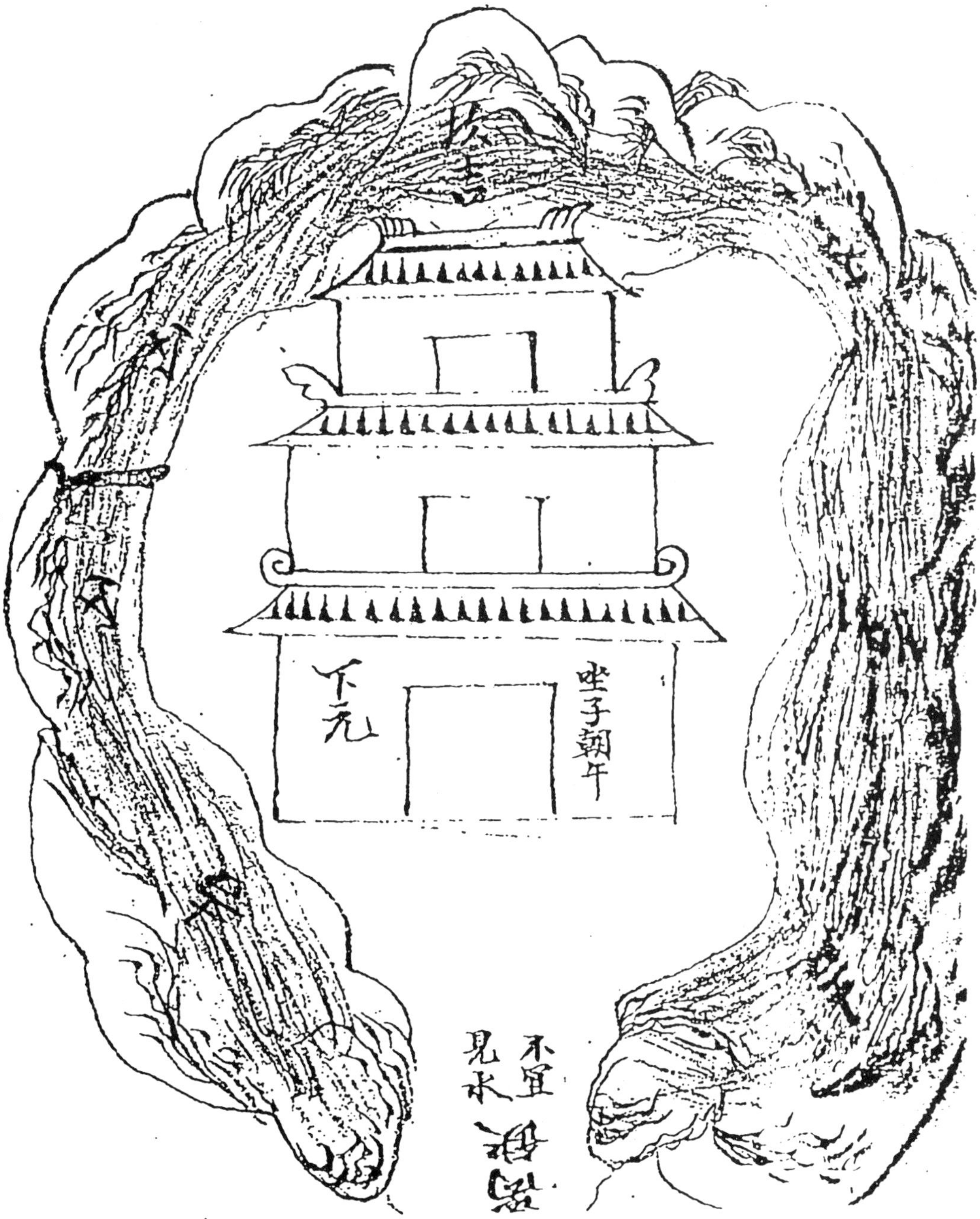

重々疊々掛
丹梯の顧雲
村仙路迷坤
地纔遇車馬
路下元此宅
不須題

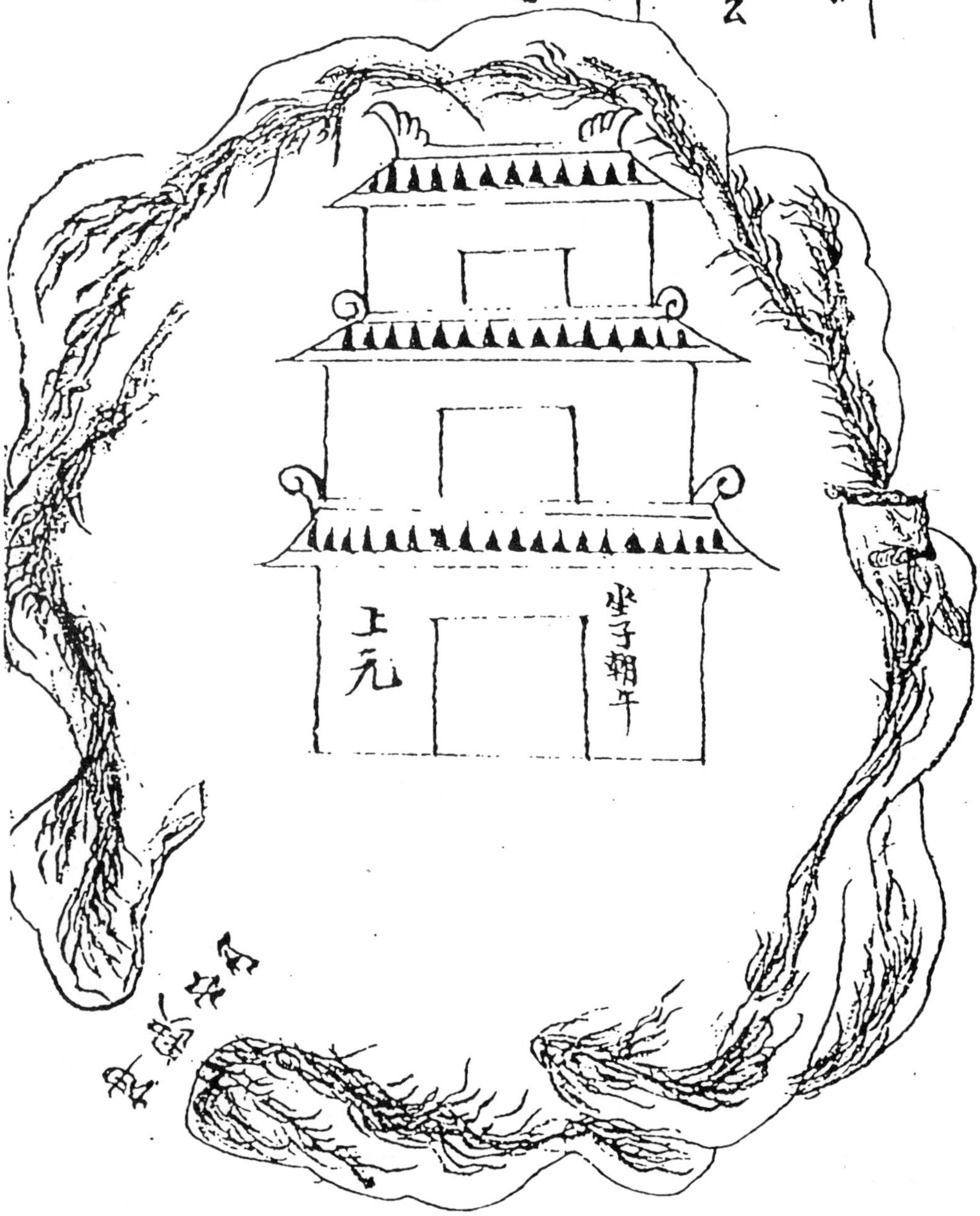

離方九曲似龍蟠此局先通太乙垣立宅三元無破損三槐九棘立朝端

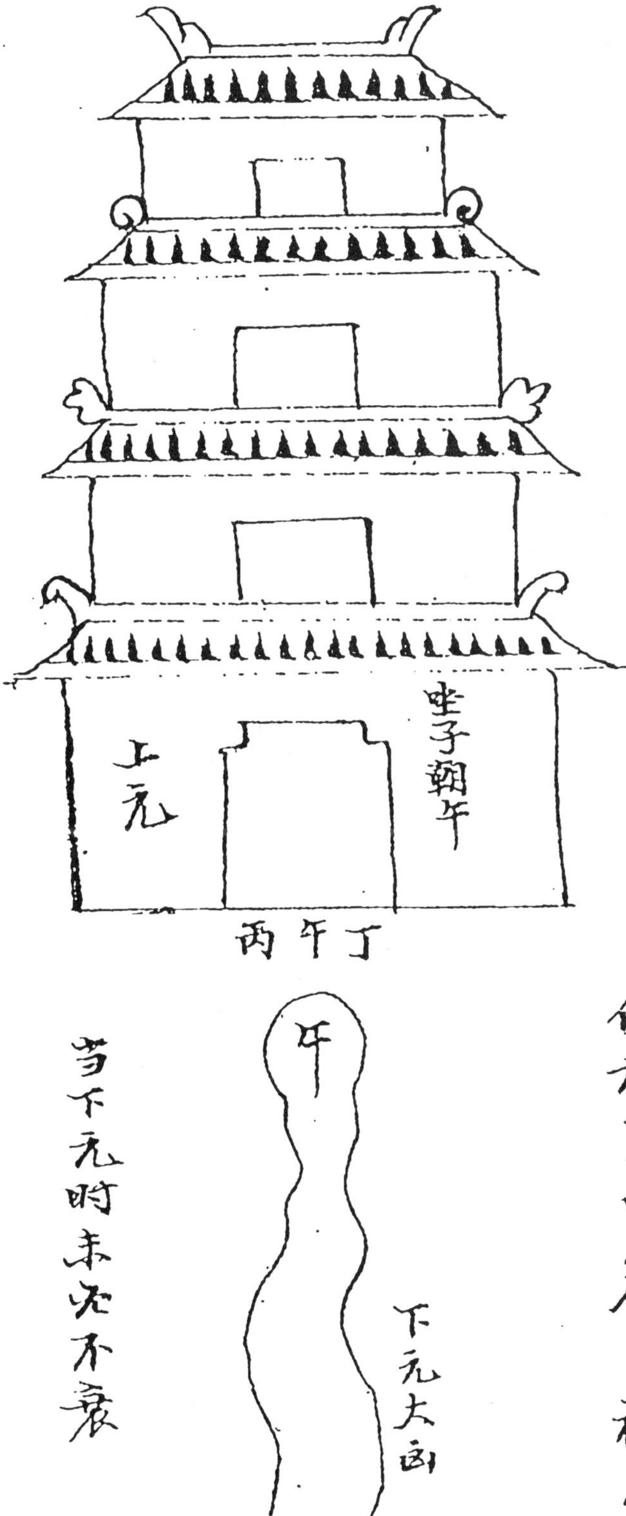

此龍名号王天龙布散陽和宇宙中不但御街作相滿门春義福無窮

特〻

离方湖為局洋〻水為通來內氣藏不

特〻之元財祿藏時拖紫綬列岩廊

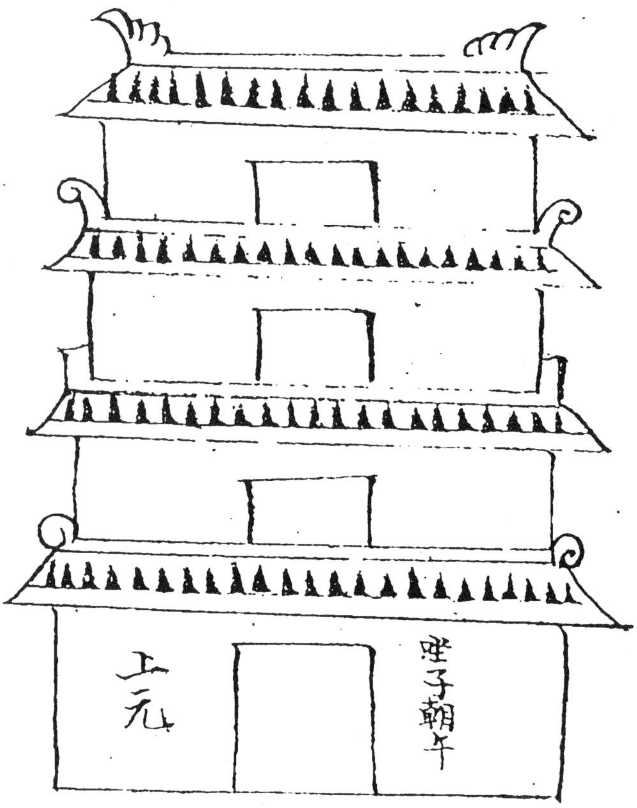

丙午丁

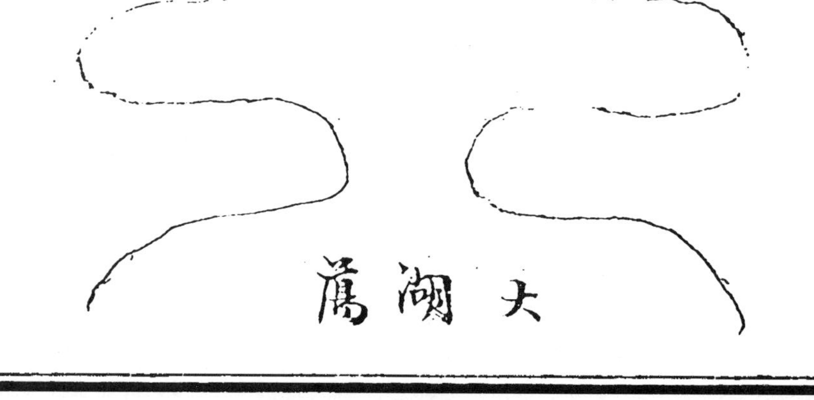

离方明亮瀦天心只貴方圓合正星

立宅中央長富貴為人端楷有黄金

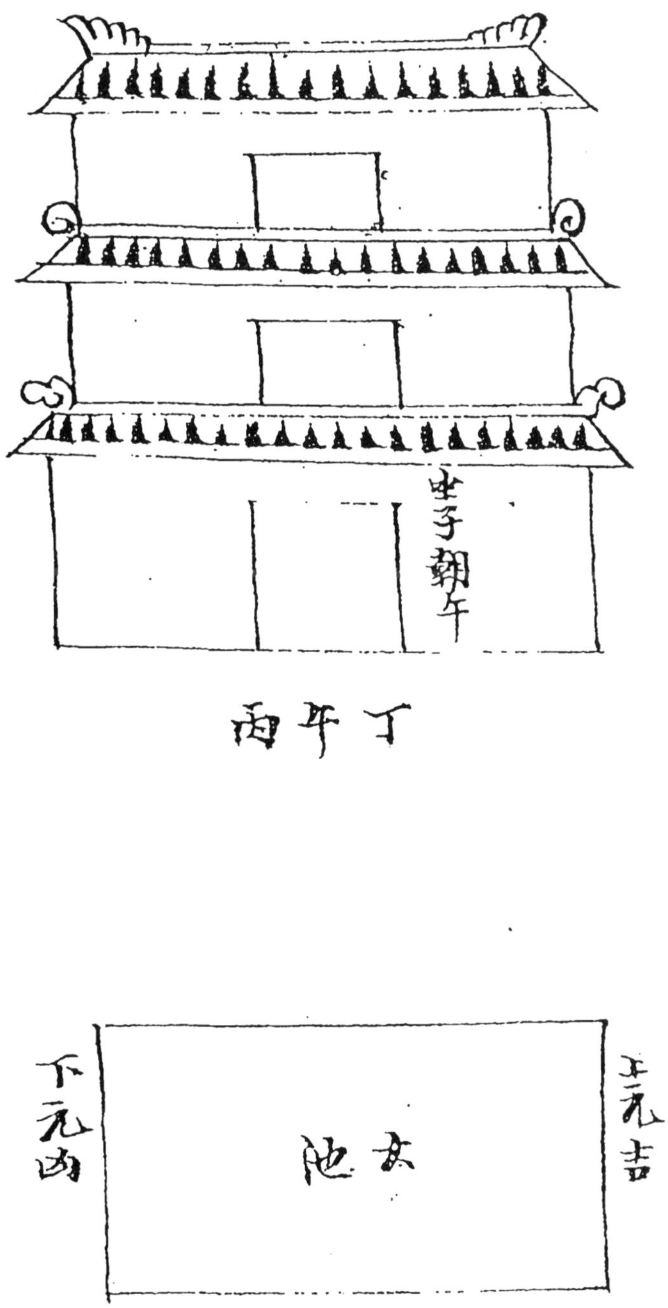

坐子离上方塘端正為佳

若左右有水雜亂則又以別論

離宮丁水來兼未於到下元當富貴此宅下元取不衰闌了左右分公位

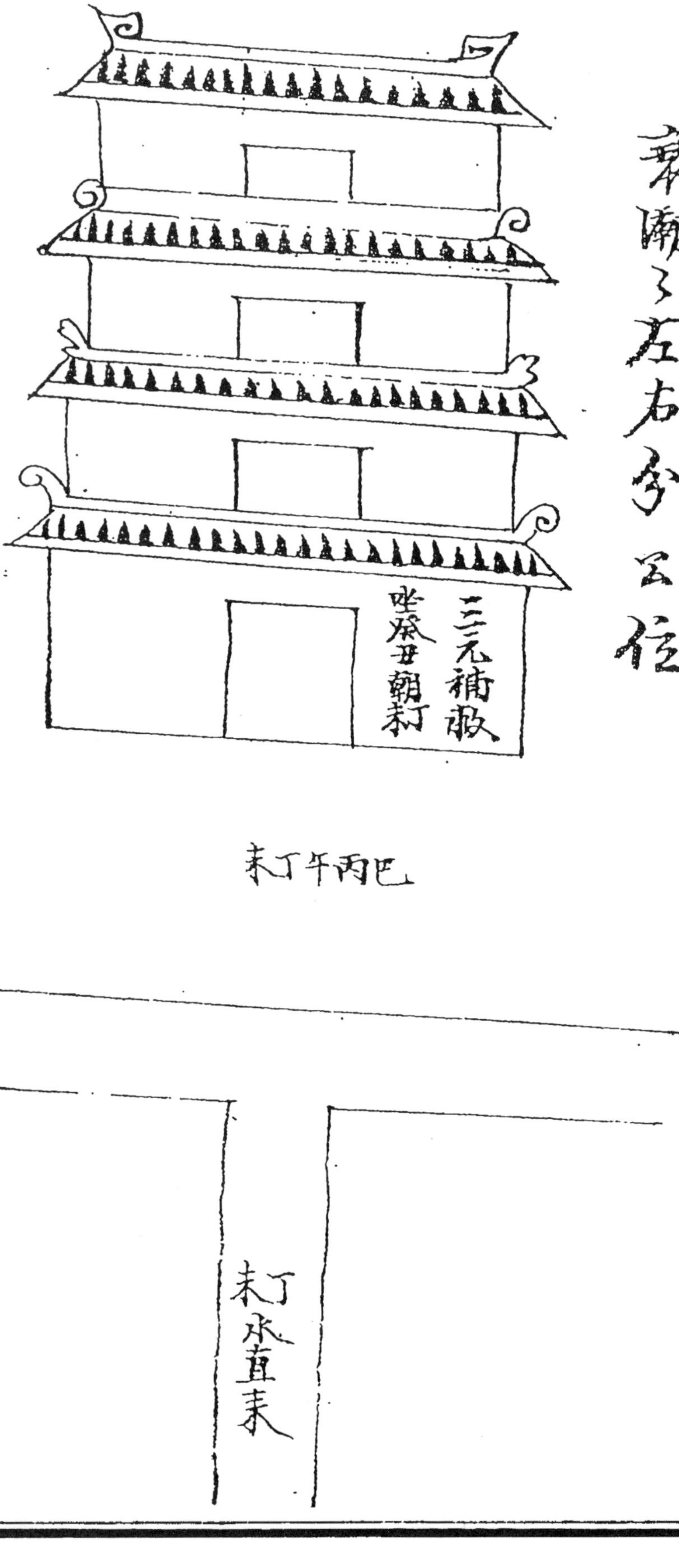

巽水迢迢六白龍後湖
九紫氣逐鍾中元旺宅
卿相貴下元做宅返
財豐
有誰能悟叔反換一宅
玄中分順逆其中趨
避合元機八卦看來
理如一

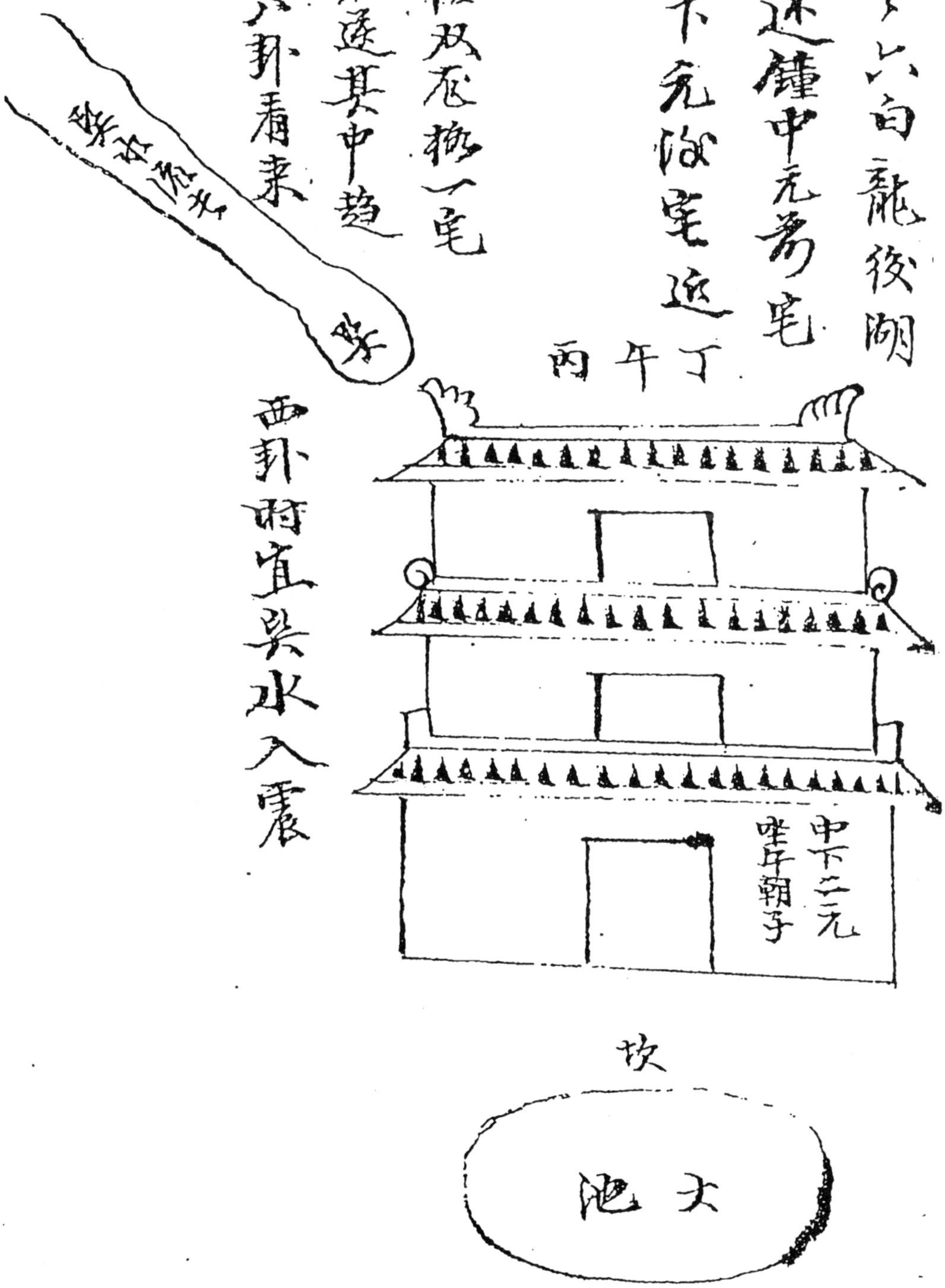

离宮丙水字兼巳行到中元貴無比下元衰氣四十秋官職半間

宅半毀

我為指出兼龙法八卦方隅同

一訣此中秘密不宜傳留與兒孫作宝代

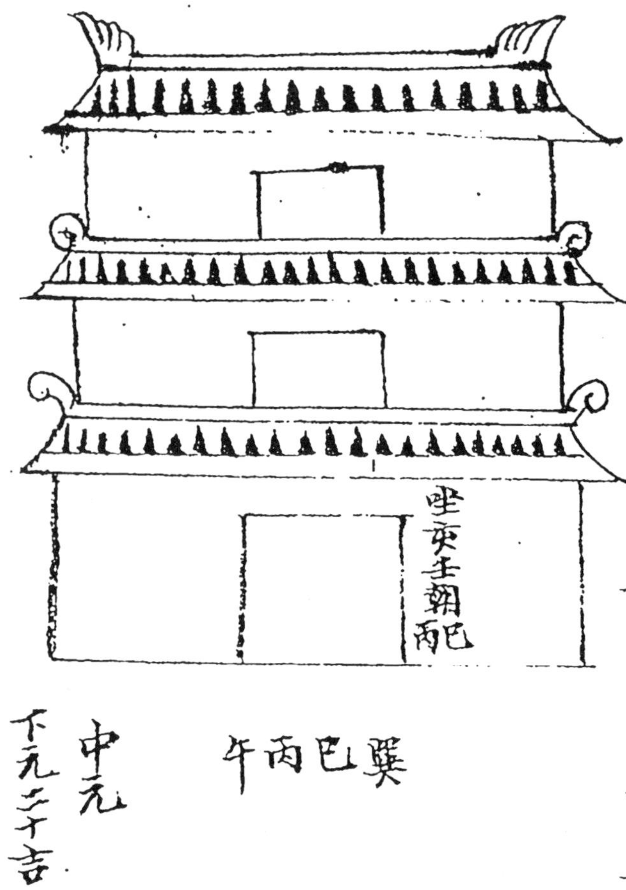

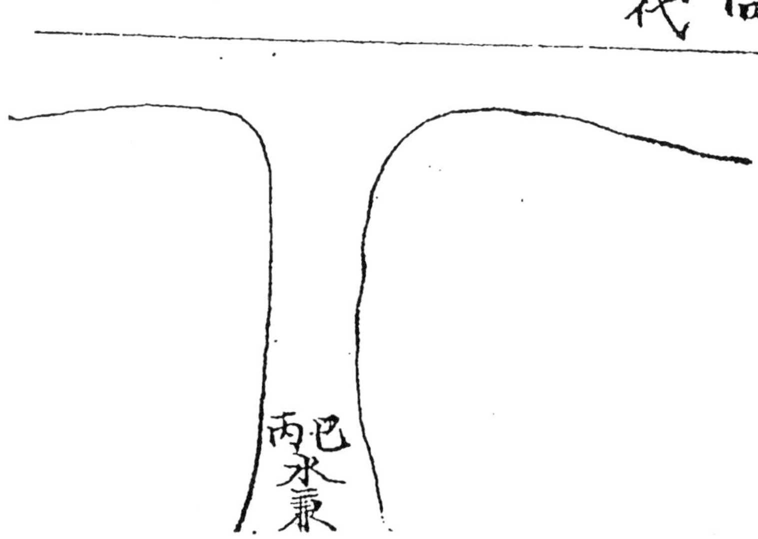

滴丫癸水
到西流有
界方知艮
氣收七赤
元中重旺
運独專权
柄坐單州

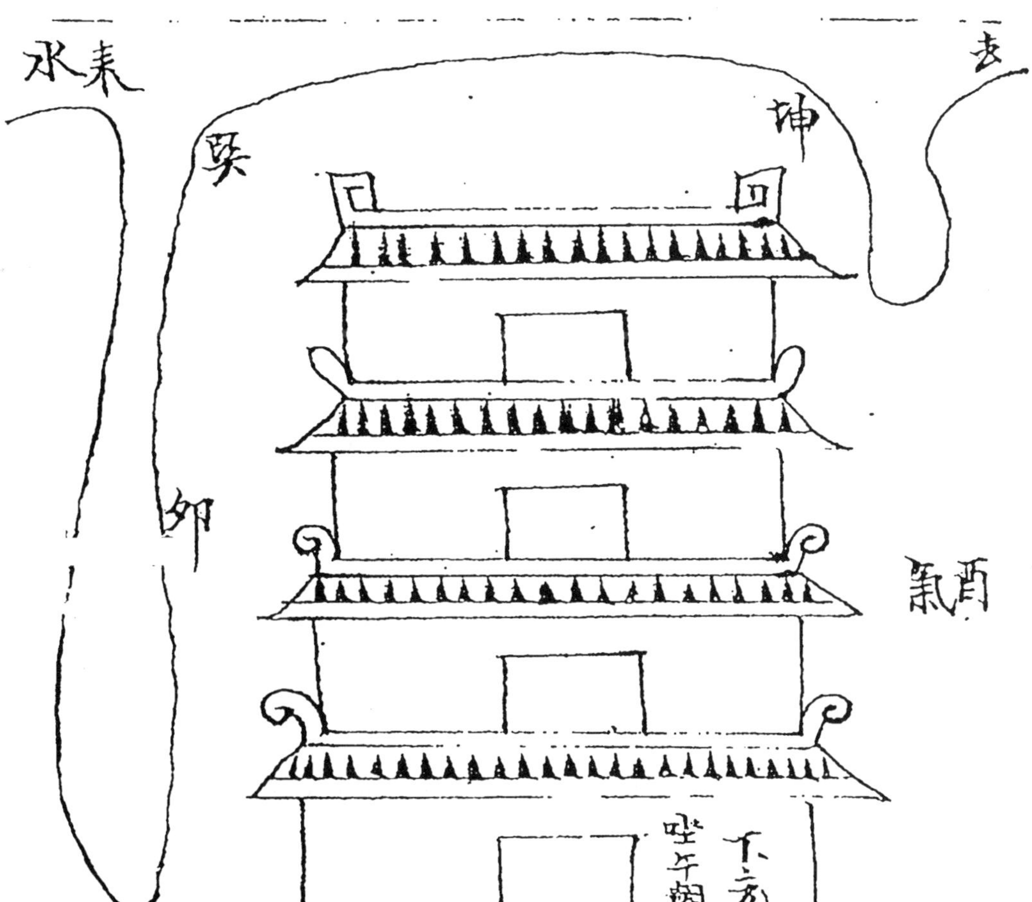

左畔湖池在正
東隨方立宅下
元龍芸蘭滿砌
倉箱实迎有芳
名達帝聰

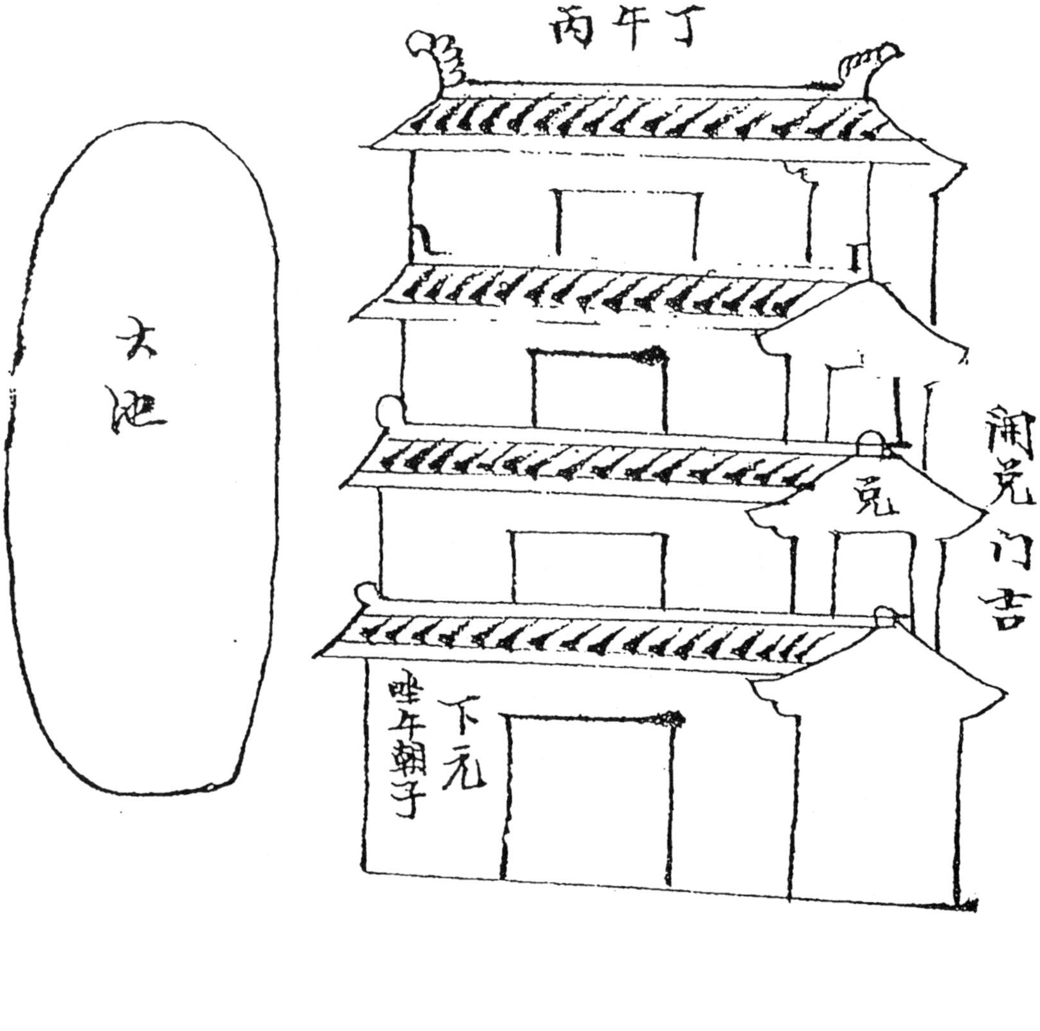

支從西來似抱瓶不拘前後
碧名神真一白兌中年便宜直
交乾路莫
蓁之
一二三四俱發
吉

收盡東北方氣

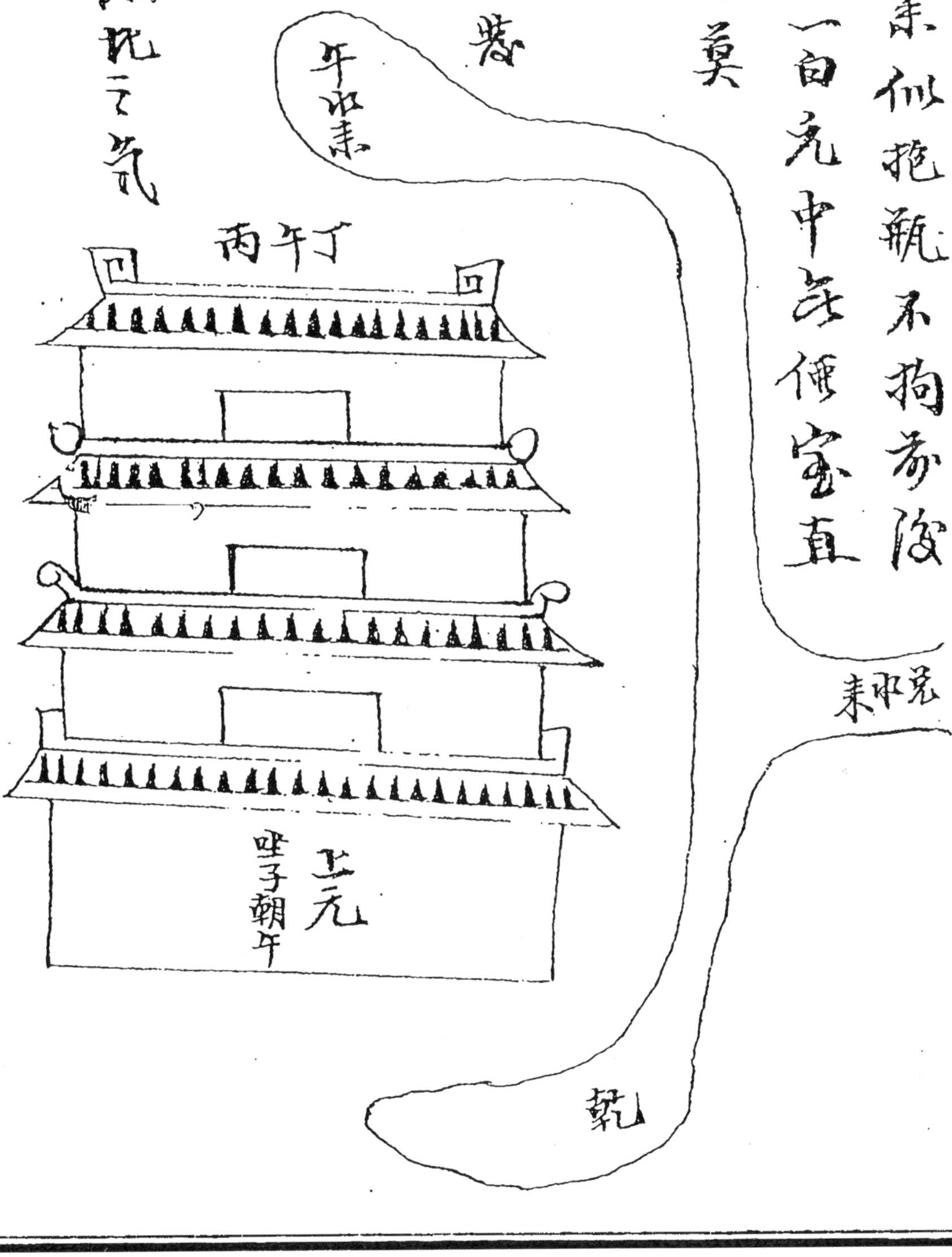

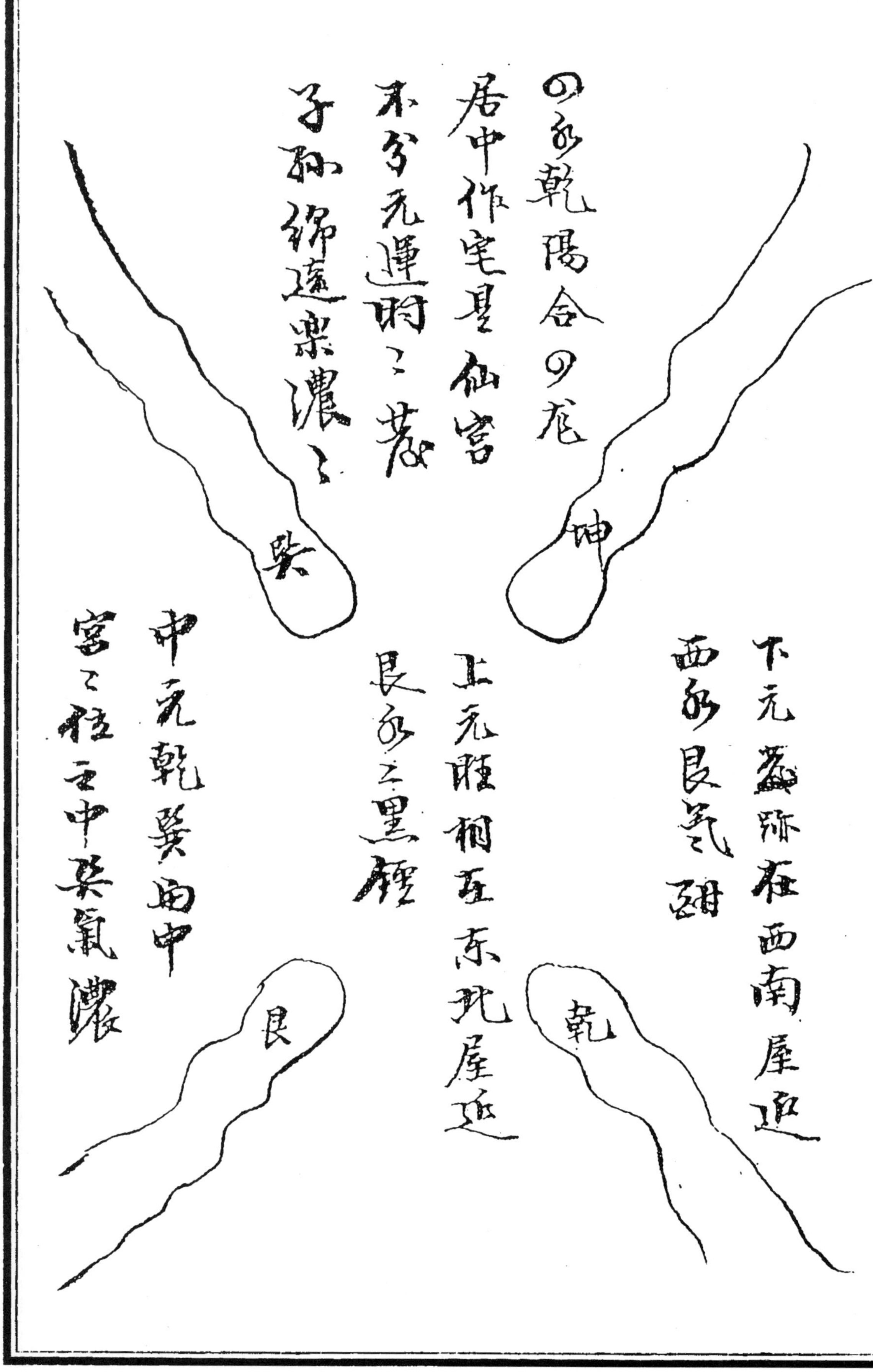
の分乾陽合の龍
居中作宅是仙宫
不分元運時時發
子孫綿遠樂濃濃
巽
坤
下元巽跡在西南屋近
西分艮氣甜
上元雖相在东北屋近
艮分之黑經
中元乾巽兩中
宮宮旺在中巽氣濃
艮
乾

艮方池塘水渾
淪須得灣環曲
抱身此宅包藏
真氣足歷年
百事少災迍

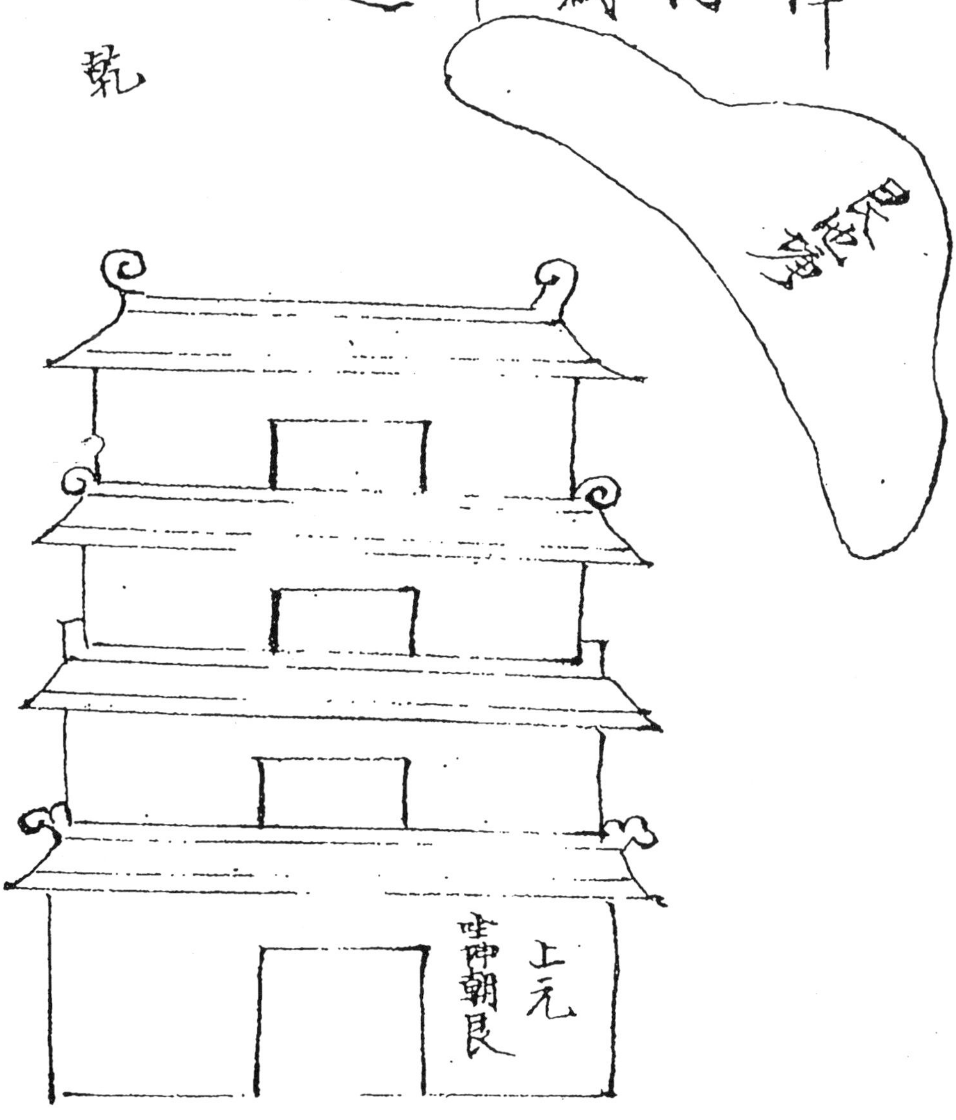

運到滿門朱紫貴衰時廢瓦不留椽

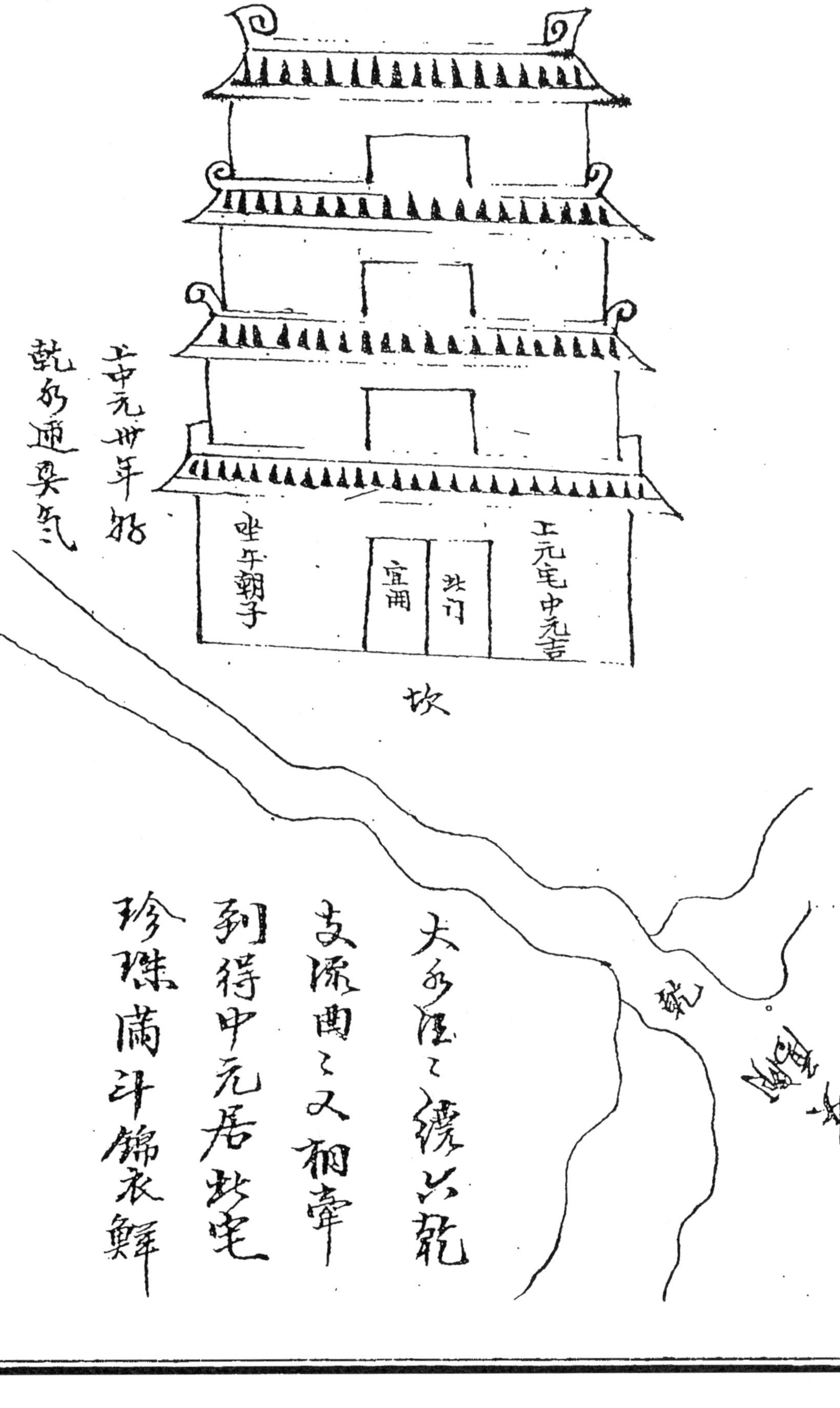
上中元卅年發
乾水通衆氣
坐午朝子
宜開
北门
上元宅中元吉
坎
乾
大水汪汪繞入乾
支源曲曲又相牽
到得中元居此宅
珍珠滿斗錦衣鮮

乾宫曲水乃宫屋
八千年東向大身
若職中元要立宅
黑頭宰相秉鈞衡

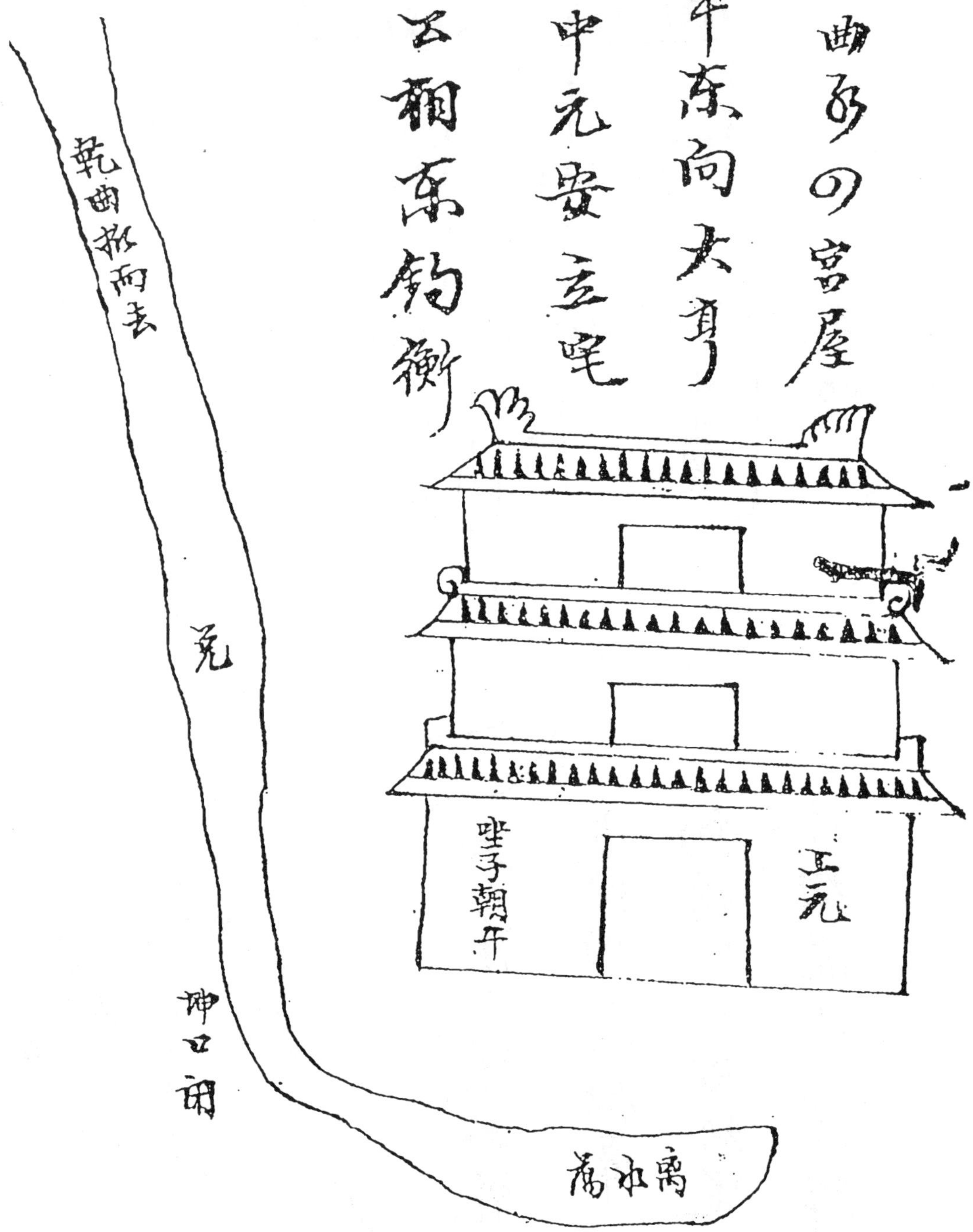

土

汪洋巨泊之用
園中有浮牌土
一堆亦是五黃
真骨髓中元居
此稱心懷

之園有二三十畝之
大乃可造屋小則不
可

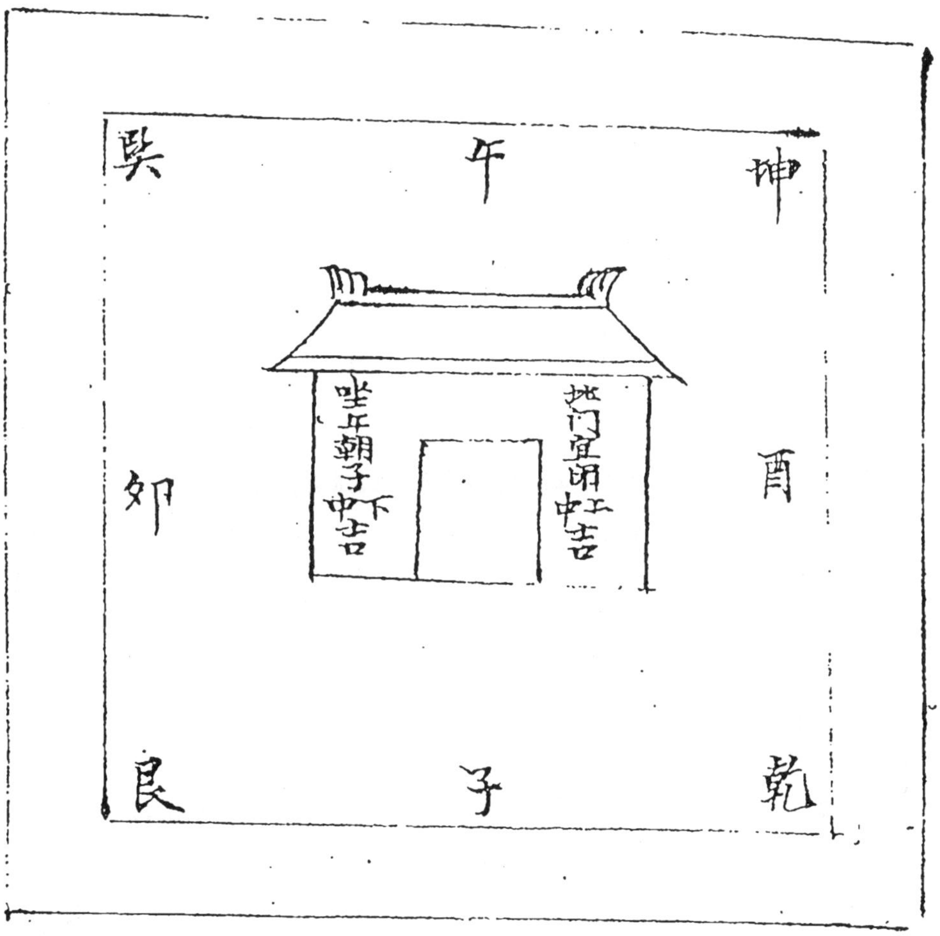

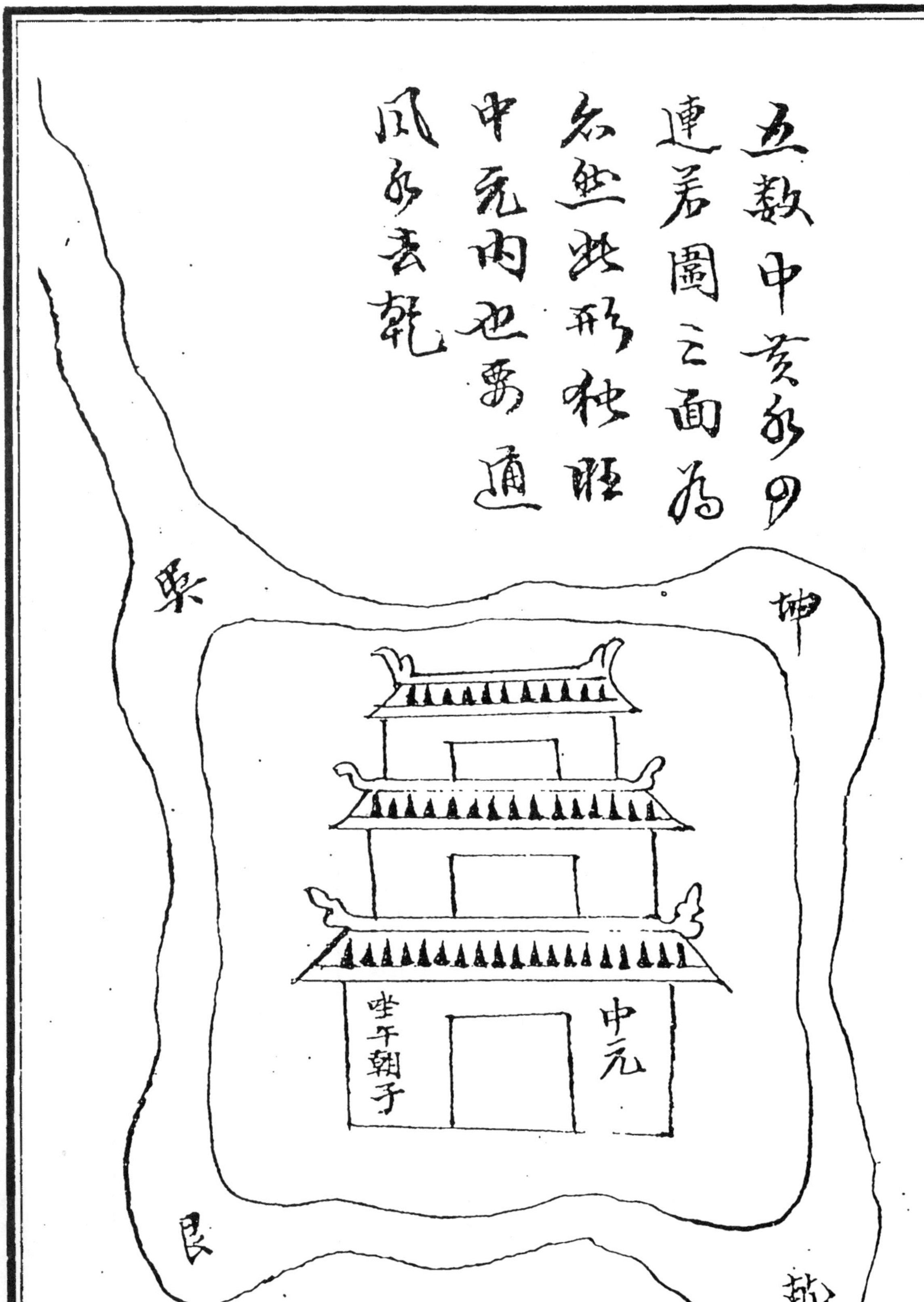
五數中貫水口
連著圍之面為
名然此形独腰
中元內也要通
風水去乾
巽
坤
坐午朝子
中元
艮
乾去

重離重湖見卦迎
隨方立宅發多年七赤西
豐亨豫泰逢世族
直至三元七赤天

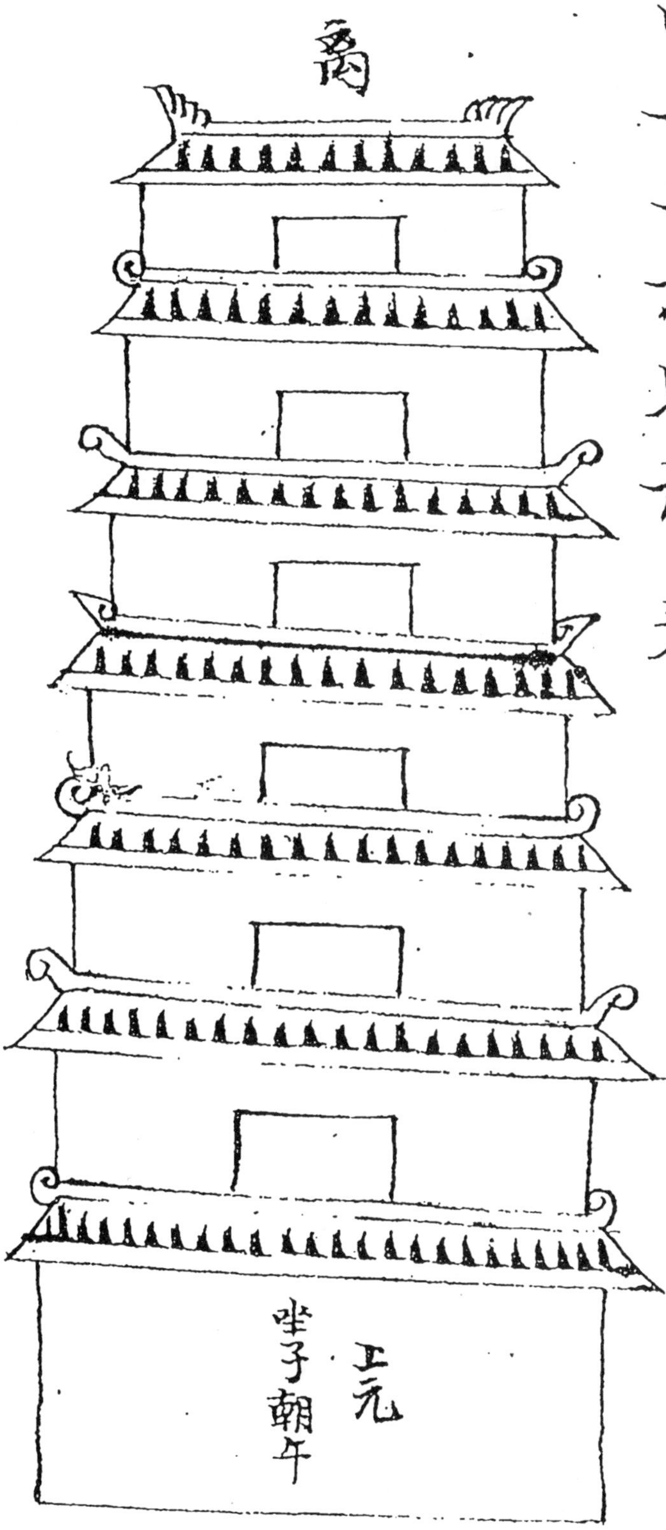

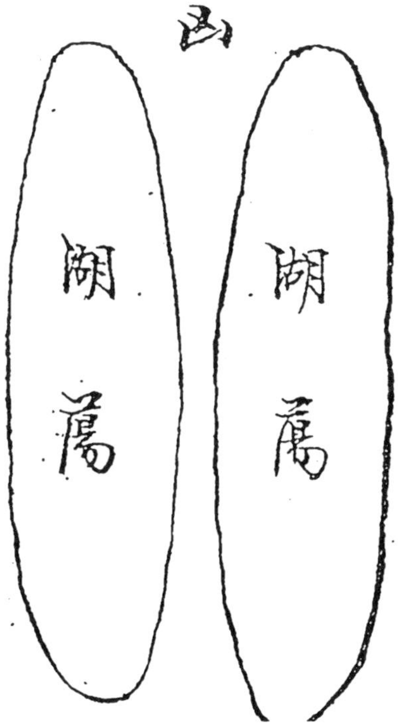

見方湖舊所洋
洋内氣兜收住
定去百二年華
添錦綉最發の
世豪源長
中元大利

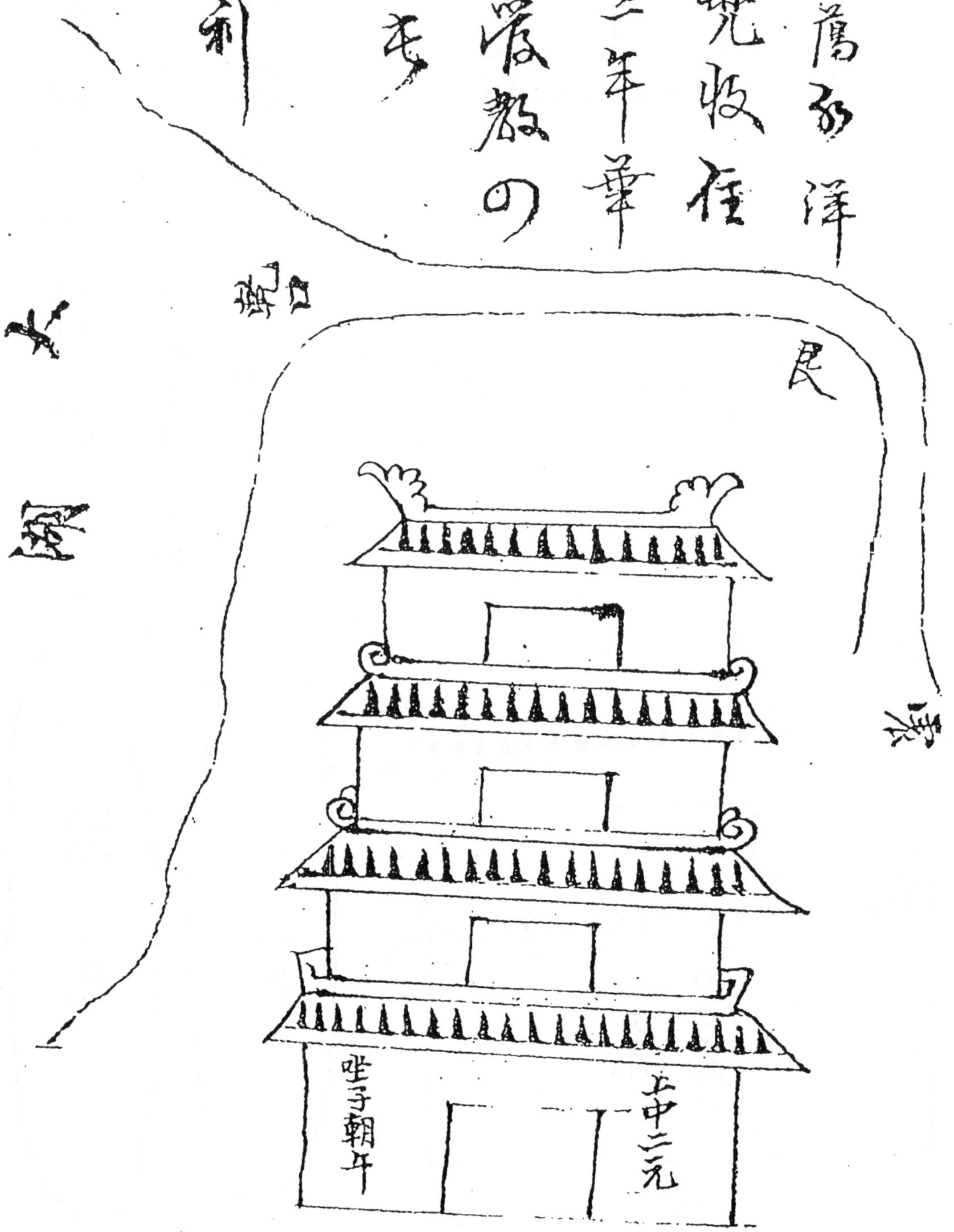

午丁之形兩邊通向形安居不怕沖一到中元能發
貴餘年平穩不困窮

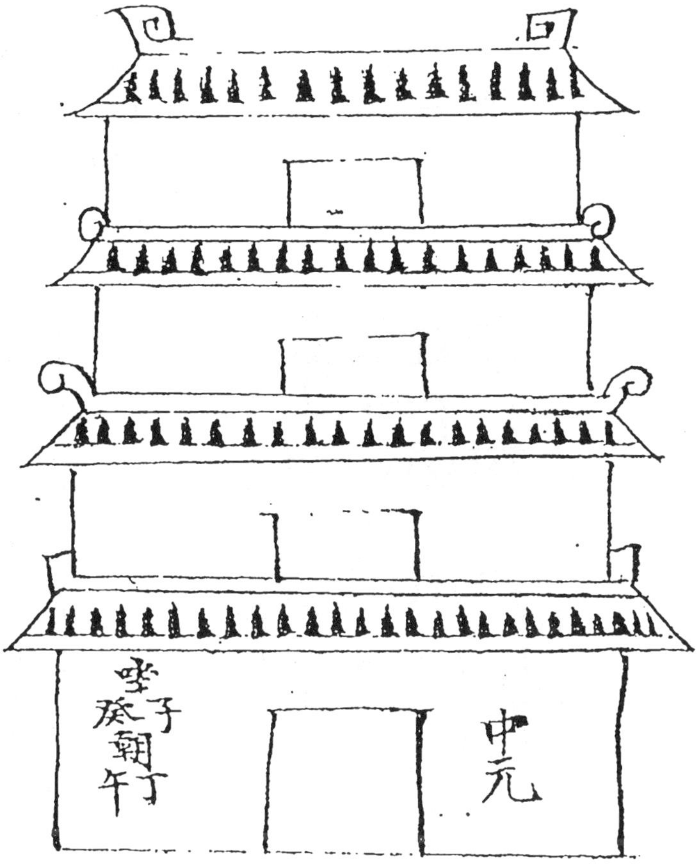

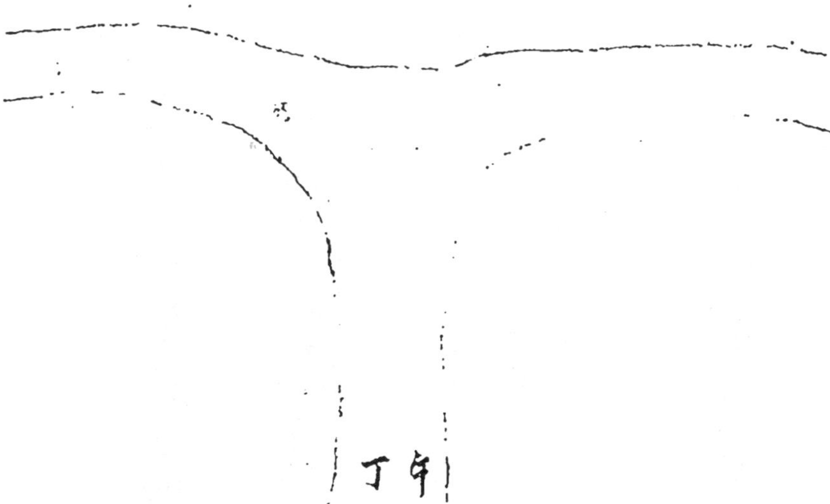

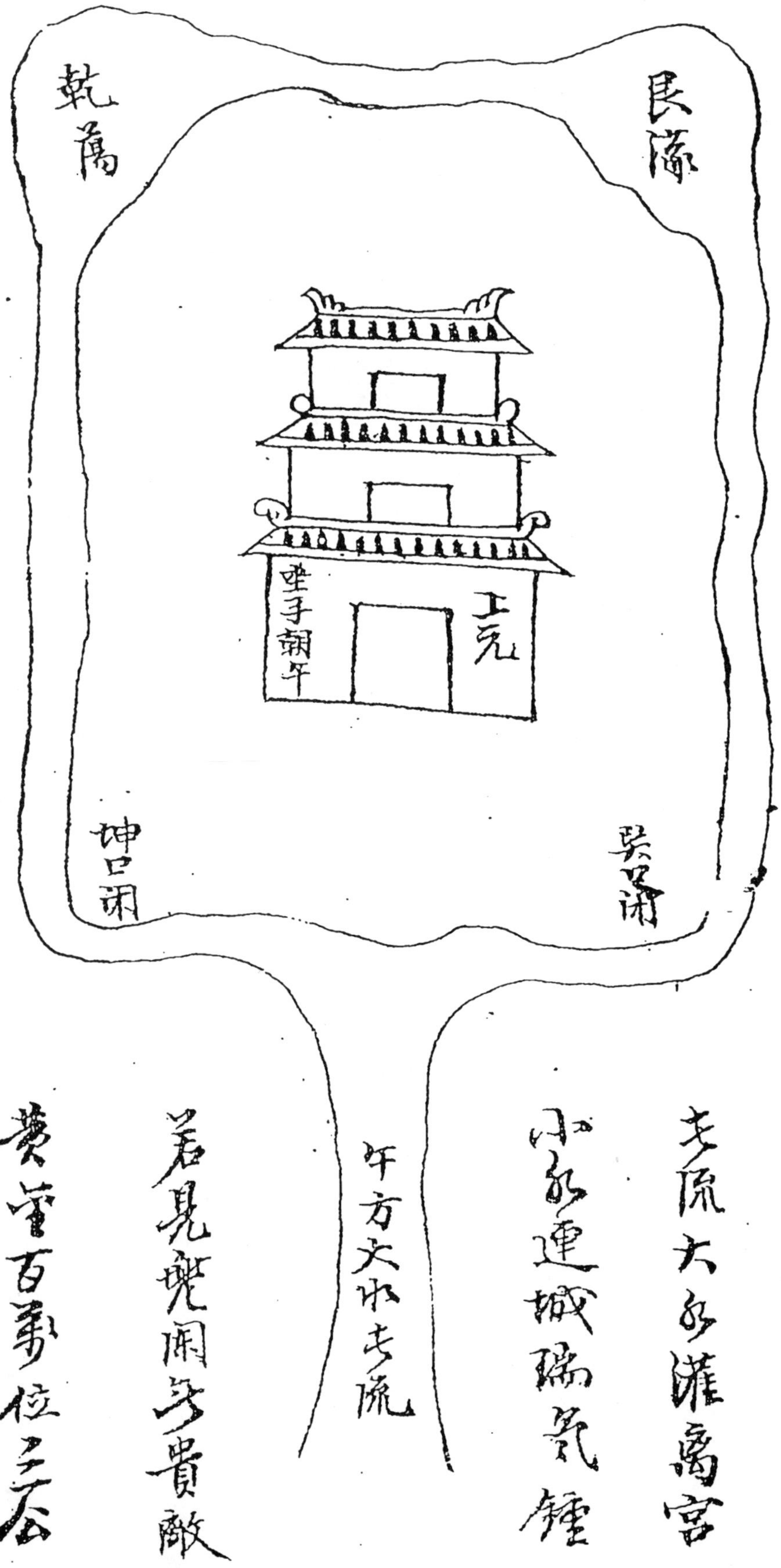

去流大水灌離宮
水外運城瑞氣鍾
若見兌開多貴顯
黄堂百萬位三公

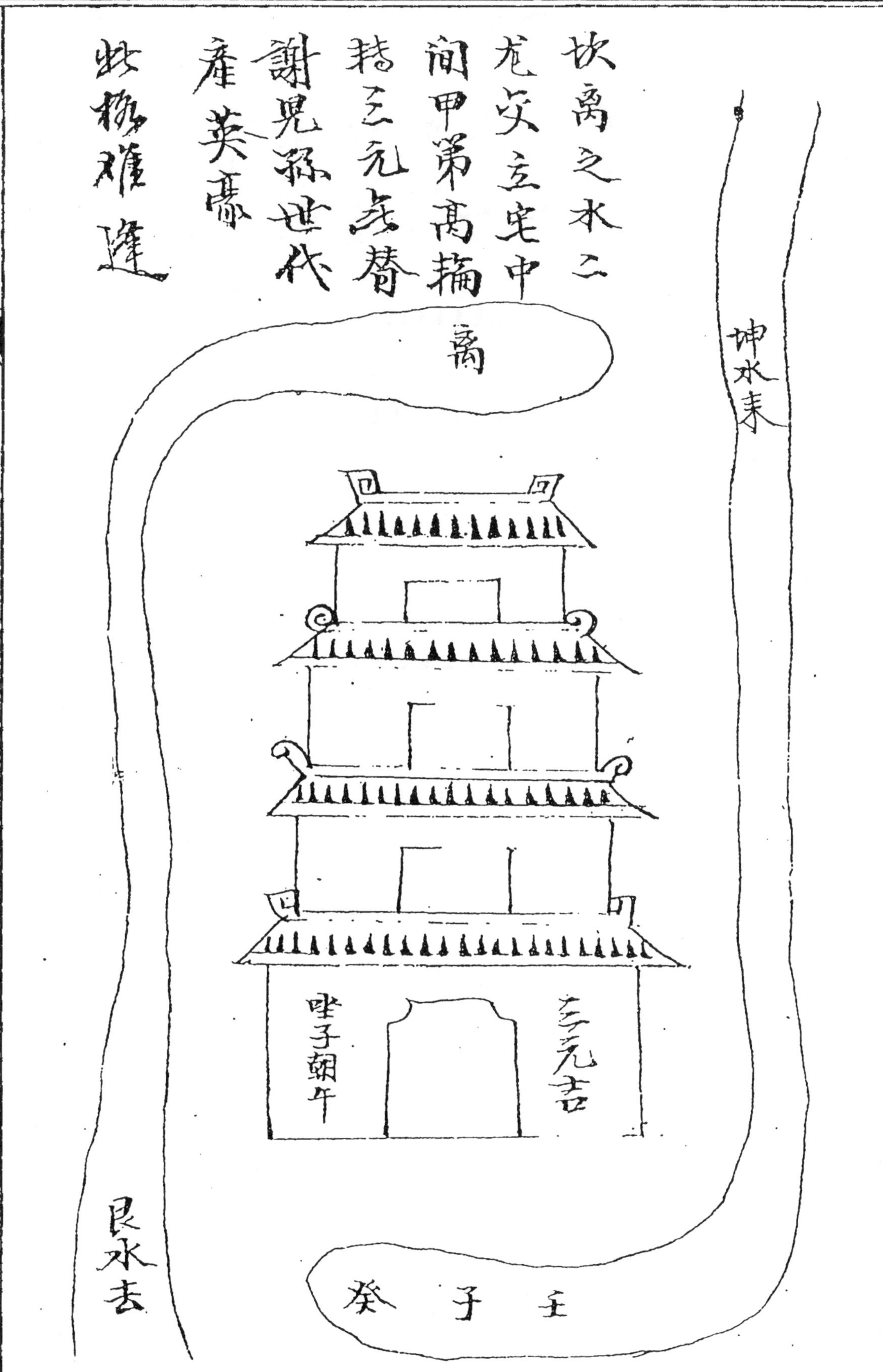
坎离之水二
龙交立宅中
间甲第高摘
桂三元无替
谢儿孙世代
産英豪
此格难逢
离
坤水来
坐子朝午
三元吉
艮水去
癸　子　壬

二水交
流坎上
来迎南
作宅是
胄脉下
元一巻
如雷電
兄弟双
々進舉
合
帝

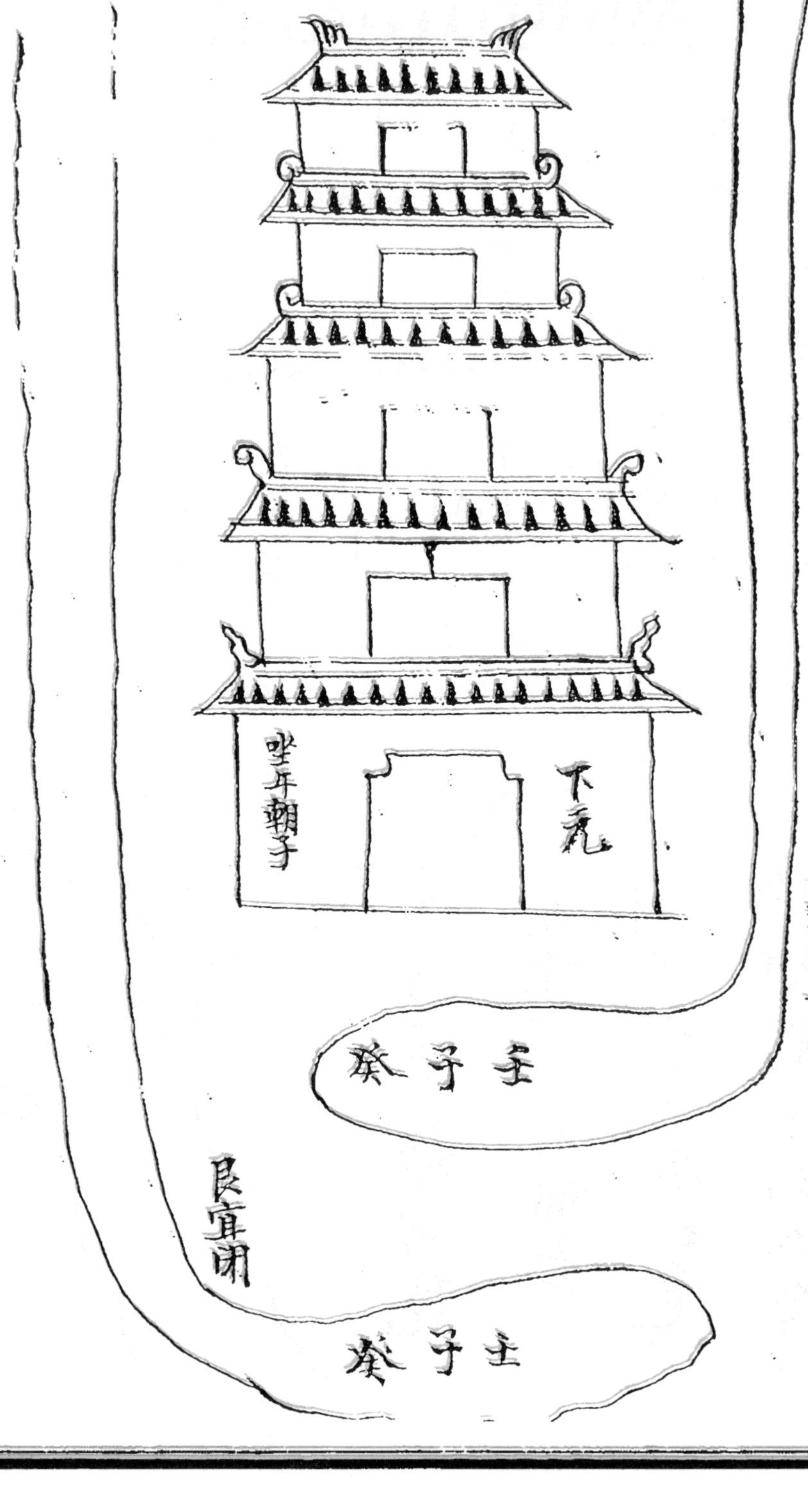

雙兌交流入震宮　碧天真氣宅居東
百二十年金紫貴　祖孫父子受皇封

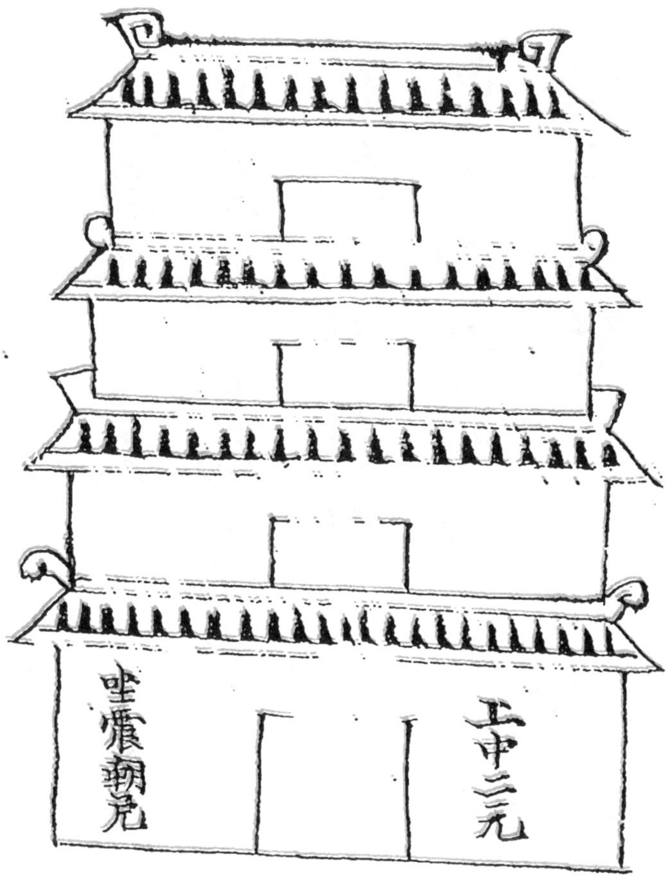

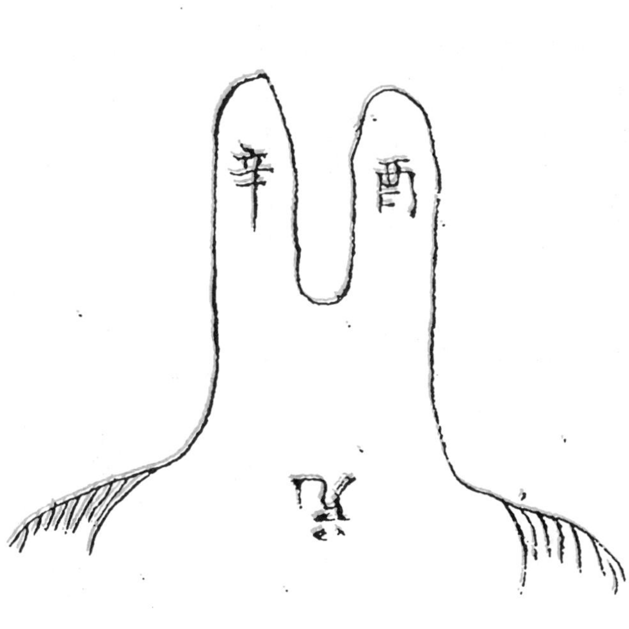

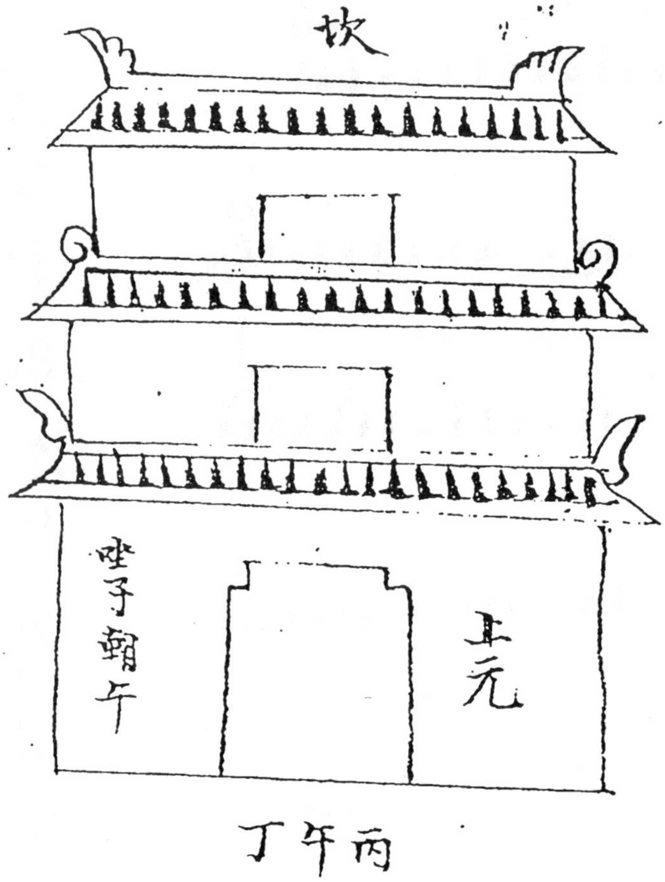

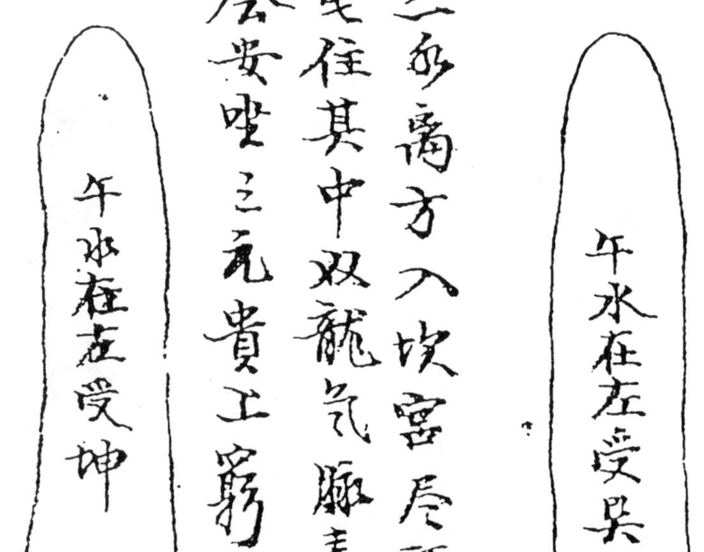

二分离方入坎宫尽頭一
宅住其中双龍氣脈来相
会安坐三元貴工窮

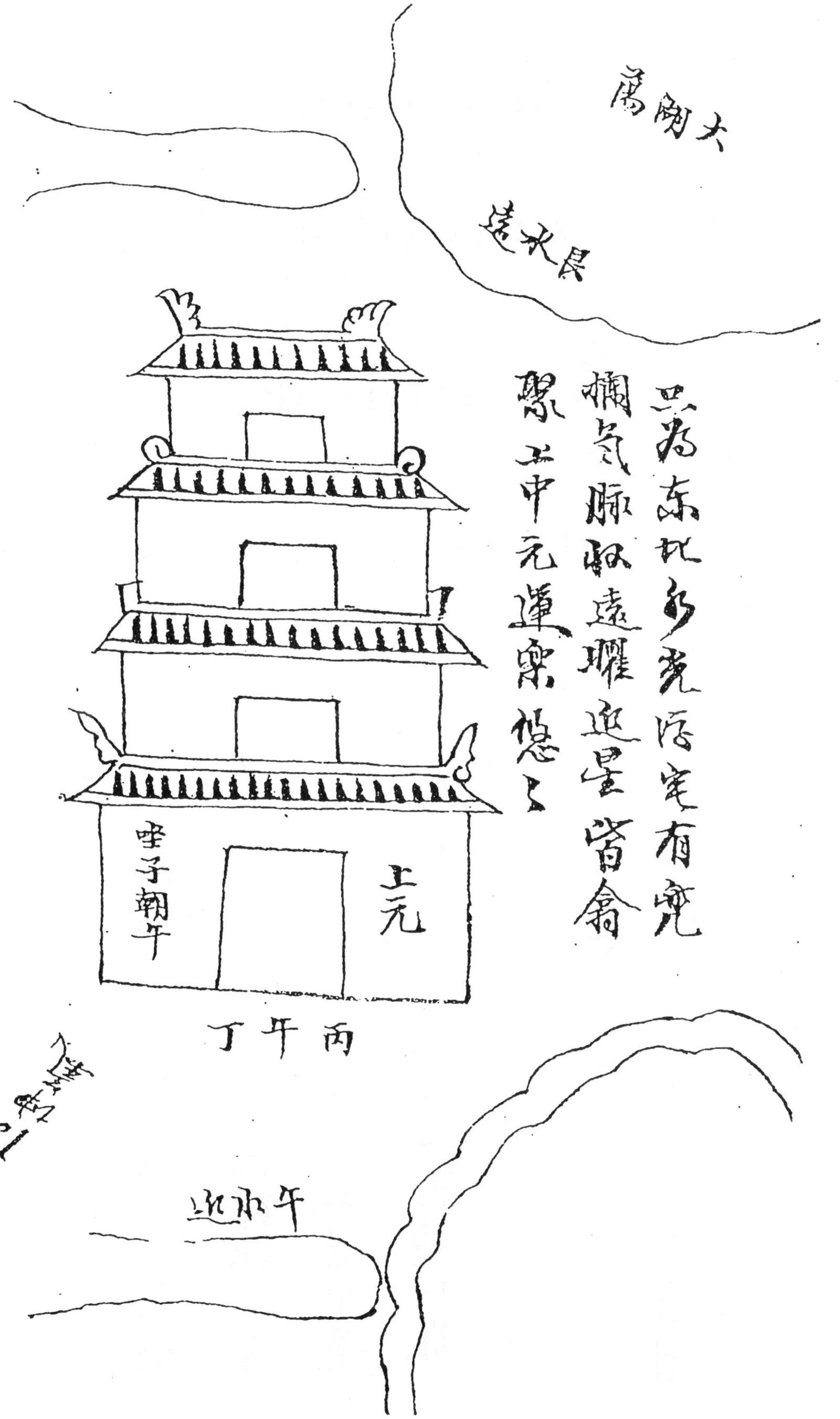
攔氣脈收遠曜迎星皆翕
坐子朝午
上元
丁 午 丙

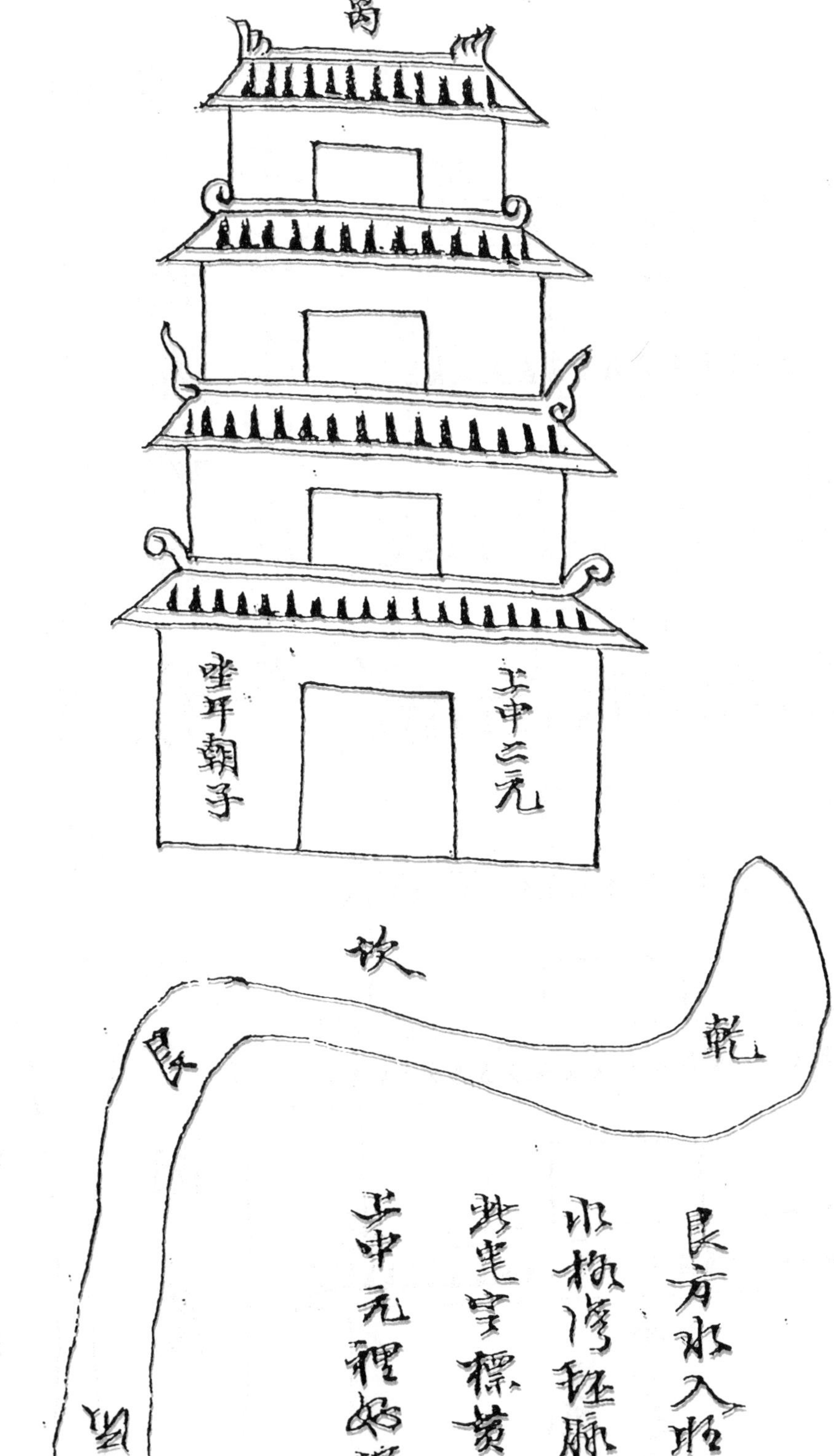
離
坐午朝子
上中二元
坎
乾
艮
艮水來臨
艮方水入北東南
水抱灣環脈氣合
此宅定標黃甲貴
上中元裡好詳擇

一條西水向東流小
水兜攔當脈收上
元宅遇述風錦中
元氣發福綿綿

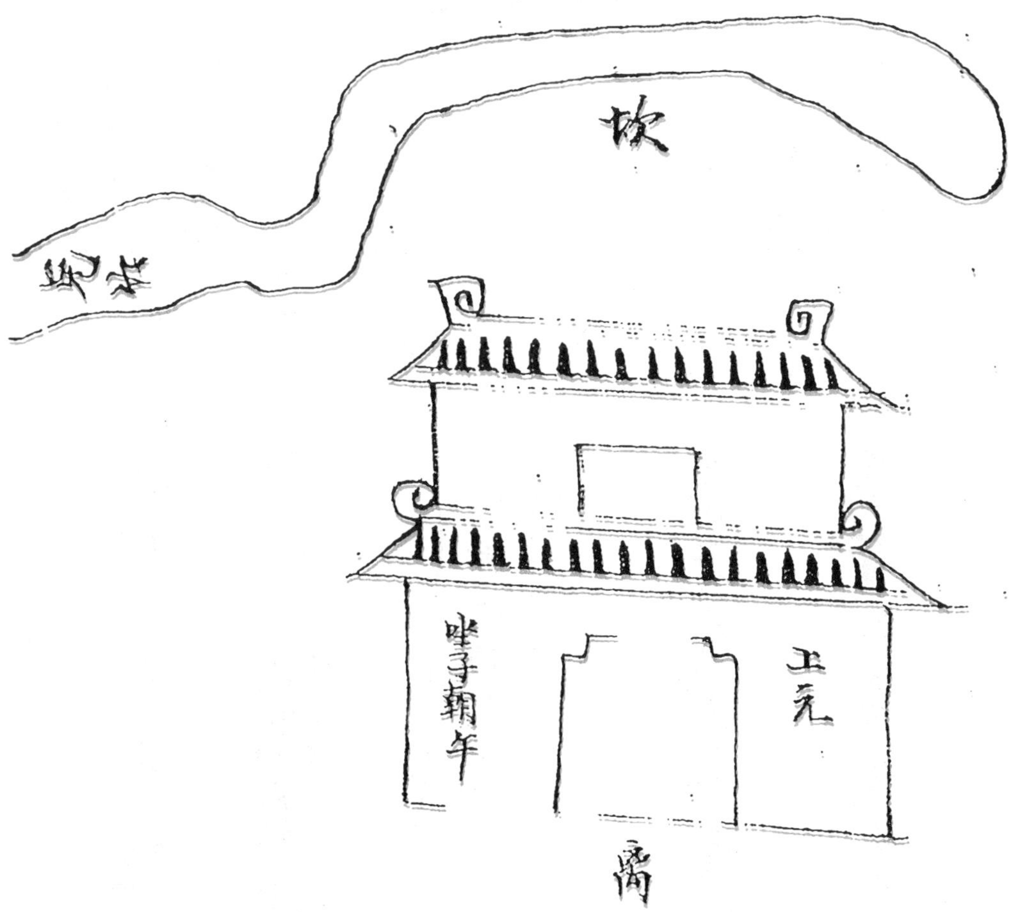

坐後澗塘丑艮宾於内八邦畜元神若取居中营方宅兩元堆氣及芳辰

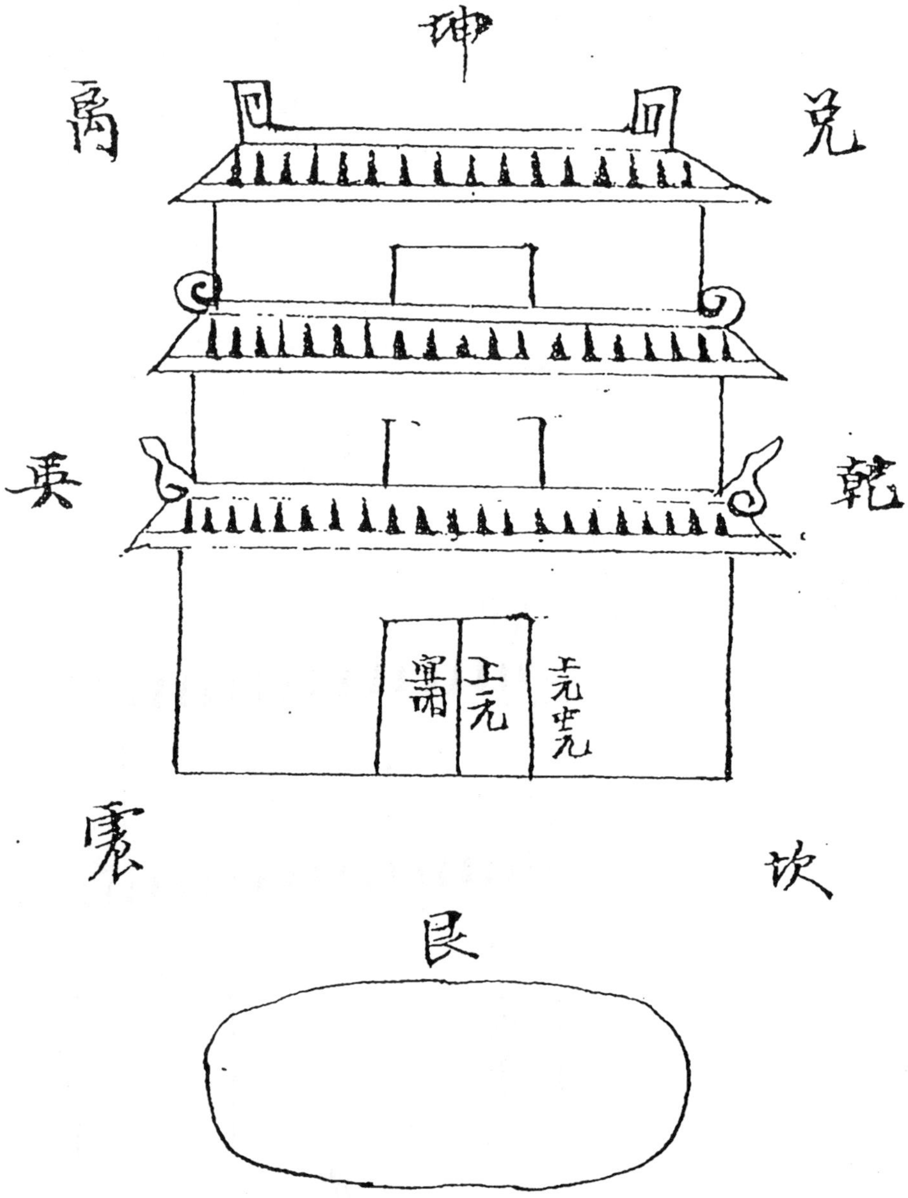

震宮丈水似
滔天一滴元
神引宅边然
宅下元稱第
一家餘金谷
位禹廷

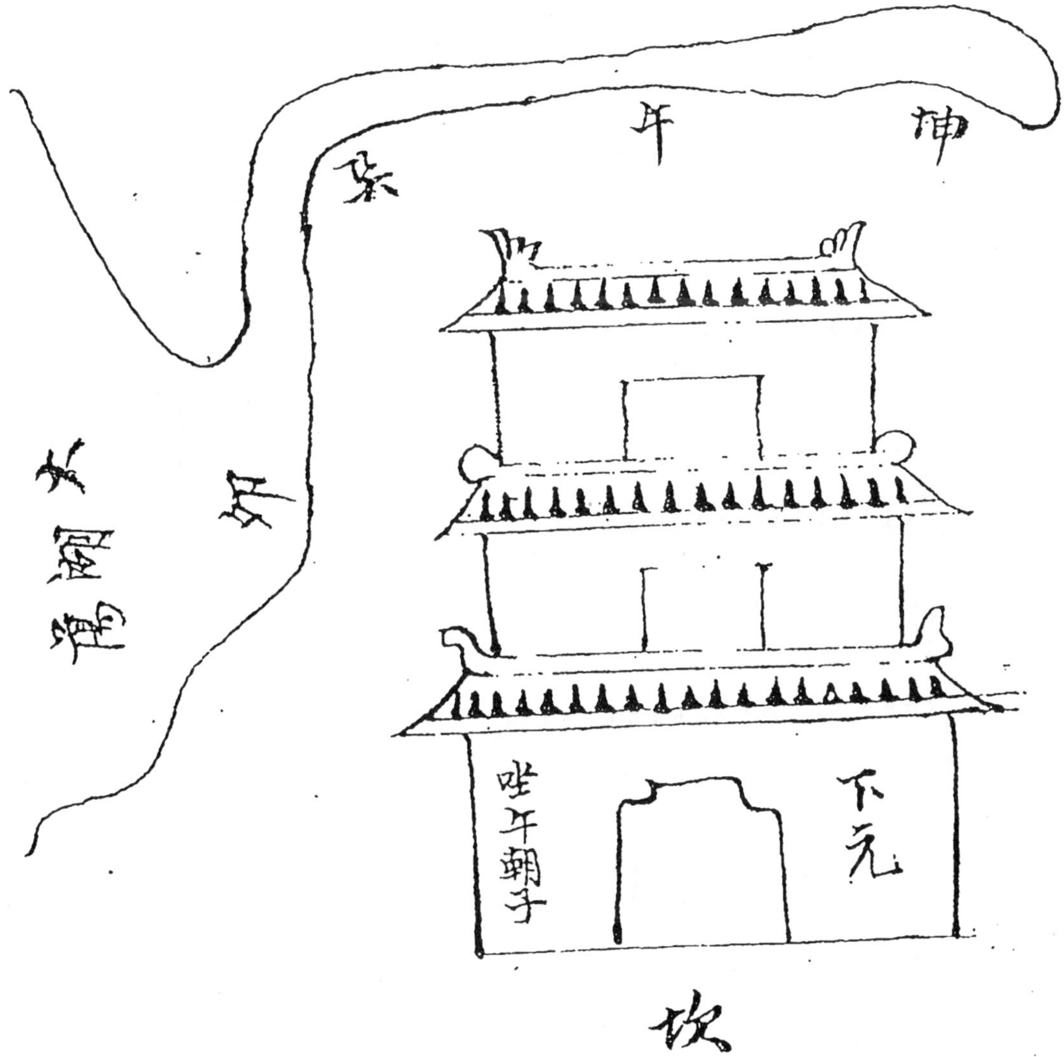

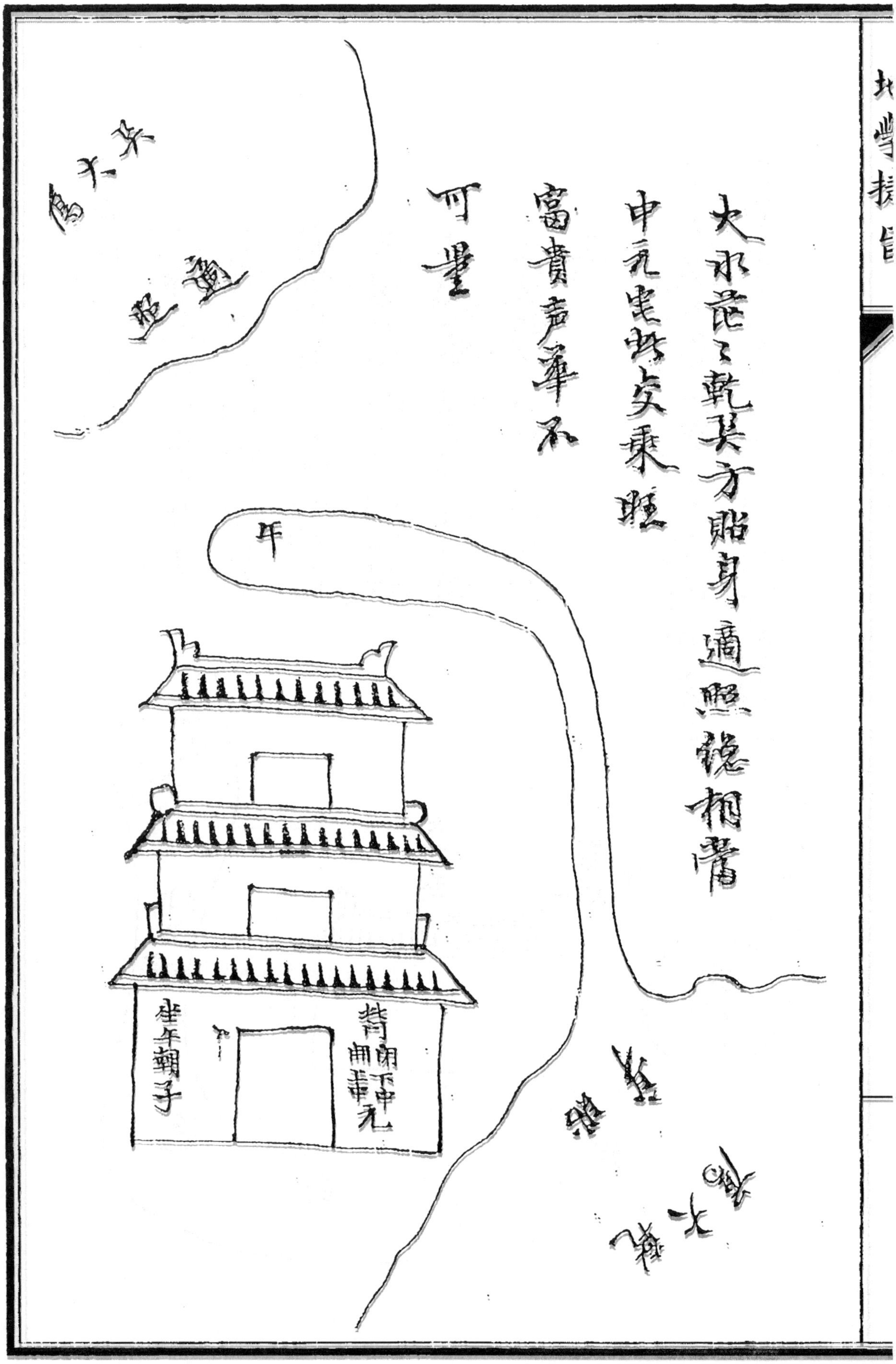
大水從丁乾其方貽身適照總相當
中元宅此交乘旺
富貴聲華不
可量
午
坐午朝子

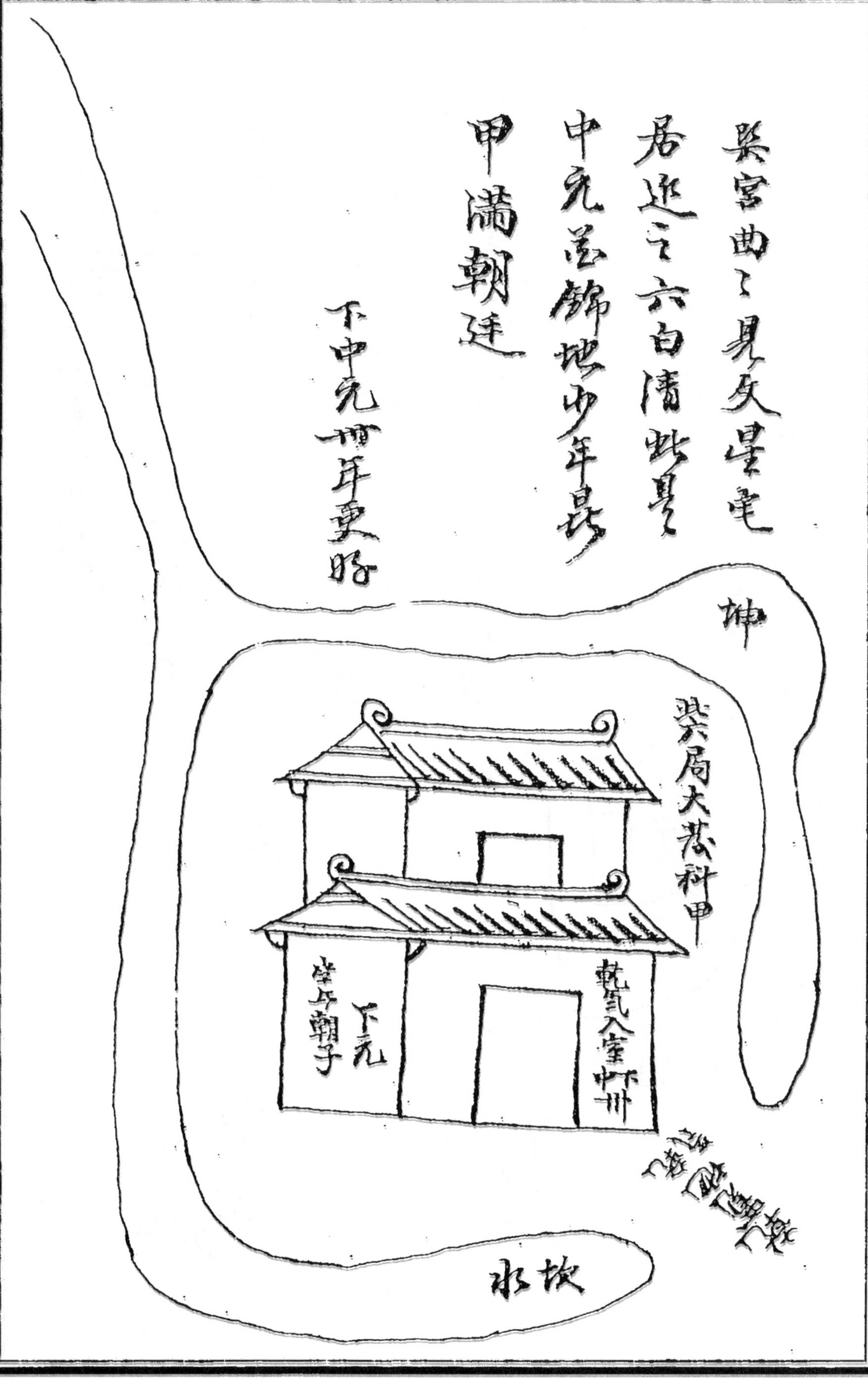
巽宮曲曲見文星宅
居迭迭六白清此是
中元為錦地少年長
甲滿朝廷
下中元卌年更昭
坤
巽局大發科甲
乾氣入室 中下卅
坐午朝子 下元
坎水

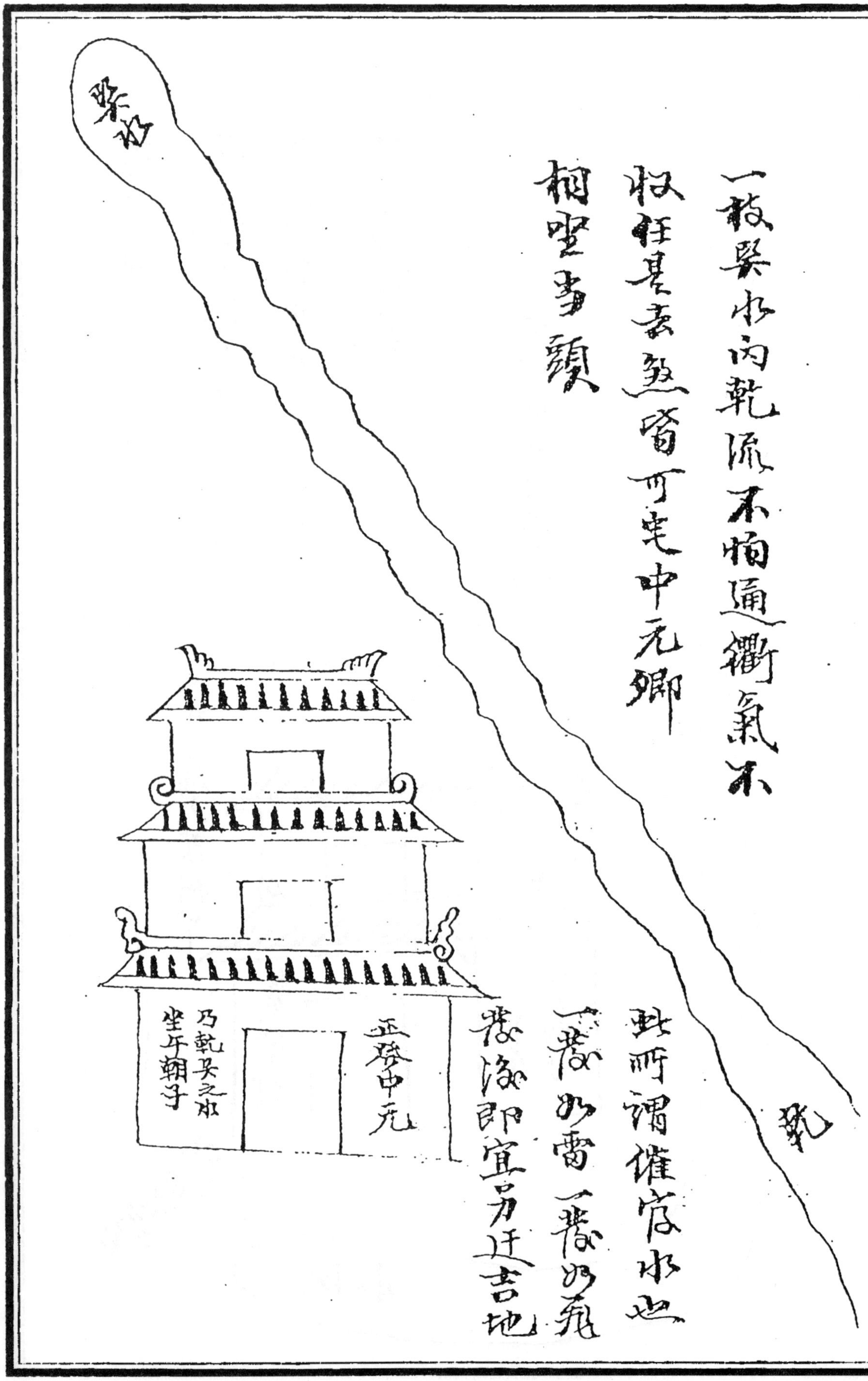
一枝聚水内乾流不怕遍衢氣不
收任是去煞留可宅中无卿
相望当頭
聚水
乾
此所謂催官水也
一發如雷一發如飛
發後即宜另迁吉地
壬癸中元
乃乾巽之水
坐午朝子

震水支流曲尺來
源頭尽脈宅堪裁
下元七赤居首
一發驚人响是雷

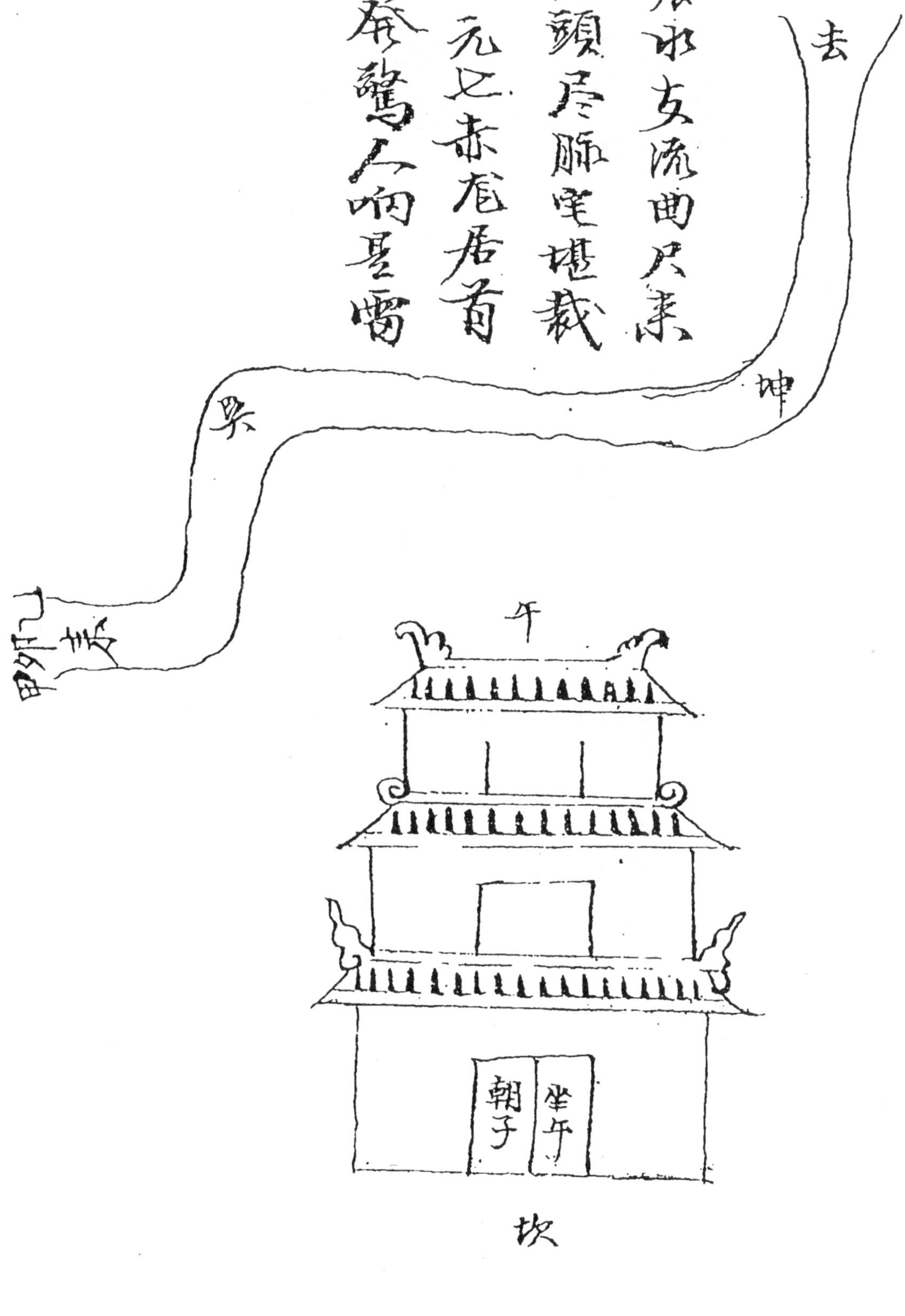

四隅三地
有湖池或
在宅前或
背之俱合
中元真旺
氣朝歆暮
舞樂清時

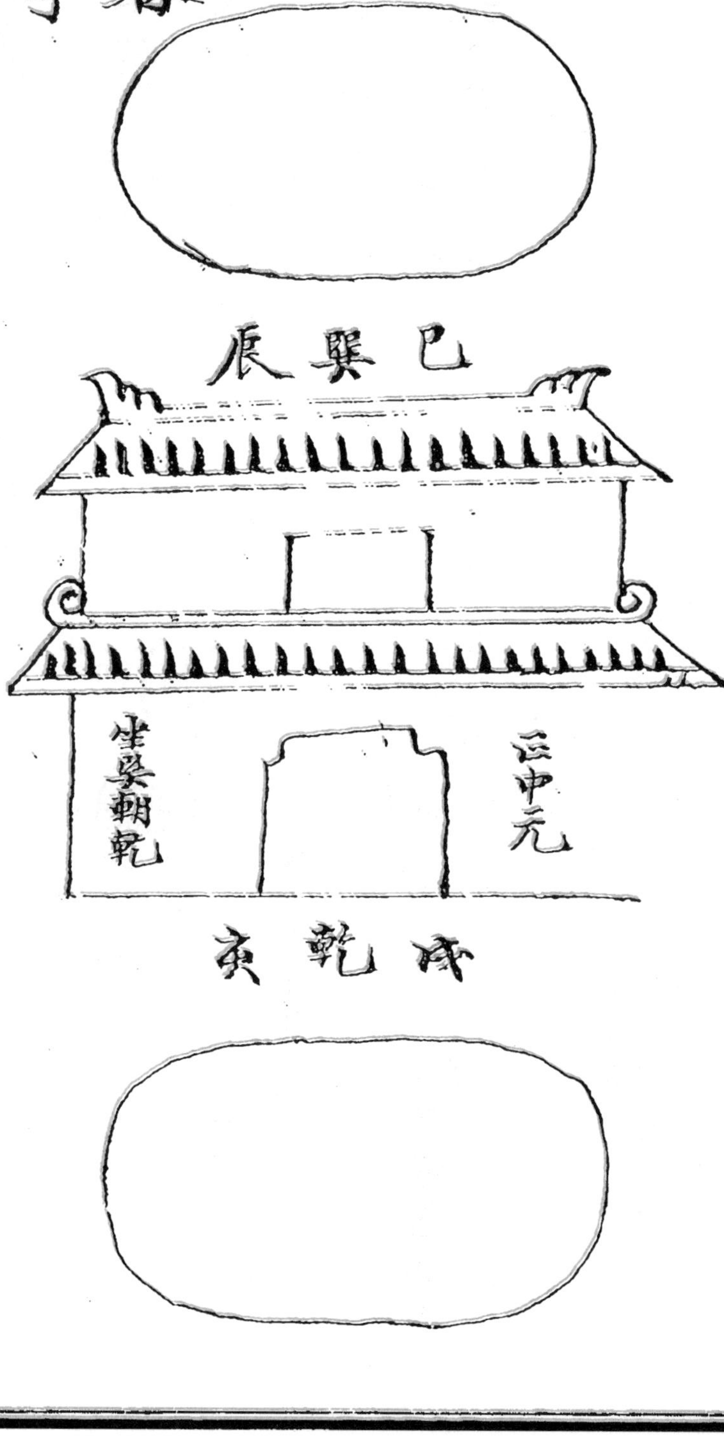

卧雲子陽宅家藏圖局論

陽宅之訣，無論城市山谷曠野等処，會者一語道破，不會者千語难明。緫要在於乘時而已。當一二三四之運，不拘何宅，捴在就乾兌艮离之水，坎坤震巽之门。若坎坤震巽有水相見者大凶，乾兌艮离有门出入者亦凶。坎坤震巽宜寬闊，不宜閉塞。乾兌艮离宜閉塞，宜朝水，不宜空曠，皆所以收一時之旺氣，而避凶煞也。　當六七八九之運，則與一二三四時天運已変。其间门路水道，全然反是。若不随元更改，則敗即随之矣。蓋六七八九之変運，已在乾六白之甲午年起，故不拘何宅，捴要開乾兌艮离之门，就坎坤震巽之水，乃合元運，乃能發福。若乾兌艮離有水者大凶。坎坤震巽有門者亦凶。然坎坤震巽之方有水亦可開門而迎之。偏能進財。此陽宅之秘旨。亦八宅之定法也。 我後人即不能明其中元竅之微。須熟讀 蔣公八宅天元賦。及詳玩此宅圖式。依法改造。無不應驗。切不可聽信盲師遊年開門之死倒也。囑之囑之。藏之寶之。是所望耳

上元乾宅之局

坎坤震巽四位不宜見水可以開门當一白之時開坎门二黑之時開坤门三碧之時開震门四緑之時開巽门所以収一時之氣也以下七宅均倣此推

先天乾入後天乾一口魚塘拱左肩正是上元稱吉宅大门開向東南天

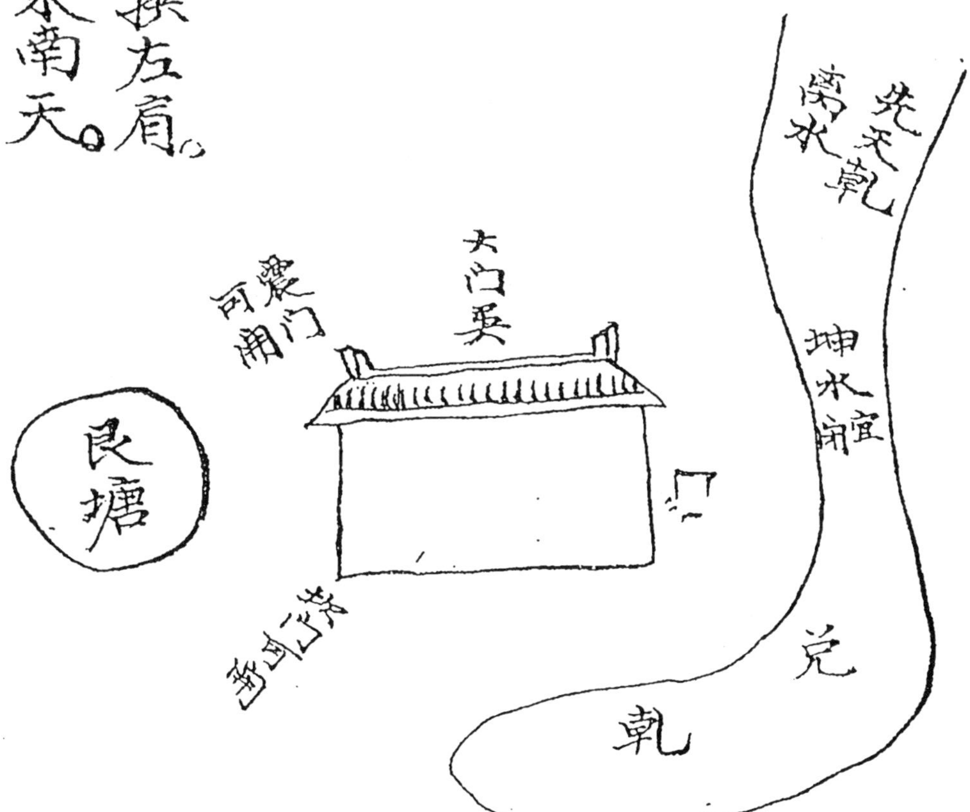

下元乾宅之局　六七八九同

坎坤震巽四方宜水、乾兌艮离宜门、巽门不宜開，有巽水可開，偏能發財、

巽水一湾拂面来。大门當水亦能開。下元遇此天元宅。白面書生拜將台。

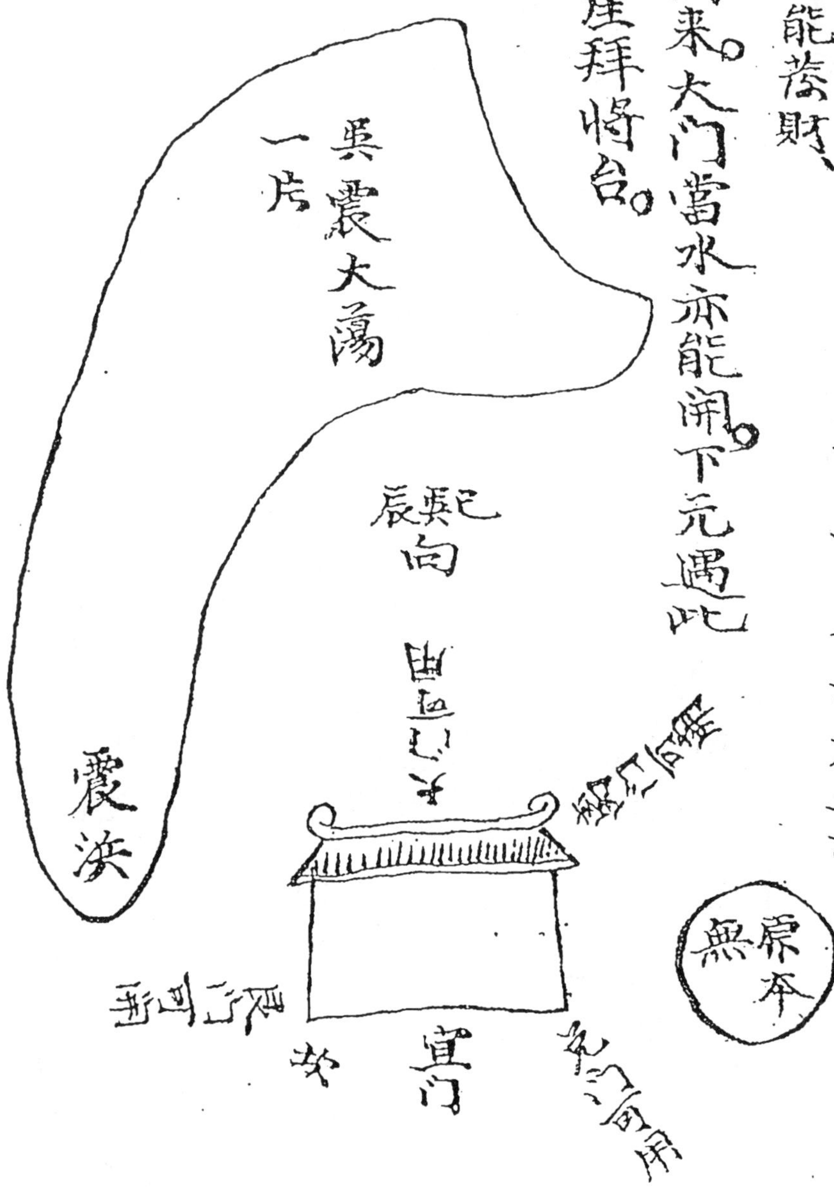

上元坎宅之局 一二三四回

開坎坤震巽之门收乾兑艮离之水

巽门開内东南
天宝塔千尋列
眼前况有离塘
乾艮水見孫科
第福綿綿

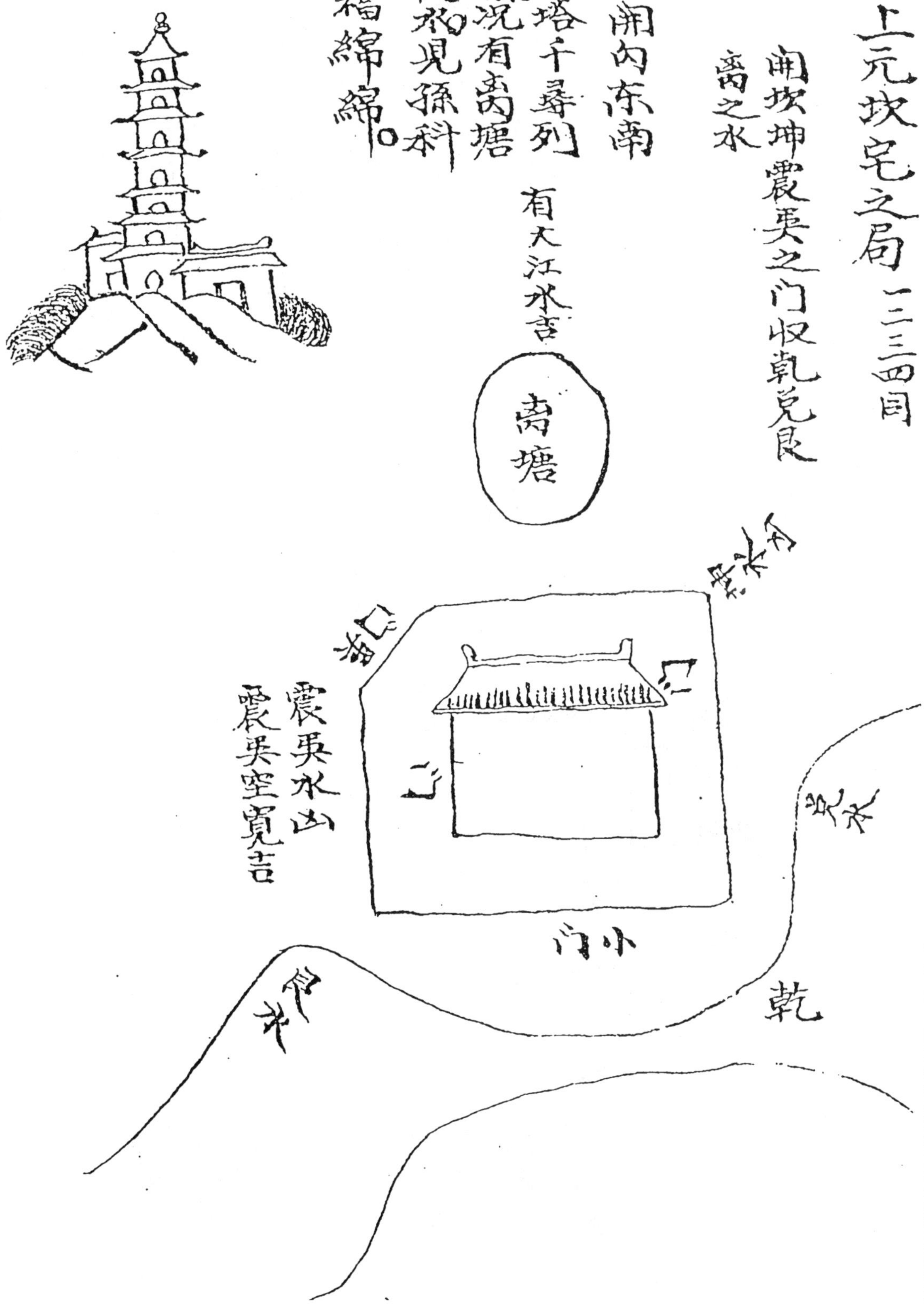

下元坎宅之局 六七八九同

開乾兌艮离之门、收坎坤震巽之水、

巽水一條同北流。

下元富貴足優游。

嶠星乾位迎巽氣。

六白之时也不休。

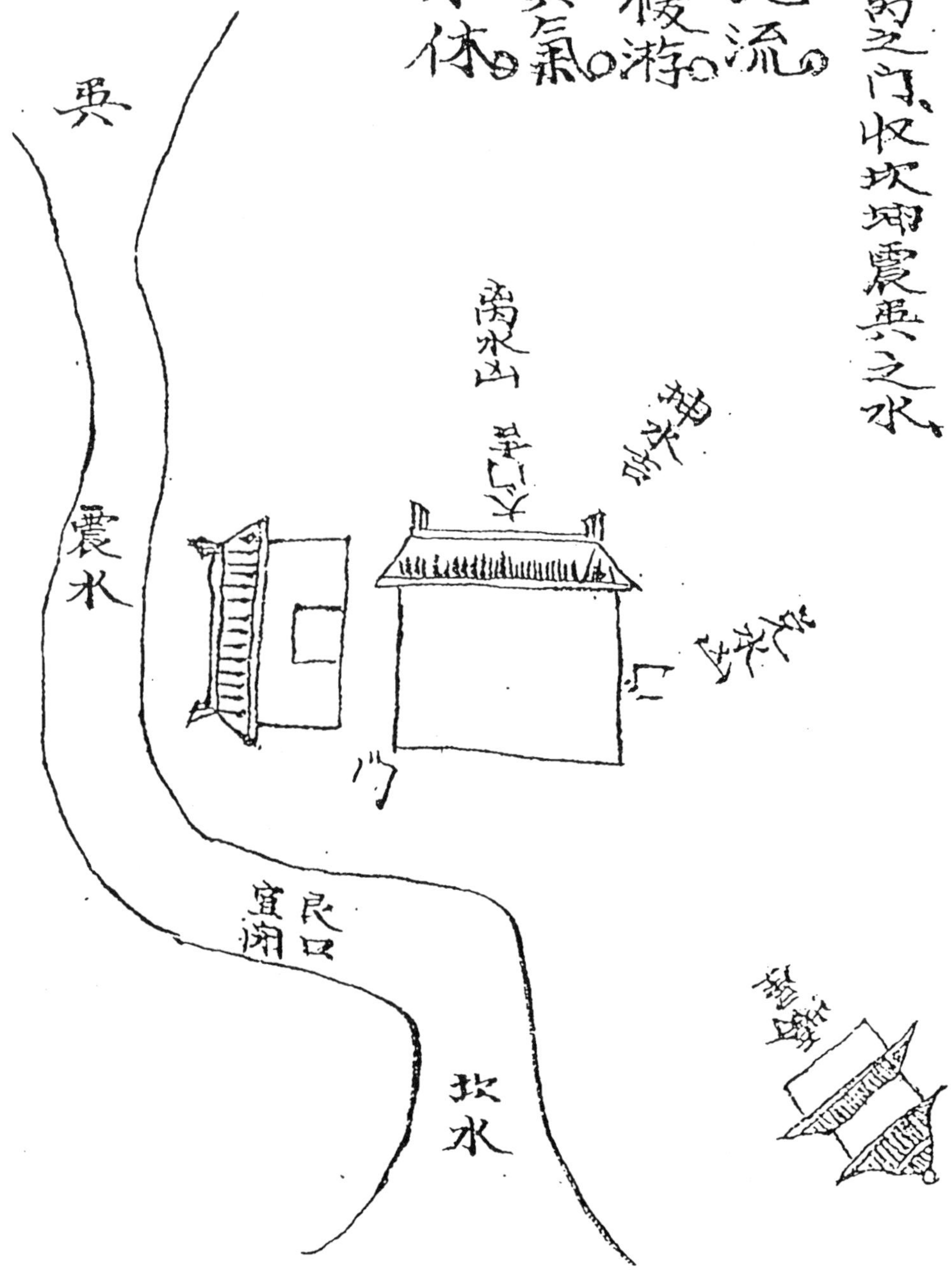

上元艮宅之局一二三四同

開坎坤震巽之門收乾兑艮离之水、

乾离兑上有奐塘。
乃文乃武入廟廊。
若是坤宮溪水襍。
持家寡母哭見亡。

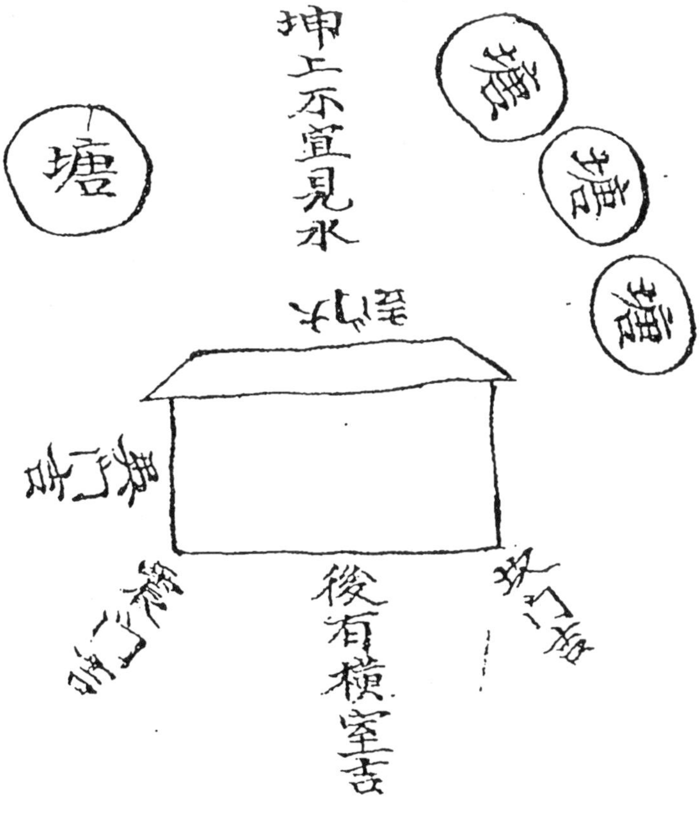

下元艮宅之局 六七八九同

開乾兌艮離之門，收坎坤震巽之水。

坎坤二水抱新屋。買盡田園富貴樂。又赤當年財物與。兒孫豐祿是猶足。

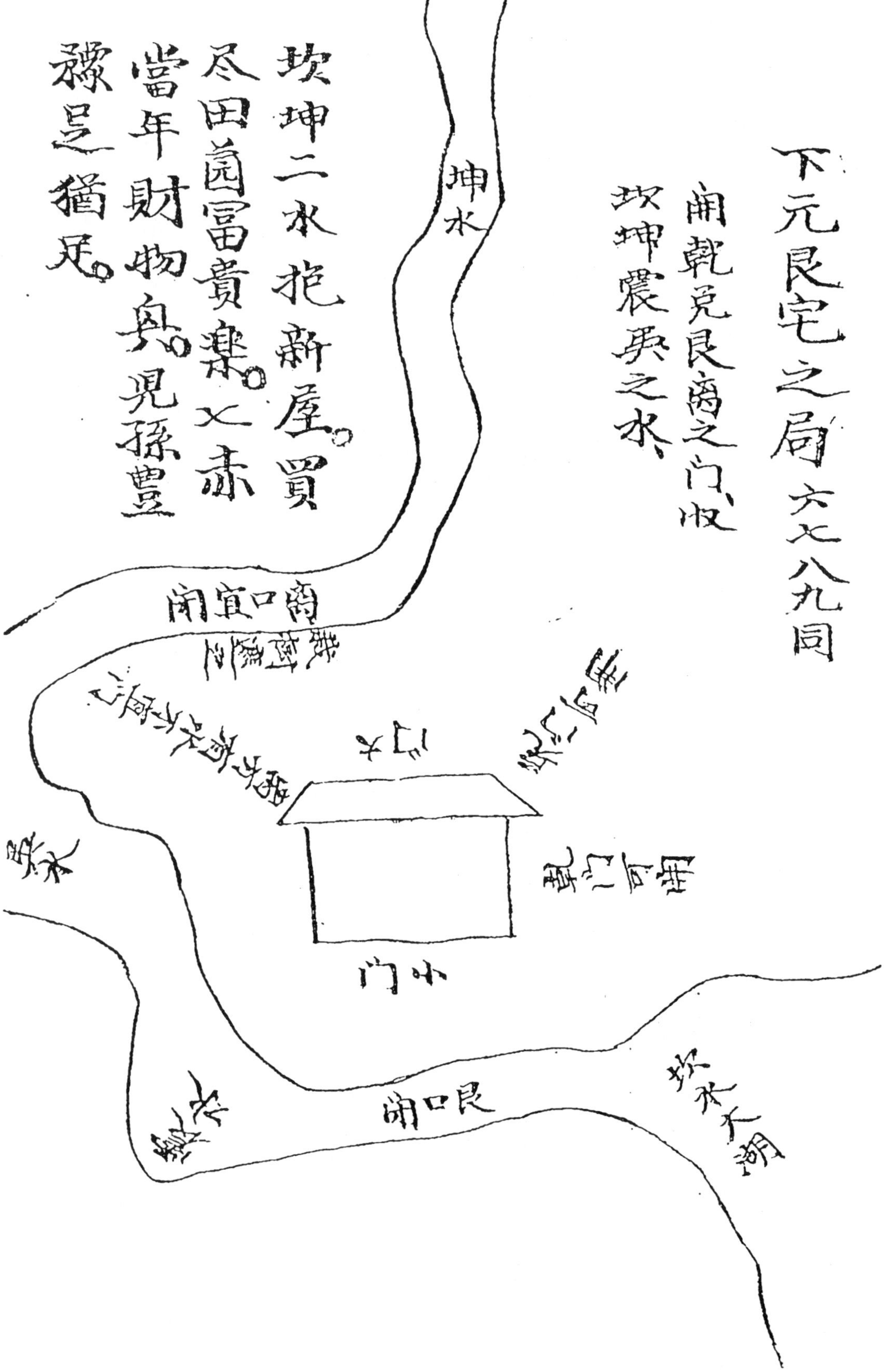

上元震宅之局一二三四同

用坎坤震巽之门，収乾兑艮离之水

兑乾入艮水汪洋。

富贵百年不寻常。

二黑之时发更盛。

文魁天下武封王。

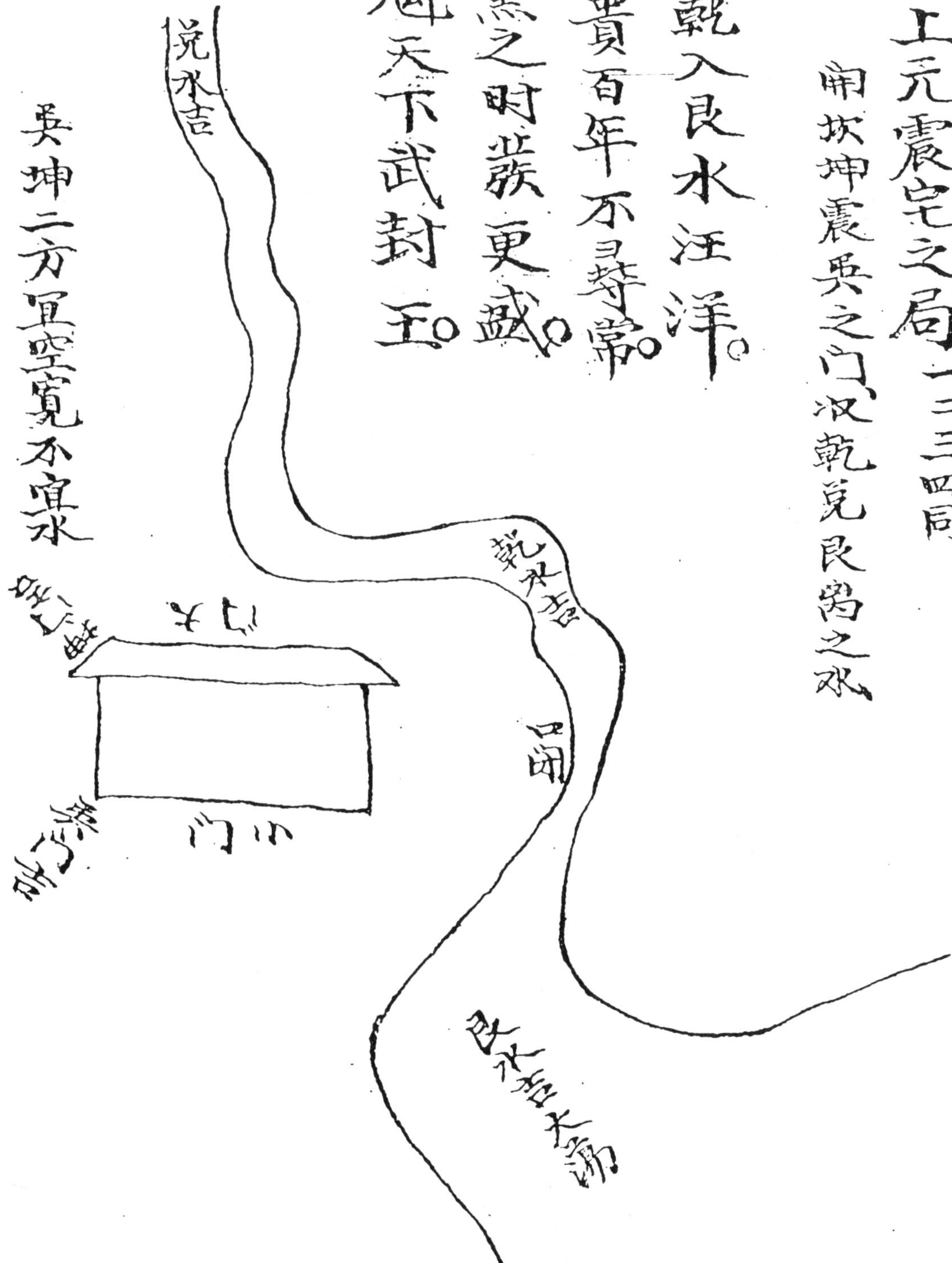

下元震宅之局　六七八九同

開乾兌艮離之門收坎坤震巽之水

潤

乾兌艮方空且闊　養成元氣自西來　莫教內水當前至　自許下元發似雷

惟坤巽震方有水乃能收乾兌艮氣故乾兌艮三方宜空寬不宜挾

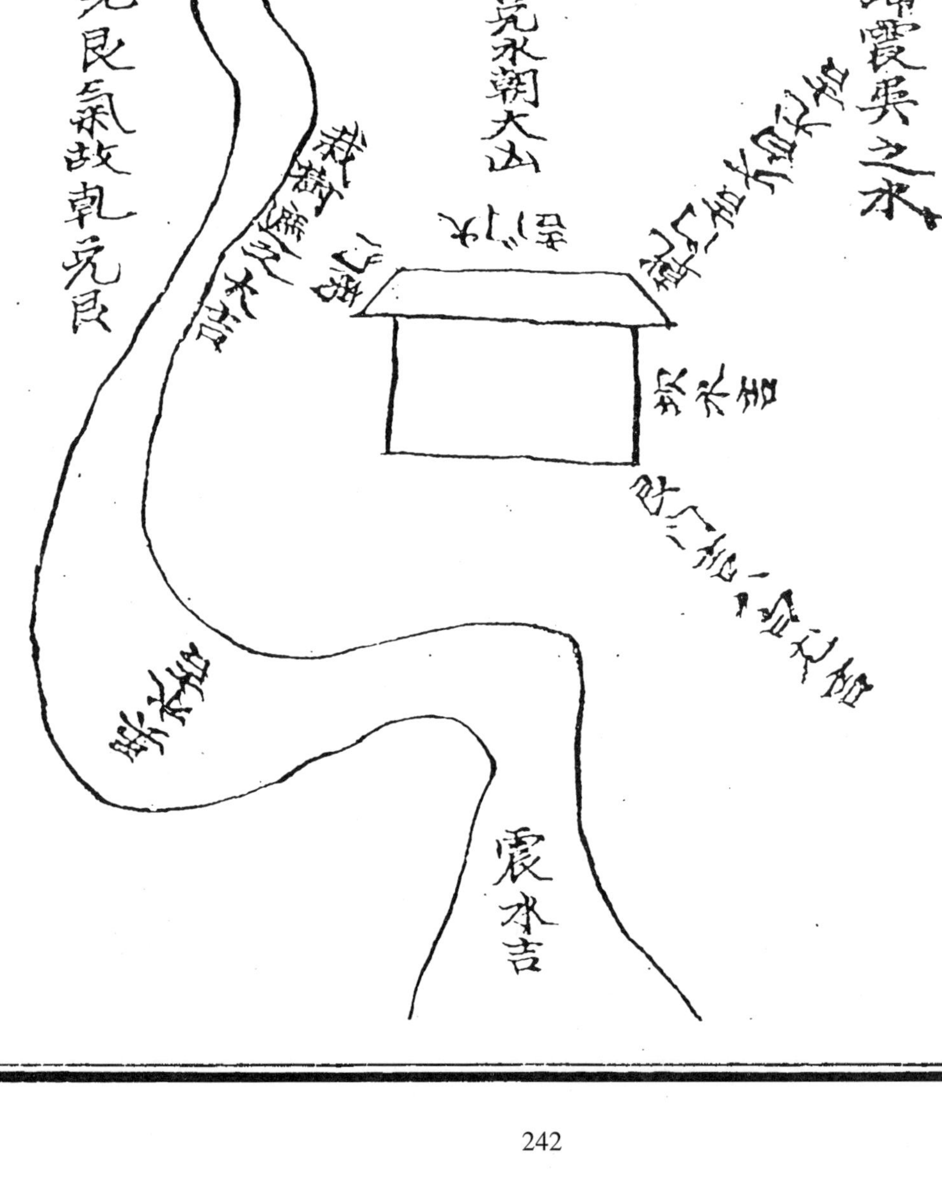

上元巽宅之局 一二三四同

開坎坤震巽之门收乾兑艮离之水

止宜艮上有水

巽山乾向水朝乾◦乾買尽世间将根四◦更得負塘環拱照◦百年富貴樂堯天◦

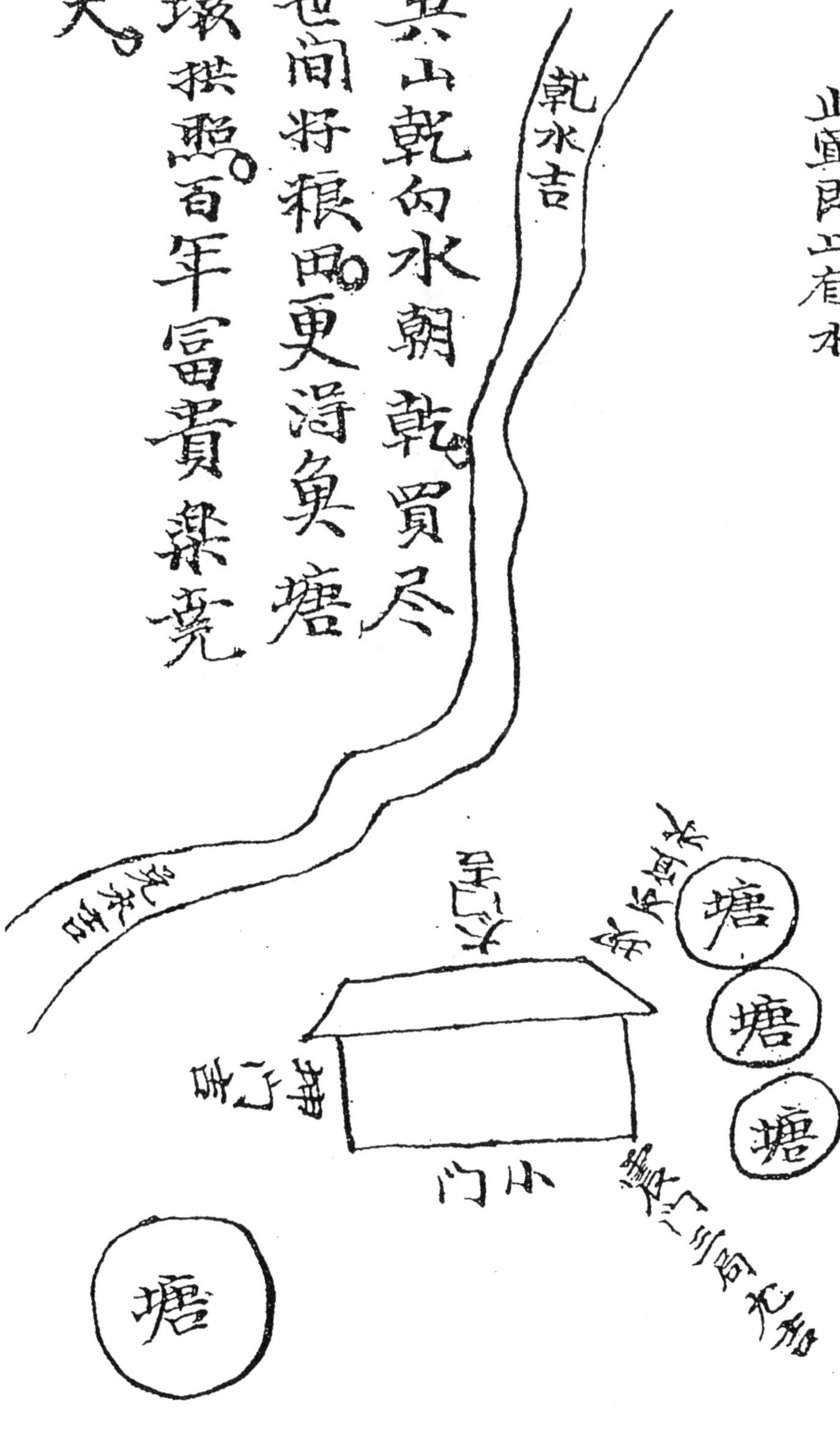

地學鐵骨 卷四 兩宅摘要 六

下元巽宅之局 六七八九同

開乾兌艮離之门，收坎坤震巽之水。

乾兌艮離有水者大凶

震巽一湖蓄潑窪，

乾風吹氣入堂前，

下元乾兌门招福，

定許見孫個々矣。

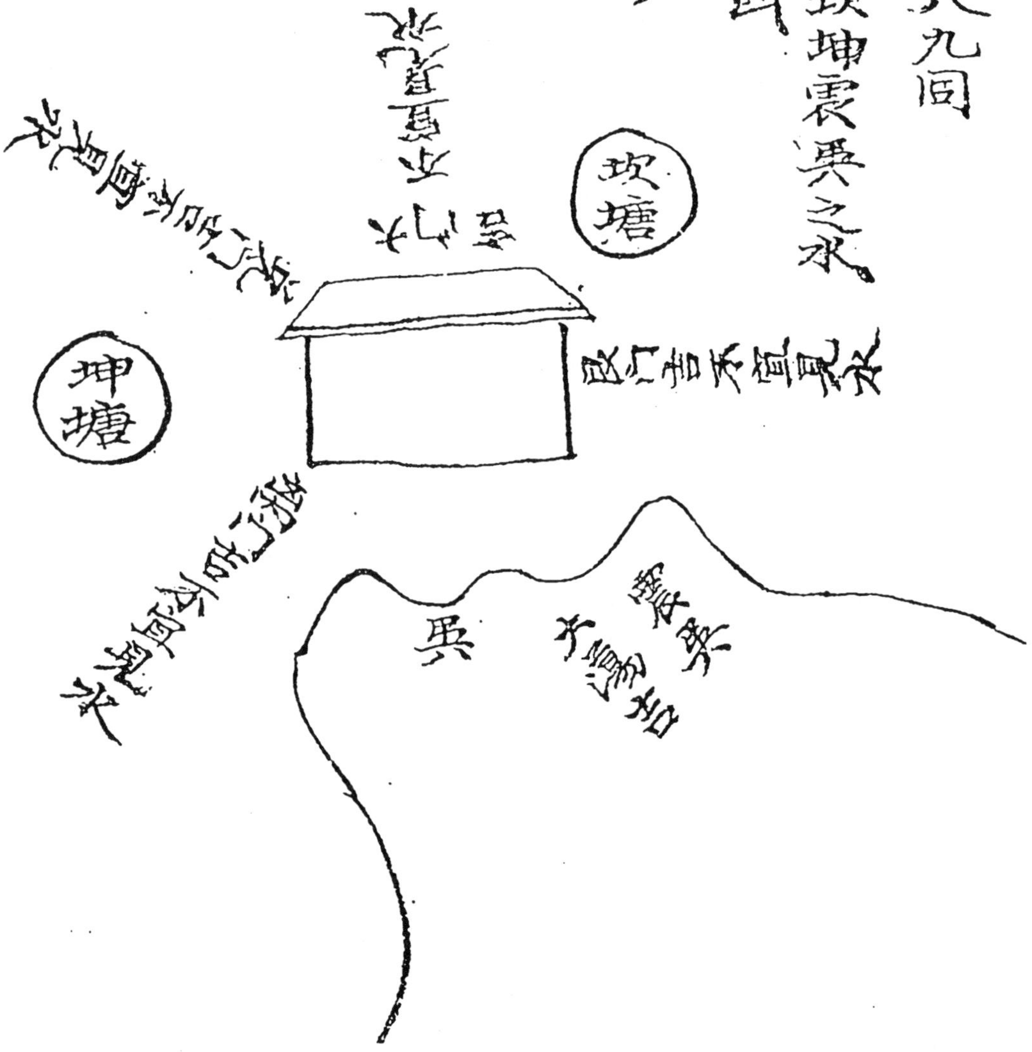

上元离宅之局一二三四同

開坎坤震巽之门。收乾兑艮离之水。

坎坤震巽四方有水者大凶

坎風坎氣當门和

五口蓮堂三面開。

莫謂北方風列匕。

兒孫代代位三台。

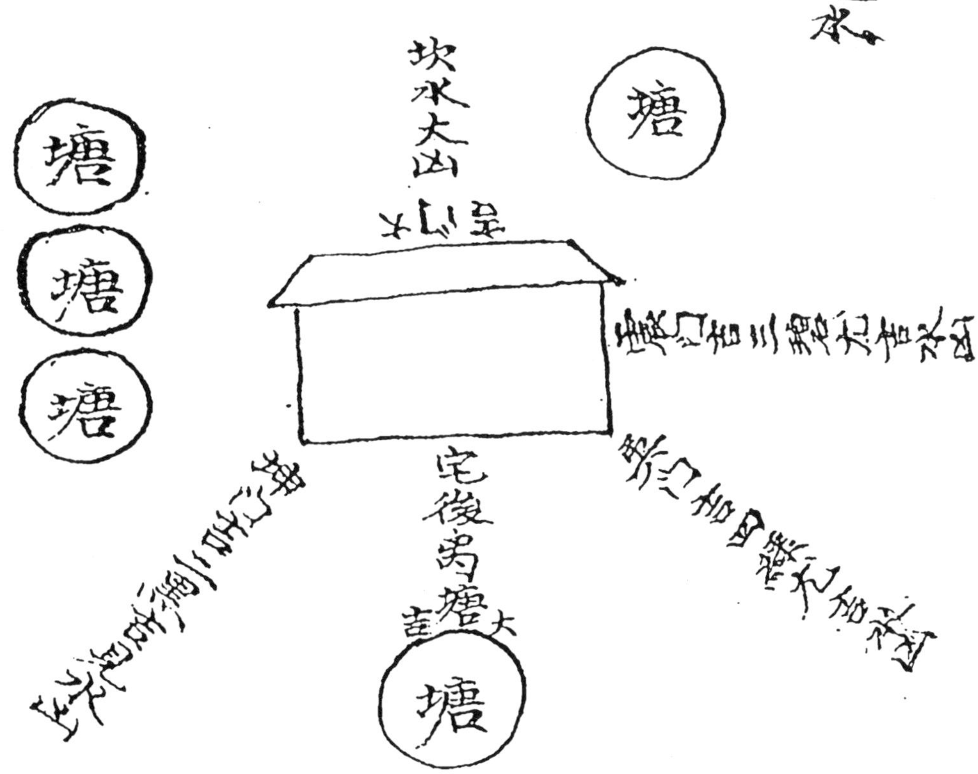

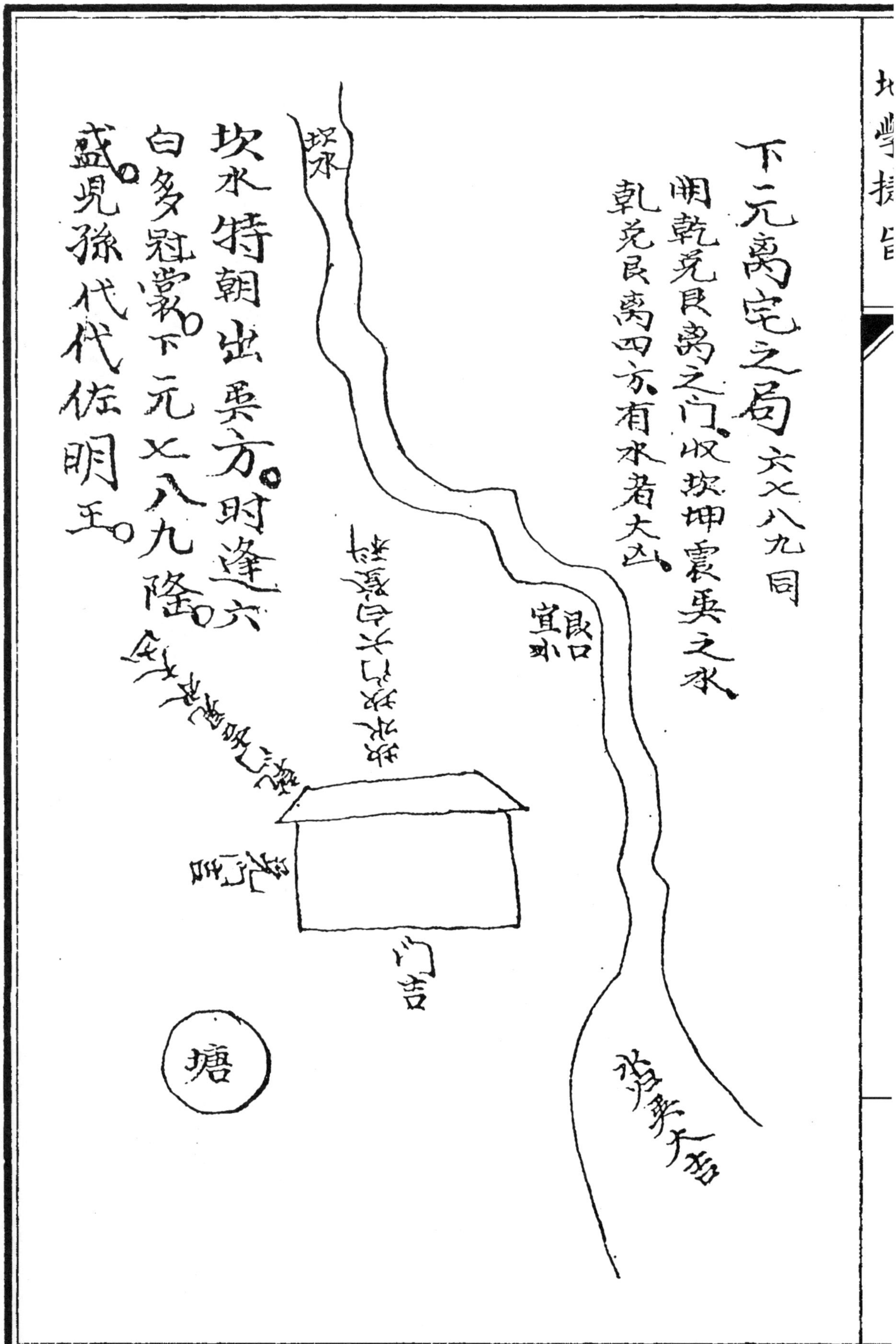
下元离宅之局 六七八九同
用乾兑艮离之门，收坎坤震巽之水。
乾兑艮离四方有水者大凶。
坎水特朝出巽方。时逢六白多冠裳。下元七八九隆盛。儿孙代代佐明王。
坎水
艮口
门吉
塘

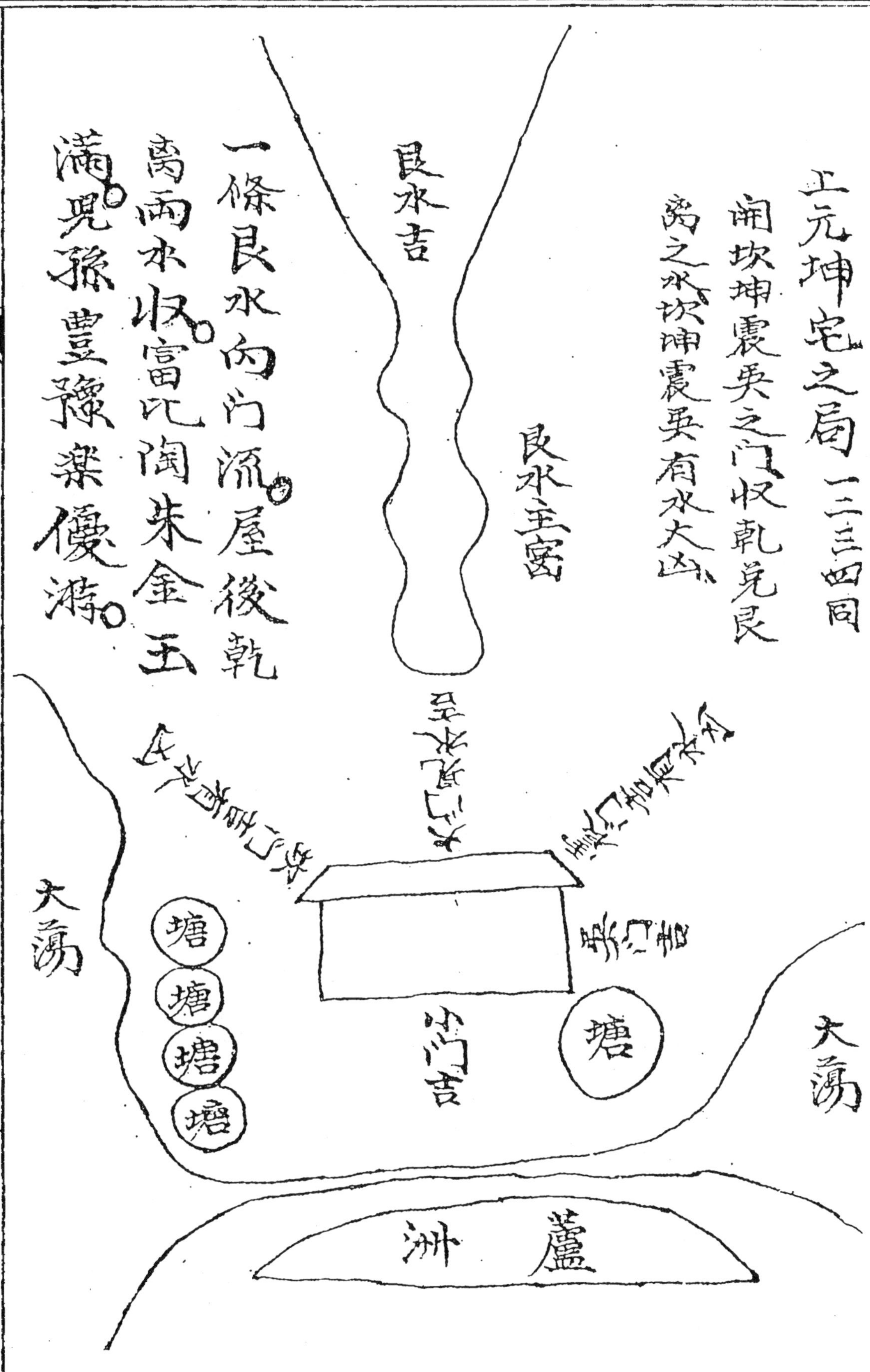

上元坤宅之局 一二三四同
開坎坤震巽之門收乾兑艮
離之水坎坤震巽有水大凶
艮水吉
艮水主富
一條艮水內門流
屋後乾離兩水收
富比陶朱金玉滿
兒孫豐豫樂優游
大蕩
塘
塘
塘
塘
塘
小門吉
大蕩
蘆洲

下元坤宅之局 六七八九同

開乾兑艮离之门，收坎坤震巽之水。

乾兑艮离有水大凶。

震巽坎边五口塘，

艮宫瑞氣入琴堂。

莫云此宅功名少，

八白之年侓帝王。

艮上有水大凶

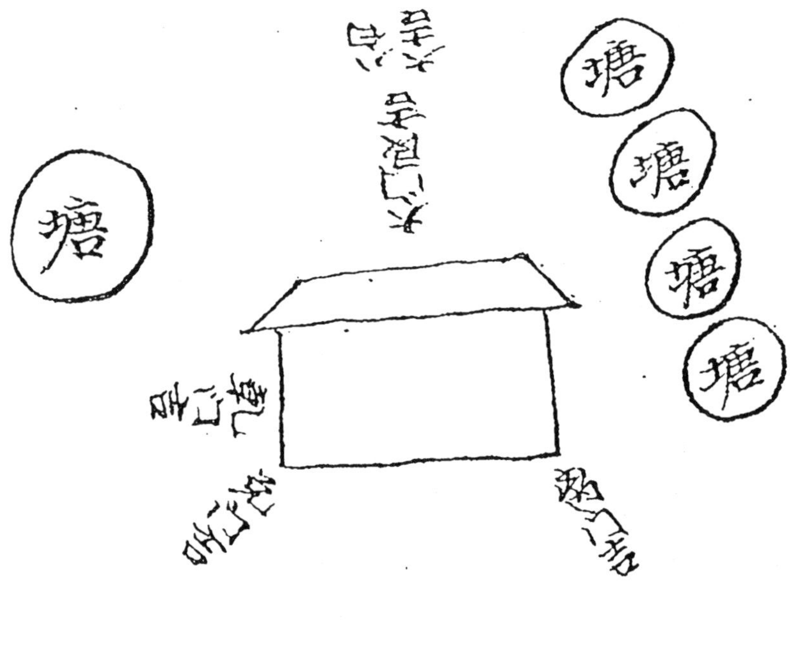

上兑宅之局 一二三四同

開坎坤震巽之门收乾兑艮离之水坎坤震巽有水者大凶

大湖一片兑乾方。
一二三四最吉祥。
四水四门皆迪泰。
誰云此宅不隆昌。

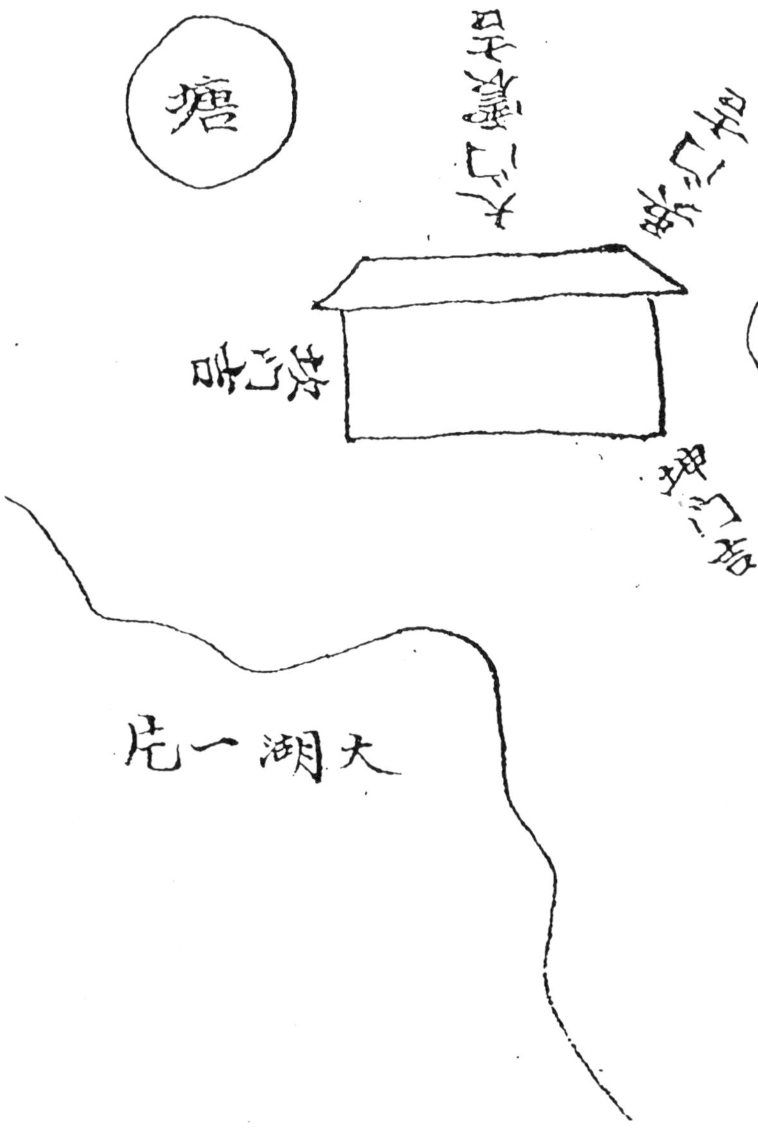

下元兑宅之局六七八九同
開乾兑艮离之门，收坎坤
震巽之水，乾兑艮离
有水者凶

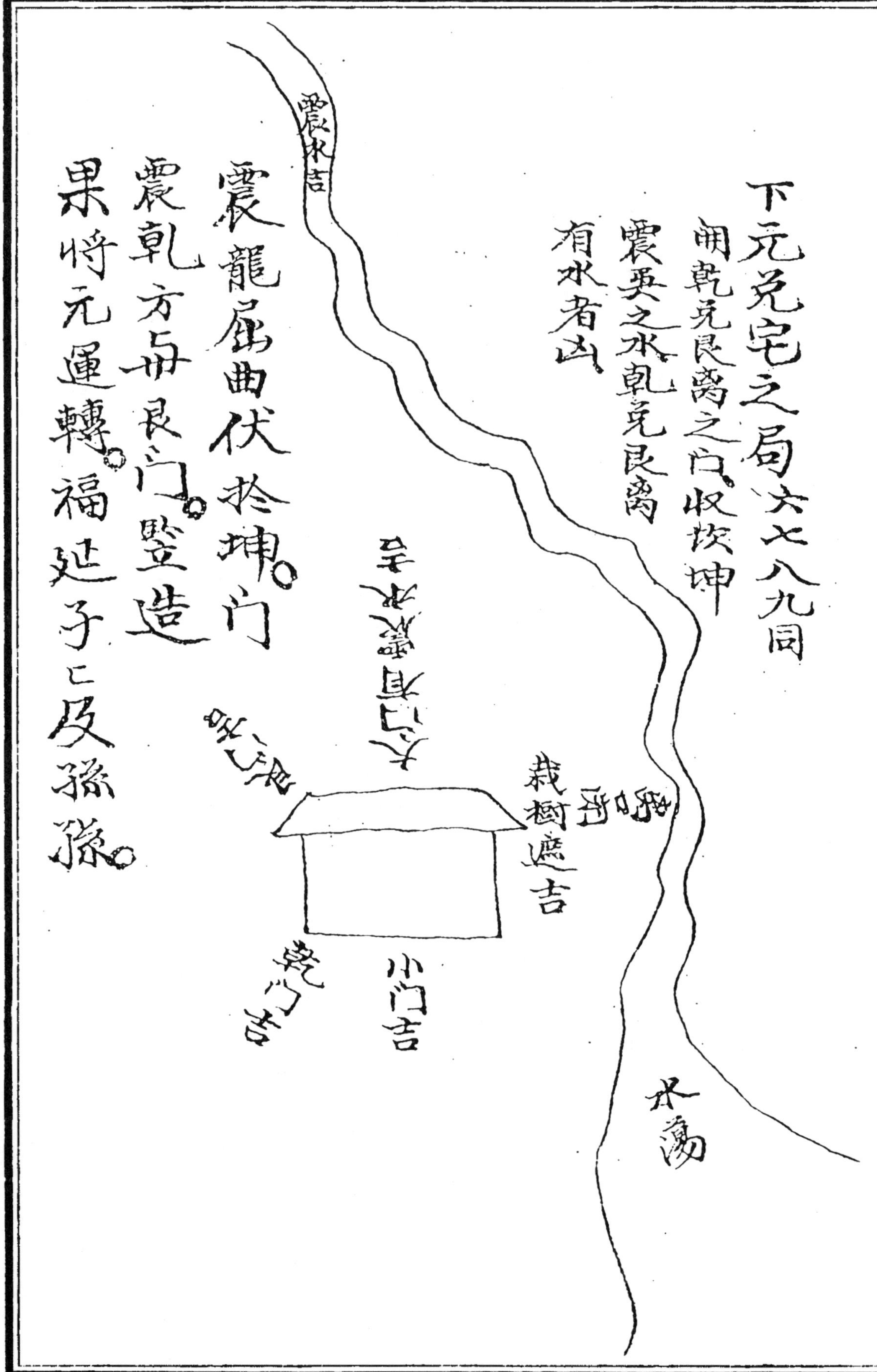

震龍屈曲伏於坤。门
震乾方开艮门。竖造
果將元運轉。福延子子及孫孫。

以上每宅二图者，依元分图，即乘元而用也。故一二三四當令之门路水路，止可用於一二三四之時，而不能長用於六七八九之年，而不能長用於一二三四之時。蓋元運輪轉不一，即水路门路有更張不齊。执死現而論遊年，固誣己誣人，於不小，而不隨元運以流轉，則適逢其吉者，偏得意外之吉，而運變而凶者，則無效藥矣。不可慎與。

上元大吉之宅，惟忌坤水，妙有坤屋遮之，大發。

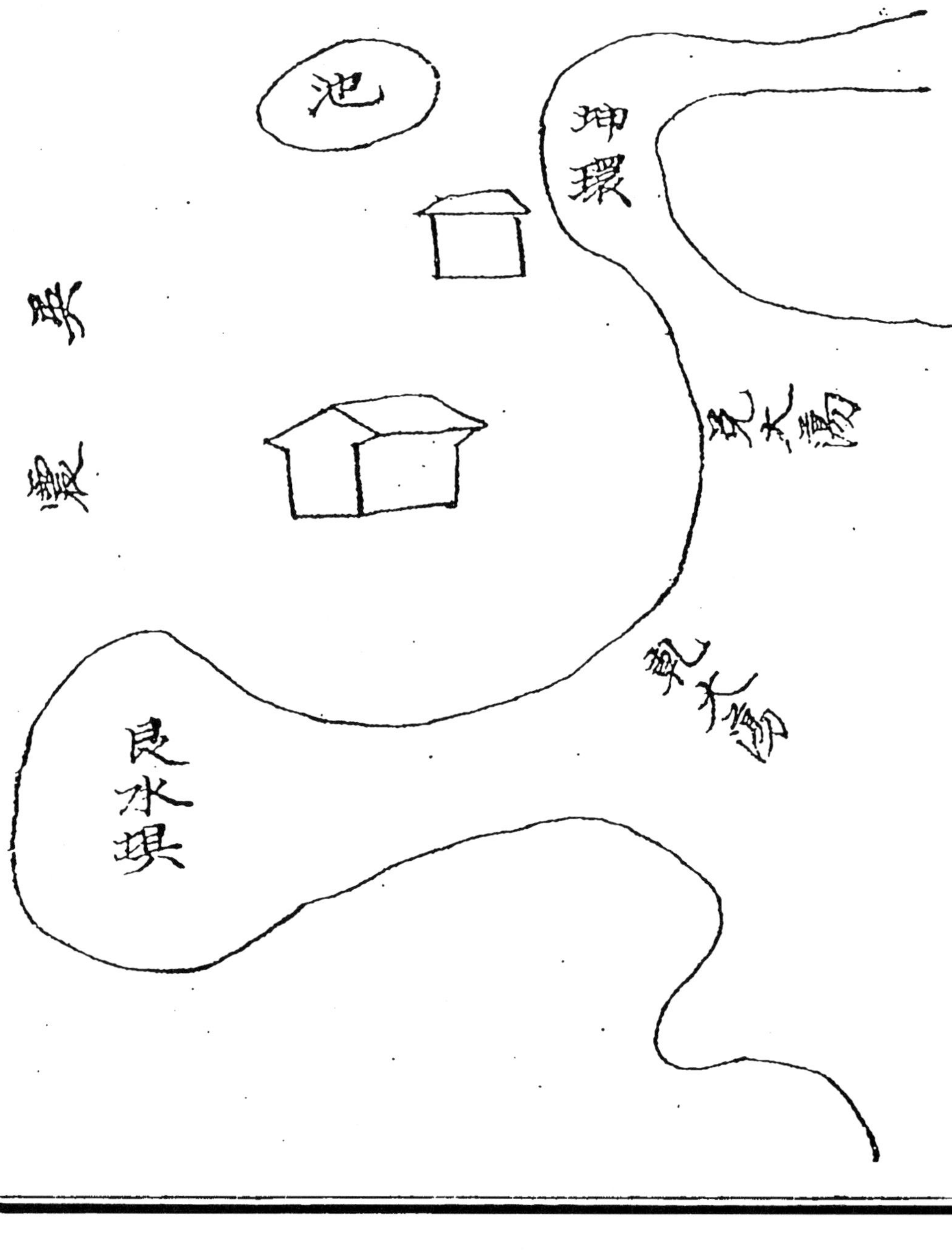

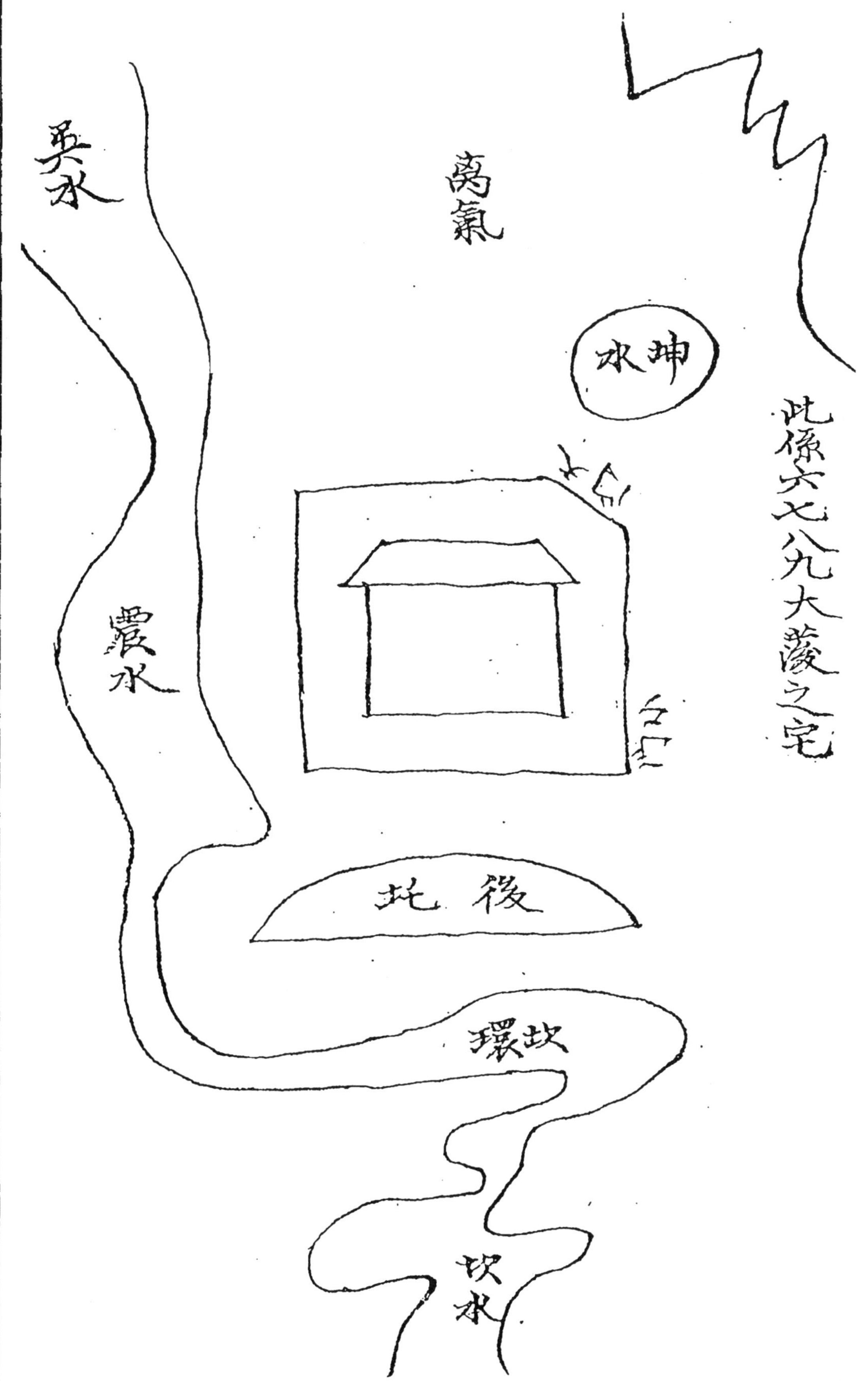
巽水
离氣
坤水
此係六七八九大發之宅
震水
托後
環攻
坎水

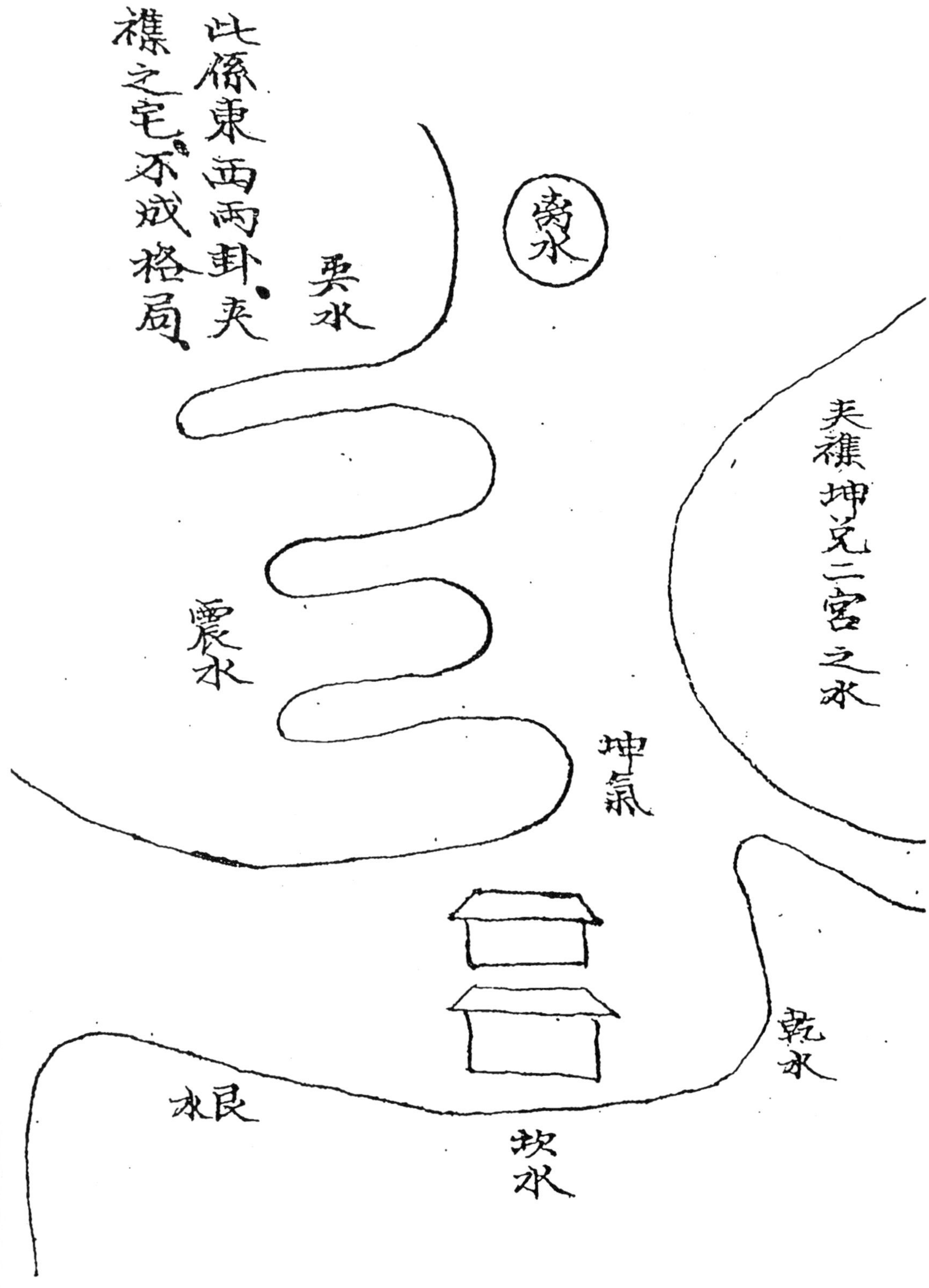
此係東西兩卦，夾襍之宅，不成格局。
離水
巽水
震水
坤氣
夾襍坤兌二宮之水
乾水
艮水
坎水

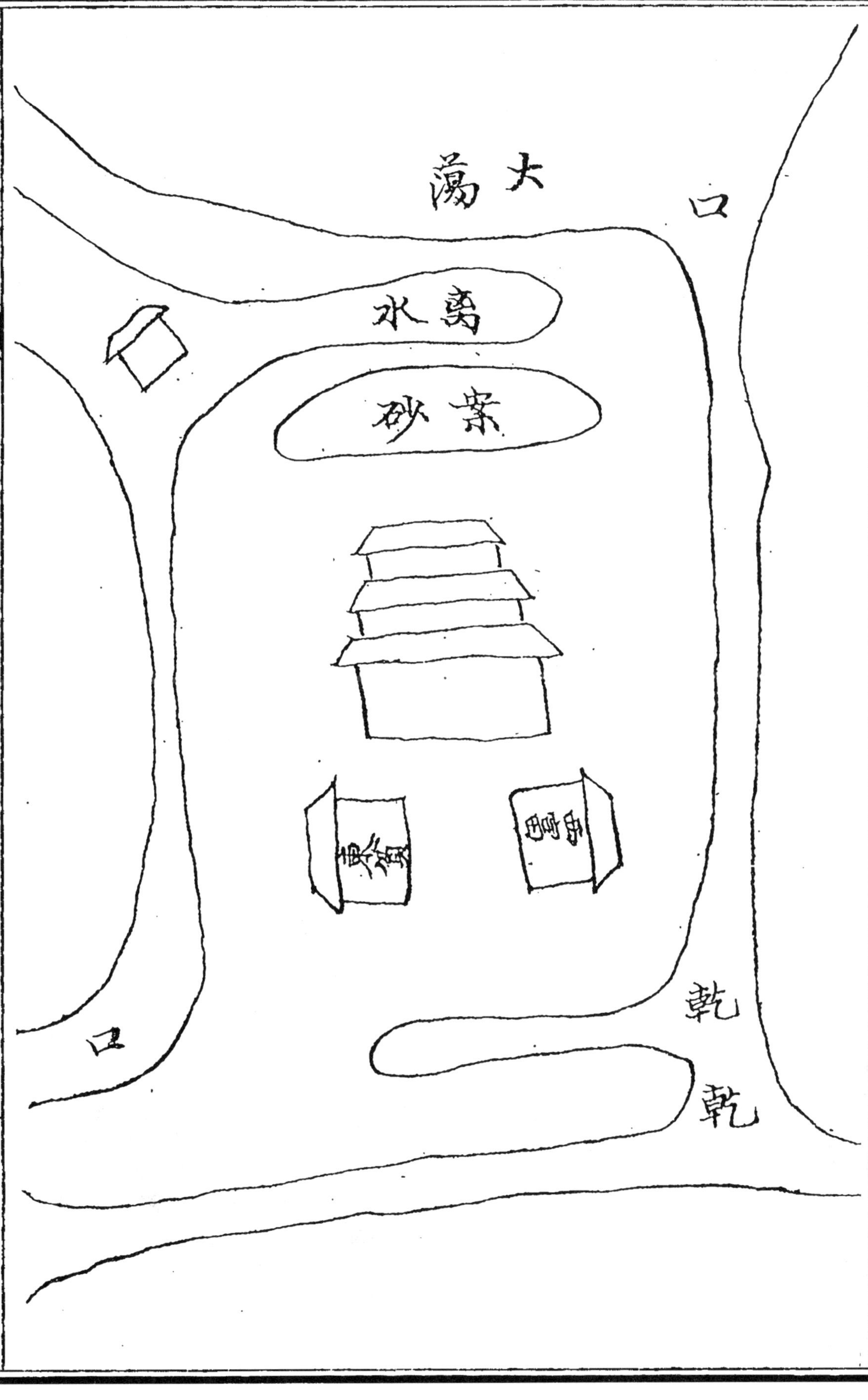
大蕩
口
蕩水
案砂
乾
乾
口

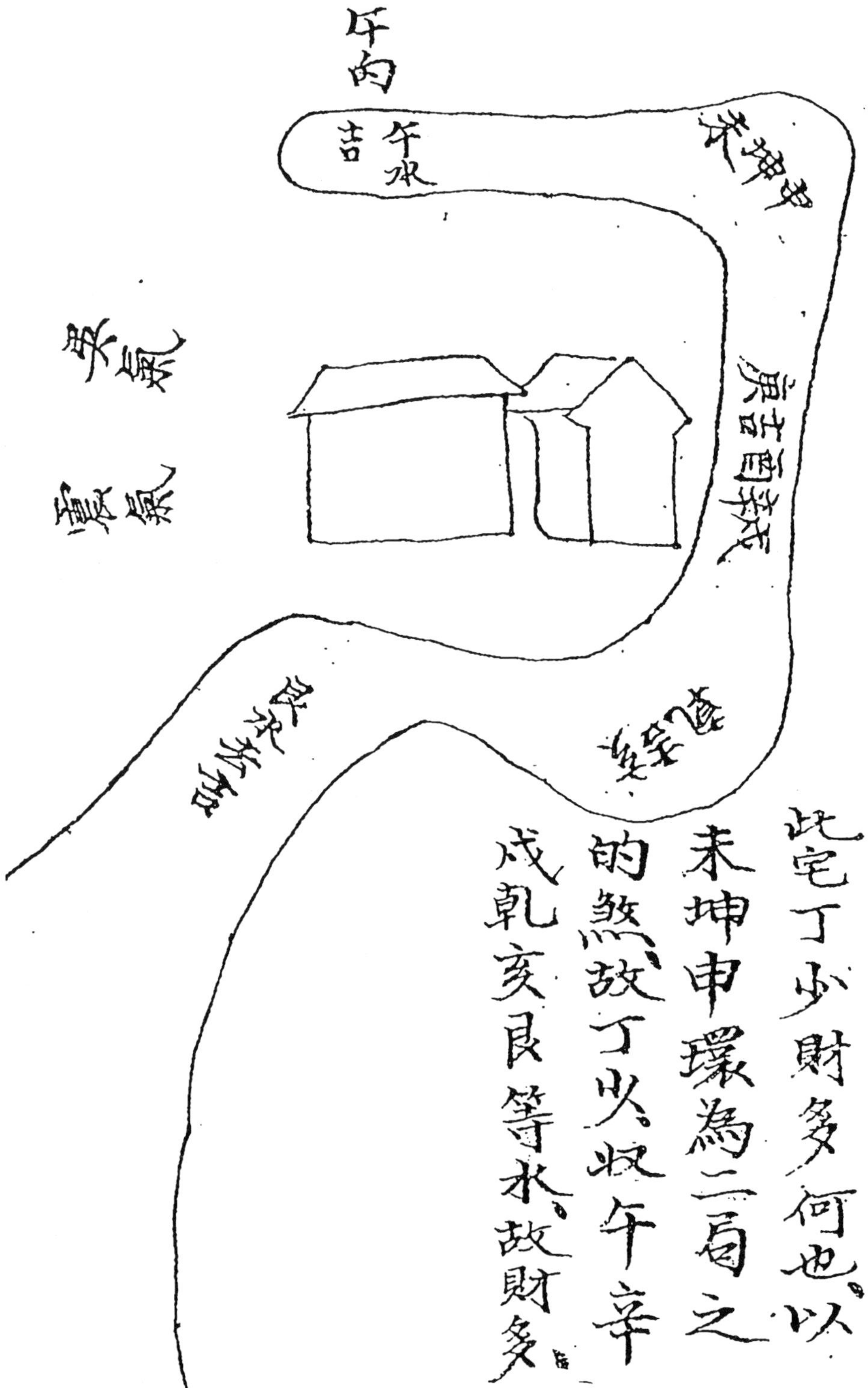

此宅丁少財多何也以未坤申環為二局之的煞故丁以收午辛戌乾亥艮等水故財多

此局在上元，則要震之水，大忌，兑煞丁衰，在下元之時，則丁多而財又衰，忌离乾艮水也，

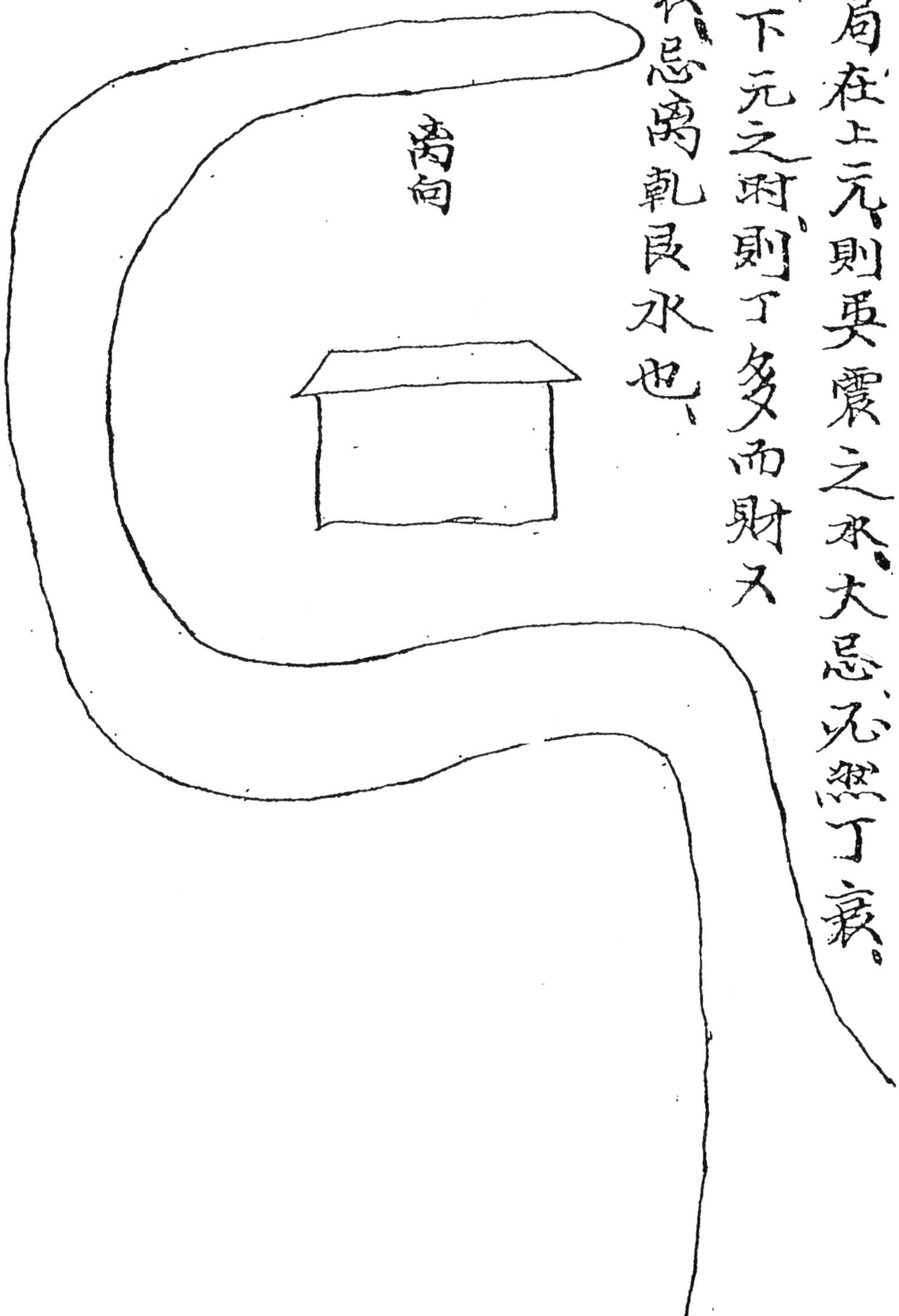

此宅得乾艮水而致富、爵四重深遠艮則变而為夘辛、有乾宮大水逼近、宅後故較前更發但六七八九之運、恐不能如前、

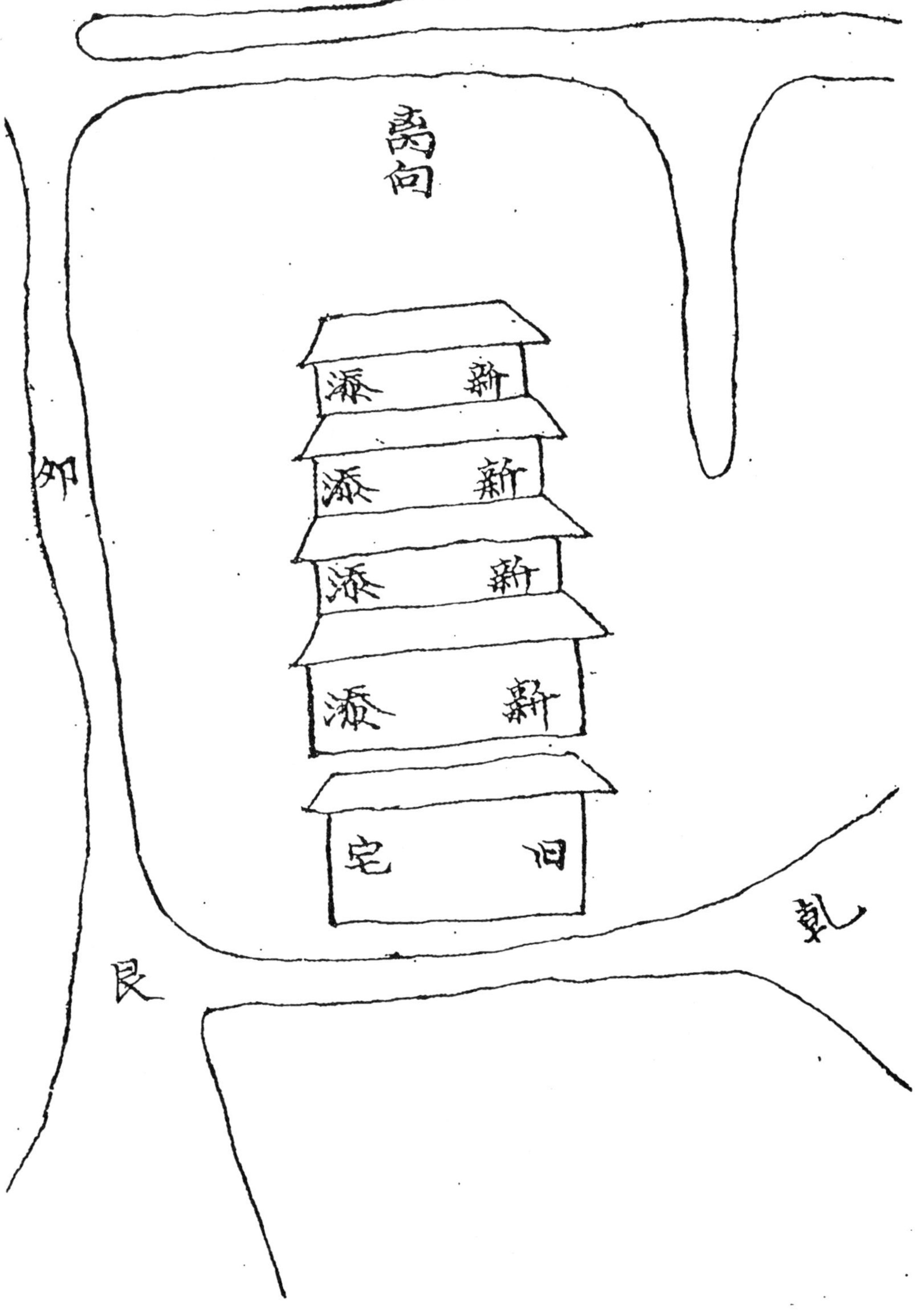

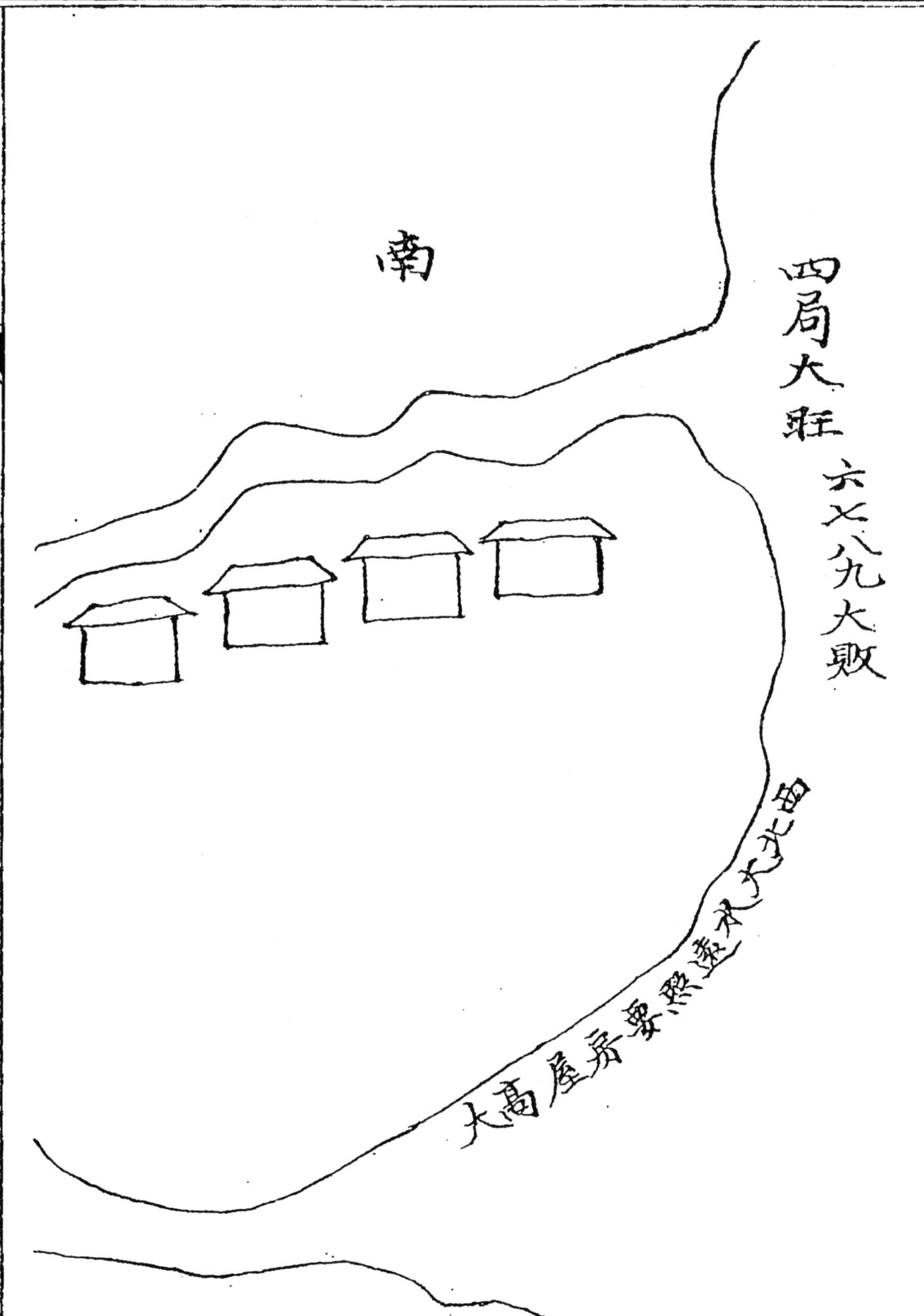
南
四局大旺
六七八九大敗
由九大水遠照要房屋高大

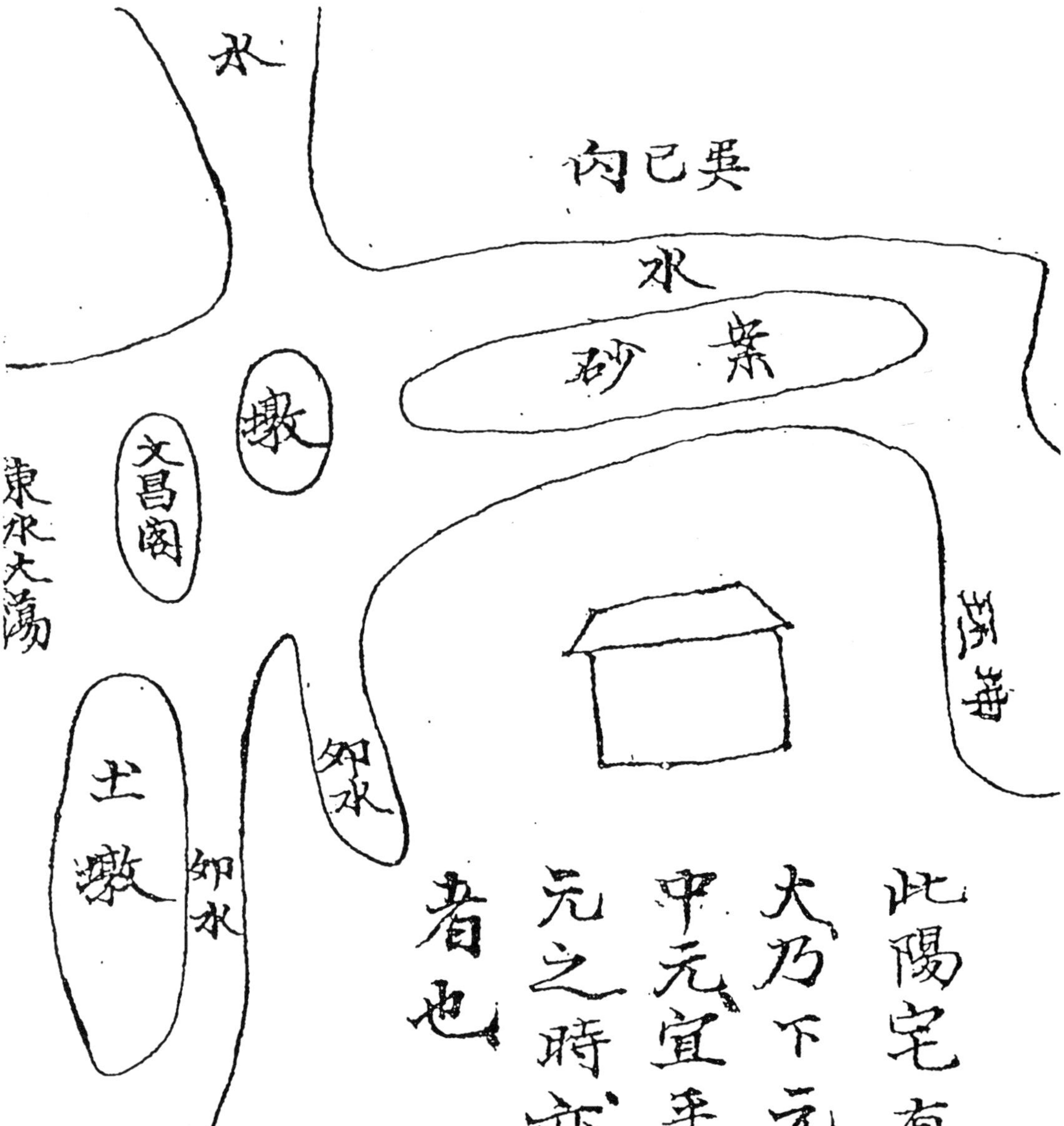

此陽宅有五十畝寬大，乃下元之局，今值中元，宜乎大敗，然上元之時亦未有不敗者也。

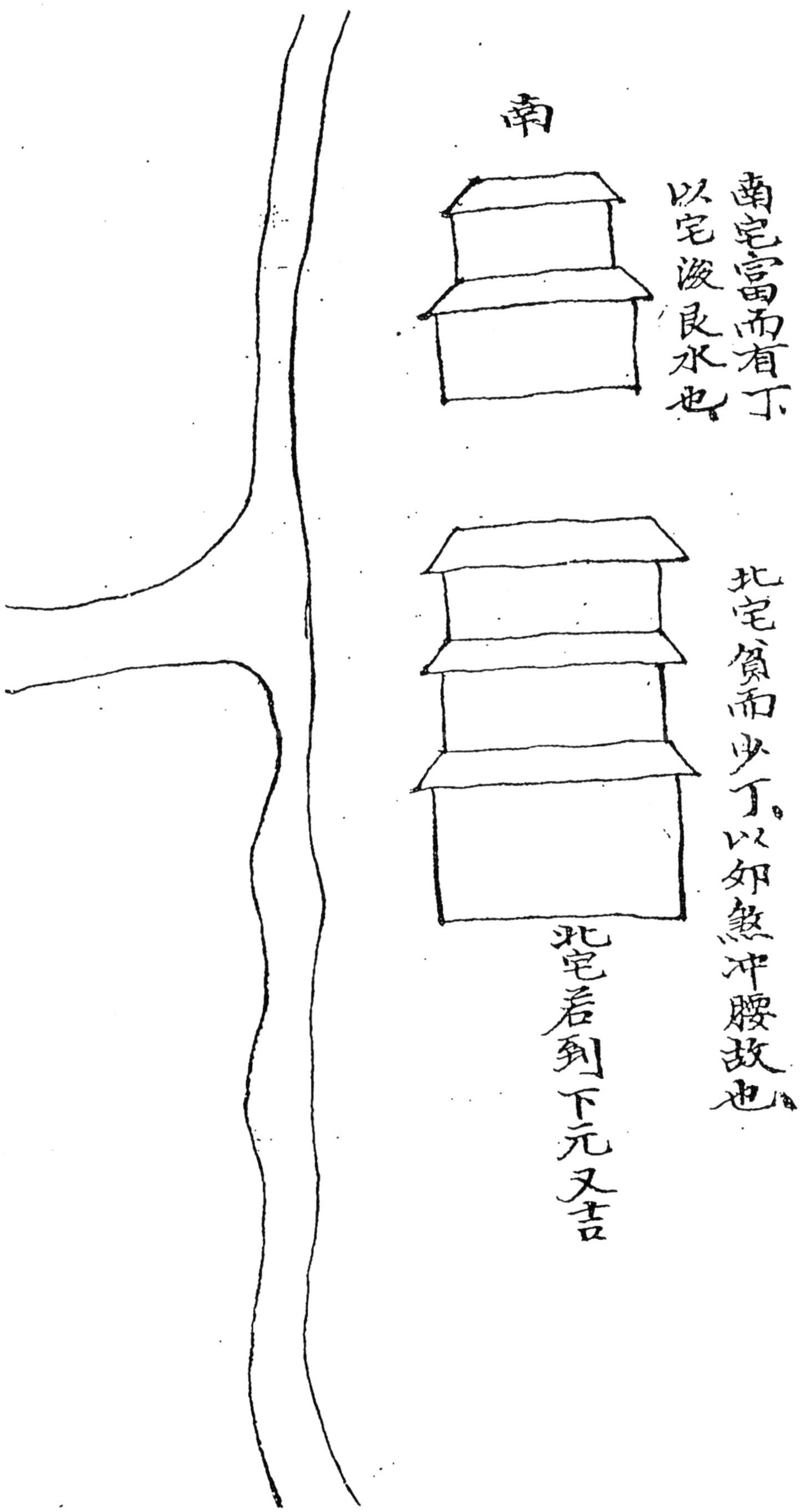
南
南宅富而有丁
以宅後良水也
北宅貧而少丁以卯煞冲腰故也
北宅若到下元又吉

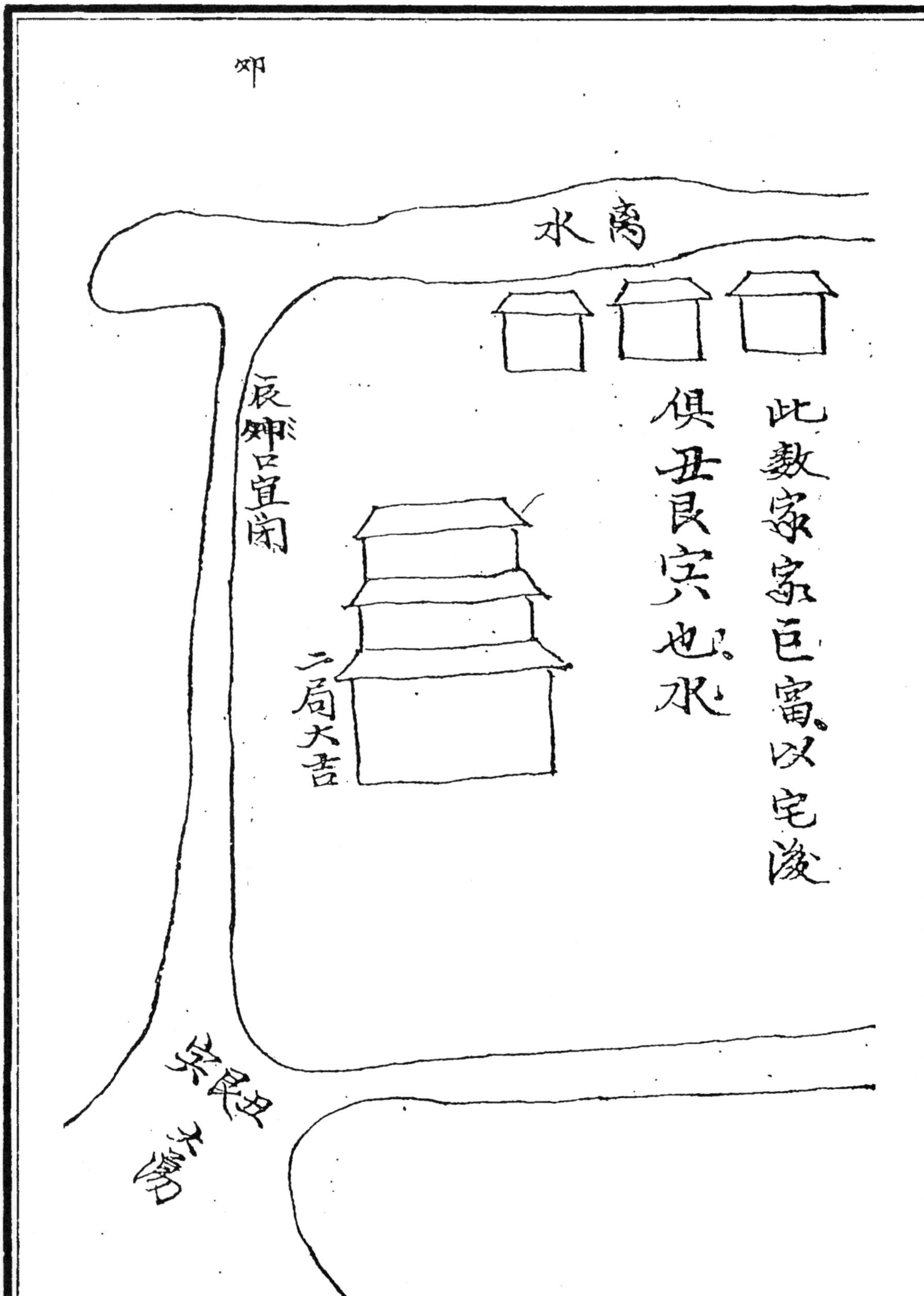
卯
离水
此数家家巨富以宅後
俱丑艮宾也水
辰卯口宜閉
二局大吉
宾艮丑
大富

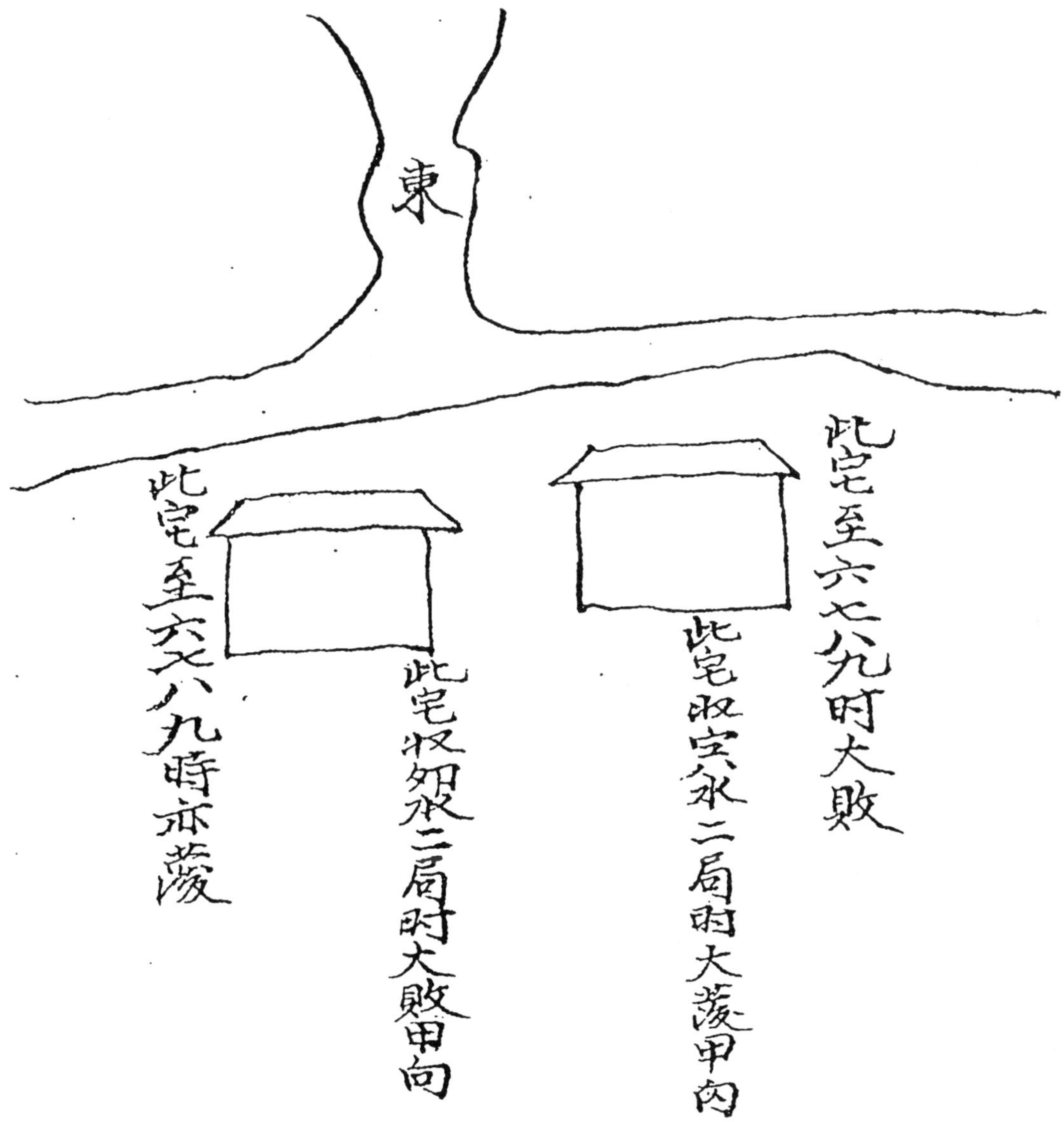

兩宅同一陽基同一甲向一收寅水而二局大發一收卯水而二局大敗甚矣水之禍福有如此者然則陰陽兩宅之立向收水可不慎歟

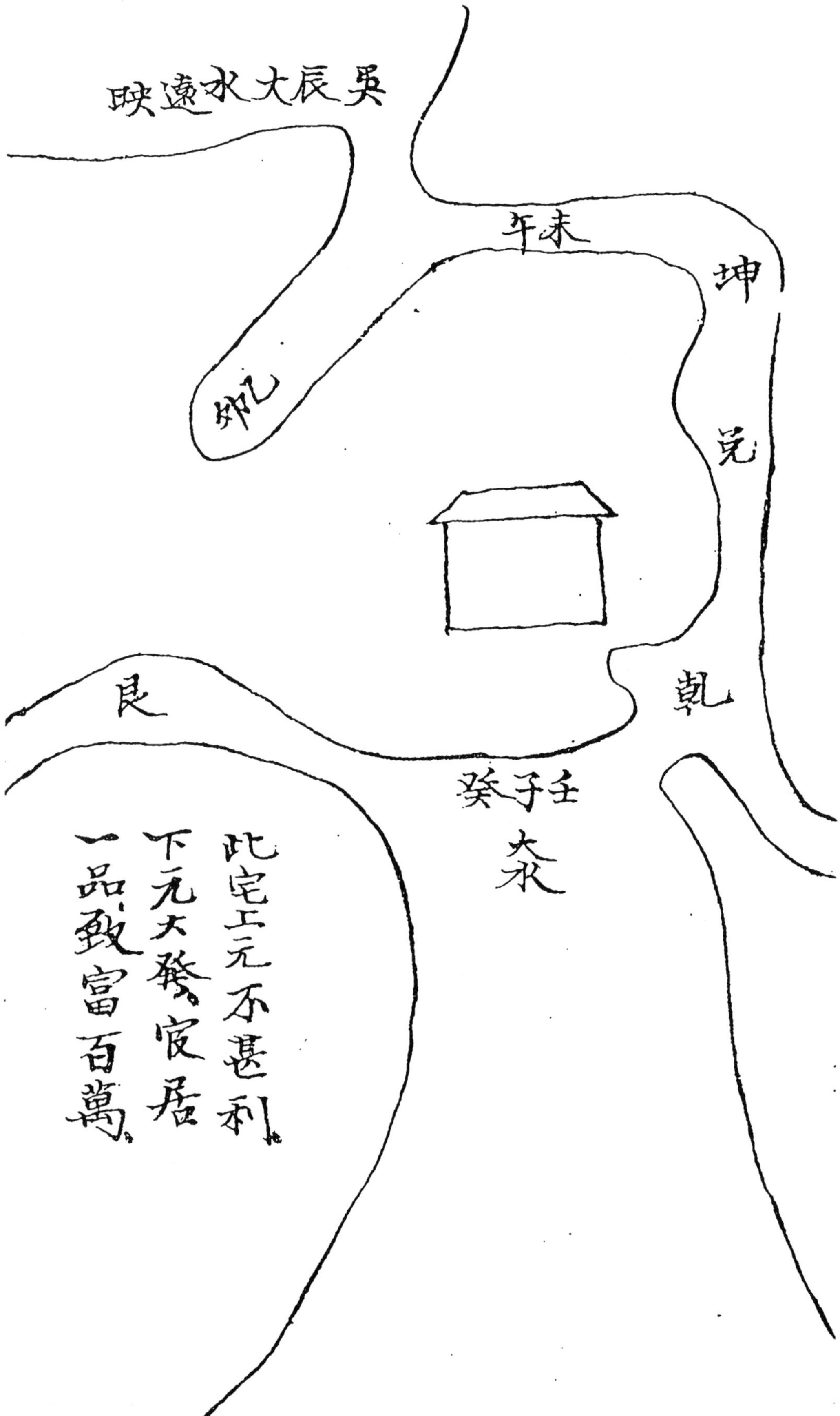

巽辰大水遠映
午未
坤
乙卯
兌
乾
艮
壬子癸
大水
此宅上元不甚利
下元大發官居
一品致富百萬

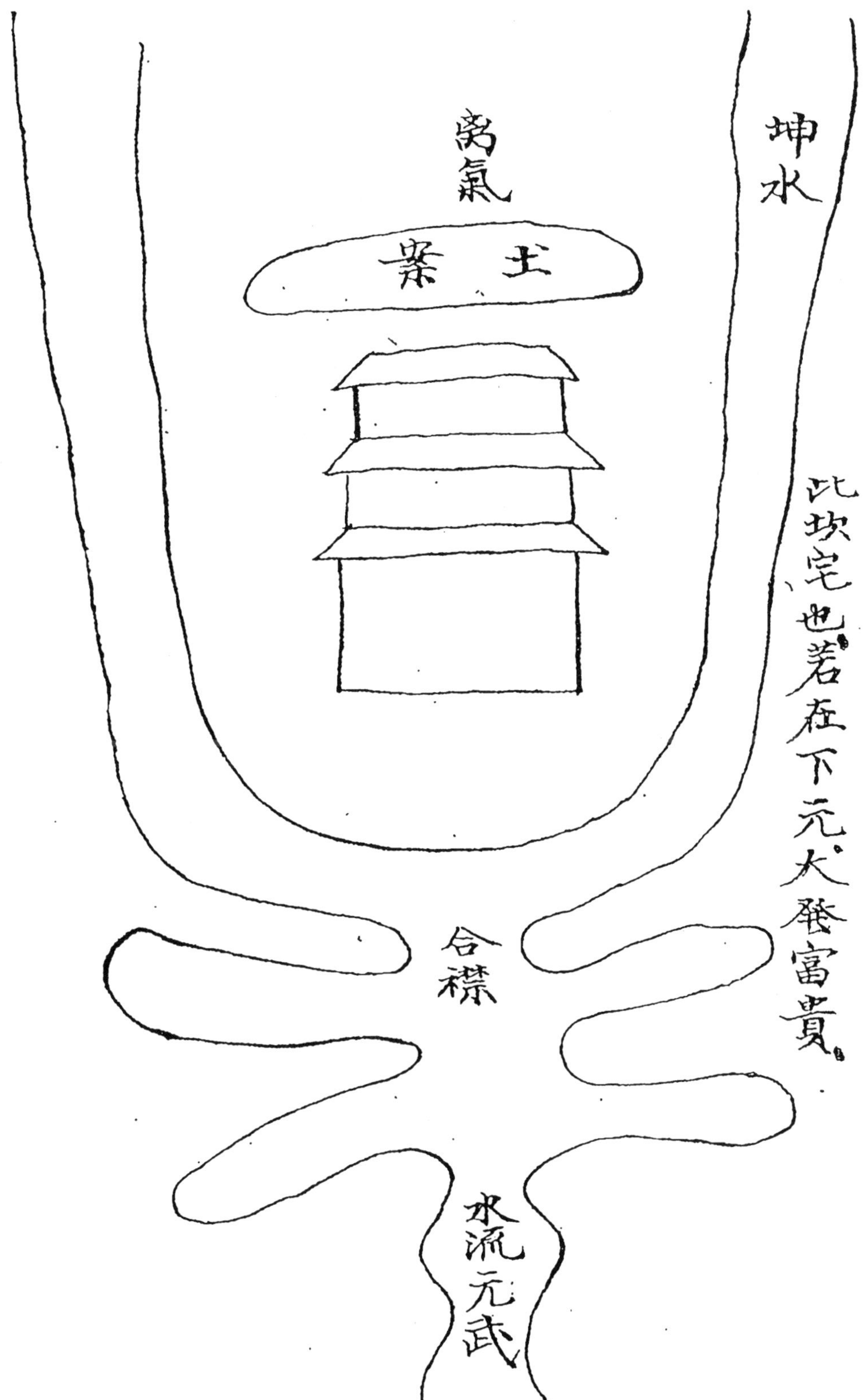
离氣
土案
坤水
此坎宅也若在下元大發富貴
合襟
水流元武

此局乃從巽震大湖水灣入坎宮九局大富六局發科甲大貴之地也

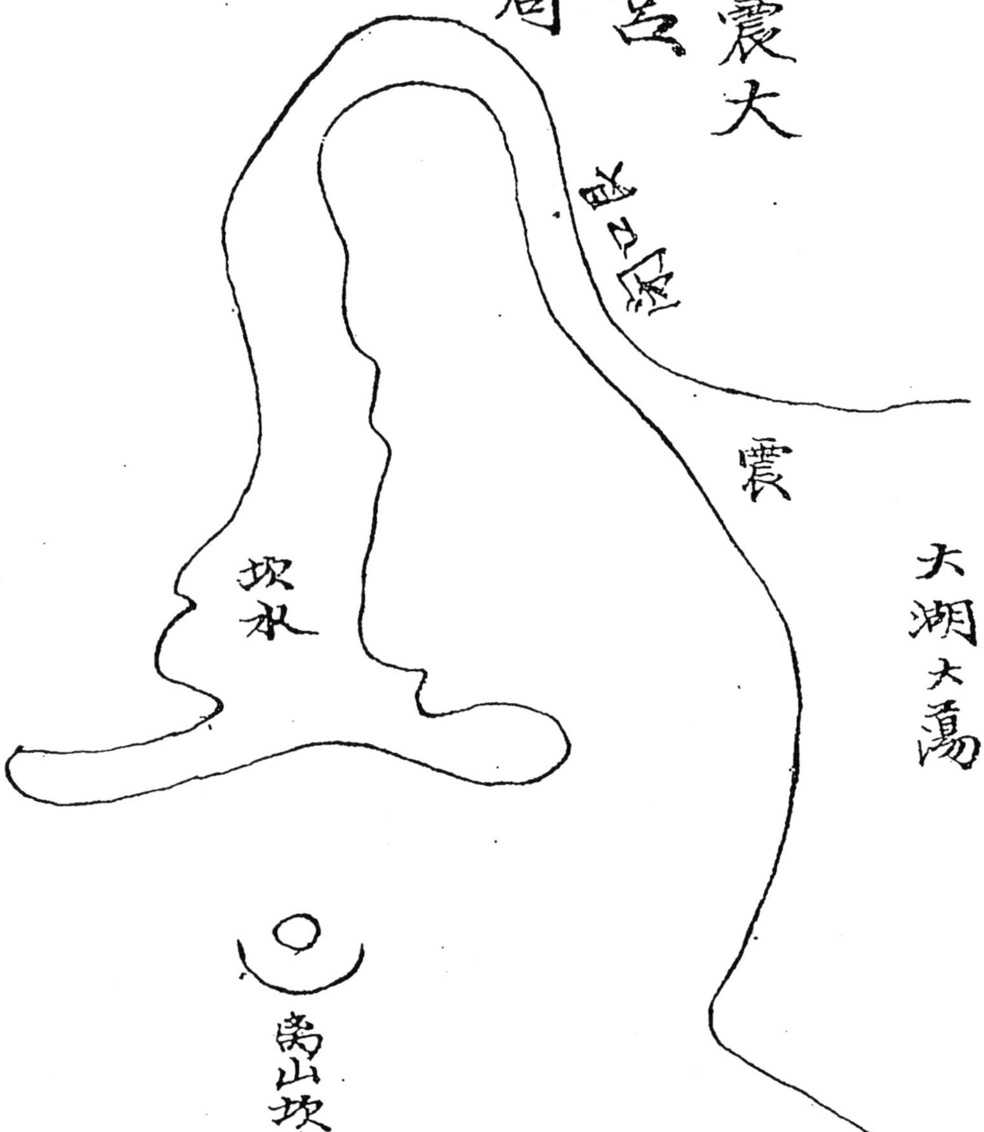

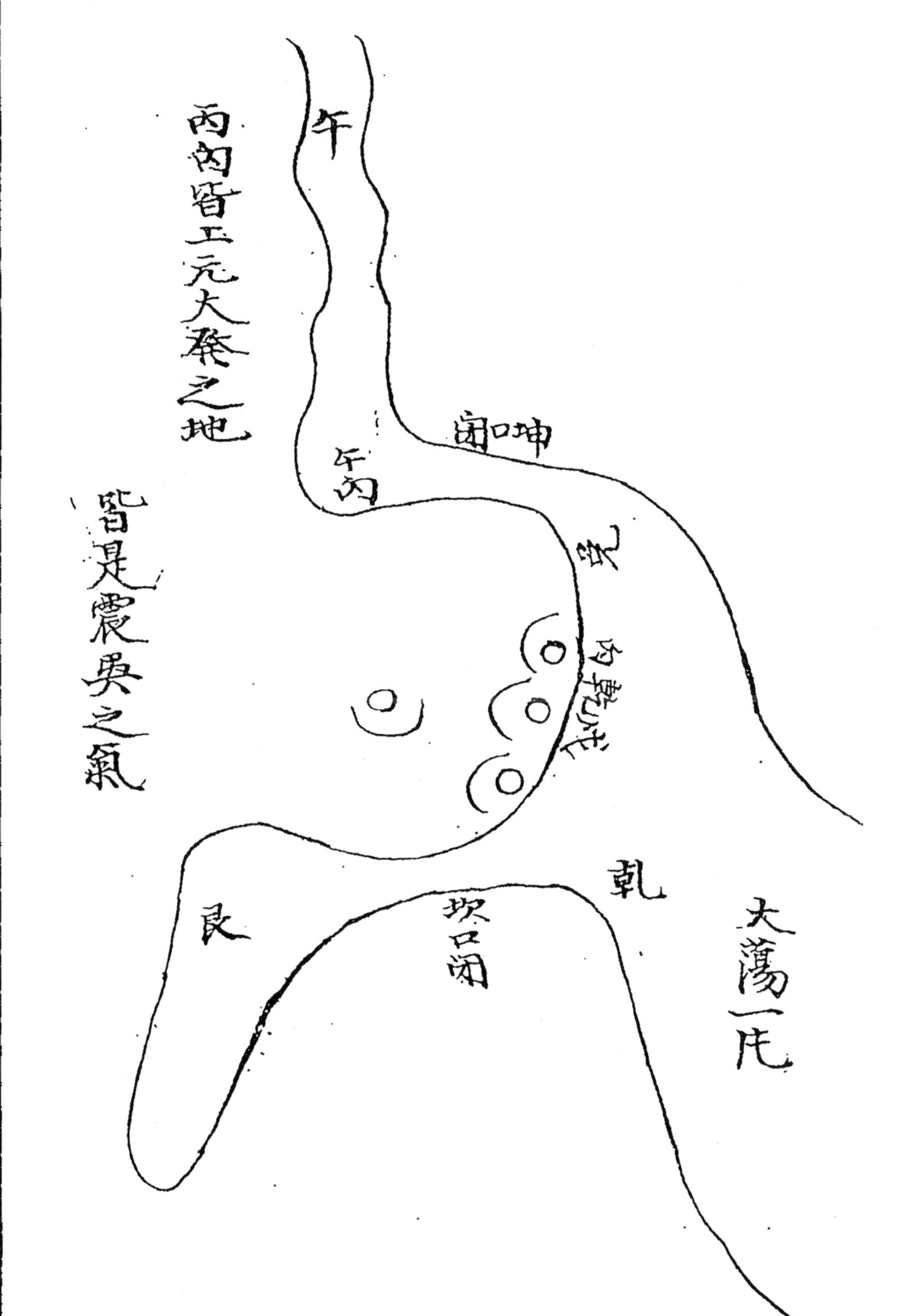
午
坤口閉
午丙
皆是震巽之氣
乾
艮
坎口閉

此地緊穩如太極之色，容上元會出科甲，官居二品，今中元之末稍不及前。

愚按此局至下元必然大敗，但取其局緊可保絶嗣耳。

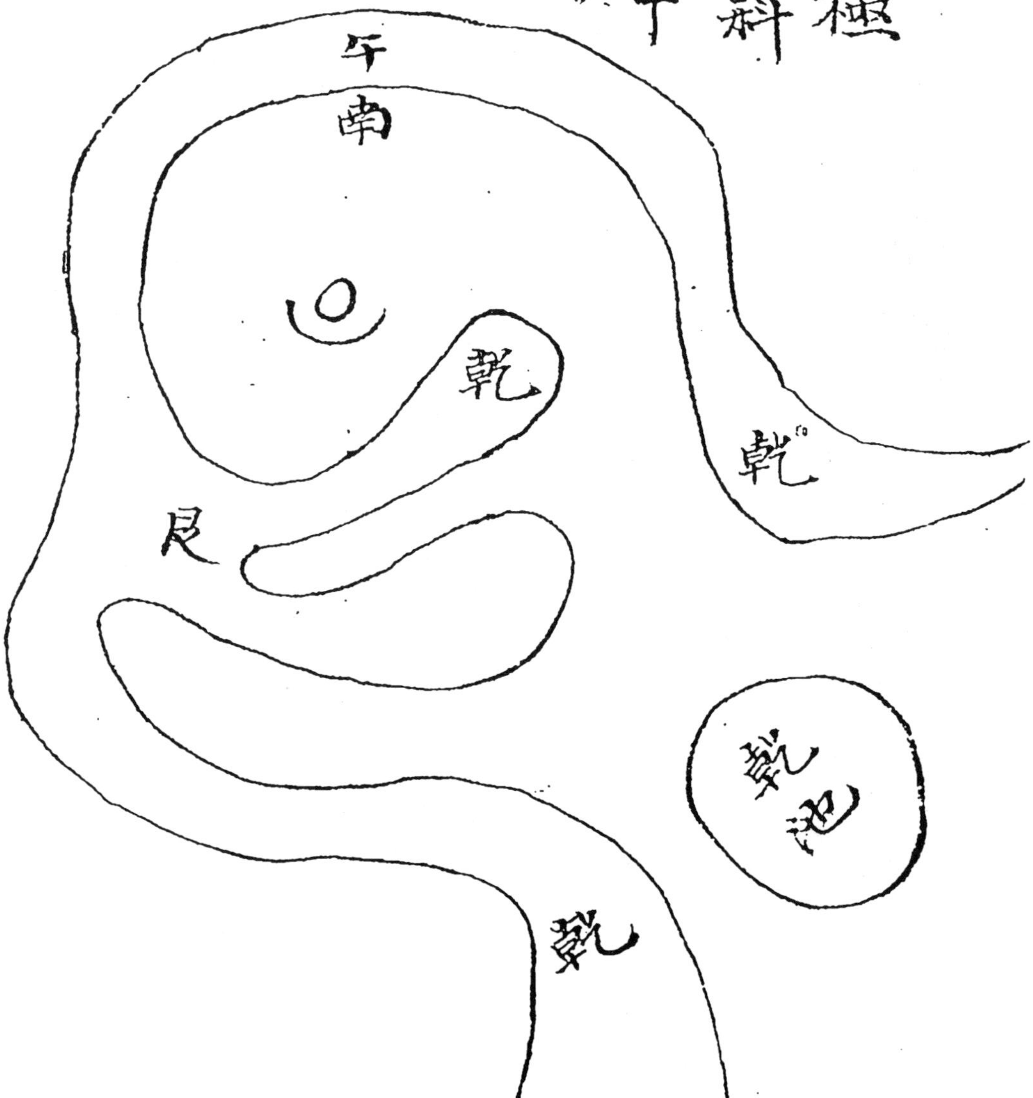

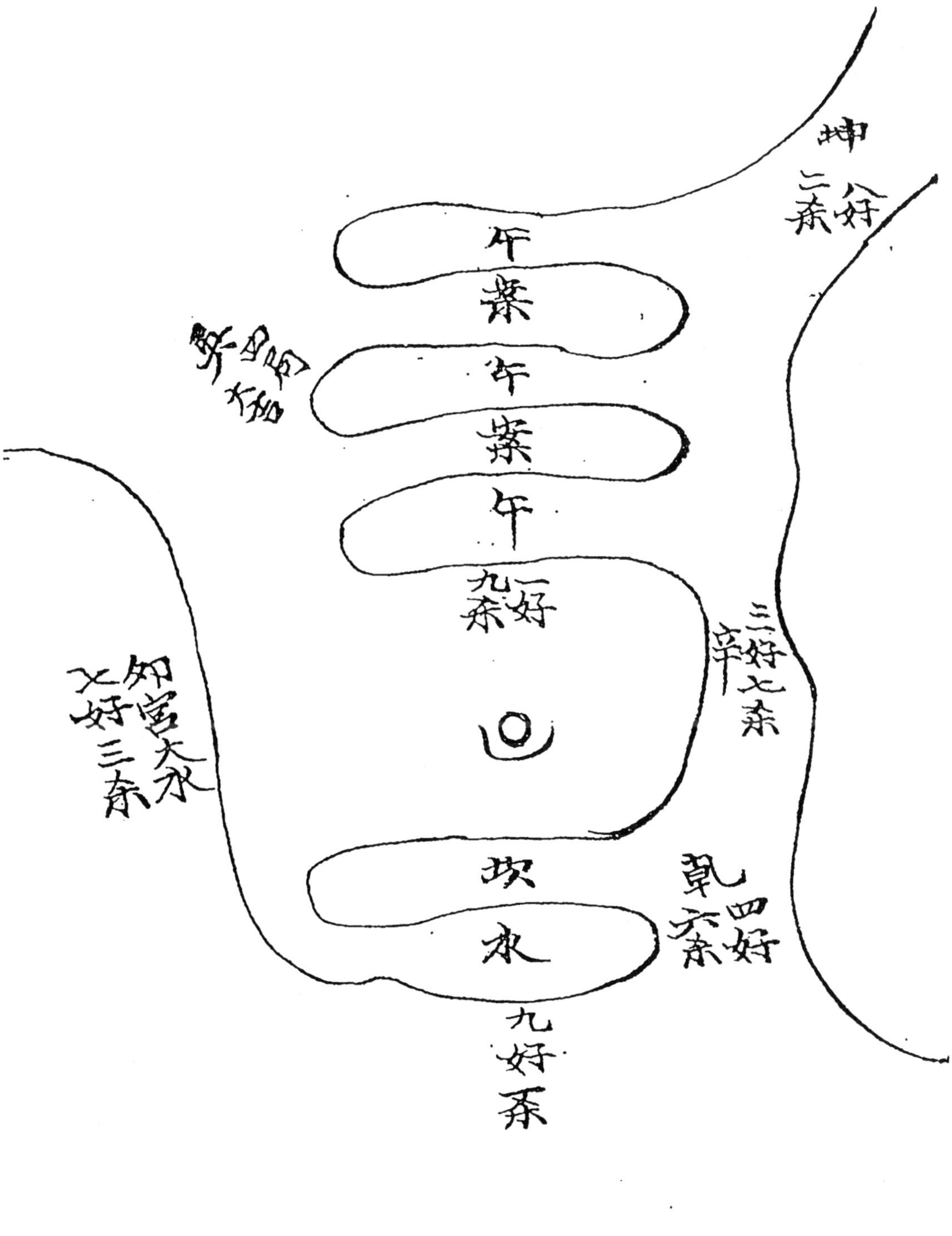
坤
八好
二杀
午
杀
午
杀
午
一好
九杀
三好
七杀
辛
如宫大水
七好
三杀
坎
水
乾
四好
六杀
九好
杀

此庫脊用坎离交媾乾巽兩催三元不替之局也

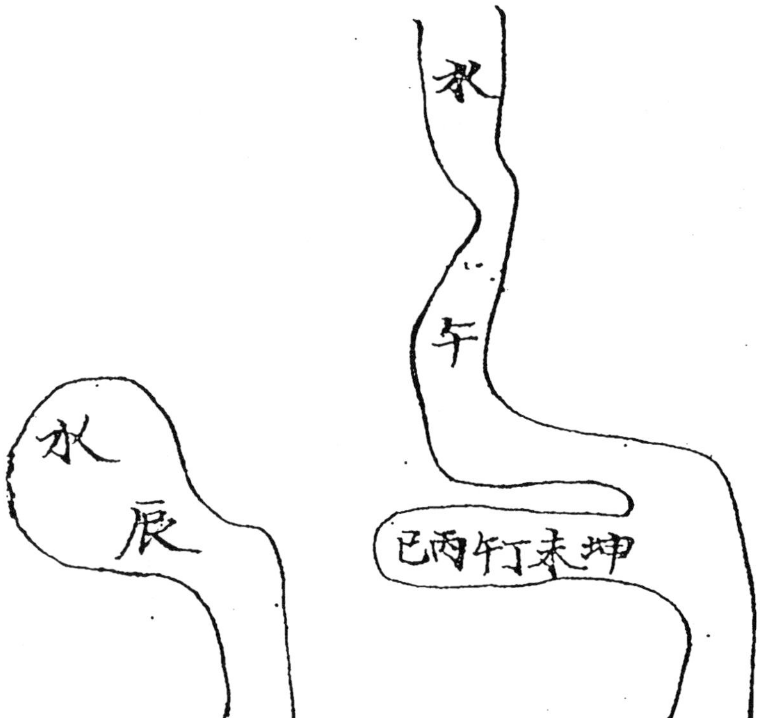

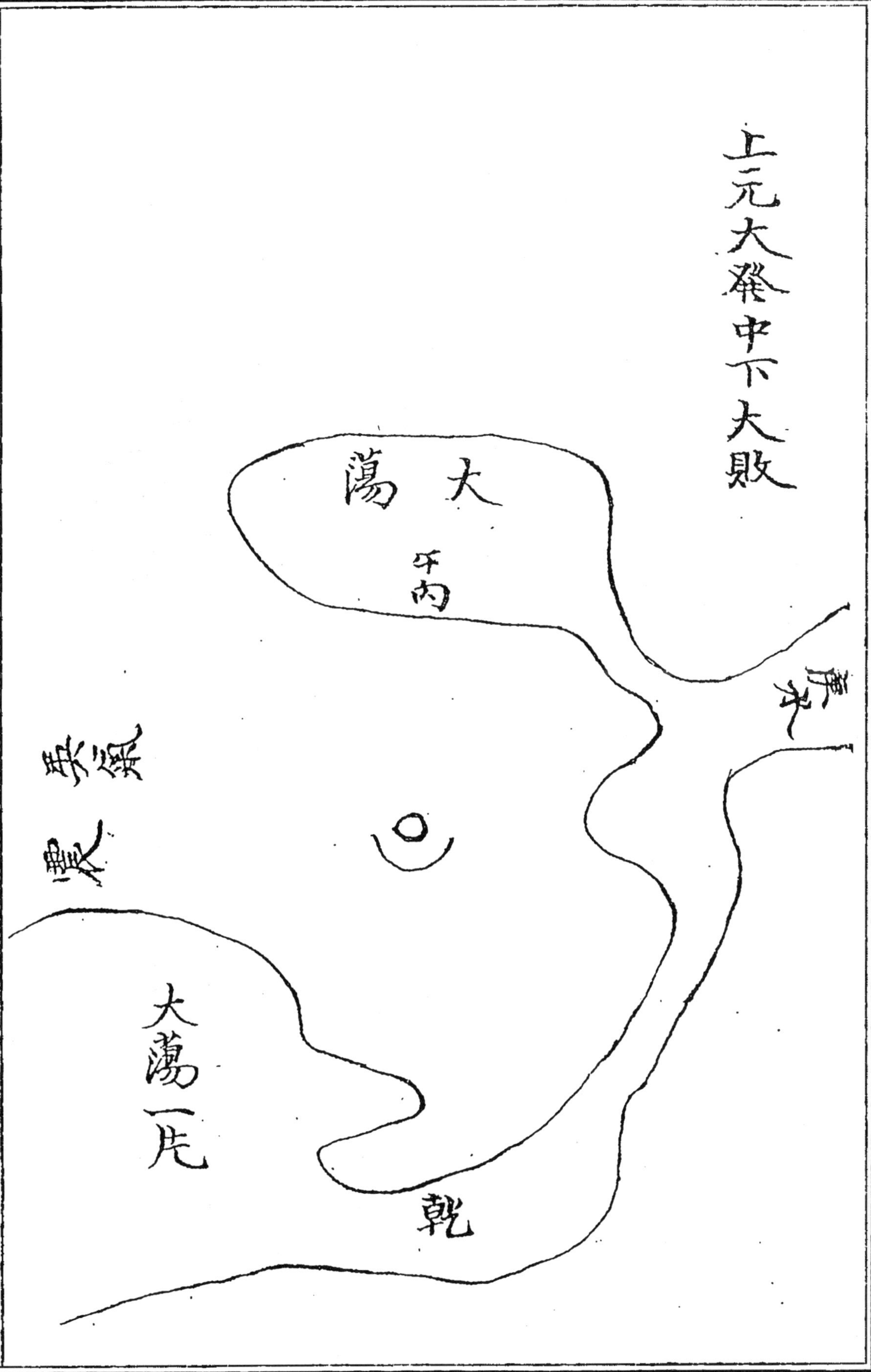
上元大發中下大敗
大蕩
大蕩一片
乾

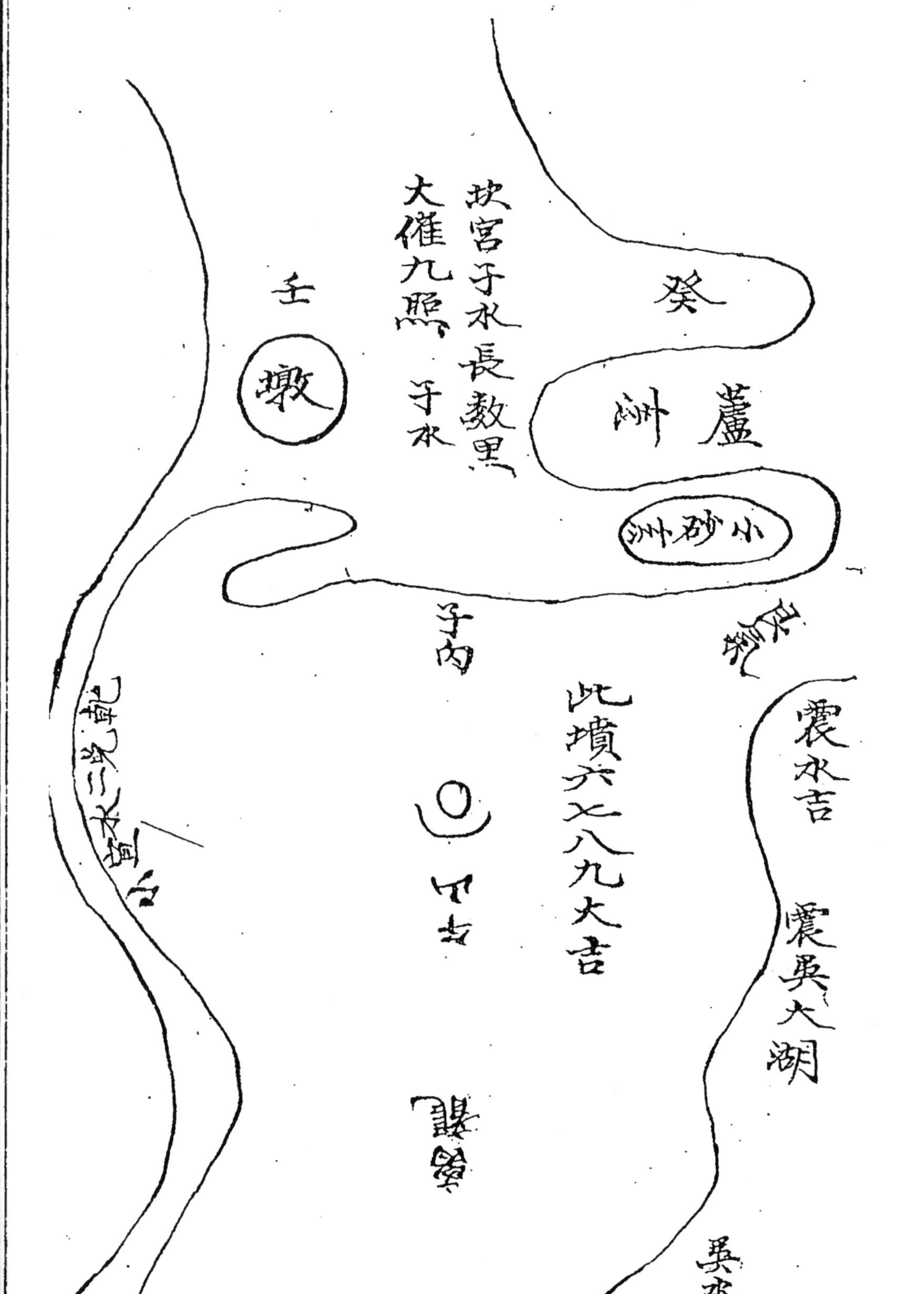
坎宮子水長數里
大催九照
子水
壬
墩
癸
蘆洲
小砂洲
子內
此墳六七八九大吉
震水吉
震巽大湖
巽水吉

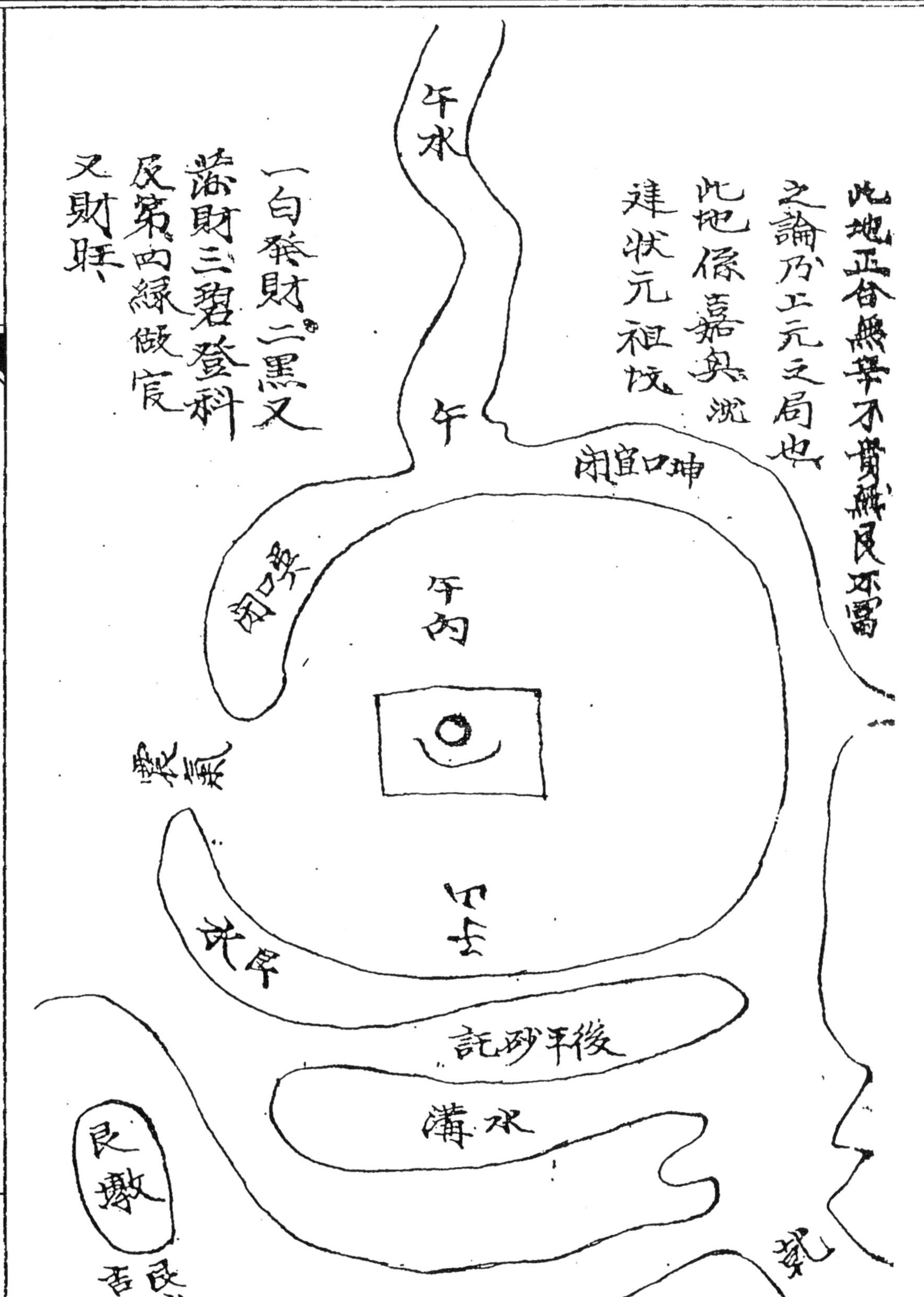
此地正合無巽不貴無艮不富
之論乃上元之局也
此地係嘉興沈
逢狀元祖坟
一白發財二黑又
落財三碧登科
及第四綠做官
又財旺
午水
午
坤口宜閉
午內
後平砂託
溝水
艮墩

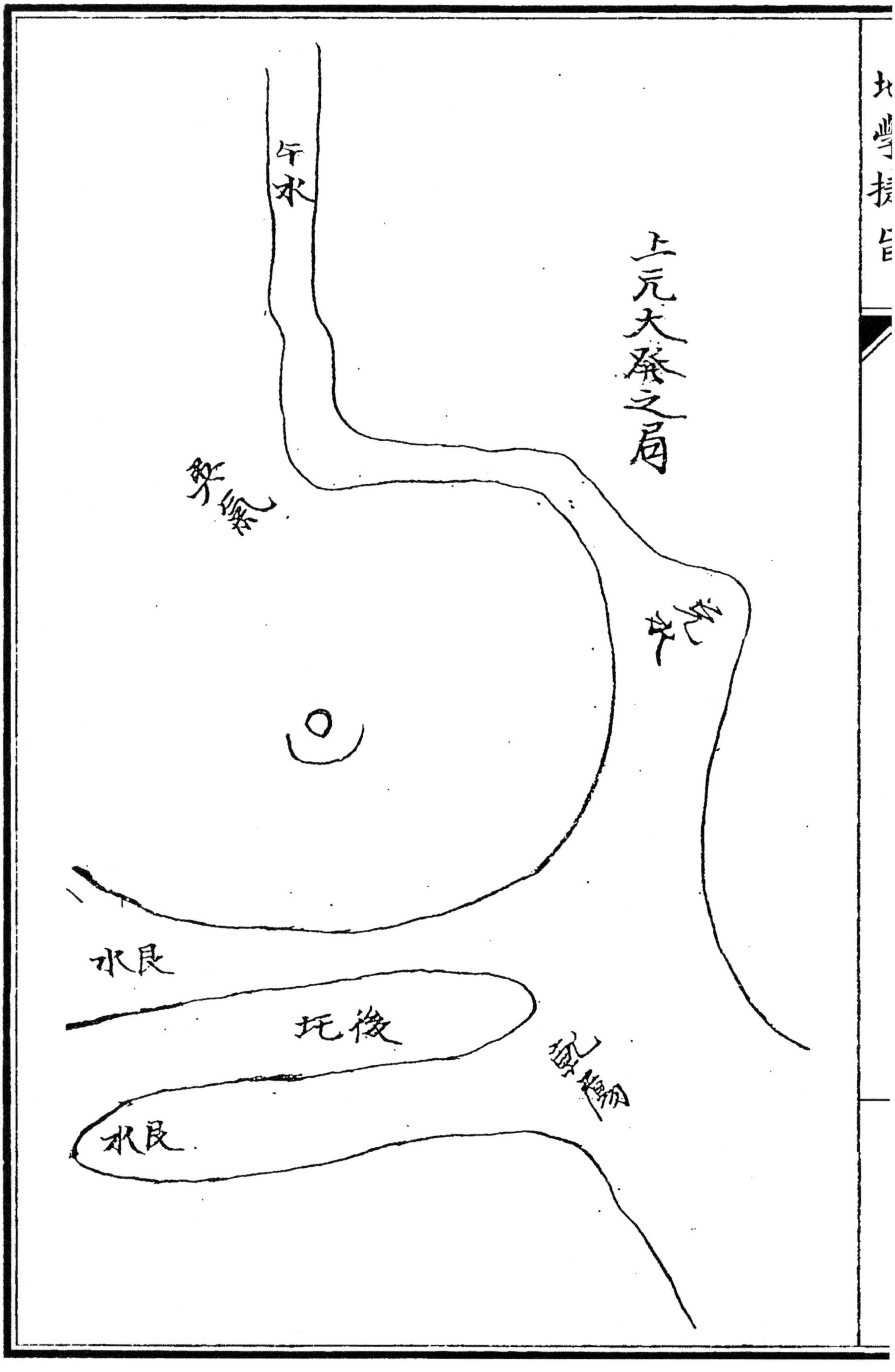
午水
上元大癸之局
來氣
艮水
坵後
艮水

陽宅是坎向，收乾艮水，徵忌坤角一點之水、

陰宅是乾向、收乾水兑水、徵忌坎水、

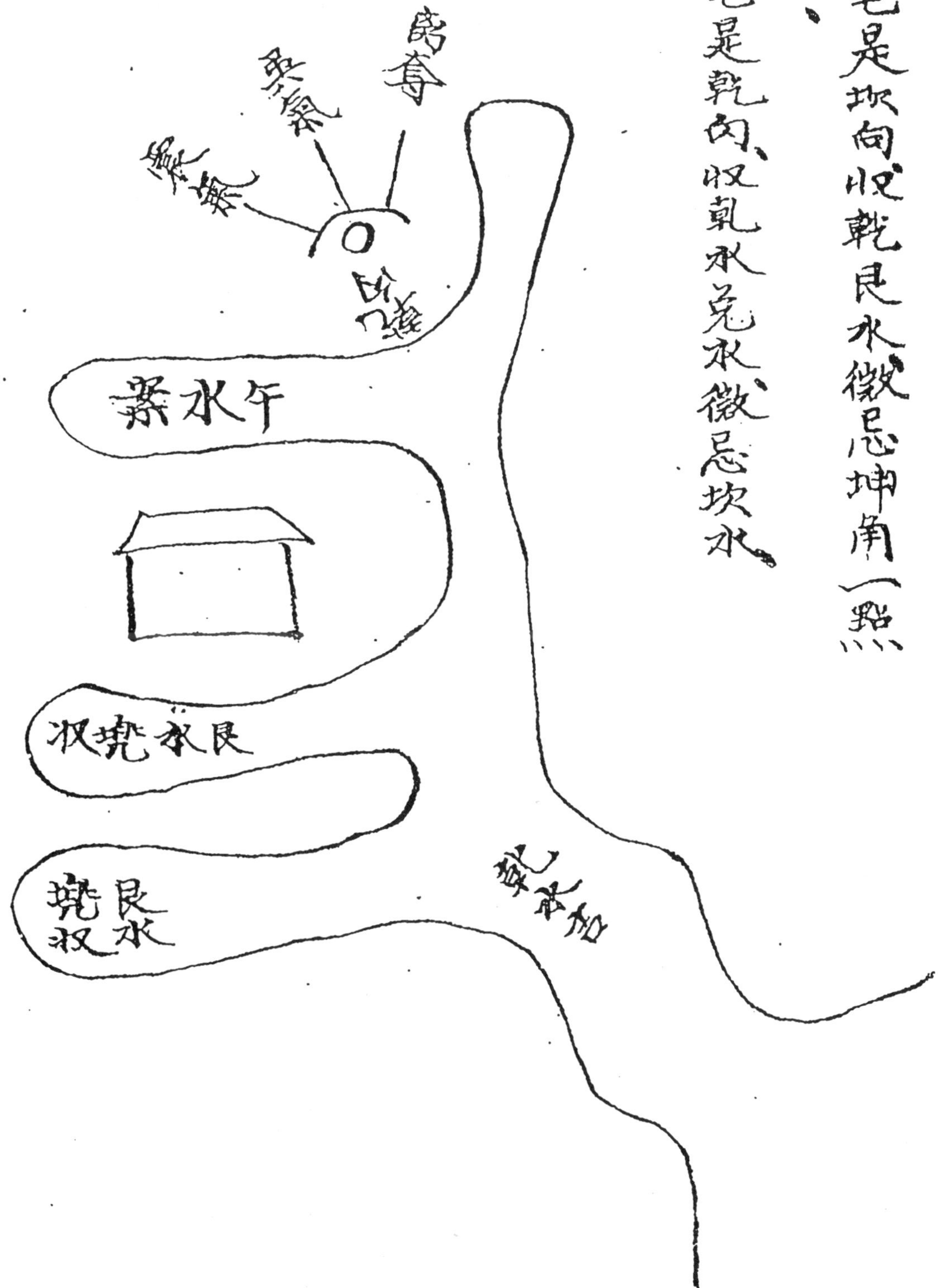

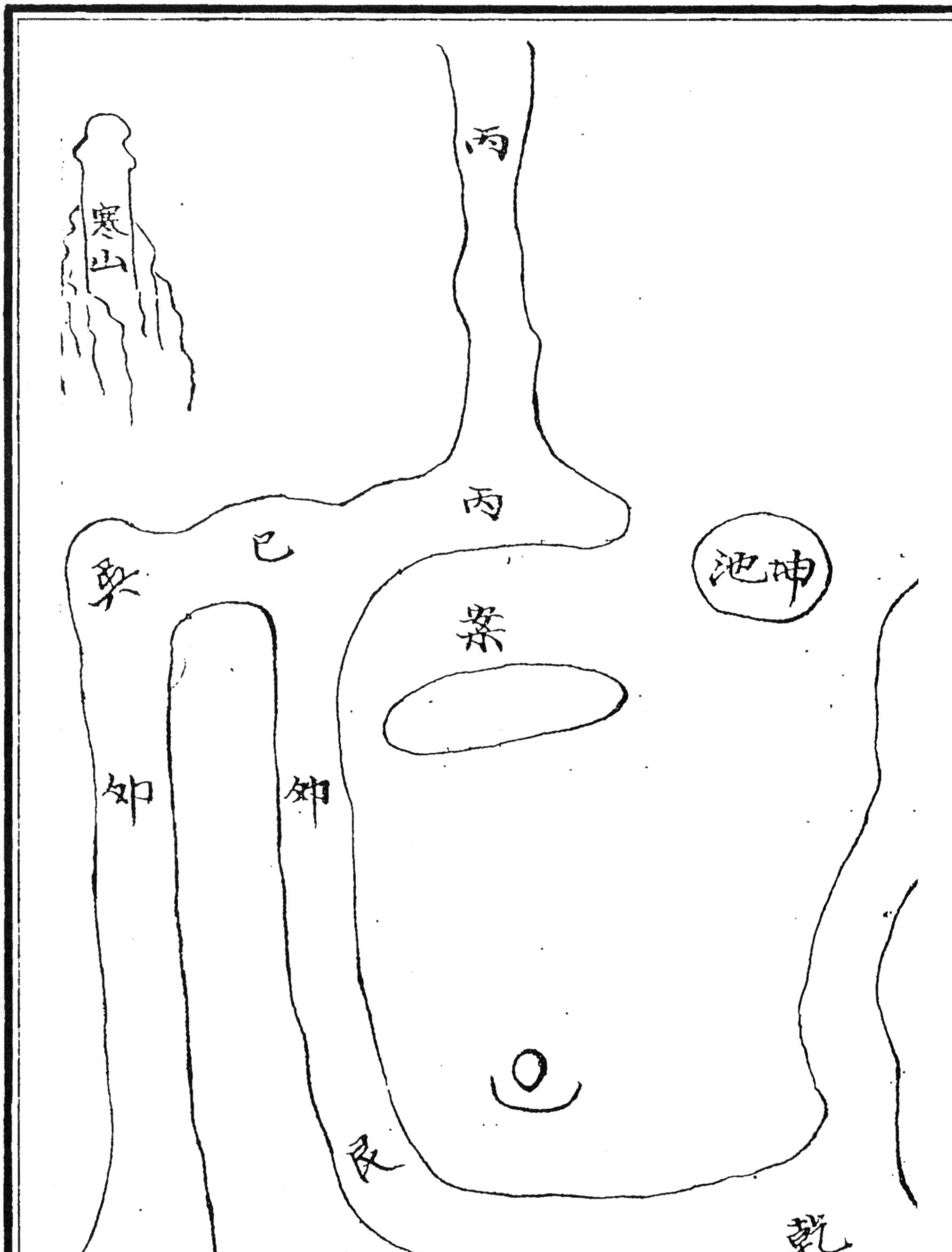
寒山
丙
丙
巳
巽
坤池
案
卯
卯
艮
乾水
坎池

上坟就左坤水
右巽水而貧，皆
上元之凶煞，故
不言。

上元大發，
水归蕩大吉。故
不就坤水，且乾
下坟見离水而。

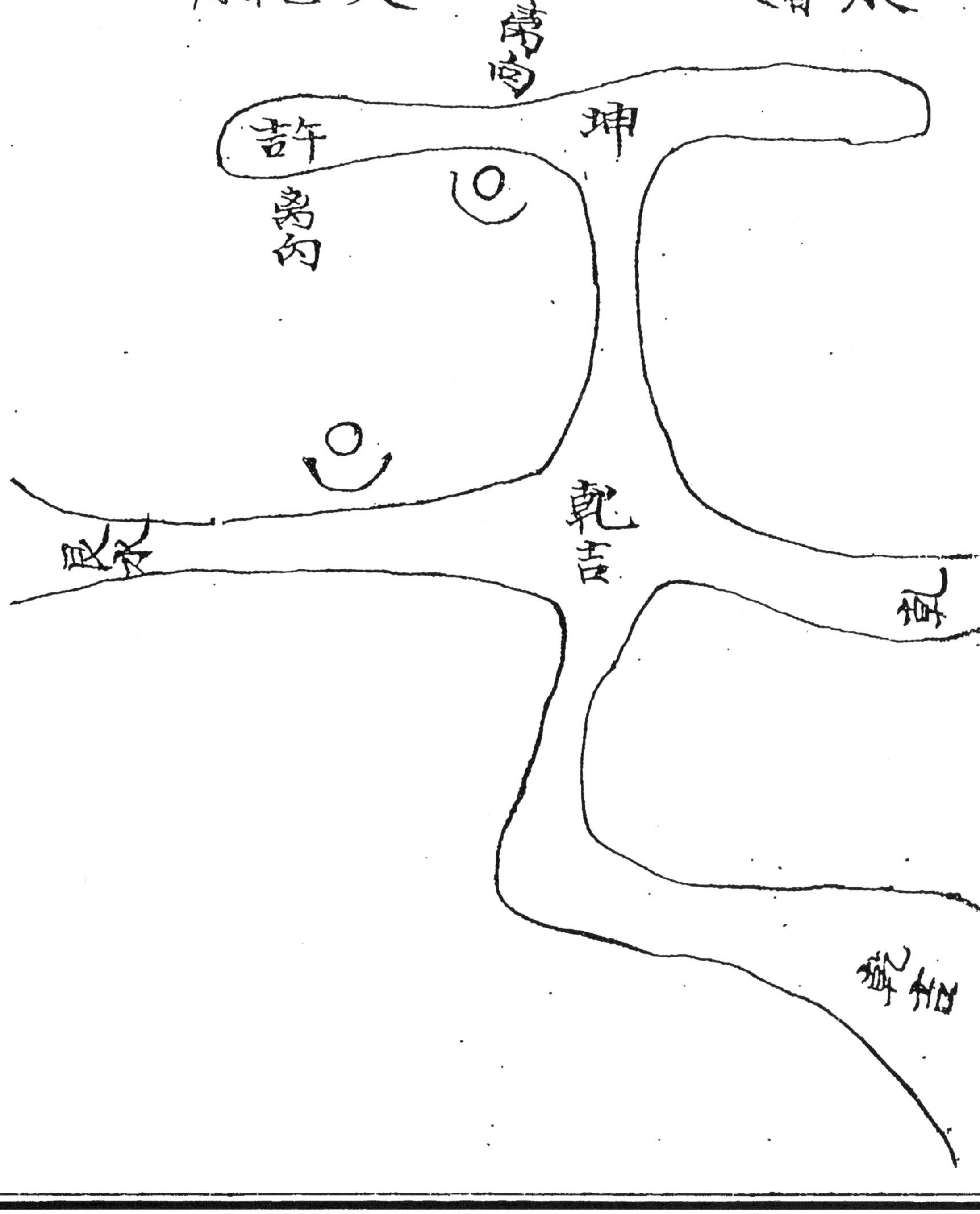

七卦水俻各有吉凶二局時塟之即要艮水而發至八白而敗九紫时則塟法內坎而為艮水乾水辛水所敗四綠时則塟法內乾而為坎水震水所敗六白时則塟法內巽而為丙水辛水艮水所敗一白时則塟法內丙而為巽水卯水所敗皆不取也

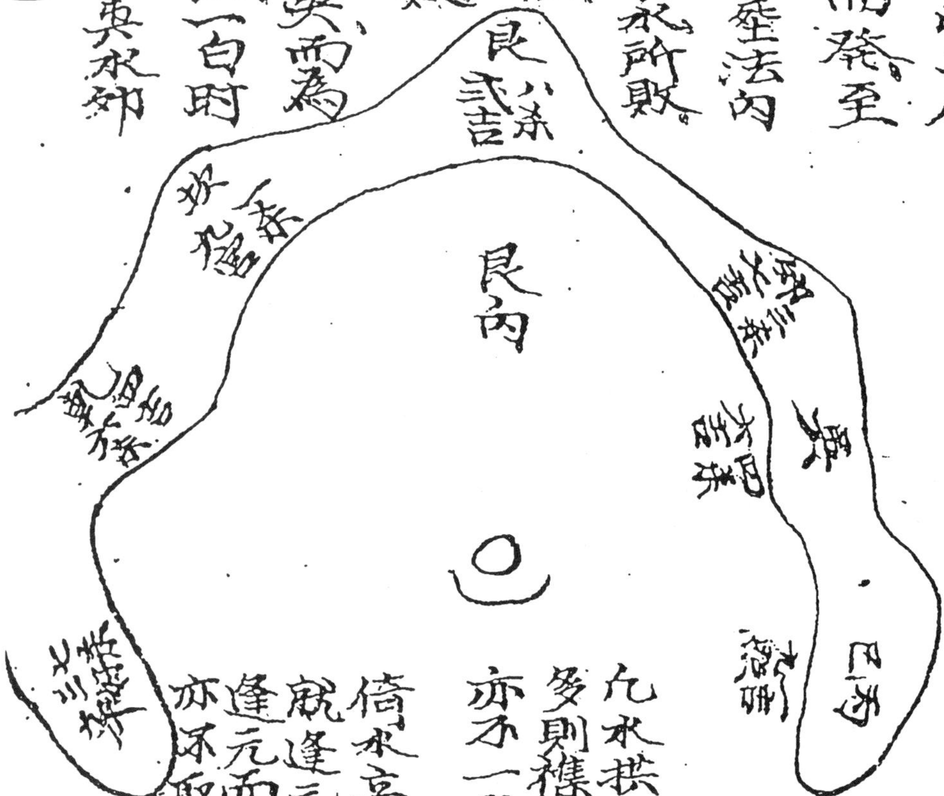

凡水拱不宜太多多則禄而不一禍福亦不一也

倚水立局者止宜就逢元之水若不逢元而禄雖局好亦不取

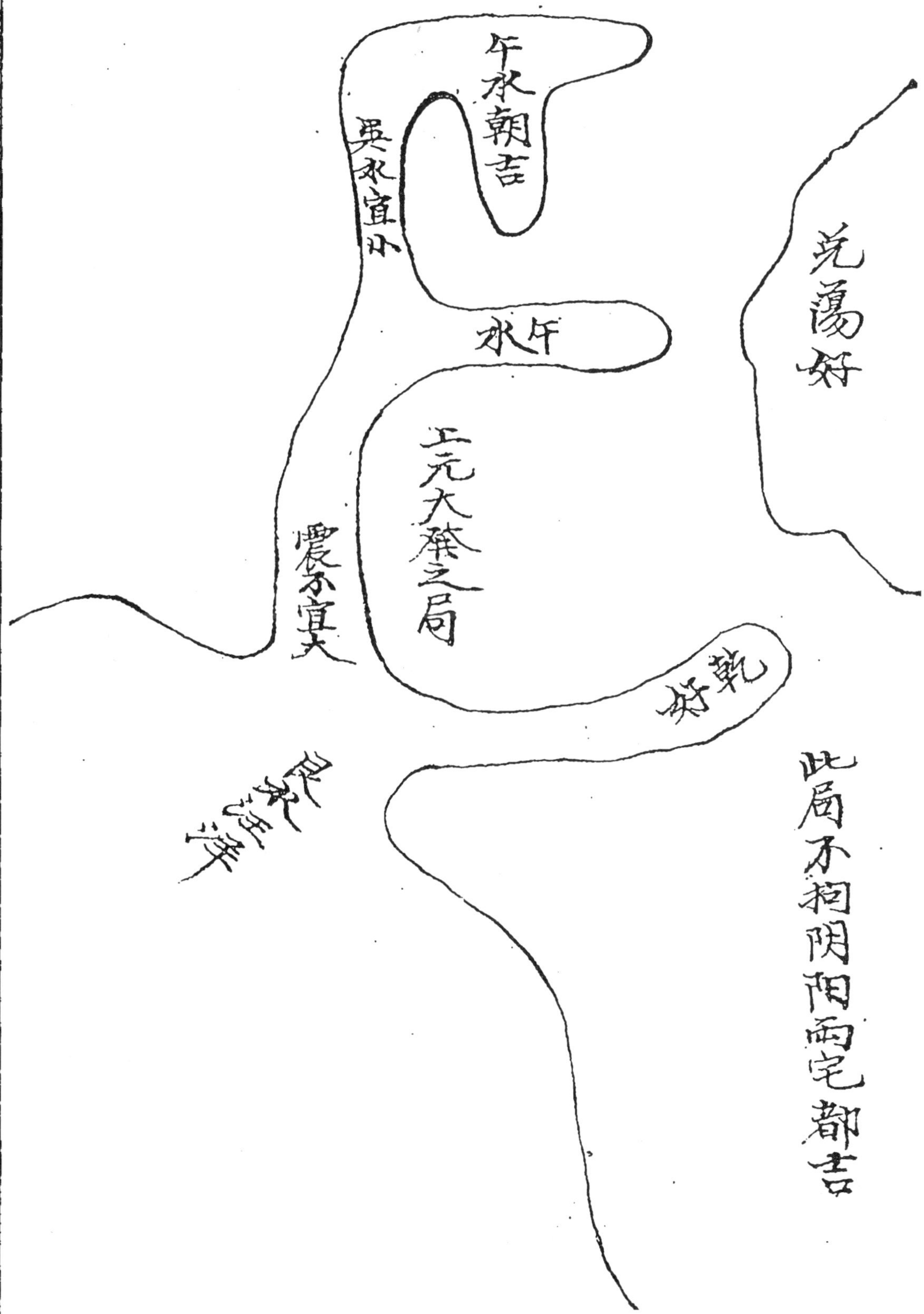
午水朝吉
巽水宜小
水午
兌蕩好
上元大發之局
震不宜大
乾好
艮水汪洋
此局不拘陰陽兩宅都吉

此局宜立巽巳向乃下元之局也今立丙向又值上元之时無怪丁衰財敗

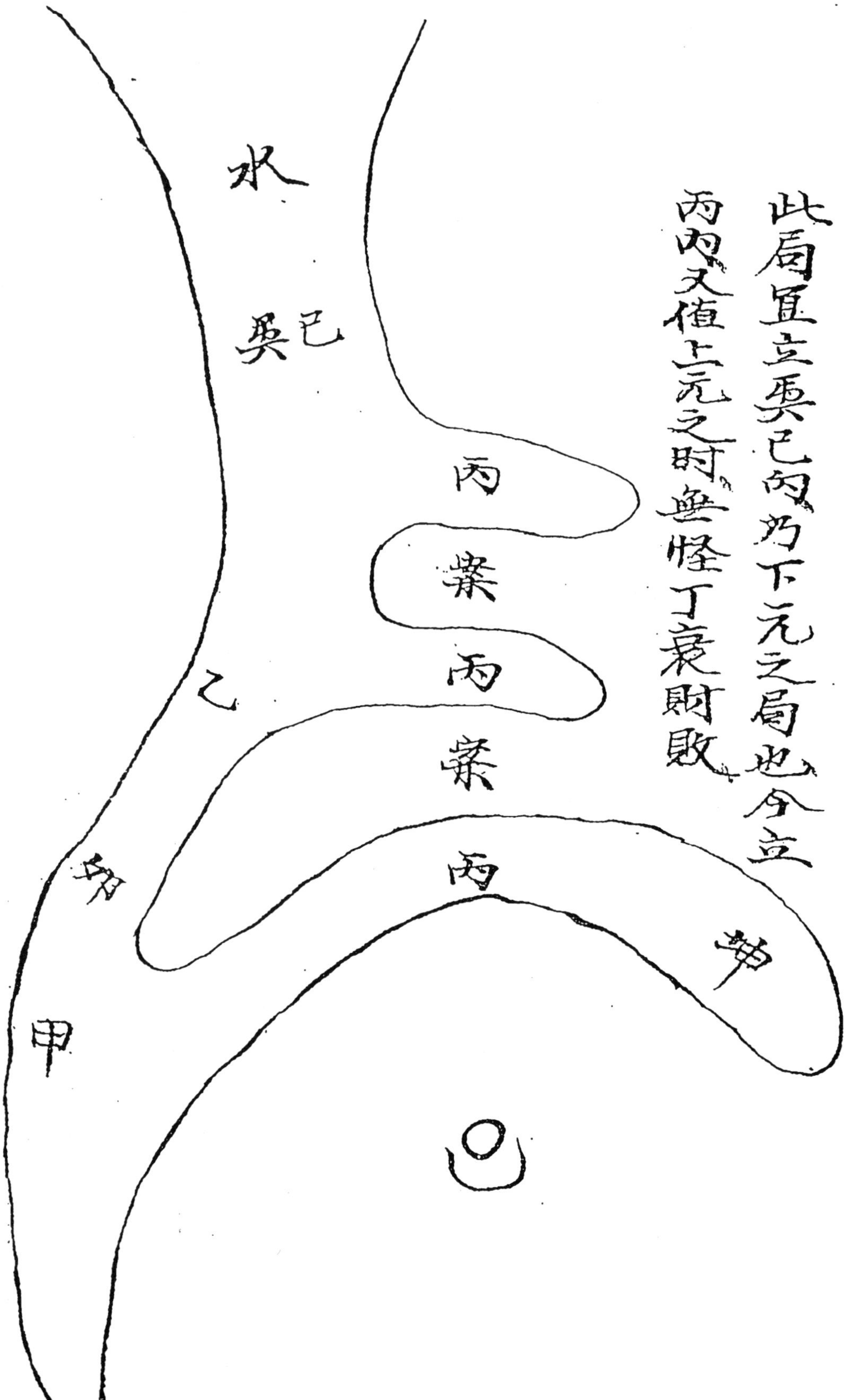

此局立午向、固屬上元一二三四、吉、立庚向者、坤屋遮蔽坤水亦係三局大吉、

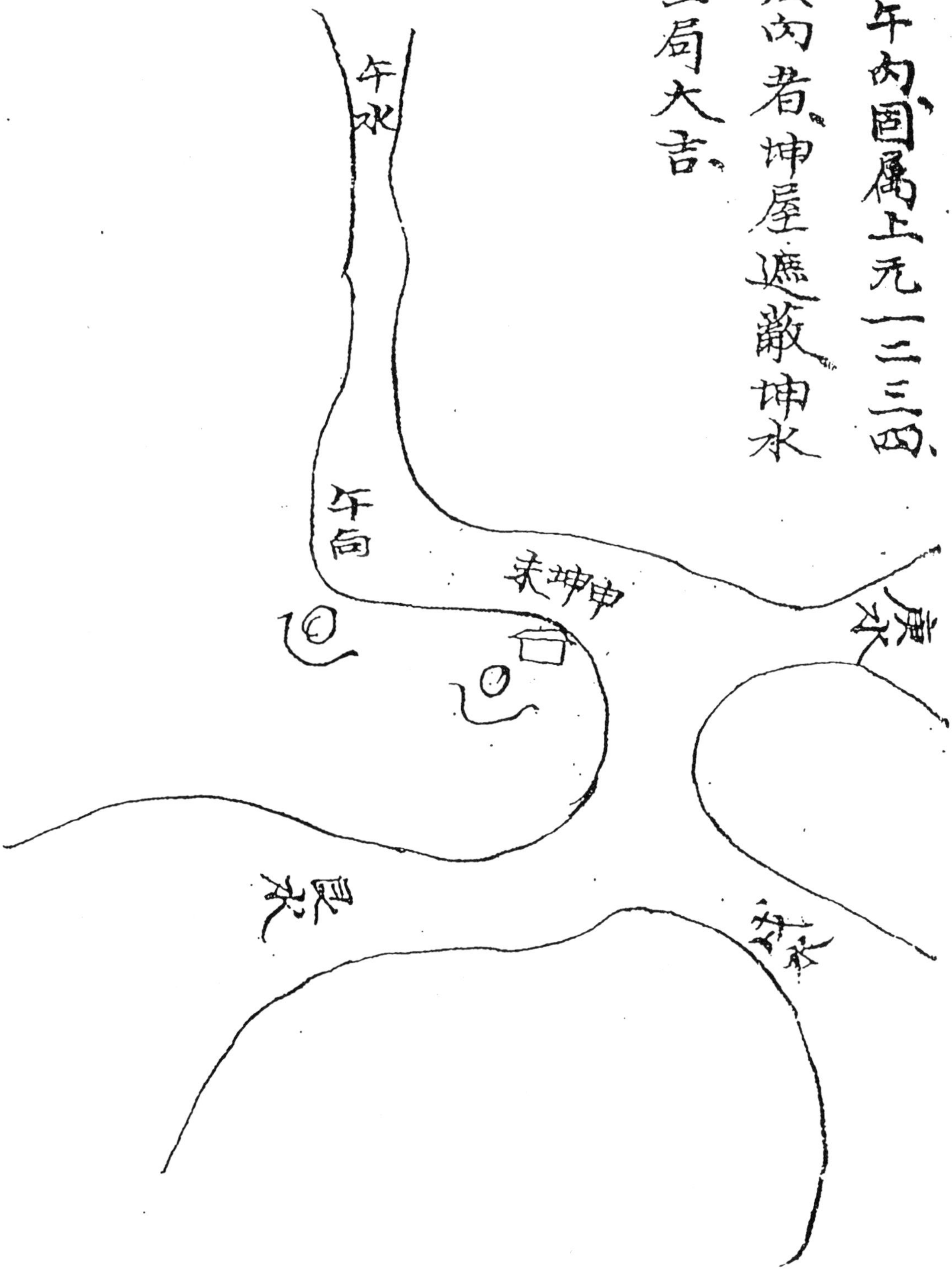

元〻

飛鷹之局。各有取用。總以合元〻運之爲要。

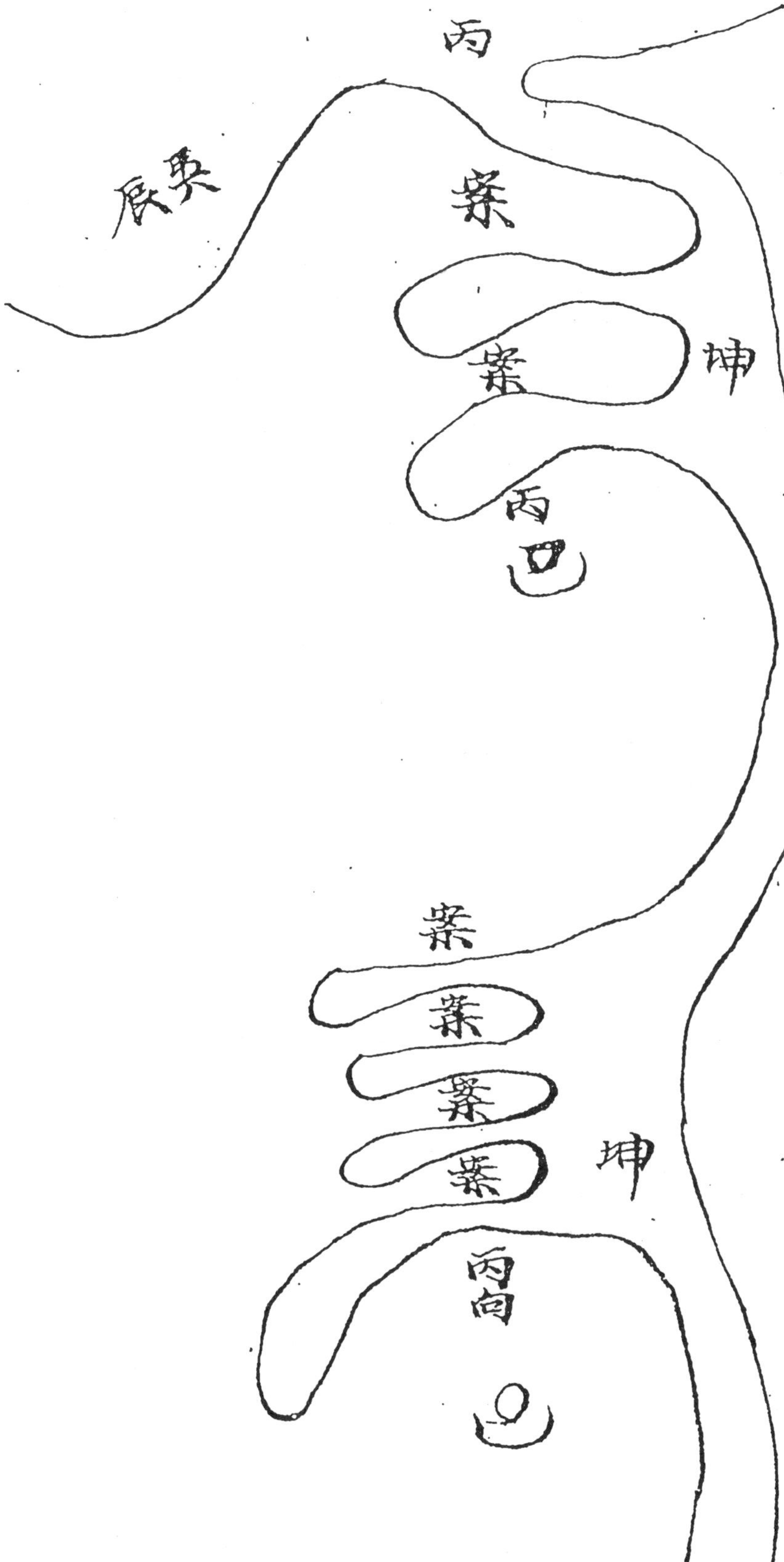

上局丙向案好，亦發二房，蓋坤巽二水混襍耳。

下局砂水亦好，可惜巽坤二水混襍，故上元塋之，單發二房。

夷
逮

八宅天元賦

天元垂象。九霄闢梵氣之中。大地炳靈。九野肇地輿之紀。龍馬以河圖啟瑞。神龜以洛書效珍。剖混沌之先机。昭乾坤之大法。自然妙合。聖人由之。建都邑以御萬邦。授室廬以綏兆姓。明堂九室見於月令之文。方井百家。考諸徹田之制。粵稽黃帝。始創公宮。我祖文公。爰營洛邑。當時著為憲令。後世遵迣其遺規。生民日用而不知。聖人先知而不議。秦火之後。典籍蕩然。千聖不傳之心。一綫寄於哲土。黃石授書圯上。乃出青囊。肯相成功未央。大開北闕。建於管郭。微言莫稽。洎及楊公。正術始顯。嗣因偽書雜出。異執爭馳。

統

家家藏滅蠱之經。人人排掌中之卦。詞言害志。妄且乱真。斯固世運之衰微。抑亦天机之隱秘。不得楊雲之秘。豈知幕講之傳。方世洪荒。一朝剖破。坐山定宅。宅既不真。東西分宮。亡亦全謬。五鬼六害。豈皆絕命之神。生氣天醫。不盡延年之路。貪狼巨門高聳。未是吉星。廉貞破鼎（軍）頭。豈真凶曜。若执遊年訣法。断無取驗机關。設明八宅之真。先識九宮之數。年分甲子。運轉三元。上元一白為君。震坤夷輔。中元四六（綠）居首。五六相承。七赤統乎下元。艮離襄於旺氣。春榮秋落。莫問出元之龍。陽來陰往。須遇本宮之水。正偏曲直惟貴路清。廣狭淺深。只求位的。形勢之糊糢猶可。方隅之雜乱難言。

四銖為兩
兩為錙

尤〻

曠野平原端取流神結体廬箱関封鎮都將衙路分踪城隅倚城為況。山國傍山立局。高樓峻宇。嶠星借插於隣家。堰閘橋梁。動氣交通乎轍跡。墻籬皆能遮蔽。竹木亦可攔擋。總之水為引氣之元精。察其來。又看兜收。風是送氣之神物。性主散。須用遮攔噓吸雖辨陰陽。化机總帰一物。風之所送。即是水之所交。陽之所噓即是陰之所吸。交如牝牡。類影隨形。應若宮商。似響斯谷。水氣在土膚之上。當以光交。風氣在室屋之中。但隨質取。光交親將目覩。質取變有多端。若逢空缺。即為來。一有遮攔。旋作止。辨明來止二氣。方知呼吸真机。更論宅神。又多妙應。權衡內外。錙銖

甍萌蒙屋棟

直

吉凶。蓋外氣是宅外之風水。內氣是宅內之方隅。內外俱吉是仙宮。內外俱凶成廢宅。外凶內吉僅許小康。外吉內凶難掩瑕玷。此論曠野一家之宅。非言城市比屋之居。若是接宇連甍。充重升堂入室。略陳矩矱。以備推求。大体先論宅形。机括更看門路。四正方直。備有八宮。偏濶真長。偏歸二卦。一曲雖須論云首尾。二灣亦取兩頭。長短消除。廣狹轉变。通方合卦。有左衰右旺之時。曲拗斜形。辨此清彼濁之界。卦有定理。格不一方。假令震兑横几。二卦適均。坤艮磬形。兩宮通至。試閱門開何地。乃知氣入之原。嚴探氣入何方。始定歸根之所。若門通前後。則卦不一專。更即室居中。則氣收兩含。向無富甲。坐離亥壬。東房富。則西房必貧。南枝榮。而北枝萎。亦察輕重於門路。方測淺深於卦爻。折變乃彰。合居不判。欲較門之力量。須辨宅之形模。宅方四周。門通八國。如其曲直難以推模。坤向深流。離兌二方皆不應。正南重疊巽坤兩戶總無憑。門若居中。左右截然分氣。或開傍側。一邊獨領真情。全憑四路之曲折直長。引神入室。並審傍門之有無純雜。漏氣奪胎。總之多門不如一門之精專。遠路豈同近路之親切。房門得運。英豪之子必生。中庭受元。富貴之風漸起。總之宅大則所招之勢亦遠。宅小則所受之氣亦微。總求領氣為樞機細審真方分順逆改一門頓殊枯萎移一巷立判災祥拆屋添房看取東宮西舍整旧換新要知旺位衰方或彼家吉而此家凶或昨日興而今日替其机可畏其理难知嘆肉食之終迷遇真詮而罔覺有宅如此世所共疑何祖父顯而末世終微故主傾而更姓驟發亦有弟肥兄瘠豈無主弱奴強愚人不識氣机每訟全無宅法不見芳春蜜蔭渉秋霜而自彫譬之大旱禾蕉沛甘霖而立茂吉人逢其景運薄祚遇其衰時实有天心適符地脉此理捷於影響至人秘而不傳世重葬經每輕宅相夫反氣入骨固人道反本之常立命安身亦孝子守

身之本。祖坟實以風水為血脉。陽基亦因住宅見安危。其理甚微。不可不察。且死者已枯之骨。非歷久而不靈。生人食息之塲。隨呼吸而立應。欲求朝萃暮榮之術。須識移宫换宿之奇。歷試不愈。我言若要將有此任。慎用其人。苟非同天地之心。何以通造化之妙。按圖索驥。難悉端倪。觸類引伸。粗識陳大概者。察之机寓乎目。變化之巧在乎心。書出不尽言。言不尽意。果精其術。真堪救濟斯民。克守遺規。庶以延長世澤。至理不易。王士何由傳之下愚。天道無私。祖父豈肯。教其子孫。我亦懼矣。尚慎旃哉。

楊公遍地鉗

遍地鉗遍地鉗。神仙妙訣要君傳。点穴須明真帶假。節苞珠乱及窩鉗。浪花漾月妙中妙。雲外飄梅玄又玄。問君何者謂之穴。動処其中生関節。水中花發水中紅。窓外月明窓內白。平洋之氣。遇水兜收。浴沚池湖。真龍憩息。穴結水際。影落水中。如水然花發水中。愈見其紅。月在窓外。明於窓內。

只為識龍不識穴。下了之時兒孫絕。更有識穴不識龍。下後家計似懸鐘。平洋大地人不識。或在水邊或在石。或在平田或在泥。或在沙洲與堆積。乘風氣散主人離。水遶羅城方是吉。平洋之地。以不得水為乘風。有水環遶。則有氣而無風。蓋水去則風來。水來則風去也。

天地州城任向空。何曾撐看後來龍。今人不識古人法。誰道後頭無好峯。州縣人家若怕此。千門万戶總生窮。無明見者生疑惑。不下空龍下死龍。死龍活。龍動之時天地濶。不信但看州縣塲。盡是空龍活潑潑。潭州長沙府方圓八百里十万人家盡漲西。不然也去討多龍。所以難言空处空。衙在週面四十里。南山靠在西湖尾。家家空住向前塘。不信龍從何处起。陰陽二宅以空為妙。州縣多坐空内滿。坐實則死龍不活也。蓋空中為氣空中為龍也。必抱實實抱空乃佳。世人也有住空龍。家家若空時纔有功。背後水從生旺起。兒孫世代不教窮。世人只喜朝水。不知生旺之水聚於後也亦吉。人言側背是黃泉。誤了人家万万千〇不信但從仙跡驗〇後頭沖水出仙神〇仰山南岳廟龍基〇世上時師那得知〇只為水沖龍脊背〇四方朝拜不曾离〇（沖水之力大于橫水）

天下江心與海心〇君山常在鑑中行〇橘洲水陸金山寺〇更有公安與洞庭〇雁峯石鼓朱陵寺〇下有滄浪可濯纓〇人傑地靈秀氣〇發高清舉碌〻科名〇柱甫盧仝李白祖〇後頭尽以水為隣〇此人不比凡流輩〇尽是驚天動地人〇（臨水成池，出人秀氣，海中江中皆有結作，陰宅陽宅多吉。）

四畔團〻水繞屋〇於今有穴食天祿〇（江南平洋，長不十里，廣不千畝，何地不在水中，何宅不靠水住。）

不惟運祿秦云輸〇別有乾坤一卷書〇（住空之道，非真覔空之說也。蓋地以形而受天之氣，天以氣而貫地之形，〻靜而實，氣動而空，實非空無以發生，空非實無以依附，天地生生之道，然其所以不窮者，皆此空實動靜相成之靈妙者也。）

陳道荣

讀傷會過地鉗口楊公云言空龍口遇空則結

氣界水則有止氣也

黃囊經

楊筠松著

楊公僻好山與水禹跡茫茫誰可紀南盡北越總雷同慌了其如

宗諸指爱徒強步涉江津奔世滔滔真識真別宗要須南海客

賣金須遇買金人吳嘆今人全不悟略示真机要万古爲囊双

目未為明百步秋毫何足數仙人秘訣語無多時師不曉设奈

何江北江南遊遍後逢人拍手笑呵呵大凡捉龍上山嶺四畔峯

巒千万頃奇毛異骨發雌雄不辨雌雄如縛影天寬地寬眼

亦寬真龍何处識根源不問五音諸卦例但將好主對賢賓

先認主山坐對客朱雀為南玄武北青龍白虎號東西傳送君曹功要識陰陽感應自相通誰知乾坤造化功窟外月明窟內白水迸花發水中紅第一教君細究穴真教天心生突窟十道微微正好扦更要土牛真齊掩第二教穴用心裁須看雌雄反覆來血來流分尺寸迎山迎水天迎財須看劫山何方山起劫殺照処全無地時師謾說是真龍下了子孫災禍至上高山定眼觀指看神龍那邊住神龍住処是回環下了五音家即富一山來二山來眾山陡嶺一齊來入穴之中如蓮坐究孫金榜御門開一水來二水來眾水奔流一齊來山山随水不回

頭。失井离鄉無救助。認来龍，細看穴。莫與雌雄相扯拽。雌雄形勢不灣趋。下了令人家绝滅。雌不来雄不行，此地何劳將眼觀。時師胡掘乱安坟，下後令人失鄉土。看来龍認左右，東西二宫莫教走。東宫走竄過西宫，長子長孫應夭壽。西宫尖射過東宫，退後次第無復救。凡看地不拘山雌雄，不难对尽虚閑莫把撥，砂為正例。令人下了退田庄。凡看穴，認来龍，関定城门與西東，更看天心並十道，翻天倒地对不同。看雌雄無相背，穴與山来水相对，交流反覆尽過了，此個強龍真可恤。山雖来，水雖往，二位陰陽兩相顧。山水水無翻

流此個來龍特來奇水文曲山又圓錦上添花色更鮮
陰陽莫道何方覓雪後登樓望遠山要妙處要數寰外
此分明無有言曉了仙人真正訣家家有路赴長安

進神退神辨

經云一家骨十有四者，郭子午卯酉、乾坤艮巽、寅申巳亥、丁癸是也。丙乙辛不在內者，何也？因此宮之天星不善，故不在內也。又云一家十個是者，甲庚壬丙辰戌丑未乙辛是也。又云十人四個逆者，辰戌丑未是也。然何以此四人獨云四個逆乎？

因此四人之星。總更惡於六人之星。故云十人四個逆也。其云十四人中八個合也。亦因乙辛不合。故只云十四人而不云十六人也。八個合者。以父母子息而論。則有八合。若以星之善惡而論。止有七合。故只言十四人而不云十六人者。亦此意也。細覩經言不辯自明矣

天玉外傳上

天機妙訣從來秘。勘破真奇異。五行生旺覓雌雄。合璧要相逢。二十四山起八宮。三卦洩玄空。忌仇卻是先天定。宗枝分兩姓。同枝異姓紛紛在。一宅有內外。罡劫弔煞不可當。貪巨

武甫兩家昌。父母生子子生孫。多寡不同論。一家骨肉十有四。一家十個是。參差當前來朝揖。好歹無人識。十四人中八個合。十人四個逆。山亡双起分雌雄。前後不同推。四人（辰戌丑未）雌雄若同到。代代官尊耀。西（兌）北（坎）分明是一卦。中有兩人咤。西（兌）北（坎）虜晴交通。爵西莫相逢。東西二卦難寵結。其家有姻親。如何密地槐奇緣。相逢富貴全。還有兩般須記取。逆卦須撲去。進（合）神八個共二七。退（合不）神八個十。山從水上玄空覓。一雌共一雄。局憑山上玄空立。四凶還四吉。內包神六吉外六凶。須去覓元踪。運看合時凶也吉。不合吉成凶。大小玄空都說假。指鹿竟此篇務要會竅。

為馬生成隨地是玄空。真曉八卦竅。

天玉外傳中

巨武双閦乾甲丁。甲丁山变更。廉貞帯巨坤壬乙。壬乙生刑棘。巨吉禄凶艮丙辛。丙山見破軍。貪狼武曲共庚癸。庚癸庚山官訛寓鬼。即此推求四十八。撲星為脫煞。時師不知順逆行。白書霧實〻。楊公指点何明哉。時師胡乱猜。予今索性都題破。好去思量假。山上龍神不下水。山頭容易會。水裡龍神不上山。此処有玄関。漫去平洋不问龍。水上認来踪。水裡龍神只眚水交會在山隴。長短純剥水中装。山水吉凶藏。水刬风吹都不怕。只要元合卦。最是來衣三格貴。兩局來投納。君還一樣去逢迎。玉帛起刀兵。父母如何去倒排。生旺認源來相比相去為三吉。緋紫無休息。豈惟尅我最難當。要兜尅我殃。我生我尅如逢退。立見丁財匱。人道洛書只九數。未判從來故。河圖画卦不知蹤。我被文王誤。生數逢五成十數。相得還相合。陰陽順逆画剛柔。同心各自求。巫法千般对不同。只在合玄空。若逢学子無差錯。局局相通。

天玉外傳下

東西南北三般卦。為合親疎話。天地父母卦三般。先後倒順排。乾向乾流出狀元。非乾禍稜纏。卯山須認卯源流。非卯實星至。時師不識真山訣。依舊做還失。坐朝零話不明。遺悞禍非輕。縱然識得零和正。雌雄要捉定。龍差向錯局性乖變出大坑。來源來朱雀。媾陰陽。斡合福綿長。如何驟發還驟敗。只緣水出卦。細看年位合何庚。依舊有明徵。生尅制化須熟記。切勿輕談易。五路陰陽一路中。天然夫婦逢。巨族高都官。此出斷橋不相接。最是水神要清潔。異姓休來襍。若逢夾襍兩宮來。繼賢螟蛉出。認龍水局辨源流。秉脫要推求。星辰毫忽如錯訛。下後憂貧絕。時師只識解陰陽。趂順逆長生話。訛謬相傳如殺人。到老不知因。你道相生我道尅。你沖我还合。玄空大卦個中藏。平步佐君王。隨手拈夫婦姤。立地丁財救。楊公妙訣只口吃。明明双勾說。好似筆言对。入蛮須待人翻譯。

措述賦

两大瀰淪本生成於河洛。一元閭闔参化机於陰陽。金龍起伏自金来正是一家之真脉。乾神生動用乾穴要在六白之當時。喜坎水以貽身。須巽木以配对。离火疊照。必出不肖之兒。兑金坐入離。必主死亡之兆。若艮土以混雜。雖生乾而实偶乎乾。倘坤土以生金。是先巽而後亦巽。向誰謂巽木為乾金所損，豈知乾金得震木而器成，巽之武而離為破軍，雖曰六白之吉曜，偏然不吉；兌挨弼而弼屬金星，即云一時之旺，辰反為不旺。乾山單來一二節，必主獨夫；亥脉相隨而三重，大發俊秀。此乃乾時之當令，抑亦巽源之对臨也。被夫坎龍北來，离源南至，最怕乾山艮混雜，尤屢坤水巽益加，華蓋酉重亥，即出龍蟀丁而不忌，鳳閣艮疊三，若並龍樓乾而益榮，第恐天赦未愚天罡，辰巳非時中之局，雖有將軍卯連玉印申，猶是卦外之神緬；坎癸山之騰，亡人文旺盛，渊离丁水之滚滚，富有倉廂，得乾金以相生，即登科而發甲，此名老陰老陽之対待，斯真得時及時之攸同也。東北艮角上一条龍，西南坤向中二宮水。劫杀庚兵從外入，玉葉亥毋許傍來。帝座子排武曲，乾之辰逢六白乾而登科有待；寶蓋坤臨破軍，兑之位當七赤兑而登甲無疑。倘得四水之交，加應許百福之駢至。坤峯高聳，狀元可期；重水坤独朝，巨富無疑。禖离水癸破格，婦女居孀；混庚金而過堂，少男失配。兑山卯路，路無夫禖；雖水兑澄澄有好音。少陰少陽將軍卯得華蓋酉而並美，且富且貴，祖孫偕子孫而增輝。受九紫離於左肩，人賀龍頭之屬老；得八白艮於右畔，科登佳婿之乘。龍乾父齊來，真帶坎父，

母以並至，兌兌亟入最愛离女以同情，先矣上元之佳城卓
哉。天三震之令宅，龍來武曲，乾休帶破軍兌之星，穴朝文
源，巽母亟天罡震之水，金精巽備帝輦丁而拱照龍樓乾斋
鳳閣艮而滐洄，兌宮离內之七赤兌為帶四緣巽中之一白坎三山
共流，八白艮雖吉最連一白坎而入乾二黑坤為凶，况婦帶七赤兌而
出戌，此固中元之得半，亦即上元之共長，老陰老陽，山离坎
離乃六子之祖宗，分天分地，平子為八卦樞機，龍奠祺坎巽
坤水奠混於乾艮，喜朝山之聳翠，愛堂局之端展，震巽
若流坎宮，雖過丑而無害，子癸入乎乾位，即極盛而漸衰風

癸入水坎水入風，財名双美。地坤出雷震雷出地，富貴兩全。滾坎水當六白乾而愈顯，科第源源。坤至逢七赤兌而更發，書香。震乃八白艮之根苗，癸亦九紫離之樞要。若乃龍從坤入，自應水要艮來。三磐〔碧〕震由一白坎而奔飛，斷庭震敗之莫救。九紫離兼七赤兌以並到，共羨名利之堪誇。山峯聳出云端，三元榜發；水源獨見坎際，万畝田盈。勢必地脉之清純，邑但當年之會運。吾見西兌山擺佈，大起圓金之星；東震水澄澂，長流曲折之間，此固少陰少陽之配对，亦郎大丁大財之發旺也。然而乾兌西卦出本自一家，申亥西卦出而庚隨其出脉以立向震水癸無分兩路，自甲水而已，仍發源以朝宗，特恐山艮出雷震而不清，必損聰明之子，最要坤得水坎以还照，乃發成名之兒，是興廢關乎水情，榮枯本於元運，既得血脈之不錯，自能發福之無休也

神大精

天地之真氣，藏乎太虛，根乎太極，高徹乎九天，下貫乎九地，中該乎萬物，故葬山之法，必須認真着天地一点真元之氣，以為呼吸萬物之本，一点即太極也，即真元之氣所由生，亦即真穴之氣所由定，然後生旺之氣，以扶其運，玄空

之理以植其神砂水以護其体天心以合其秀其所以主之者神也氣也氣之清者可以窮神可以達化收得氣清然後用玄空之神妙方為有益而地之神益清而益法如鏡之取火其光散漫聚無熱氣而难燃必撮光聚小如粟米大燃之僵肌作痛地脉亦然故曰神火然神火飛揚而易

灝

散無以附則之杳迷而难覓必[illegible]真髓骨点定以粟接真氣神火始不能飛走而有变化之灵世之迎神而不能变化者無他拱挟之理不真則主宰不清不清則不灵不灵則不能变化一点太極之元气何曾有人認着天机深遠茫然

濆然者安定以凝。知其变化哉。要之先天而生，後天而成。其權無兩，其尊無对。非尽俯察之理，知其処御其極，顛倒五行，斡旋造化，其熟能與於此。

大極篇

爲君尋龍説真義。尺寸玄微有神異。若还辨脉不精微。下了之時心便悖。堪笑時師術未工。兩水便道夾真龍。縱曉龍為水根帯。不識陰陽亦高蒙。先天位有十二幅。幅有陰陽共四穴。上貫乎土下貫乎泉。泉当尽処天根復。水到穷時太極明。太極定処五行根。水従太極分方位。猶如山脉祖崑崙。

此圖即氷到窮時太極明也

此圖中水盡處、乃龍之起處、實實下手工夫、全在乎此。這個總得真、滿盤俱有用、這個總不着、滿盤俱無用矣。二十四位水龍之精義在此、不似世人朦朦朧朧、將艮丙、巽辛、兌丁、震庚、強撲強砌於屈曲流行逆穴數尺處也。水窮為太極、太極分陰陽、五行二十四位、乃龍之二十四位、非穴之二十四位也。立穴照在水窮處、即以龍之太極為穴之太極。若遠於濱底一丈二丈、則又以穴之太極收龍。若遠海無潮之地、以濱底為去水、以水性趨下、平原雨雪、俱從濱底出瀉也。若沿海通潮、勢驟力雄、則以濱口為來水、以其一日兩潮來勢旺

盛也。俱不以浜底為去水口耳

定卦篇 分水局

南离來旺水坎來情。東北艮水歸坤局明。水勢聚西兑

卯震神秀上元真局慎調停。東南巽水聚乾局雄。西北乾

平洋巽氣通。水若四圍圍裡際。中宮黄局可相從。震位淵

停是兑來。坤方浩淼艮為胎。水浸北位主歸坎。不作离

神作甚精。平洋湖濶亂縱橫。須認流來而去傾。初見不

知何局斷。迎來避去是真情。龍卽局兮局卽龍。二

局同元勢更雄。龍自面來收穴後。一條細水局如弓。人

洸漾迎不足裁。那知龍向此中回。水漂聚处龍收处。審局收龍擇吉撰。局運依元配河洛。先須登穴看高低。務求高处為穴寨。急攘低空穴後靡。或水或低三面護。丁財富貴大門閭。

平洋千金訣

堪輿之文繁且多。要訣盡包羅。劝君平洋看水龍。灣处是真踪。直来直去氣不收。下了死龍頭。曲处不分明息道。逆上胎斯結。穴後分流氣脉空。葬下便遭迍。單龍特結氣脉和。子息自登科。更有羣龍相護應。富貴天然定。水龍首尾要知因。穴道可相親。水龍坐法分三格。郭三法也，三法者，倚水騎龍扳龍之三法也。倚水者，水倚而旁。騎龍者，坐水而向也。扳龍者，扳水而向也。時師當未得。舊龍帶秀亦堪扦。又有居湖迹。公行幹水人人見。不及私情意。第一看水先看來。駁雜不須裁。但看來源同一卦。此地真無價。來情得令福周全。那時禍亦專。得令失令觀九氣。此是先天數。一卦統三顛倒顛。關竅此中傳。左右挨加順逆行。分明辨五行。管一帶二人不知。禍福不差遲。惟有乾坤一大關。代代作高官。交媾陰陽妙更玄。差錯禍難言。來龍生氣既乘時。作法更精微。

從來穴有多般法。不許差毫髮。信手拈來皆妙道。處處為真造。若將吉地變作凶。災殃眼朦朧。先天體格後天用。本末為輕重。內氣外氣為經緯。联格無相情。上天列宿五行精。三分是摸星。九辰一滴為真氣。太極生天地。時師不明生尅理。進退無憑據。紫微北極坐中央。天星佈八方。二十四山双双起。父母相交際。天使向法認金龍。十字问真踪。金龍來短近安排。來長遠處裁。不辨天心犯差錯。癸下定蕭索。三星五吉神仙法。體用多包括。下手当知直達机。補救得便宜。近應遠應要清純。錯乱禍来頻。三元变化可通神。死执便非徒。去水之方有迷气。時师少能會。二得龍水来去情。分房知廢興。古人有修龍法。與君相會訣。潑毬得法是天金。一点作根源。血脉流来百脉匀。育化似陽春。平洋尚山法不一。後坐空亢吉。左右低平前面高。旺气產英豪。極低便作水来論。乾流亦有神。平洋三法須要知。特此尚君推。山中帶骨真氣结。浮土翻成拙。癸水迷勝癸山。癸龍真穴少。山龍向法有差殊。入首可推詳。龍经万卷話成虛。不及一篇書。浪说天机罪不轻。多因救世人。有人得此千金訣。

休將輕漏洩。

醒心篇

世間万事總荒唐。只有風水不可當。上自王候及卿相。下小至一家與安康。定有故莹及住宅。能沾生氣不尋常。孝子順孫能信此。為安親骨保蒸嘗。日日求師尋吉地。不知假局反招殃。此是天機秘不洩。先賢那敢輕口說。天玉青囊謎後人。時師解錯非真訣。更有堪輿種種書。時師貫撣愚河否。詎知書假理不真。誤殺人家骨肉親。有等聰明伶俐人。翻盡經叢盡穴。病入膏盲無医処。縱然矣巧成拙。我喪慈親在早年。誤依偽訣地三遷。一朝得受真師訣。悟到包羲一画先。大地山川如指掌。全矣心法一絲連。因憫世人都夢壓。翻然作此醒心篇。文雖粗鄙真情切。有福兒孫听我言。人人盡說山龍好。識得山龍未是寶。只識來龍來識穴。精華不聚終枯槁。況且來龍有真假。正偏向背都顛到。莫貪大地好山頭。骨化為塵宗枝少。劝君切莫葬深山。深山幹老氣粗頑。四圍障蔽陽和少。穴裡無風氣脈寒。必待開陽數千頃。天然嫩脉在其間。此龍豫是閨中女。辨不分明亦枉然。劝君切莫葬高頂。四面風搖氣骨冷。妄言天穴取天清。總是捕風并捉影。劝君切莫下空窩。山勢湾環迴抱多。只說無風藏暖氣。豈知積穴水生波。劝君切莫下山脚。雖有來情非結作。斜飛硬住總為砂。花假星辰情味薄。劝君切莫葬平坡。坦平一片如毡鋪。縱有微微浪痕起。風搏水瀉奈愁何。劝君切莫戳卑。遠山高地牽連就。真脉不來罕作堆。無骨無筋空覔土。浪說穿田渡水來。謾誇馬跡蛛絲遶。盡酥云雁巧稱名。看眼之時總虛謬。亦有名扦正坐壞。應知石脉南羅衣。此是真龍生变化。必然有水抱其身。水纏

便作平洋論。不問來岡臨尚辰。葵山諸病分明說。还
向君家漏真訣。但尋來脉看生成。也要尋形無破缺。蘆
鞭倒地水之形。穿珠屈地是金星。土宿玉屏留美穴。此為
上格産豪英。或有流神叠叠來。雖分星体亦成胎。凝骨音胃
接液裁培的。葵後應須出俊才。貫頂無蹤脉來真。半山
浪湧土生後。穴藏息肉双肩後孚。不怕伶丁不悩貧。塋
山三格誰人識。只看本身休看客。遠朝近案莫貪求。龍
虧虎缺何用惜。只怪低空穴裡風。外面風吹總非賊。賊真直
來直接脉方粘。正形正坐肢勢寬。若下偏斜並側勢。頂

棺無氣一肩寒。雖然地好終難發。且使丁財兩不安。請君遍覓山頭地。那個佳城穴坐偏。更有石龍並石穴。乃是幹龍真大結。世人何德可承擔。高看双辯謾謾說。十山不及一平洋。江南江北富貴鄉。我見世家屬諸祖墓。大都平地少山岡。即令語汝平洋法。莫看來龍求遠峽。田塍土皐成追尋。後托前朝俱抹殺。只將水脈作龍看。大幹小枝須辨別。水若行時龍亦行。水若歇時龍亦歇。第一莫下大水際。雖有灣環氣不住。另須小水眾其身。一派汪洋皆翕聚。第二莫下眾水门。人言諸水聚天心。数道分流脈渙散。風飄產萬絕兒孫。第三下，莫朝水角。水來水去情如劏。雖然橫羅不兜收，一旦失元無救藥。若朝田角向其實，即稟旺運猶當索。今日安坟明日啼。兵形大盜瘟瘽作。此言幹水不堪扦。支水之中亦有嫡。形若失斜成大嚯。迎身反去損胎元。池塘湖沼真龍脈。曲水朝迎卿相客。一灣一曲俱有情。下看逢门換朱藪。不分前後向旁迎。坐向端然看水源。恨未時師下斜穴。欲朝客水遠峯巒。本偈歌斜純殺氣。啄君此話準穿拴。楊曾遠世不須題。佐命刘渴指点希。天受真师号無着。单提直指洩天机。四明処々扦名墓。

三百年来尽朱户。星出青囊為古書。不是時師旧家數。無人信我醒心篇。幕講時禅師先証拟。堪笑徵之學地人。睜開双目如看霧。請向鄞水一问津。莫把真傳輕錯過。

此皆言風水而不知風水二字之用

覆舊墓坟

語云前車之轍、後車之續也、前車之覆、後車之戒也、故學地理者、莫要於覆旧坟矣、得一義焉、受一法焉、合之旧坟無不驗、而後可拟以為实、如或其説雖是、而再與旧坟吉凶不合、中必有誤、当再加考訂、而後去取決焉、余弱冠失恃先大父授以青囊之書數千万言靡不成誦遍又当代時师地理之說既詳问之矣乃按之旧冢名墓往往不合心窃疑焉遂思棄前說別求明师後得無極真傳又以所傳印之古先名墓帝王陵寢以至民间休咎之應探听尋踪必稽其實如是者又十餘年而後信其秋毫不爽於是縱觀天壤有左右逢源之樂余之得力於覈旧坟也如是然則不可不辨者惟先得其真傳始覈旧坟則系系不紊直入正宗矣不得真訣而泛言覈旧坟反至以是為非以非為是病根膠葛永不可拔蓋旧踪之應驗無差而俗眼之品題多妄

或其家本發扵旧坟、而指旨扵新扦、或其家本發扵新扦而反指旨扵旧墓、遲速不齊、世代相混、此一悞也、或其家本假陽基而發、而不知猶、歸功扵陰地、或其家本假陰地而發、而不知歸功扵陽基、二宅分途、測應顛倒、此一悞也、更有一塚之中、主穴發福、而人反取附穴、附穴發福、而人反取主穴丈尺之内、大有徑庭、又一悞也、更有其地本屬平岡、而以高山之結穴目之、或其地本屬水龍、而以平岡之法目之、穴法不明經緯紊乱、又一悞也、更其龍本正結、已為旧墓所得、而下穴之人、概非大匠、即遇明賢、而吝惜天寶、不肯尽法、或治餘氣發福微輕或插旁枝而分落偏駁天然真穴藏而不露後人罔知以為地理止此耳執此論龍法不盡執此論穴穴法並乖又一悞也更有其地本從龍穴而應世人謬題曰某砂某水或其地本從水法而應世人謬題曰某龍某星郭如陽宅亦有數端或門路風潤一時驟起而論或妄揣其來龍或修方卦氣符合元辰而論著偏裝其卦例凡此之類百路千岐一瞽能聽百明一聾能塞百聰術士矢口祇傳主家定為妙論雷同附和堅不能改甚且繪其圖象鐫諸棗梨後世按籍而求漂然

著叅不知其淵源已失實也。若有智者熟從而較正之哉？相尚沿襲旧聞而已。一旦遇高識之士，指出真机，訂其舛謬，反指為異說，談笑及之，於是舍旧一條大路煙沒邪蹊，狗竇之中，莫可救藥也。至于古來名墓陵寢，若班班可考，而世数遼遠，真跡茫然，狃於世人傳述之言，百無一實。必須出自手眼，翦剃棘而露真踪，挽迷津而歸正軌。然後前人之面目方显，後學之人眼界始開。余所以慎言舍旧者，反復咨嗟，其意在此。若不得真正心傳，不具絕倫識見，而汲汲引旧跡為正，將不証其明，反証其

暗吾憂其愈覆而愈悮矣哀哉

天地陰陽太極畫。河洛靈文理最邃。東西兩片相生定。南北由來總一途。天根月窟常來往。大地陽春往復周。無極真傳皆妙道。平階心法世間無。

唐國師丘延翰著

元女青囊海角經。神仙傳法授丘分明。有人會得三般卦。五百年中一間生。青囊自古秘斯文。但要多年舊塚墳。山水變時局亦變。便將凶吉見分明。五音共使三般卦。八向都尋八卦龍。若有英雄明此理。間生千載一相逢。三般大卦如何起。九女当年尽口傳。三吉只求来勢好。向家只在变交看。

五行生旺更精通。放水安坟在此中。但用向中装本卦。便知流水吉和凶。天星有穴谁能識。地下祢仙少人知。惟有赤松明此理。後来翻作八山推。

陰陽俱有水流源。但有長岡及遠巒。用得穴中生氣穴也多財祿也多官。陰陽位上本無山。只有長流活澗泉。但向水来朝揖処。此詞榮貴勝如山。

陰陽山水两周全。此地尋常不甬人。多福神祇常護惜。

折君年壽損君身。陰陽混雜自难明，縱合天心亦可憑。
用得一宮山水正。斷他富貴不須尋。
三陽高大入雲霄。駟馬高車德動朝。賢俊子弟多清貴。
為官代代出英豪。五凶砂水不全無。大抵須令向外居。君
也不高当吉位。自然禍福永消除。来山不合六條龍。空有
千重與万重。漫說子孫榮貴事。且难消减災禍凶。
六龍須求十里山。短枝旁隴用應难。山行十里非真骨。切
莫扦移在此间。陽位来山男更多。陰山只是旺青蛾。阴阳
二位俱相配。礼義児孫發更多。時师浪秘說吉和凶。

只道山山是吉龍。间到五音觀地相。心頭撩乱不知蹤。五音有患千般病。八卦須遭万種殃。筭得万千神禍事。都緣死葬惡龍岡。本音衰絶最凶多。切莫安坟在此中。山水朝迎方是吉。艮山寅甲忌相逢。

三字青囊经

天德神。教乃遵。理順逆。万机神。六甲運。五賦行。法五子。遁八门。佈雷震。使察金精。御五气。摄九灵。鋤叛逆。超神灵。出震成艮

理气经

位生民。奠宅灵。審卦運。配九星。推三吉。合八门。地無变。

工化生。長男震。下逆行。自然氣。吉凶定。時感應。如其神

星宮經

方尖員。動直行。崎逶迤。流平停。四望帰。八方層。行怪異。秘内神。背幽閑。迎朝明。祖崐崘。發根元。分支派。定龍東。行運氣。存亡分。煥五氣。應五行。推四序。明德形。尅相治。總相生。未言甲。先言庚。五化昰。万机灵。御大塊。及黎民。得生氣。受福臻。得死氣。禍替零。知休咎。象依遵。執權衡。通神明。

雌雄詩斷

雌雄慶会值千金。形穴分明是掌心。莫言朝宮開秀水。

爲官世代衆人欽。　尋地先須看祖宗。更於山上認雌雄。雌雄若也無会交。何必兢兢看後龍。先迎穴道後迎龍。穴前流水对雌雄。陰陽順逆能分別。兒孫世代入朝中。遊龍向内家豪富。若然向外受孤栖。楊公妙訣雌雄法。時師那得達真机。城门八國認真踪。千個時師無一通。看龍宛转朝公祖。仙人口訣奉难逢。撲星五行分東西。順逆陰陽两路通。龍在東兮西望水。水行西道龍遊東。我今說出天机秘。三元八卦各有宗。

天驚九星斷

得元貪巨大下財。武曲金星發文魁。失運文淫祿賊盜。鰥寡瘟疫歪大哭。破軍殘疾終不免。輔弼是非訟獄來。此是天驚真妙訣。只在知者仔細裁。

真穴辨

平原有平原之真穴，山龍有山龍之真穴，皆真穴也。而其用則異，平原之真穴不接龍脈，不辨穴星，不辨土色，非因天造，乃出人巧，此等真穴實合者甚多，因其既發，競誇以為得真穴，而其所以然之，固卒不得而知也。此非真得楊公正傳，口口相應著來，許同聲而心契也，其為穴也一郤之内，自別榮枯，今昔之殊，頓移衰旺，豈有一定之契踪，常隨囂氣運而轉，有外相而無内相，外氣郭是内氣山龍之真脉，全在内氣，有外相有内相，識者必先因外相而審内相，外相兩内相胞合，扞之不失，或外相兩内相稍稍不合，加減就之所過，不去丈尺之遙，要之内相生成，尺寸不移，石穴第一，太極次之，真土又次之，石穴非頑石，必有龍口桃棺之石，有似珠玉琢成，正可容棺，穴為真穴，向郭向真，太極者，土穴也，非裡紅黃青白之土，便屬真的，須此圓暈之内土色靈巧，金晶與山不同，重重之色裏，濃淡淺深，璀璨奪目太極即真土也，而更有真土穴者，同為真土，特少圓暈，氣稍散漫故也，惟有真石真土二者是真穴證佐，如無此証佐，即非真穴，凡予生平所下山龍之穴，未有不得此，而泛指為真穴者，此等真穴令人非不知之，非不羨之，而百一遇，只緣不知外相耳，不知外相皆因不善審脉，不曉星体也，既不善審脉，不曉星体，而盛浪開鑿，何能億中，是求元珠於赤水，得之者恒少也，嗚呼，種德之英不屢見，天地之寶不世出，其湮沒也宜哉，予体天道無私之心，感先師授受之旨，不忍尽秘，聊為辨出，以待後賢亦大道為公之極慮耳、世之論穴者不啻千万言、我謂總無真訣、最悖理者、喝形立穴一家、曰龍形下龍額、虎形下王字、象形下鼻穴、龜形下息穴、蛇形下七寸、凤形下凤翼或下御珠、獅子下麟毬、蜘蛛下網心、人形下臍陰、獸形下糞门、黄蛇聽蛤、其情在耳、雁落平沙、其情在芦、織女抛梭、動在兩乳、仙人献掌、穴在掌心、刀劍形甚情在靶、彀弩形、其發在机、响器以擊處出声、主瓚以执手為用、粧台必有粉匣、棋盤須立將軍、芦鞭要識落花、葉葉宜看側露、梧桐葉上偏生子、楊柳枝頭出正心、蛇形有毒、犬性尤狂、螺螄貴有蜒蛐，猛虎宜見肉案，如此之類，不勝枚舉，嗚呼彼直以為有此名，即有此物也，不知天地開闢，即有人之山水，人而萬物，且在其後，至于一切器物，五帝三王，隨時制造，彼山川者又安知萬世後，將有此器，而先肖其形，以待我哉，據此論穴，亦甚愚矣，予觀青田先生作記，亦用喝形，此則眼中看定真穴，而無假異言，故托物寄情，緣形寫巧，後人随文会意，彷彿遇之耳，豈青田者而治之以喝形為哉，亦有一種証穴之法，曰明堂証穴，曰龍虎証穴，曰水城証穴，曰案山証穴，曰曜星証穴，曰鬼樂証穴，曰天心十道証穴，曰以案山之高下定穴之証穴高下。或以過峽之浮沉定穴之浮沉。或以龍從左來。穴居右。或以龍從右來。穴居左。此皆不知真穴消息。舍本尋末。棄主就賓。暗中摸索。有眼盲而已。似是而非。莫此為甚。亦有以五星定穴者。曰金星宜開口。土星宜掛角。木星宜揪皮。宜節包。火星宜剪尖。水星求水泡。差為近之。而執定五星。總非真旨。又世傳楊公十二倒杖。故云既知倒杖之法。方知卦例之非。夫卦例豈為山龍之用。而牽合至此。真未夢見。吾意在楊公此時。携杖登山。隨机点穴。後人識神其說。以為穴法在杖耳。豈真在杖哉。且点穴止有一法。何假十二。至於一法之用千變不窮又豈十二之所得而盡也更有窩鉗乳突四穴論其結穴之理實不外是而四者又不可分言有乳突而後有窩鉗則真窩鉗也無乳突而但有窩鉗未可輕用也且窩鉗有假而乳突亦有假辨真假者非真德眼法不能也更有蓋粘倚撞四法夫粘撞似矣而蓋與倚何為也哉倚猶可言也蓋則必不可用也無論氣從下過即其穴形必且高而露矣或曰大龍劍脊而來入穴不再起星辰開孃下穴有似乎蓋不知此原屬撞法不可混之蓋也若其裁制之法有曰乘金相水穴土印木而論者從而

析之曰金魚曰蝦鬚曰蟹眼曰蟬翼曰牛角此其取義極其精微哉又曰君还剖破太極暈蝦水便侵棺是專以為微茫界水為定穴準繩也我謂金魚蟬翼等喻只是向水着用而於乘金穴土印木三者慌乎未詳也夫必先乘金而後相水穴土印木次第可牽安得斤斤以界水為第一義也且微茫之水豈尽本末面目哉山形自開闔以來不知幾經滄桑矣耕犁樵割人跡獸蹄無日不墮高堙卑移乾易濕而乃欲拘此以定穴鮮有不悞者矣由斈者不知大本大原真情真体識見不的而用意太深

傳授不明而聰明過巧故好以影响為逼真恍惚為微妙也真知穴法，一見洞然，如明鏡照物，不待旁求，無煩搜索，不過流龍脉真，星体確，浮沉吞吐，前後左右之間求取真穴而已。既得真穴，有界水亦得，無界水亦得，有陰砂亦得，無陰砂亦得。蓋山川之显著者，古今不移，而土膚之隱微者，水草易变，不敢舍所可見，而信其所不可知也。有為至精之論者，曰草中之蛇，灰中之線，雲中之雁，盞中之酥，予嘗有味之言，蓋別有一種脱落变之穴，骨气融融結殆盡，散落平夷，渺不可測，則用此眼法求之，無中生有，虛中取實，正把捉之法，非虛形之談也，若非此龍格，亦無所用之，豈謂凡下穴也，盡舍其昭昭，而索其冥冥哉，世人所指太極乃外象之太極，我所論則內相之太極，苟不剖破何以容棺，若不得真穴，豈不剖破蟻水安免，既得真穴剖破，正所以接脉接脉，正所以避水蟻水蟻，又妄侵棺哉，我謂古人設此論，本欲世人周規折矩，因此悟審穴之法耳，不意一法立，而一弊生焉，解縛之法，反成增縛之法，故直欲掃除一切名相之談，單指直指，不惮漏洩天机，犯造物之大忌，未審明眼之人，能廓然共見否耶，夫穴或在高岩之項或臨清冷之淵或絶壁懸巖俯視無底或單身隻立曠野無依孤露却勝深藏遠朝貴於近案大地遼睖未多近水真龍不怕八風搖胎元既完何須龍虎真息住処大溝高了興奚假明堂至宝常在路旁無人能識盛德不脩外貌何処搜求我為指出亦有三法一曰孚育之穴二曰迎接之穴三曰邀奪之穴孚育之穴結聚之穴也或腰結或大尽真龍轉出變化方成有奇脈有正星不是石函須見大極此穴至美而以世目相之翻見醜拙故最不易知蓋之者大而聖賢仙佛王侯將相次亦冥世簪纓苟非

積世陰功忠孝節義之家不輕指點此穴中第一格也迎接之穴不必真結而亦此山旺氣變動發生之机也或起息伏或掛流神扦之扦法迎其旺氣接其生机故曰迎接不見石函亦無太極只要真土潤澤堅凝便為涓息大者亦至公卿次之富貴蕃息斟之酌之亦真穴也邀奪之穴龍身之穴也真龍方行未止而龍脊之上勢若三停穴形露呈後見其來前不厭去則立騎龍之穴或轉閃之処真峽之旁節包萌芽穴星忽現龍身自去此穴自留則立斬関之穴凡此一法隨其龍身之貴稱量而發亦出將相

而世代不能久遠斯之酌之亦真穴也夫世人所以昧於尋龍者因其不知龍格之不一而概曰真龍於是真龍之理反涵我詳辨平崗平原之異於山龍使尋龍者不溷而各其理也世世人所以昧於求穴者因其不知穴法之不一而概曰真穴於是真穴之理反混我詳辨迎接邀奪之異於孕育使求穴者不溷而各其情也斯予不得已之心也要之格局有三而其法本一故曰得其一萬事畢穴法之詔也 此篇辨之極詳須熟玩之

水龍尋脈歌

平洋之地水為龍。四畔茫茫豈認蹤。若使明師精妙理追尋源派辨雌雄。玄武之水是龍身。定穴君須看的真。水積必然龍有穴。水流氣散不堪尋。大水潆洄是幹龍。小河支節幹真蹤。幹龍氣尽难安穴。作穴支龍富貴豐。玄武之地有湖池。立穴逢元福即随。坟墓穴前宜此水。兜孫富貴看绯衣。沙兜池水不通流。水若通流氣不還收。若見田塍闵水口。兜孙富貴永無休。大湖之脉氣归渟。湖内明砂應案欄。下後兜孙多富貴。能令白屋出高官。流来势水似刀鎗。射脇冲心不可当。夫角田塍為绝地。散傷因茲禍非常。後水來龍似反弓。出入忤逆各西東。君還遇此反弓水。退敗田園受困窮。水若灣埡真直流。直流之處是為因。更兼四畔無遮掩。浪打風吹不可求。十字水流後而前。井字廿摠一般。扦墓君還失元運。頓消福祉帶禍根。抱身之水勢灣還。穴好龍真氣脈归。葬後令人多富貴。兒孫榮顯錦衣緋。

形局章

自遠而來者曰形。從高而降者曰勢。已欲伸。而形欲縮。求其剝換之多。形欲靜。而勢欲動。喜夫脫煞之清。勢如大木動極則本固根深，形如嬌花；靜極則含香結實。凡護龍如毡如褥，本身之龍体尊崇；支流君委若曲，外纏之美秀全收。內氣不棄手生，好峰空現；水神不棄手生，秀水徒流。龍回頭而虎蹲伏，当察元氣之淺深；砂交牙而水合襟，須論明堂之交結。既求山外有山，復取山中蓄水。息道不收，漏道不避，縱有龍虎虛間；外纏不轉，內抱不回，怎得陰陽呼吸。砂隨風而飄泐，盲術妄為羅帶案；依水而乱流，瞽者謬稱織錦。哀哉！

地學最要

凡在旺方宜高高則氣自高而下潤於穴中煞方宜低低則煞氣不能自下而上且能引動生氣不然宜高者低宜低者高必至有凶而無吉矣故立穴時總要審其高低之時令

抑大湖大蕩之處則穴總宜遠近受偏逼近立穴則無以舒其穴情而脫煞不清矣

穴

抑小澗小溪之處則穴又宜近近受偏旁遠立立是為遠水安墳死氣侵矣故立穴時總要而水相為權衡也

抑下穴原有淺深之異總欲看其地勢何如地勢濶大而厚實宜深若地勢

深々挾隘而淺薄宜淺葬大低山龍多淺穴平洋水龍多淺穴也排水神環抱之処正是真氣聚會之所不宜修堤坝一修堤坝則真氣必為之間斷至於滑流無冢之処又宜睽其形勢以修堤坝一修堤坝則生氣反由此而聚總在作事者以妙其用也

抑山有單山双山之不同故収山立向之時總宜取其双不宜取其單以單山得力小得元淺双山得力大得元厚故也

抑造高樓殿宇原有二種旺方可建煞方亦可建但建在旺方宜与我家遠々則所迎之氣廻入我室已經變換俱是旺氣建在煞方宜与我家近々則所迎之氣廻入我室未及更改亦是旺氣尚宜遠者近宜近者遠則必尽是煞氣而

無生氣矣故作事時揔宜審其遠近之得宜

抑田間水道不是一路每多亂流穴前有此則生氣冲散謂之劏脚水至於穴前水聚而無亂流冲散則非劏脚矣此特指水龍而言至於山龍則又忌淋頭水而劏脚之水却非所忌也故詩有云水流劏脚尤堪忍水若淋頭立見凶咏山龍也平洋不忌水淋頭劏脚水來却自愁咏平洋也

抑生方旺地不宜有水溝水口横過則生氣間斷而煞氣偏入矣在百發之内尤要審察細看

抑凡砂有高低之不同如在衰方之砂宜高高則煞氣遮而煞氣偏能引動在旺方之砂宜低低則生氣不至掩蔽而煞氣亦無由而入也

抑山水宜於對待如北來之山就要南來之水南來之山就要北來之水倘南來之山而水非北來之水北來之山而非南來之水勢必龍一時而水又一時是龍已非真龍而水已非真水則不可用也

抑立向之時如向上有水必要取乎水之中正以立向水大則遠立水小則近立如立向偏倚必至有隔向一神而有房分不清之虞

抑山龍無水必求其藏風之所藏風者衆山聚會四圍無缺陷之處而真氣畢注者也若有缺陷之處則外風吹入其生氣必散是龍非真龍也而穴亦非真穴也

抑水龍有水必求其水行有止之处，止处者，衆水聚會四圍無漏道之處，而生氣凝結者也。若有漏道之處，則雖有水而生氣必洩，非水龍矣。大抵山龍無水則風到，而氣散，故取其藏；水龍有水則氣止，而風無故受其息。經曰：乘風則散，界水則止。以見無水則八面風吹，有水則八方風頓息，故凡求地者，總以得水爲先，而藏風次之。風水二字，誠爲地理之大關要，學者切勿易視。

抑平地凡有土墩土埠，總宜在煞方，不宜在旺方。在煞方則煞氣因此而界，在旺方則生氣亦因此而間。然其墩埠之形体，又有土金水火之不同。土金則圓滿而秀麗，木火則尖直而凶惡。凡遇木火之墩埠，無論煞

方旺方俱宜避之為良

抑橋梁雄峙能為禍福之柄在零位則有福在正位則有禍然亦要看其遠近何如在零位而近者則誠能有福若遠則仍有禍在正神而近者則誠能有禍若遠則仍有福此不可以執死而言也總之橋梁墩埠向樓台殿宇三者其所建之方俱宜審察其時令遠近之得宜是一理無二道

抑穴前之水要向穴情意相親乃能有福若反弓之水向穴相背則已不相親矣經曰反弓之水实堪憂當面砂飛一樣愁故穴前最忌此水

拗穴前穴後捲宜飽滿若七高八低七凹八凸雖在旺方亦時是有害切可認為吉曜而當之也

火

拗穴前池塘無論大小捲宜圓淨為貴若七又八丁便成火体失時不吉當旺亦不吉

拗水輪環抱之処如犯支河又港則真氣冲散當時福輕失時禍重

拗高岸之処尖峰乱射如崇牙象体真凶莫的切不可以當旺而貪為遠避也

拗立穴如遇有田之処最忌向对田角以田角似火体也至於穴之左右亦宜圓滿如田角尖峰四面射来必遭大凶更有田势反弓而向穴外

者

抑有凹進而向穴內者，無論得時失時，必須避之爲貴。

抑凡事俱有元運可論。至於井池糞窖，乃污穢閨門敗壞家風之漸，無論得時失時，在墓宅之前後左右俱不宜有。爲地師者，如遇人家有此，必須先爲培植。然亦要人家信實方可，若不信之家，雖三緘其口，亦不得議爲無良也。

抑井哇雖小，其氣實大。立穴之時，要使他挨着旺星，合着生宮，乃爲勝。遇文筆而後發富非常，不然亦未見有不遭其禍也，學者愼之。

按路能通氣又能界氣橫路者能界氣也直路者能通氣也然橫路宜在煞方不宜在生方直路宜在生方不宜在煞方然直路又不宜硬直如箭必須灣曲活動乃有情意能發福悠長不然則為土箭之名矣故詩曰路能界氣亦能通當與水神一樣評大路灣之玄字体陽神三摺穴前案直來直去無生意乙字灣身最有情蓋此謂也

按凡水之去口總宜在於元運之方如在元運之方則來水雖凶亦不見其為凶若在衰敗之方則來水雖吉亦不見其為吉經曰凶入吉中凶亦吉吉入凶中吉也凶

按凡水有宮神照神之分宮神者本元之水也照神者他元之水也然

二水亦宜看其大小勝其遠近如照神之水遠而小宮神之水近而大雖有照神亦不能為害如照神之水近而大而宮神之水亦近而大是為兩水如一勢均力敵在本元發在照神照當令之時亦發謂之三元不敗為地師者苟因有照神並不審其大小遠近遂棄而不用真不知地理之道而為盲瞽之師矣

捌尋龍格脉不必拘於節數之多只要到頭几節清純不雜就是真龍大地故經曰尋得真龍結真穴只在龍脉兩三節三節不亂是真龍有穴天然奇妙絕正此謂也

抑穴前水朝抱直屈曲有情不可硬直朝來經曰水直朝來最不祥一條直是一條鎗至於兩條三條與夫三水四水俱可例推然穴前不宜直朝者而穴前亦有不宜直去若穴前直去而不屈曲亦與直朝無异學者切莫忽畧

抑山水原無定位而吉凶亦無定位有時用之如此則吉用之如彼則凶有時用之於彼則吉用之如此則凶更有時坐旺而向旺亦有時坐旺而向煞然其坐煞向旺者必取其穴前有深長悠遠之氣穴後有屈曲環抱之水而後真氣畢注乃為真旺向也坐旺向煞者又必取其穴後有節節不雜之脈穴前有路路清純之水而後外氣悉隔乃得真配合

也經曰江南龍來江北望江西龍去望江東者云坐旺向煞也若遇正神正位裝發水入零堂者云坐煞向旺也

抑登山必要細看星体凡九星形体有吉有凶如貪狼形如筍峰巨門形如高屏武曲形如覆鐘左輔形如幞頭此皆圓淨而周正星之最吉者也破軍形如走旗脚多斜拖祿存形如頓鼓脚似瓜瓠廉貞形如火燄頭多尖峯此皆乂丫而不正星之最凶者也然此等星体凶吉又不可執死板定如廉貞出脉星雖為凶而其剝換起頂之處生出一峯或如貪狼或如巨門或如武輔至到

煞

頭仍是如此則煞已脫盡而凶變為吉矣如貪狼出脉星雖為吉而其剥換起頂之處生出一峯或如破軍或如祿存或如廉貞至到頭亦是如此則煞氣重行而吉變為凶矣總之貪巨武輔之山必要剥廉帶破祿廉文而後乃能行龍破祿廉文之山必要剥出貪巨武輔而後乃能成穴故經曰尊星活了死龍骨換了破軍廉祿文又曰天下山山有祿破天下山山有祿存又曰父星若起廉貞位生出貪狼由此勢又曰世人只道貪狼好不識廉貞是祖宗又曰莫道凶龍不可裁也有凶龍起家國蓋緣未識問星龍貪中有廉文有衕武有破軍間斷生祿存若有巨武力十里之中卓一峯可見貪巨武輔行龍破祿廉文亦可作祖破祿廉文行龍

只要有貪巨武輔弼帶，都成大地。若是從何星起祖，中間一剝一換一跌一斷，由貪而巨而祿文廉武破至輔，而變低山至弼，九星俱現，其形而成濶大之平陽，則又非常尋之地矣。然九星中，亦有必要兼帶者，亦有不必兼帶者，如廉貞出脉到頭都是廉貞，則凶無救矣。貪狼出脉到頭都是貪狼，則貴無敵矣。如此者，可與言地理。

抑文曲形如蛇樣，並無星峯，故九星行龍，中間必夾文曲。若只單行而無護衛剝換，則謂之死龍矣。故經曰：認得星峯初出面，看得何星細推排。九星皆夾文曲行，若無文曲星無变。又曰：凡起星峯必有情，自然連

按左右生、若是無峯即鱔樣、死龍散漫空縱橫、

抑九星俱有形体、惟弼星並無形体、凡龍之剥換跌斷串坪平坦之処即是弼星矣、經云弼星本来無正形、形隨八曜高低生、要識弼星正形処、八星斷処隱藏形、隱藏是形名隱曜、此是弼星最要妙、又曰右弼一星本無形、是以名為隱曜星、隨龍剥換隱跡去、脉跡便是隱曜行、只縁孔宮有九曜、因是此强名右弼星

抑凡穴有三刼、三刼者天刼地刼人刼也、何為天刼、穴前龍去而不回也、何為地刼、穴下玄武長吐舌也、何為人刼、面前空曠無朝也、盖天刼泄本穴之陰氣、地刼為漏胎、人刼明堂大寬風来散蕩、則泄穴之陽

氣故三劫為穴之病然三劫因凶若天劫田頭顧穴地劫前有水攔人劫朝山有情反不為凶而為吉也經曰君知天地人三劫劫去不回無美利也天劫便是龍身去地劫乃是穴前嘴人劫却是向中求何上秘來即回視有人識得三般劫子子孫孫皆富貴

抑凡有內水無朝山之地却有衆水俱聚而後外氣不淺內氣自安經曰也有真形無朝山只要諸水聚其間汪汪萬頃明堂外內局周圍如抱環

抑凡言剝换巧剝出麤惡剛暴之氣换出秀嫩細巧之形故看

龍先要看其剥換然又非若時師之于龍來出剥換酉丑亥子山午向合午酉丑局之剥換也學者切勿悞認

抑凡言水俱以前水為朱雀以前水為明堂至於平洋水龍則又以水之出口為朱雀以水之出口為明堂因水從此口而出去則陽氣亦從此口而入來水從此口而出去則陽氣亦從此口而凝聚所謂陰陽顛倒顛顛也然此則觀葬書朱雀源於生氣派於未盛節自明

以上各項乃地理中真實作用切要工夫固其為說俱皆明白如畫并無一字隱謎學者如此不嫌其詞之鄙俚遵而行之則一披卷而吉凶了然禍福洞然此乃枕中之秘傳家之寶苟非忠信廉潔之人斷

不可輕傳洩漏以干罪愆慎之慎之

河圖精義

河圖為地理之原其實即天運之本生死之机關于此而定興衰之代謝由此而名蓋天一生水地六成之水為北方故天之一在北地之六亦在北一生一成相為經緯此之謂一六共宗地二生火天七成之火在南方故地之二在南天之七亦在南此之謂二七同道天三生木地八成之木在東方故天之三在東地之八亦在東此之謂三八為朋地四生金天九成之金在西方故地之四在西天之九亦在西此之謂四九為友天五生土地十成

之土居中央故天之五在中地之十亦在中以為皇極而寄旺于四方為樞紐而維繫乎八氣為主持此之謂五十同途但河圖有理氣而無方位有体質而無運用至洛書而方位出焉

洛書精義

洛書之文與河圖之數相為表裡有河圖而無洛書則有体而無用有洛書而無河圖則有用而無体蓋論三元氣運本乎河圖而論三元方位則不外乎洛書矣夫洛出之數以一対九為十以二対八為十以三対七為十以四対六為十以地居四隅以天居四正一生一成相為經緯一陰一陽相為交姤九疇從在此生九宮從此出九星從此配而治

囯經野之道備焉、蓋天一生水、故坎方之天一、為上元首運、而必取南方之水以相配、地二生火、故坤方之地二、為上元弟二運、而必取東北之木以相配、天三生木、故震方之天三、為上元第三運、必取西方之水以相配、　地四生金、故巽方之第四、為中元首運、而必取西北之水以相配、五十為中央、是寄旺也、不必論、地六成之、故乾方之地六為中元末運、而必取東南之水以相配、　天七成之、故兌方之天七、為下元首運、而必取東方之水以相配、地八成之、故艮方之地八、為下元第二運、而必取西南之水以相配、天九成之、故离方之天九為下元第三運而必取北方之水以相配者何也誠以山者猶乎地也地本乎陰水者猶乎天也天本乎陽陽不得陰則陽何以昌陰不得陽則陰何以成故一二三四五六七八九者古今之禪代推移周而復始者也而一二三四之時必取六七八九之水六七八九之時必取一二三四之水者陰陽之对待山水之交姤循環無端者也呼鳴世之言山而並不言及乎水言水而並不言及乎山者無他天地之道不明夫天地之道雖曰兩塗實一氣連貫如影隨形如谷答響交結根源一息不離識問天而可以一時離地乎否地而可以一時離天乎否而可以言地離地而可以言天乎否庶必不可

識問離天

夫天地既不可离則知山水亦猶是也嗚呼此言是楊曾諸先覺剖露以來於今几何年矣而世無一人知者哀哉此二篇發明河圖之旨申明氣運之源與山水之字字是血句句是金人能保守此訣信而行之則山河大地布滿黃金耳

論平陽山地風水歪蚊爛棺真訣

平陽何以喜風山地何以惡風謂非同一氣也哉然風則同而所以不同者有說焉蓋山谷本陰多陽少平陽本陽盛陰衰夫風

陰也水陽也苟平陽而無風以宣則純陽而水寡安有生物之机惟山谷而遇風以掃之則純陰而山孤固無化育之理所以山地避風如避賊平陽得風如解愠山地凹風一掃人丁絕平陽風吹水激壽丁長風生于水水免乎風風無形水有迹以有跡測無形此古法也氣乘風則散散則風不可來界水則止止則水不可去矣生氣之乘視風水之去來水去則風來水來則風去風來吉水來吉山水交會則風藏氣聚矣山去水离則風蕩氣散矣水固從山風惟隨水蓋水朝則無風矣勢雖順水而來形必逆水而就逆水吉順水凶人之氣在呼吸地之氣在風水

呼來吸去吸去呼來呼而不吸則人必死有風無水則地為死氣矣風來則生氣散而穴寒風去則生氣凝而穴煖穴寒故壞棺故朽骨故水故蚁占水口之地必應穴煖故燥淨無水蚁占朝水之地必應寒主肅殺而人物消煖主發生而財丁盛水田地中行而風乘之來去名曰地風門風亦不得不避也　明堂水倒左龍山短小虎山過宮堂中之田右高左低名曰捲簾棺必爛左或主翻棺若斷房分之說必依先後天之序次明堂水倒右亦然水流左去長虎高大過宮棺爛左或骨翻左水流右亦然水流左

去虎高長過宮左邊風吹左脇障風反吹棺亦埏左皆水去風來水流右亦然又堂水當面傾斜而去其田漸低而遠亦名撲簾必主倒屍先埏腳維後壞頭維若年久頭骨吹去棺外若案山童官山重則到屍可免水流左向右收之亦忌右砂大高長長則水必跳棺必左壞久亦屍翻水流右亦然如堂中之水當心而去前無關鎖龍虎相对而長者則脇下之風必反吹名推磨風名剪刀風並無穴息則骨為蚁食為水所浸主子孫殘賊敗絕堂前之水流去龍虎一長一短俱順水此名紡車風則水分八字風亦因之名曰八風交吹穴高者必生水穴低者骨成灰水直來水橫來從膝內穿過名

曰穿水皆主翻棺坯木、大抵水來要曲而長、横水要逆而抱、龍山凹風而長、為虎山障過、棺爛左、主退長、虎山低小可免、虎山凹風做此、左有池、右墻壁、則有尖角、則右有風來、為其障過、名尖角風、棺必生蟻、亦主有凶在右、亦然、大抵扦穴須扦真、惟求上下左右尋、偶穴有在左扦之右、不免水蟻之浸坯、穴在上扦之下、則氣脫、必横壙中、乾棺必有水、穴在中扦之上、則傷風氣、定主棺有蟻、不免有禍、上壓下逼、左牵右引、不可立穴、然則求穴之法、惟尺寸而已、須要西望則東高、東望則西起、南視則北隆、北眺則南仰是為四顧之穴中有吉穴凡隨氣之砂無缺陷在手拱揖為佳右砂過者必要左水過之左砂過者必要右砂過之乃及時五子均發若左砂過穴而右水不過右砂過穴而左水不過及時必主偏發只要龍真穴的為是朝山帶石是為瞽目壅腫墮胎遠山不可露頭近山不露脚但朝帶煞多出疾病公訟為應大抵左右應穴之砂太高則欺主左壓則損長右壓則損次前壓則損季必出盲瞽喑啞龍長虎短穴必居左（虎長龍短穴必居右）孟短処必有水朝取長者閉之以全生氣若宜長而短則補之宜短而長則裁之此補裁之法也至若葬乘生氣偏左則左（迎）骨爛棺坯偏右則右邊骨爛棺壞

氣沉吞葬大淺棺爛盖骨作灰氣浮吞葬大深棺坯底棺盖

新色内骨黑爛不可不慎更有一法精切莫葬山坡山坡積水寒

氣多難免淋頭割脚形棺中必有水如漸迴避葬法須得竅此

語天机真妙訣留與見孫勿乱傳廖氏曰一樣生峰难辨理不問

高山與平地只在一十剖字中解出諸般大意義

体

势来强弱定高低来去般旋東復西細認来龍兼論水失之千里在毫

厘。

段

來龍須要好星峰。入穴分明頂足同。若是到頭龍醜拙。時師切莫亂標蹤。

證

好龍好穴有空情。認穴真時證便佳。左右若然無朝拱。縱然作地也難成。

應

後落前朝要分明。左廻右抱怕無情。若然照應無分曉。縱有來情也徒然。

貴

貴龍作穴要官砂。文筆交前不倚斜。不有官砂如作穴。還他只是富人家。

財

水好歧前要好峰。有財有樂是西東。若無財祿連相接。不怕陶朱也自窮。

鬼

前却歸後後却鬼。面前還是後還非。此星不是催官鬼。此鬼分明主哭悲。

劫

劫龍到穴定分堂。任尔時師巧樣裝。陽不陰兮陰不驗。主人下後便逃也。

大

迢迢勢大小為强。小小安坟要聚堂。龍若真時穴更好。安坟小巧福綿長。

小

細尋高大是空龍。高作坟朝壓大峰。若是迢迢皆是細。細緩然作地不豈隆。

横

勢来横处只宜横。龍穴横中認主星。若是無龍居坐下。明堂傾瀉不分明。

斜

勢来斜处鬪中安。且而明堂聚处看。後倚前親君莫放。莫令孤独受貧寒。

虗

外莫中虛不可裁。無形無穴莫安排。面前只喜砂朝揖。坐下無龍不可理。

、輕

無情無意慢輕遊。重疊江山不轉朝。縱有前山生秀麗。坐下穴亡是虛坵。

借

順水行舟借一舫。山如螺髻水如藍。有情不得纏無主。隔水隔山多不發叅。

雜

疊疊江山如疊翠。星峰不正亦徒多。時師請論雌中雄莫去訛傳地理敬。

廖氏曰若能明牝牡交媾之情牝牡屬陰陽為雄雌則識陰陽交媾之義蓋三陽從地聚而升三陰自天生而降是以有陽隱陰吸之道陰靜陽動之理陰強陽弱強就弱而成物陽柔陰剛剛就柔而濟生大抵氣脈柔者秀而麗來情強者粗而浮順脈短遲而正求迎接逆脈雄急而架折安粘生脈活動而生來死受死脈粗蠢而棄死挨生急脈露逼大浮饒浪架粘而

作緩脉脳平粗扁正求正朝而収氣悉冲耳譬小人之輩氣浮頂入論忠厚君子之流外看急緩内枕死生合脚淋頭朝淋朝合脚淋朝不合脚合脚不淋朝

又曰龍雌者為陽雄者為陰有陰有陽乃龍之交姤静者属陰動者属陽有動有静穴之交姤砂之順者属陽逆者属陰有順有逆砂之交姤水之從者属阳横者属阴有縦有横水之交姤其論龍穴砂水者如是習斯道者可深玩而思之

青嚢經三字辨明实名三字青嚢經

夫三字青嚢者以青嚢經本只有三字故謂之三字青嚢不然

既有青囊經又有三字青囊則黄石公豈不有兩青囊乎此亦後人不得真傳妄將三字胡言乱猜也其云三字青囊所固有者即一六共宗二七同道等説也楊公特秘而不宣即希夷猶引而不發者以此等水口原屬卦氣之妙用青囊之正秘訣苟非王侯大地何以能遇之此楊公諸先覺其所以不明目張胆以告後人者恐人拘泥大甚必執此法以尋地不將使地學真机一概湮没乎今故特為指出醒後世之學者千古大夢矣學者須當穩口深藏舌慎勿視此為容易而輕忽之也

辨明打劫一節實著

此節言父母者坎坤震巽乾兑艮離也三卦者坎坤震為一卦巽中乾為一卦兑艮离為一卦雖識父母三卦若不知北斗打劫离宫相合之義又何以知三卦之精髓乎夫北斗七星者即貪巨祿文廉武破輔弼也言八卦九星變化為無窮有時在此為福有時在彼為禍知打劫之法了然山水禍福矣如貪巨祿之坐守坎坤震文廉武之坐守巽中乾破輔弼坐守兑艮离時而上元則貪巨祿當令時而中元則文廉武當令時而下元則破輔弼當令九星旋轉一往一來氣運已去為劫打劫猶言一

劫波七千而無休息也梵書以世一為一劫儒為世道為歷釋為劫蓋此意也離宮相合者三星三卦為一宮譬上元將盡則貪巨祿坎坤震之卦不當令矣既不當令用之為禍離此三卦不用謂之離宮即天玉所云一個排來千百個莫把星辰錯者此也合者既離上元三卦而用中元文廉武巽兌乾得令之星卦謂之相合即寶照所云星辰流轉要相逢者此也中元如此中下元可以例推明此北斗之義即知九星作用氣運循還此天机之秘舉世無一人知之今將此訣點破倘世之後

學者得傳之後輕言濫授其不干造化之忌而自取禍咎者幾希

地學揭旨

玉函真義

無極子劉陽君啟翁手授
中陽子蔣平階大鴻撰述

天元歌一

此篇總論大義，一書之綱領。

一元浩氣涵三象。混沌分明氣升降。天清地濁成兩儀。陰陽互根氣來往。山川土石象中發氣。日月星辰氣中象。二氣相抱不相離。濁陰本是清陽象。惟有人為萬物靈。品配乾坤號參兩。一人自具一天地。卓立三才不相讓。首節言陰陽一氣，天地一物，而人爲天地一体。

元陽本是天中來。形從大地產根荄。至人父天而母地。此是生成妙化裁。天元降在地元中。猶如父母媾成胎。十月嬰胎非父職。三年乳哺母之懷。人生本天而親地。亡靈原是天靈栽。此節言受天氣而生，人推原地氣應人本生時衣食居處屋。万室地產名天祿。由來宅相稱生人。帝室皇居北京國。死者埋骨歸於土。復本還原氣反覆。逕從地吸天光變化蒸暖露金玉。鍊陰仙客能牢處。凡骨猶能化八族。吉成龍鳳家靈奇。凶作蟲蟻諸惡毒。精魂苦樂人不知。但見子孫生禍福。

此節言陰陽二宅。皆天氣陽精反本復生之妙。

聖賢仙佛亦難逃。帝王將相莫自豪。各有山川來蔭應。今來古往不相饒。最小千金傭厥子。亦治微潤樂陶陶。不然無祿并絕世。墓宅不爽爭秋毫。

此節言族類不齊。皆屬墓宅之所應。

所以聖人尚此理。遷豳卜洛何焦勞。後世名賢朱蔡輩。煌煌書册議最高。奈何迂儒識見偏。諱言求福去違天。世上惜才薄葬者。附會其說以文慳。一日偷安拋父骨。世代彫零百不全。直使子孫貧夭絕。不孝莫大豈為賢。況復翻棺並腐骨。父母魂魄更堪憐。

此節言後儒失先聖遺旨。陷入不孝。

世間萬事半荒唐。惟有陰陽不可當。不哭孝不言三尺土。掌握禍福急如火。哭人不重祖父坟。只看花開不看根。僧道亂笑。

毋且相應。繼子外孫若嫡親。

此節言吉地。有必靈之理。

墓宅吉凶較量看。新墓旧宅也相參。墓宅兩興宜閙盛。墓宅兩廢絶人烟。宅凶墓吉見孫慶。墓凶宅吉眼前歡。祖父新遷治殺氣。高曾福蔭他房去。寒林忽發一枝榮。若非新宅必新墳。吉少凶多福来短。吉多凶少禍来輕。

此節言墓宅。新旧参合應驗之數。不可執一論。

更看屍骸寒與暖。歲久骨枯取效緩。惡山惡水倘曾埋。斷尽陰靈氣方轉初葬新骨天炁完。葬乘生氣朝花鮮更遇嫩山並嫩水。一紀之內錦衣還。兼將宅氣來輔會。皐田院裡出官班。

此節言墓宅速發之效。又言墓宅吉氣本可催官。

莫說生來命數奇。地元一得天星移。此是至人造命訣。二十八宿掌中齊。莫說窮通有骨相。騰蛇變作雙龍樣。此是仙家换骨方。死骨不朽生骨壯。劝君大地莫誤求。大形大局必根由。縱有千山並万水。與他穴氣不相投。一枝一把山龍真。一鉤一曲水龍神。肉眼只憑結局小。個中生意滿乾坤。恨殺時師不識真。常

將假局賺他人。謀佔靈壇并舊墓。坯入心術必安寧。豈知吉地方亡有。只在眉頭眼下尋。得真傳者隨在可尋

此節戒人莫貪大局。而為大地所誤。

我生二十悤親喪。幾度拜人求吉葬。家破多因買地喪。身衰半在為師浪。幸遇真人無極子。授我玉涵法眼藏。十年真悟徹元微。萬里探奇走烟瘴。識得天元造化根。花前月下天机放。此書不是術家書。洛河龜龍太極圖。羲文周孔心相契。夏禹般箕義不磨。管郭遺文多僞託。曾楊口訣世間無。若不

傳心並傳眼青囊萬卷盡模糊天涯若遇知音客留取雲陽醉後歌。

此節言我師自叙得傳之由。發明作歌之意。而歸重於心授心傳。

天元歌二。此節論山龍。

昔日華山陳處士。演成大極傳當世。推（原）天地未分時。只有坎離水火氣。二氣盤桓不相離。清者為天濁者地。坎離一交成乾坤。覆造大圜如冶鑄。黃輿乃是冶中灰。水火煎烹積滓翳。山情剛燥火所凝。骨骼支撐為砥柱。

此節推原渾沌之始。天地山河成象之始。

崑崙山頂九霄中。此是中天大帝宮。海外三山幾万里。揔而此山脉絡通。陽脉東来震旦。如人正面向離風。数産聖賢臨夷夏。迴與肩背不相同。大幹三條分主輔。三條各有帝王龍。帝穴龍神五百里。若然百里作王宮。但有特龍来数里。亦許功名鑄鼎鐘。

此節言中國三條龍脉大勢。

欲識龍行先識起。龍若起時勢無比。高山萬仞削芙蓉。千里層巒皆俯視。此龍多是火木形。放下群枝行八際。一枝一葉有龍神。正龍端向中央去。只把江南大勢看。南龍起頂是華山。左翼九華開內輔。右翼天目蔽東藩。正龍劍曲神仙府。直到金陵龍虎蟠。山形一起一龍分。數起數分龍亦尊。龍神分去非無穴。正幹偏支力不均。

此節言真龍起祖。分宗幹支之理。

看龍看起復看斷。凡屬正龍斷復斷。斷斷時百里失其踪。穿江渡海情無限。山根委曲地中行。不是仙人誰着眼。

此節言真龍斷復之妙。

識得斷龍方識結。結結穴玄微最難說。世人求穴迯大山。且要察山龍虎夾。豈如大山龍未歇。縱有窩藏反走洩。真龍偏結曠野中。踴躍奔騰不怕風。饒他落在深涯裡。也要平洋萬象空。正龍勇猛向前行。從龍不及過關門。譬若神駒日千里。雖將凡馬望其塵。亦似三春抽嫩節。從龍如籜抱其身。一朝雷雨干霄長。節節籜落不相親。時師只怪無龍虎。真龍真虎穴中鎖。會得天然龍虎時。浪打風吹皆樂土。

此節言真龍結穴變化之奇。而辨時師取用外砂之非。

龍神枝幹顧祖宗。如子戀母。如遠近相從。若不祖山為正案。另取特案配雌雄。百里真龍百里窩。賓主威嚴真正判。莫言作穴便非龍。但是高峰都不賤。

此節言真龍相朝相顧。自然之妙。

辨穴先須辨落脈。落脈乃是穴消息。頂上高峰脈頭角。兩傍開嶂脈羽翼。麄枝出細好花房。老蚌生珠光滴滴。也有好龍無好脈。高崗平阜只粗頑。被他祖宗多脫卸。數節之前骨相完。大率真脈有二種。連脈飛脈精神過。連脈真踪在本山。飛脈他山復一現。本山定是結垂頭。他山半作拋珠弄。也有飛脈遠數里。起伏愈多龍愈美。時師只道餘氣喪。或說羅星水口當。豈知真龍饒變化。草蛇灰線最難詳。教君到此須求尽。
真龍大尽貴非常。近山飛脈不離土。遠山飛脈石中數。莫無
真石尽浮泥。恐是人工難證取。

此節言真龍變態。

與君細論石中机。石是山精骨是髓。時師只怕硬石無穴。識道
真龍石始奇。真鈕真窩石中藏。真龍真虎石兩傍。識得桃
棺龍口石。千山萬乳灌心香。結穴之石此中推。行龍之石脈胚胎。
不審中元竅理。滿山頑石豈堪栽。試言結穴有二種。石穴土

穴貴相準石穴端的是窩鉗慎莫鑿傷龍骨髓土穴太極暈中色。內象分明外象隱。窩鉗土色不須論。太極重輪仔細評。真土原來石變化。不同凡土五華文。世人鑿穴但求土。若逢凡土枉勞神。

此節言石土二穴真訣。

問君下穴有何法。正龍正下是真訣。時師只說沖腦門。每向龍傍尋倚穴。精華走失發不全。左右偏陂房分絕。也有真龍偏側定。龍是側來穴是正。此是神龍一轉頭。結頂垂唇巧相稱。

此節言下穴之法。

語曰結頂是真訣。披肝露胆與君說。龍不起頂非真龍。穴不起頂非真穴。結頂名為真穴星。穴星圓暈無真金。世間萬宝金為貴。此是真陽露妙形。真龍大地皆同体。遇着真金莫放行。亦是穴星無四曜。不離金体是真精。

此節言真穴起頂。

無極天元無别說。只曉真龍並真穴。傍枝傍脉有來情。只愛穴後住一突。緊粘突下作穴星。此法名為接氣訣。人財丁祿兩豊盈。亦堪家子登黄甲。君看當今富貴坟。大都接氣非真結。

此節言接氣穴法

亦有真龍向前行。腰間脊上有三停。湊看龍身下一穴。此作騎龍漸氣名。

此節言騎龍漸關穴法。

經　真龍餘氣本非穴。撞著來時氣亦接。亦有龍傍一脈經。是號流神皆可葬。世人見此弗識真。豈意龍頭剩明月。

此節言不可得真穴而得流神餘氣。二種皆可發福。

囑君受穴緊中粘。莫嫌湊煞出毬簷。得龍脫脫真元散。受水乘風禍不侵。

此節申言葬法不宜脫氣以下直指出諸穴忌格

我有眞人枕中記。說盡葬山諸不忌。一一分明告世人。廣度群迷長生意。　第一切忌下空窩。空窩積水寒氣多。葬下淤泥骨腐爛。子孫絕滅可奈何。　第二莫下雨水門。人言諸水聚天心。凡有水淋生大咎。左淋長子先不育。右淋少子少安寧。當面淋來皆可救。穴無貼肉若坐空。定有淋漓向穴中。水流割腳猶堪忍。水若淋頭立見凶。

此二節言穴忌空窩及水淋。

第三切忌下平坦穴中平坦真情散坐後全無貼體星。平波濟蕩生憂患。

此節言穴忌平坦。

第四莫下天風刼。高山頂上空無穴。高而有穴不為空。無穴天空真煞刼。八面風搖骨作塵。此是風輪不可說。

此節言穴忌天空。

第五莫下龍脇背。龍自他行氣不聚。縱然穴後不空虛。墻頭辟下無根蒂。

此節言穴忌脇背。

總之真穴少人知。只言怪穴不易窺。正脈正情原不隱，須將福德合天机。

此節言真穴非怪。惟有德者當之。以下辨時師俗術迷來之悞。

恨殺堪輿萬卷書。當年惟有滅蛮名假託曾楊為正訣。不悞蛮民誤後生。陰陽兩淨卦中來。陽龍節節是陽胎。陰龍剝换亦如此。只取清純向首裁。若是嫩龍終是嫩。乾坤艮戌皆英俊。若是老龍終是老。巽辛艮亥未為宝。浪說貴陰而賊陽天下奇龍扦葬少。

此節言貴陰賤陽之非。

五星只取影中形。九星變化亦非真。換出後天生與剋。豈解先天大五行。先天五行無生剋。一陽變化皆大經。真本原從火裡住。真金本是水中出。語居莫避剋胎龍。穴金求火原非逆。

先天离在後天之震。先天坎在後天之兑。

此節辨五行相剋之非。

更把方隅分五行。左廻右轉別陽陰。生方旺地求高峻。堪笑時師掌上尋。生龍本有生之情。死龍本有死之形。生生死死隨龍變。豈在方隅順逆輪。

此節辯五行。生旺墓絶之非。

或取喝形來点穴。此是仙留記訣。好穴難得告後人。記取真形端摸合。混沌初分即有山。世間万物後來添。器物衣冠時來異。那得佳城大古前。紫微玉髓巧分明。只為峰峦論應星。若説龍胎真有象。後人空揣失真情。

此節辯喝形点穴之法。

山上龍神不下水。先賢真訣分明語。時師却把水來論。衰

旺順逆絶無已誰知水法不関山一泓過穴要灣環合襟之
外頰鎖鑰。蝦鬚蟹眼莫求全。

此節辨山穴兼論水法之非。

雲陽本是先天老。衆說紛紜如電掃。血淚沿巾歌元氣。天
机浅尽人难晓。

天元歌三。此篇論平洋求龍。

天下平洋大地多。平洋龍法更如何。世人談尽平洋訣。都
把山龍混揣摸。平洋原不與山同。郭璞分明說水龍。水龍一
卷浸秘。不許輕傳浅化工。我代陽雲行首度。一言万古鑒

鴻濛。神呵鬼噴甘心受造化。生民在掌中。山形來路有根源。大地平鋪一片毯。首尾去來無定所。分支過峽不須言。莫把高低尋起伏。休猜度水復穿田。山是真陽神在骨。地是純陰精在血。山常葬骨不離肉。地惟葬肉不離血。人言生氣地中求。豈知生氣水邊流。流到水邊逢水界。平洋顯氣盡兜收。葬必近水平洋之氣渙散而復兜收、

首節發明平原之穴。以水為龍。與山龍來脈迥異。開千古所未知。

水龍原亦異山龍，將水作山以類從。水龍即是山龍祿。支幹分行事事同。大江大河幹龍形。小溪小澗支龍情。幹水濟蕩必真穴。猶如高山無正結。支水屈曲情相得。譬若來龍有落脈。大水迆迆莫得穴，葬後丁人絕，山水灣环細察蹤，折看西二公。

此節言水龍行度山龍支幹落脈一体格法。

山性本穴主炎上。水性純水主潤下。炎上高起是真龍。潤下低窩是朝宗。山向後高祿盛。水向後高絕無踪。

此節言山龍與水龍取穴高低之辨。

自上而下山之止。自外入內水之止。山來多止求真。水來多止亡

貴神若是正形皆可成穰山穰水盡黃金○

此節言山龍與水龍各有真也○

我有水龍要真訣○水龍有轉是真結○直行直去龍之僵○有灣有動龍之跡○一轉名為抱穴龍○抱穴富貴在其中○二轉三轉貴不歇○四轉卿相不須說○轉處不分名息道○轉入分流名漏道○惟有息道是真龍○漏道多轉總成空○轉處不漏皆堪穴○不必北處求盡結○盡結原來是龍頭○轉處腰腹亦兼收○龍頭偏側俱清砂○腰腹之兜金刀繞○平洋之地砂水進脈有左生右死有來生止死來死止生[illegible]

須囊扆就以。

此節言水龍。轉結真機。

求全不用水來多。一道單轉養太和。更有合龍從外護。愈多愈美酒添酥。雖取羣龍來輔佐。還從一道作龍窠。

此節言水龍。以內水一道為主。

別有雌雄兩道交。交時却是馬同槽。此是水龍奇妙格。相吞相戀福難消。

此節言水龍交氣之穴。

水中亦有大龍星。五曜時時現五形。五曜只求全水土木身有轉水

之情。直木火星皆最忌水形吞吐露金精若應三垣并列宿官階職品最分明。但取穴星觀切處。不離金土運真龍

此節言水龍星体。

五星論應（定）穴應裁三法。千秋慧眼闢。坐水騎龍為上格。（砂水俱在穴後挑收）扶龍倚水是佳哉。（砂水在左右就，凡左右拱貌）何水扳龍非不美。（砂水俱在穴前朝入）後山瀉水始無衰。（坐後拱貌。）掛角歪氣三法定。（掛角須避交角水分拚而去交劍及四水交冲，俱在角上離十字，否案亦然）莫觀漏道損龍胎。（莫觀漏道句言龍穴胎，係本身有支泆分泄。）

此節首指水龍裁穴三法。歸本於坐後水龍。而最忌漏道。

龍胎羅圖稱人心。遠水安放死氣侵。粘看水痕。折貼肉。陰陽交庚自生春。若將魂就魄陰鬼化陽神。

此節言水龍下穴貼水為要。

平原春到好栽花。穂注盈匱氣脈賒。真水短時結氣短。真水時長實堪誇。長龍定主源源貴。短龍只主富豪家。平氣不如還氣足。龍逢轉動發萌芽。更有一端分別處。淺深濶狹辨龍卑。

此節辨別水龍穴氣盈虛福力厚薄。火暫之異。

水若乘車號秀龍。空車濶蕩是癡龍。龍得運癡龍能富貴。

外情內氣要相從。帶秀癡龍犹顯赫。癡龍後應福無窮。

此節單言。湖蕩水龍格穴法。

從來水龍後天成。不同山骨先天生。山骨培補終不應。水脉疏濬引直情。當年無有修龍法。修着之時旦夕莫道人工避天造。江河淮泗禹功平。

此節言水龍修補之法。以上皆論水龍蠻頭體格。以下皆論水龍理氣作法。

火龍剖發骨生香。入用元机不可過。八卦三元並九曜。甚泥外錯落空亡。問君八卦知何取。洛書先天大極短。五帝三元錦地書。九州九井多經紀。只把傍龍一卦裝。莫從三八分條理。識得九龍龍骨真。骨若不真龍不起。

此節言水龍八卦穴定。

九龍八卦貫乘時。上下三元各有宜。葬着旺龍當代發。葬着平龍發跡遲。葬着死龍憂敗絕。縱然合格也難支。不是八八神脊到此。出元之局莫相依。

此節言水龍八卦三元。氣運衰旺。

定穴惟看貼水神。毫厘尺寸要澄清。更有照神能奪氣。外陽光透共宮星。宮星若重平分勢。照神為重獨持衡。外照過多分氣乱。必定分房運改更ヒ有水龍真骨髓。只將对脉論來情。來情若在真元位。諸局参差一半輕。轉折短長純襍処。此中消息眼惺ヒ。

此節言水龍。宮神照神兩氣。兼論而歸重於來情。

三元既辨龍神旺。九曜不純龍力衰。此是玄空大五行。山水文中應天象。五星二曜轉乾坤。稟命元樞造化根。在天北斗司元氣在池。八卦應天心。四吉四凶分順逆。父母二卦顛倒輪。

向首一泉復福禍。去來二口死生門。青囊万卷已無非假。惟有天醫是真經。元空洪範并三合。八曜黃泉枉問津。尤恨去來生旺墓。害人父母絕兒孫。能將九曜為喉舌。大地乾坤一口吞。

此節言水龍真訣。在九曜大五行。立穴消納惟此為重。而立辟諸家理氣之非。

更說高原無水地。亦有隱穴在其際。乘高臨下即江河。萬頃低平能界氣。高低數尺合三元。一旦發華諸福至。若有低空在後山。數世箕裘常不替。

此節言高原裁穴之法。

江北中條平地龍。無山切莫強尋蹤。雖是乾流無水道。溝渠點滴有神功。隱隱微茫看水法。葬法要與江南同。我向乾龍指點水。能使上士開心胸。

此節言中州無山。平地取象。乾龍爲水法。與江南似異而實同。

高山坦處盡平田。莫作山龍一樣看。若遇乾原或水際。亦將此法論三元。雲陽留得三元訣。欲向人間種福緣。

此節言山龍之穴。兼論水局三元另一格也。

語是葬水勝葬山。葬山誠以氣方遂。水葬秀龍並旺運。三年九載（述）飛關。山本陽精中挹陰。〻精是水陽內存。葵陽得陰〻漸長。葵陰得陽〻驟伸。

此節發明水龍速應之理。

楊公昔日救貧法。但取三元水龍合。王侯將相此中求。無着禪師金口訣。杜陵狂客不須愁。四十無家浪白頭。只爲尋山貧斡氣。蒼茫古道漫淹留。水龍一卷贈知己。大地陽春及早收。

天元四歌 此篇論陽宅。

人生最重是陽基。都與墳墓福力齊。宅氣不寧招禍咎。骨非真穴貴難期。建國定都關治亂。築城置鎮係安危。

試看豊盈田舍者，半是陽基偶合宜。

此節言陽宅與陰地并重，此建都立邑之作用。

陽居擇地水龍同，不用前篇議論重，但此陽基宜濶大，不爭秀麗喜粗雄，大蕩大江收氣厚，涓流滴水不關風，若得乱流如織錦，不分元運也亨通。

此節言陽宅龍法，一如水龍，故不復論，而必取局濶大，乃可容受。宜擇多水曲折之地，即非本元亦能發福。

宅龍論地水神裁，九重三門八卦排，只取三元生旺氣，剋氣入室是胞胎。一門乘旺兩門囚。以有嘉祥不可留。兩门交氣一門休。大事歡欣小事愁。須用门乚都吉位。合家福禄永無憂。三門先把正门量。後门旁門一樣裝。别有旁門並側户。一通外氣即分張。設若便门無吉位。一門独出絶為强。

此節論陽宅門氣。

門為宅骨路為筋。乚骨交連血脉均。若是吉門逢惡路。醜猶入酥不堪斟。內路當逢外路看。宅深內氣依門闌。外路通神并界氣。通風向水兩重關。

此節言陽宅路氣。

更有風門通八氣。墻空屋缺皆難避。若遇祥風福頓增。若遇煞風殃立至。

此節言陽宅風氣。

矗矗高高名嶠星。樓台屋宇亦同評。或在身傍或遥應。能迴八風到我庭。嶠壓旺方能受蔭。嶠壓凶方見氣侵。

此節言陽宅嶠氣。

冲嶠冲路莫輕猜。須與元龍一路排。冲起樂宮無價寶。冲起囚宮化作灰。

此節言陽宅沖氣

村居曠蕩無欄鎖。地水無門一同取。城巷稠居地水寬。路衢門嬌並同權。

此節言城市鄉村陽宅之異。

一到分房宅氣移。一门常作兩門推。有時內路作外路。入室私门是握机。當辨親疎并遠近。抽文換象出神奇。

此言陽宅分房法。

論房神祠理最嚴。古人營室廟為先。夫婦內房尤特重。陰陽配合宅根源。

此節言神祠寢室。

八宅因門坐向定。三元衰旺是真蹤。運遇遷流宅氣改。人家興發廢巧相逢。

此言八宅。以門而定。不拘坐向。即氣只反為初之義。而歸重三元衰旺。故宅隨時興廢也。

此是周公真八宅。無着大王流傳的。天醫福德莫安排。只好遊年斷時日。逢與見絕更昌隆。遇替生延皆困迫。大歲神煞莫加臨。禍福常閃如霹靂。門內間間有宅神。值神值星災互測此是遊年剖斷机不合三元總虛攤。

此節辨小遊年。翻卦不準。必取三元氣運。乃斷吉凶。

九星層進論高低。間架先天卦數推。雖有傳書都不驗。漫勞天医用心机。

此言層進九星。間架卦數之非。

山龍宅法有殊功。四面三圍亦辨風。或有山溪來界合。兼風兼水兩相逢。若論來龍休論結。已龍藏穴未藏宮。縱使皇都並運會。只看開陽不看龍。俗言龍者結陽宅。此是時師識見庸。待取陽居釀家福。山居不及澤居雄。

此節言山中宅法。

陰居陰骨及兒孫。陽宅氤氳養此身。偶爾僑居并客館。菴堂香火有神靈。寅看三元轉輪氣。吉凶如響不用情。逆明此卷天元宅。一到人家識廢興。

此言陽宅陰生人。視陰地較速。凡有棲身者。不可不慎。

天元歌五。此以命論選擇日時。

地利天時古聖言。堪輿二字義相連。根說江南無大地。但取年日月時。剩真龍大地遍江南。也要天時一刻依。初年禍福天時驗歲外方知地有權。

首節言曰時亦當重。

諸家剋擇最紛紜。拘忌多端誤殺人。此家言吉被家凶。對盡諸書總不同。五載三年精一日。萬般福擇總成空。古來天子七月葬。士庶逾月禮不曠。年月日時有廢興。日時只有論孤旺。春秋葬日滿經書。但辨剛柔內外宜。禅社擇慎俱傳物。豈昧陰陽誤万幾。諸家選擇盡荒唐。斗首元辰失主張。奇遁演禽皆倒亂。不經神授莫猜評。世人剋擇重干支。生命化命吉相持。致使子孫冲祀家。多年不葬孝心違。

即太陽
日期

此節辨諸家選擇之非。

豈知死者已無命。反氣入地復為命。復命能司造化權。生者命淺葬者定。故有仙人造命訣。不是干支爭評法。渾天寶照號天星。此是楊公親口訣。不怕三殺大歲神。陰府空亡俱抹殺。年尅壓命有何妨。退氣金神皆亂法。一卷天元烏兎經。留取人間作寶筏。

此節言造命之期。諸煞皆不必忌。

推源天地混沌成。惟有日月是真精。金烏玉兎本一物。五星

四炁泥此生人生[illegible]受火陽氣萬物皆是陰陽明聖人观象
演曆法。干支甲子作天經。五行皆是陽中氣。神煞何曾別有
名。只將日月司元化。万物生机在掌中。
此言造命。以日月天星為主。
世間万物各有命。不但生人男女定。造物制器可同推。修造
葬埋咸取證。日月五星大不同。一時八刻一移宮。造命元机時
作主。毫厘千里不相同。
此節言万物各有命。而其機在時。
先將晝夜別陰陽。晝夜晨昏出没詳。此二語論用日月須分晝夜十二宮中

三十度。大約六度是分疆。盈縮按時毫抹細。量天廣尺未能量。二十八宿七政明。論宮論度要平分。深則論宮淺論度。一分一抄不容情。命入纏度變五氣。日月隨命分五行。五曜四餘扶日月。生剋衰旺準天秤。最取用為福曜。有恩有用作干城。用者專權為上格。忌星一到福斯輕。

此論十二宮中分度纏命。五行而歸重於恩用。

用曜一星落何處。陽時陰候分畫際。冬夏二至陰陽極。暮秋兩分是平氣。平氣陰陽用可兼。循看晝夜與宮垣。略過平氣陰陽別。當極之時禍福専。陽命惟用金孛水。陰命惟用羅與火。秋木獨宜水與孛。春土火羅與計都。春在分後須陰助。秋在分後宜陽補。

此節専論四時忌用之妙。

宮限星体兩無收。度前度後要深求。凡何五星探伏現。逆來順去並逢留。三方对照緊相隨。同宮隔宮一例推。拱挾有情權力大。日月交受格尤奇。二十八宿宮度、或大陽对三方对照。

此節言宮星忌用。諸格正變之妙。

身當旺令不須忌。但將用曜作根源。平命獨忌难發達。衰時

得用獨無德以恩為用真至寶以难為用多起倒以恩為忌
壽而貧。以难為忌身不保。

此節論恩用離合之法。

本宮端的管初年。宮若不純須舍悔。必取宮身俱缺合長安宅
滿任揚艱。即命主。

此節論宮星並重之法。

就中暗曜最难知。空地沓同實地司。寅戌兩星宛在午丑亥
二曜子中依。

此節言暗曜變化之格。

更有橫天交氣法。寅申有曜亥宮忌。巳丑卯宮亥未酉。短長多少度中移。

此論橫天交氣法。而借亥卯酉三宮為例。

果老星宗此的傳。星書一卷失真詮。諸般格局皆虛假。升殿入垣莫外索。

此節辨地理書。諸格之謬。

月逢晦朔皆為福。何必蟾光三五圓。但忌陰陽當剝蝕。七日之內切爭先。太白晝現經天日。難言扶挾恩大權。

此節論薄蝕晦朔經天宜忌。

日魂月魄命之根。五德五星應五倫。掌握乾坤惟此理。璿璣經緯治斯民。劉公昔日真知此。建國行軍掃大荒。無奈歷家多失學。增添宜忌漫評章。天元秘寶今朝啓。傳與羲和佐聖王。

此言推原造命之法。本於天宮曆法。大有作用。

雲陽五歌號天元。雖是微言實至言。晉顧知愚咸解悟。故將俚句廣流傳。一句一聯包數義。通之便是地行仙。其中與旨須尋味。慎莫差訛累後賢。

此節總五歌而致叮嚀之意、

天元餘義 杜陵蔣大鴻筆。

余既作天元歌五篇。授山陰呂子門人于鴻猷輩爲之章句。其於山龍平原。陰陽二宅之真義。既已大暢厥旨。復無餘義。然其爲文猶隱而未發。世之覽者。若已知我法則尋文會意表裡洞然。若未知我法。即沉思推測於詞句之中。鮮不循涯而浩嘆者矣。癸卯遊丹陽訪黃堂丹井之蹟。邂逅犀彥。究論天人。拔滯辨疑。遂成篇幅。以其反覆雖多不越五歌之旨。故仍謂之曰。天元餘義云耳。

辨五星吉凶体格

五星理氣貴研窮。格局分明造化功。實地圓峰金土水，空中杉水路也相逢。端然正曜人皆見，幻出奇峰世衆通。辭後直陳千万變，歌成古鏡發愚蒙。

此節言五行卦氣固貴分明，而五行星体亦宜審察，非特實地要得金水土三星格局，即河路壢灣之形亦要得此三星体格。但五行易測，而变体难明，予故詳之以覺世耳。

金星滿圓人知少。轉角雞尖峰如雞爪，尽處結穴倒曲樣灣身。復似綵編紋。放陽轉處抽中細。牛角歪邪不滿飽。人字貪頭尖又尖。黄金只怕大形擾。

此節言金星本為吉局，而变体則凶，最怕是凹入字樣処，変為火星，則金被火冶矣。蓋金星以圓滿為真耳，

秀麗水星到帯。摇頭擺尾反狼狽。斜飛雖情火形論。反出不廻避害。纏繞乱流非軟潤。動中不整惡居最。灣身不似龍盤様。莫謂直来称美瀨。

此節言平洋，固以水星為貴格，但变体斜飛，似火則非水也，要節節灣環，齊整乃為真水星。若摇頭擺尾，或乱流如

繩索亦非水星也。

土星整頓亦佳格。脩短觀來要看明。硬短橫過糟器樣。直長即是木情生。前丁又有丁居後。方正源流已不平。規不象天皆硬体。願君不必嘆峥嵘。

此節言平洋貴重土星。但土星之变体。横如猪槽。直如橋木。皆非佳格。或前丁後丁。誤認為土星者。葬下定絕人丁。

木星僵直無生意。有轉分明即土星。体象圓如執笏樣。朝來却似翠雲屏。方山子帶方冠帽。正直無偏似縣庭。不是法來直來許。誰云水口不宜丁。

此節言平洋木星最忌，但木星有轉，即土之形矣。或如笏板様，或如挿屏様，或如衙门前通道様，皆是秘処。要之長而狹者為水，短而方濶者為土矣。若幔様圓非本体，即平直亦不可用。

平洋火体勿用臨，火若圓明即是金。似火凡都要避，莫貪秀削禍來侵。不同木体可裁取，一遇火峰穿穴心。兩水夾成牛角様，劉郎前渡別方尋。

此節言平洋最忌火星，只有言星可以混入火星，斷無火星而回以借入美格者，故木猶可裁取，而火則不可用矣。

火龍本是異山龍，出者莫云終是凶。和潤平洋真妙格，山高山秀插芙蓉。尖峰疊起來朝穴，文筆分明學士宗。若有火星無土到，自然尊貴受王封。

此節言平洋忌火，至於山性陽剛則又取火矣。插芙蓉者以芙蓉最高而尖銳，故以為言也。蓋尖峰即稱文筆，而發文人學士也。

辨二十四山逐字用度之義

子午卯酉天元存，源流悠遠格為尊。公侯卿相本無褌，小鳥逢之变大鯤。官職高卑隨地審。只宜直節對龍門。若还橫過無束細。縱轉如車不足論。得水蛟龍能踴躍。當時魚涸便無恩。貧淫士女風聲惡。作賤為奴從作根。若要分明夫與婦。只將遠照近身評。短長更有當分処。子午無休不可渾。

此節言四正之支得時尊貴，失時貧賤，然此四位若源遠流長，卿相可得，如小局忽為大鯤也。但官職高卑要隨地而看，不可執一。盖謂大河大港，直從四正之方對來，或九曲朝如玄字樣也。橫過者，則不取也，而轉有似車輪樣，在於四隅之位則更缺在四正亦無大概源流要長耳若失運逆身男賤遠照女賤更有當分死者子午二位發得長亦堪得失以其父母在先天之位也以其能統三卦之縣也

○辰戌丑未地元現雖然局狭亦寬限手得用如泉湧。福作宮同如口寒若過天心偶一失損傷骨肉影死男女淫亂成宮小斜行偷盜更多端。

此節言四季之支失運傷丁且賤也

乾坤艮巽當分別乾艮雖男不須說巽看離宮有斯男。如逢衰死無遺乎乾山乾向尽源流大將逆陣威嚴亦烈。若逆艮宮龍脉長。用家守叅何憂戚。巽坤二位富家豪。永置田莊財莫竭。得運時來財帛臨。失運还要女悲啼。出文出武龍要看。灣抱車輪文脉血元武对堂非不美。大凡非富刚强刎。

此言四偶之干。乾艮生男失運傷男。巽坤致富失運傷婦。但四偶龍体不比四正。四正貴平直对。四隅貴平轉灣之水出文若直对。惟富豪守叅而已。 業

乙辛丁癸同支正。正馬催官品級飛。如運失時逢此位。洛陽才子貶長沙。單行独立多無倚。運至科名白屋家。運移權退人皆

賤。兆是工奴言語從。

此節言四正陰干。與正支合同得運。催官。失時降級。如若單行得運特貴。失時則賤也。 四支帶干並行者更妙。謂之真夫婦。

甲庚壬丙富莫高。逢極翻造作高堂。失元即有才千万。夫婦平居亦厭糠。更有一端分別処。神逢帝釋貴迎鄉。若逢四正支來補貴且富。兮賤且殃。

此節言甲庚壬丙得運富。失運賤也。而在貴人為帝釋。而與四正之支一齊同到。得運富而貴。失運貧而賤。

辨二十四山卦位錯雜

分房一地有艮巽。卦位多因錯雜呼。富貴不登兄弟襟。丁財偏旺祖宗無。試觀坎位同乾穴。富貴無丁後嗣孤。如遇乾宮逢一坎。兒孫蠻已賤貧夭。乾水流入坎方位。主母宣淫窮愛奴。坎水流歸乾上去。主公愛婢越尊姑。三元上下番戒看。推美分明點錯無。

此言乾坎二卦錯襟也。坎水當令而乾來襟入者。富貴而無丁。乾水當令而坎來混入者。丁多而貧賤。上元乾水流

入坎老母以奴為夫坎水流入乾主公以婢為姑
坎水當權艮水赴眼前歡喜悲遲暮艮山作主坎宮來男子雖多如耗蠹孤子伶人偏富貴滿堂夫婦哭門祚若逐甲卯来相輔貴無上兮賤無路

此辨艮坎二卦錯雜也坎水當令而艮來夾雜富貴而少丁艮水作主而坎來夾雜丁多而貧賤大抵與乾坎二卦之夾雜相同若再震來夾雜則當運而貴者愈貴失運而賤者益賤也

離巽二宮要分明如若不明斬血脉巽遇离兮多富賤閨

门不正女淫容。離逢巽兮貴中貧。琴瑟雖調弦數易。離水冲流巽水上。叔偷兄嫂哀门宅。巽風吹入冲離宮。姊伴情郎走阡陌。

此辨巽離二宮醫禨也。巽水當令而離水混入，離富而賤；離水當令而巽水通流，離貴而貧，且傷女。要觀水路之來去而詳其賤中之跡也。

兑坤二位要分明，一遇犬牙儀便感。兑有坤兮貴而貧，坤逢兑艷富無双。公卿拜爵四墻空，有万家貲婦喪德。乾艮生

男及長男巽坤致富貧又逼四維蔭貴賤來臨八卦參差當互推只有兌乾震巽位水源差錯無虞禨

此言兌坤二卦錯差也兌水當令有坤水混入貴而貧坤水當令有兌水混入富而賤蓋八卦有定位各分東西兩卦應臨當互為推測而詳其吉中凶凶中吉惟兌乾乃東卦之水可以同歸震巽乃西卦之水亦可同歸故無虞其禨也

辨二十四山逆位陰陽差錯

八卦宜詳三字訣一宮亦有一字法同宮夫婦滿堂春陽含

私情莫謂冷。壬子癸中原富貴。亥來女子死期臨。右邊丑字最無情。一到艮宮男嗣乏。

此節言坎卦一字訣。右夾亥傷女。左夾丑傷男。縱然富貴未免稍減。而至於損傷也。

艮宮飽滿丁財足。如遇參差便至凶。莫謂文章發到艮。一逢貴位賤淫胎。左臨甲子貧窮子。出煞收山宜剪裁。

此節言艮卦一字訣。奈癸淫賤。殺甲貧窮。而癸甲二方之水不宜混入艮。而艮水當令。亦不宜混入癸與甲也。

禍

甲卯乙中多富貴合同巽卦福多饒兩宮亦有一字訣右夾巽宮夫婦夭左逢丙位財先損發福雖多也虛凋中処差池原一体不同單卦福來招

此節言震巽二卦一字訣中間夾祿是同人愈多愈美左邊夾丙傷夫右邊夾寅傷婦也

三陽富貴永無休夾入他宮也要愁莫謂丁行坤位美一甬邊未位子先憂如逢巳位女悲死一遇龍來有相刑富貴人家男女折單蛇大概日來蹤

此節言寅卦一字訣夾未傷男夾巳傷女也

坤宮得令丁財足。一氣清純福始悠。如若庚來財始折。一逢丁位賤無虞。縱然力大能支敵。巨富小傷也見愁。閥閱名門多醜音。只因離亂帶薰蕕。

此節言一字不夾他卦訣也。若夾庚傷財。夾丁致賤。若坤卦一字之中。而夾帶乾兌離三宮。敗無救矣。

乾兌双卦本同体。夫婦同和樂唱隨。左遇壬方流水到。生宮雖盛富終衰。右臨申位流水至。斷定妻奴要見危。逐字排來逐字轉。撥星一訣鏡中窺。分看更有工頭訣。左遇凶星長房虧。右遇幼子難逃害。次房前後煞星推。微微帶煞多憂病。如遇凶星視視覗覗追。轉角宜（直）流明有力。橫過暗口禍如雕。逐宫挨轉皆同論。二十四山任我挪。

不但正神如此辨。零神亦要分清宫位。倘若不清禍福亦以顛倒。故正零催也當一安定分清。不可他宫混入。此節前半辨乾兌二卦一字訣帶壬傷財帶申傷女也。後半辨分房或病或死。要看水口之有刃無刃。以論災福之輕重也。

蔣大鴻著

古鏡歌中卷目錄

辨水路去來格

水神衰旺有權衡。水路去來亦豈一。凶入吉中禍稍輕。匙仍來难見。孫敵吉流凶去吉成凶。外賊不來家賊逸。一載禎祥後復凶。初年見福後無病。陰龍水路要陽朝。陽水流歸陰要匹。立向剪裁有定衡。三年五載葳可必。

此斷言水路之來去、以斷吉中凶、凶中吉也、凶方流入吉中、如外匙來侵、一家骨月自能敵得他過、吉方流入凶中、如匙在外迎窺伺、却來敵來、乃家賊先反、家主孤懸無助、何以支持、此理甚微、或吉流入凶者、當初年有福、後必有災、或凶流

會中看香初年不利後必有慶也總要配明陰陽審定
水路吉凶收住陽神耳
辨上下元龍異同格局
水光蕩漾固美豪龍局參差莫自高。富貴先前非不美。堪貽
何如耀見曹。北方斗柄建臨午。離位歪斜奚用勞。水路東邳下
元格。上元酉轉渠陶。巳龍來兑位局作卯。一位龍元先異槽。如
在中元非对待。君名赫奕肇基牢。
此節龍辨何不同元者發富貴而不丁也。如下元坎方有水
當取離方局上元酉方有水當取卯方局要之上元西邳

第一其实又以長子為肯何也以長子為代父之職也如後天之震即先天之離故仍以後天之離對坎為第一得令者以乾父與長子同宮故也如先天之震即後天之艮也以先天之震為長子故二黑當令即以後天之艮對坤為第二如先天之坎即後天之兑也故碧當令即以後天之兑對震為第三如先天之艮即後天之乾也以艮為少男故四綠當令即以後天之乾為第四而屬在五黄之運然則先天之乾父非特能壹後天之震之屬在先天之离而仍屬後天之

離者，亦且能覆先天之坎，而屬在後天之兌位，與先天之艮而屬在後天之乾位者矣。

四陰卦為下元，如坤為母，能統領巽長女、兌少女，則六白當令，即以先天之兌為第六，而屬在五黃之運，兌為少女，而運在五黃者，以先天之兌為後天之巽，而先天之巽又為後天之坤，且凡少男少女皆屬在五黃故也。如先天之離即後天之震也，離為中女，故七赤當令，即以後天之震為第七，如先天之巽即後天之坤也，巽為長女，故八白當令，即以後天之坤為第八，如先天之坤即以後天之坎也，坤為老母乾父在首，坤母在尾，男女已在當中，故九紫當令，即以後天之坎為第九，然則先天之坤母，非特能兼管先天之兌，之屬在後天之巽者，亦且能兼管先天之離之属在後天之震位，與先天之坤之属在後天之坎位者矣。大抵陽卦自長而少，陰卦自少而長，父母自在兩頭，男女居在中間，何也，以少者屬在五黄故也，將先天後天細細排來，則卦之理氣既明，而運之修短亦明矣。

揭訣已詳在地理辨正青囊者參註中，此則原其所以然之說也，即楊公所謂顛顛倒倒之義，原其本則平洋原非顛倒，山龍理氣乃真顛倒耳。

辨山氣廣狹訣

南北六爻三卦已，四三十二是同龍。其間亦有長短訣，子午卯酉總無偶。乾坤艮巽原同論，宗祖本殊傍二爻。甲庚壬丙陽四氣，寅申巳亥双陽就。局元寬狹不同途，發福長短殊厚薄。癸丁未辰戌双陰偽，丑未乙辛陰獨守。或偶或奇異樣看，抽爻換象隨機湊。

双陰双陽之位，其元本厚，惟單陰單陽之位，其元淺溢。

福不然耳

此節辨子午卯酉之運長矣八卦之宗祖其運循長何謂双陽如寅與艮巳與巽比肩為陽之類是也單陰如癸未一位獨行之類是也大約一卦三爻中一爻為本卦宗祖其力甚大旁二爻逢双循厚逢單則薄矣立穴之時宜收其双不宜收其單所謂抽爻換象隨机湊也

辨立穴收山遠近訣

平洋立穴城門訣。遠近看來要辨明。大蕩大湖宜緩受。小溪小澗急相逆。淺深澗狹宜詳審。十丈何形十丈衡。一口西江吸不尽。安坟遠水见來横。水先大逼喉嚨小。出煞收清福兆萌。伏涸僅供升斗水。縱然發福亦無情。量山裁水短長異。尺寸毫厘亦要清。

此言立穴輕重相稱，方為有福而無禍。總要看澗形河路許多澗大者亦要留些許多。若水口大而逼近立穴，如西江之水，一口果能吸尽乎。口吸不尽，身且為之汎濫而沉没，致死矣。如水口僅有幾丈澗，立穴遠些，數十丈是為遠水安坟，死氣侵也。譬之奥涸巳伏，僅得升斗之水。果能有

濟矣既無滑而四面死氣反来混雜是以有禍而無福故毫釐尺寸之間總要與水相衡也

辨穴星厚薄訣

貼身水城是穴星。乳邊掛角穴安穿。但看他勢薄與厚。雄壯卑廉在辨形。廣大豪雄人物壯。卑廉定許弱伶仃。威嚴赫奕官員大。淺秀人文但唧呤。千里邦畿天子顧。封疆百里是侯廷。更有一端分明處。須出武夫秀出灵。

此節言平洋穴星不是乳邊。即是掛角。但乳邊掛角之處其勢要雄壯。雄壯則官職大，財力厚。若卑靡，只視秀弱。故天子郊畿千里，四圍威及天下；諸侯封疆百里，求免親亡守法，振叠之勢乃小耳。倘誤認雄壯，而錯到頑皮，正出頑丁武夫耳。原以秀色而雄壯，非以頑皮為雄壯也。且秀色以生動有情為秀，非以卑隘為秀色也。

辨下穴淺深訣

堆山下穴是平洋，執定此說真邈甚。地氣上浮宜淺葬，深藏得力貴無疾。葬深葬淺看形勢，雄壯分明深葬康。如遇淺邊和泊岍，高山堆起福悠揚。更看一地吉凶異，淺深斷然

失主張

此節言平洋穴星，或淺或深，下穴要看形勢，形勢闊大而厚實宜深葬，形勢狹隘者宜淺葬，或堆山，或深坑，總在地上分明，要之葬深若得遲，葬淺發得驟，故平洋大概多淺穴耳。

辨座穴燥濕訣

平洋低蓄最是朝宗也，要排細細看龍哭，落低田與水道。腐根朽骨莫如山，微微潤下真龍息。特下水槽氣不從。非是病腫即痼脹。還憂丁少絕無踪。縱然格局非凡格。財氣橫加到底空。丁少財足何云美。願君不必苦泥封。

此節言平洋下穴固貴依蓄。然四面微微低來而起者。是為真龍棲息之所。若四面平平。忽到座穴之地。或數畝。或幾丈突然低下數丈。或尺許。非為依蓄。員者小墩。長者水槽。真氣暫住。與穴星不連。腐骨栖棺。非是病腫。即是病脹。提要水法。合元合運。屈曲有情。而穴星不合。財氣雖多。丁却甚少。不可取也。

辨空陷忌流神訣

水神衰旺有權衡。立穴移那要辨明。空位流神最易犯。一絲失察便無情。坤巨翻向乾臨艮。寅位即移空位名。壬巨翻臨來到丙。丁方空位是門根。若逢了港支河攪。冲破陰陽多受殃。冲破陽宮男不育。冲破陰宮女無成。單宮冲着人財減。双位冲來便小丁。更慮爲官多剝落。飘零一到禍根生。功勳赫烈銘鐘鼎。只怕中途走狗變。莫謂亂流如織錦。一逢此故福終輕。

此言衰旺，全在乎水，而立向更無分明，以空位流神一犯，便多凶禍。何爲空位，如坤壬乙，要巨門從頭出也，立坤山艮向則巨门翻在艮矣艮為陽順輪祿存到卯則寅位為九星所輪不着者即為空位如立壬山丙向則巨门翻在丙矣輪祿存到未則丁為九星所輪不看者亦即為空位如立乙山辛向則巨门翻在辛矣辛為陰逆輪祿存到申則庚位為九星所輪不着者亦即為空位空位之処最忌流神冲破流神非城門之謂也諸如义河支港或斜倩而来或横豎而出撓箕流神冲破冲破丁位丁乃陰位斷女不生育即生亦不能長大冲破庚位庚乃陽位斷男不生育即育亦不結実冲破丁位一字单陰位也丁雖然未必全無

如星辰翻臨在丑子癸皆為聖位雙陰位也若亂流冲破則丁將全無世亡有財而無丁也大抵然也丁出而富貴亦為未減但無丁易則出卑賤不易見耳要之無論得元失元總不可受此刼也此全立向之驕卯也流神之訣比天元歌漏道之說要精一層耳

辨吉星照臨訣

衰旺權衡操一水。初年正合在九星。水逢吉位星非吉。冠剝屋宮不地見。總發未時藏年半。縱然天地亦無情。水臨凶煞星逆吉。挨到凶宮禍必輕。宜死病遭也自解。莫欺滅戶被人驚。諸如离艮兑乾水。運是上元吉氣生。四位排星誰是吉。亦須一二三來臨。巽山乾向一端看。破在午兮离不忌。甫在坤方煞上殺。弼加兑位福終輕。貪在乾方吉更吉。巨臨坎位制凶星。祿在艮方為吉照。水逢吉照始敷榮。

此言水固要吉。星亦要吉。水吉而星不吉。其福輕。水凶而星不凶。其禍減。如上元。离、艮、兑三位之吉水也。亦要將上元一白、二黑、三碧之星。輪在三位水上。其效始神。如立巽山乾向。無水朝逆。從巽輪起。离上吉水。便不能效。甫到坤上乃上元煞水也甫亦上元煞星是乃取紂為唇弼到兌亦為煞星尅制貪到乾巳為上元吉位貪亦上元吉星是為歸上添茂巨到坎為吉星魁山宮祿到艮為吉中吉文到卯廉歸平位逢廉摠在中也如此推去自然不差矣此論平洋並無來龍蹤跡者

辨前後左右高低訣

平洋立穴水為據定地高低當考稽百步之中喉舌地一綠失察如濺泥旺方昌拜浸高下若遇零神又要低正要高厚

氣乃到。零神不洩煞來裔。如嫡大遠一迯削。西地煞今氣真西。有了西方低界氣。西方煞氣莫能蹟。有了東方昌拜意。東方昌拜一齊攜。此是堪輿微妙理。願居為人一提撕。

此辨坐穴高低。謂生旺方宜高々則其氣自高而下潤於穴中也。煞方宜低々則殺氣不能自下而上。且煞方低便能引動高方生氣。又能界住生氣。如上元西為煞方東為生方西方微々低煞氣不能來東方微々昌拜生氣偏能聚也。若水神立穴。而不管實地方高低。便斷為大富大貴。大丁大財。倘高低差錯。而富貴不能應丁財已減半。今

註：人往往言其边大浅者未知此理固也此昌拜乃能昌拜氣非昌拜水也

穴前忌流神水訣 即割脚水

平洋不患水臨頭割脚水来却自愁隱隱田间流水過如逢此刼斷生憂時師只說水来聚果曉穴前冲散否离穴满寻不足危天心水聚自然休

此言坟前忌田间水路割脚而冲散生氣也若离穴满寻便非割脚名為水聚反能致福

正神忌流冲破訣

形非剖脚自無憂方屬正神當遠眺如過水溝與水口横過瞎口禍難了就身百步要完全冲破來時氣始出誤認零正稱妙局傷時覓要初年大零神河内更流神官上加官禄福饒

此節言正神忌水溝水口冲破也若在零神則外有河内有港名為外羅城内羅城而妙中又妙矣

古鏡歌下卷

送水歸塘格

水神逕繞貴殊尤送水歸塘福始悠丙亭同槽雙水路歸

塘送水暗中求。隔河可頂低田兆，昌拜朝來穴自休。頭頂車輪並低照，穴潮昌拜氣兜收。乾宮轉角車輪秀，对岍低田水聚流。此是平洋奇妙訣，尋常豈得漫同傳。

此言水輪纒繞固足貴矣，而水輪之處隔河对岍低田之水来聚，水輪之處下穴以頭頂水輪，與隔河对岍田，名為送水歸塘。有似乎兩馬歸槽，是名兩條河路，雙雙河道纏抱顯而易見。送水歸塘則一條明河对岍低田，隱隱水聚相從，或低數尺或尺許，不比明河，故曰暗相求。即如乾方輪轉角对河無数低田仍是乾位下穴頭須乾方水輪與乾方隔河低田作乾山巽是也如作巽山乾向則又非其水矣。

辨砂吉凶格

穴得水兮不用砂。有砂護衛亦堪佳。零神低伏非高起。界生逼煞終是差。正位高翔偏踴躍。能廻煞氣旺神遮。寸長尺短宜詳辨。失察絲毫即禍芽。橫蓋穴前稱煞格。兩邊拱抱護輪車。若逢四面尖頭射。誤認文峰何反嗟。

此言零神之砂宜高。正神之砂宜低。零神不高則煞氣不能界隔陽生氣不能引動正砂不低則砂氣迴風而反生氣高壓而掩蔽也又要觀其形勢爲盡砂左右爲護砂秀麗生動有情合吉若如大形四面射來其凶更甚

辨屋前吉凶格

矗矗樓台殿宇高死生衰旺察秋毫挨星既定零神訣遠近看來休亂操吉不吉兮凶可避一脊射來一代發而重射來兩時豪最忌冲起翻來看一脊儼如一把刀反氣迴風能不變吉凶禍福應時遭若近返轉隨机變大約旺宮名吉

曜一逢衰死便憂勞。百步之中宜審察。何須以外口傲傲。

此言屋宇高起名曰嶠星。若在零神。能庇蔭穴星。若在正神。便成煞曜。但要看遠近之分。若在百步以內。則所迴之風所反之氣未及變換。吉凶從效。若在百步以外。則所迴之風所反之氣沖到穴中。已皆變換。吉者非吉。凶者非凶。如屋宇在乾。穴居巽巳。氣沖到乾方屋工。撞墻而轉迴。百步以內未及變換。猶為巽氣。若百步以外。立穴已遠。迴到穴中。仍變為乾。而又非巽氣矣。餘類推。

墩阜吉凶格

莫以墩托尋龍脉。三尺高時即是星。如在零神能庇蔭。一逢正位便遭凶。更看形勢土金秀。木與火兮總不宜。尤宜旺宮也要避。衰宮秀麗亦伶仃。時師只說龍樓處。誤盡人家傷盡丁。

此言墩高三尺便成星体。能操禍福之柄。謂在零神星吉。謂在正神凶。更要看形体。或土或金旺宮有福衰則有害。如木與火旺宮且要避。衰則不必言矣。

・橋

嶠星矗七休囚種。如遇橋梁福禍淺。零神雄時能引氣。正神時凡生機纏。旁遙臨猶見泥。學同墩垱近邊惡。旺宮冲起撐天柱。衰死冲來凶惡宗。石與木兮猶要辨。木橋不若石橋重。坟門立柱碑坊聳。其義寧殊橋路宗。

此節承上文屋宇墩垱嶠星矗七圖為禍福柄至於橋梁更甚。衆人往來走動，其機更活，在零神能冲起生氣，在正神亦能冲起煞氣，故得時甚言（吉），失時大凶。百步以（外）外，尚能吃緊，況近照乎。至於坟門豎立石碑牌坊，則一樣論也。

路

路能界氣亦能通，與當水神一樣評。大路彎環元字体，陽神三摺穴前縈。直來直去無生意，乙字彎身最有情。合看旺宮帮看水，愈多愈美福千祥。細蹊小佰宜詳審，衰運來時土箭若出。煞收山全賴避，方許羅仙陸地行。

此言路亦大關風水，生旺而彎環則吉，衰死而硬直則凶。如得旺宮之水，又得旺宮之路以助之，發福愈甚也。至於田間小路，亦當細看，若直死射來，名為土箭，亦當躲避。

始爲全美。不然难免吐血之病

埧

水輪轉處患隄防。有了隄河生氣暢。調在旺方福藏來。如逢衰位便參商。苟非痼瘤聾和啞。折脚蛇腰拖是殃。若是滑流生氣散。一逢堤埧小盈囊。連珠不美称隄埧。節節相連定小塘。此爲平洋奇妙格。切莫錯認費推詳。

此節言水輪之處。不可有埧。埧即間斷生氣。不患痼瘤即生啞子。至於滑流之水。有埧攔住。又屬甚妙。更有連珠格。如池塘六七口。節節連來。中間似乎腰斷。此非埧也。

不可誤認而棄妙格

井

井蛙雖小氣沖天。掌訣挨星不可愆。挨看生宮真氣到。偶逢衰死穴心穿。旺時秀麗愈文華。煞氣沖亡天際懸。若非癡啞即盲疾。切忌坟塋井底边。百步之中宜遠避。失元斷定禍相連。

此言井在旺方美勝文筆。若在衰方愈惡愈罹也。

井池塞窖

諸凡惡曜都能化。糞窖牛池不可迯。芳馥一逢猶氣散。十年猶臭莫能蠲。臭陽未達污棺骨。污穢閨门定不怨。不論死氣生亦避。遇敗坏家風須舍棄。

此言諸凡星峰都有生旺方可論。惟牛池糞窖只有凶而無吉，宜避之可也。

田角

水神其地宜星体。田角參差还要看。或看金形和土德。自能護衛穴中安。若遇尖峰如火射。縱然合運也心酸。一峰一射一見丧。如遇兩峰兩子寒。更看反弓與凹進。反弓家賊先自殘。試觀凹進來胷心。日疸促而陷不完。

此言面角尖峰四射。最非佳格。向朝面角亦要金土形至於左右兩旁亦宜圓潤。如見尖峰簇簇。定傷小口反弓而出者。定主家賊凹凹而進者。必多外盜。論至此微妙極矣

灰塘

灰塘雖小不宜輕。三尺低時亦是星。墩埕橋峰同此論。一毫緊處許通靈。若不通開破穴星体。總笑破軍定傷丁。穴前穴後宜飽滿。又灣八曲火安寧。

此言灰塘與墩地同論，其吉明矣。更有穴前穴後之高八低之四八凸，雖在旺方，總屬破軍，切不可認為吉曜而當之也。

水路吉凶格

反弓之水實堪憂，當與非砂一樣愁。反出不迴僧道類，如逢迴轉客商遊。風吹婦女走阡陌，盜賊頻臨恐不休。出仕之人多剝落，還遭公事半徒流。都天寶照宜參看，合看何宮效自酬。

此言反弓之水，與山上龍同論，其凶莫甚。然其凶效必在某何卦位，則如此應，某何卦如破應也。

水漲輪環処患又河。丁後丁前揔有病。即不出宮真氣散。如逢越卦見殘多。高峰尖尖峰乱射。崇芽倅聚禍成巢。又又八卦皆流破。一枝一射一様叉。莫以旺宮貪遠照。破軍星倅泪滂沱。手足傷殘兼小口。禿頭膏聲類斧柯。會何橋倅詳休咎。要看何宮定不訛。

此言百步以内要星倅完全。如高崗河道了了人人如崇芽祿如斧文祿其凶莫甚。要之與嶠星皆要看在某位。則某人妨某位。則某処應也。故下文逐分露一端云諸凡破碎看何位。二十四山逐位重。壬子癸中逢此劫。定然家母禍來償。偏居癸位婦人受。倚在壬方男子傷。八卦排來同此論。一到人坟視吉凶。

此一節總承上二節。言諸凡忌曜固甚凶矣。然其凶处要看某位某人承當。即如坎卦乃先天之坤也。坤為母。故云家母。癸為陰。故云婦人。壬為陽。故云男子。且要看八卦屬人身之何體。若如艮為手。定要傷手。震為足。定主傷足。離為目。定主傷目之類是也。總要以先天八卦為主。如先天之離。即後天之震。支河界隔。即可斷其為目病

也八卦震兌之訣春光洩盡於此矣八卦爲身體之義詳見易經繫辭可考

楊公妙訣秘中秘口傳無書宝暗深我爲著明掌訣意更將遺訣括歌吟言已㨗是先賢授半點全無枉撰心思遇着福緣無亂洩深深藏宝秘不同音

此言

楊公秘訣有口授無書傳我既以要訣註明在辭正註中矣更將遺訣括成此歌以告世也但福緣遇着看者雖深藏宝貴是爲中志耳

辨偽揔論歌

萬卷堪輿揔失真。諸家秘本最堪嗔。先賢名姓憑但冒。豈有當年手澤存。杜陵蔣氏通玄竅。嘗將妙訣辨諸經。撰成一卷天元秘。外無隻字與他文。何意江湖行乞者。復將偽法乱玄空。五經註解穿鑿眼。挨星圖等巧安名。户誦家傳如至宝。興災釀禍害生民。我憫世人遭杀毒。苦心辨駁著斯文。竊恐愚夫迷不悟。括成此局好歌吟。願君細察歌中意。莫枉歌中一片心。天下真龍斷復起。渡海穿江不計里。山根委曲地中行。變化多端無定体。時師開口說八卦。乾未入坎為大旨。剥得艮辛壬始收。不換酉丑子不取。執此成規去格龍。

山穴平洋皆失執。八方位位有龍神。乘得生氣是真髓。從無剝殺為龍局。豈有方位限龍脉。劝君莫聽此胡言。誤向熟方探脉理。天机妙訣從來秘。楊公洩漏真消息。星辰旋轉挨而用。其中妙処全須逆。原說五行顛倒顛。庸庸之輩何能識。玄空理氣在挨星。生旺休囚此中出。量山步水總一般。立向灘砂收二格。挨得吉星路路通。挨得凶星路路塞。有人識得挨星竅。眼前尽是黄金陌。退笑時師隔四排。誤尽天涯聰慧客。劝君莫听此胡言。天元九氣是真訣。雌雄交媾大陰阳。惟有姜公說最詳。豈料庸奴分又錯。亦把干支去較量。若立子山並午向。必要午水出乾方。午來陰兮乾來陽。執定此說甚荒唐。也曾硃批真交姤。那裏懷胎喚父孃。我述裴歌來教汝。陰陽指氣不指方。乾坤艮巽是陽位。有時呼陰不喚陽。乙辛丁癸是陰位。有時呼陽即喚陽。陰陽亦在干支上。不用排來死煞方。眼前夫婦不識得。卻將寡婦守空房。勸君莫聽此胡言。玄竅相通別主張。諸家秘本何人作。註解翻翻尤醜惡。繪圖繪局死規模。搖把山川牢束縛。半世失卻杜陵宗。清泉直是追魂鑒。蔣姜以上無此書。宜寶。以後方撲朔。從此紛紛學地人。欲下工夫無着落。焉得將書付祖龍。免教蒼生遭毒藥。

辨玄空大卦論

地理之道由來旧矣自古聖人皆相陰陽以立宅但其微妙未嘗明言迨秦末漢初黄石授書屺上始出青囊迨晋又出郭僕因青囊而著葬書至唐又出楊筠松因青囊而著奥語天玉寶照撼龍疑龍諸經以授曾求己曾公恐後人不解其奥又著青囊序斯皆地學之真經前賢之秘要識萬世不易之正宗也奈世運衰微天机隱秘自唐以後一行造翻卦以乱外国諸家五行因之雜乱而出將以擾外國反以禍中華如是以訛傳訛而地理之道遂失其真

矣。明末幸賴蔣大鴻先生，上稽管郭楊曾，下考歷代往哲，心慕力追之下，悟徹玄微，故有辨正之註，辨偽之文，後復自言所得，又作天元五歌，皆所以昌明正道，開導後學，共歸於真也。無奈今之時師雖從事於蔣公之教者甚眾，而究得蔣公之秘者實少，不得其秘，而乃胡思亂猜，又造偽書偽法，衒惑於世，為射利張本，因得穿倒眼、一粒粟、一值仙、山龍圖、得益錄，以及五經注解、諸經直解、四十八局等種種偽書偽解，不堪枚舉，其顛倒陰陽，變亂五行，又亂真為偽者，更復不淺。予從事此道，亦有年矣，皆在此偽中探索，久而後始知俗學之非，思竊經絕，幸遇檀溪先生，將辨正一書，口傳秘訣，逐一指明，始之地理之用，全在天玉寶照真語青囊序中，無法不備，無微不顯。始知諸家祕本，汗牛充棟，俱皆得半失全，毫無折衷，不知此中之道，必須有所折衷，乃可取用。辨正一書，誠地理之折衷也。凡書之合于辨正者為真，不合者為偽，穿鑿附會，不合之尤者也。予是以不得不將諸書之真偽，間一辨之，以為有識者剪荆棘而露真蹤，俾迷津而歸正軌，庶地理之道，乃有入門，而不至於亂也夫。

青囊万卷說紛紛。誰向鄞江一問津。大抵天机多隱密，故將偽法亂玄空。万卷青囊改作真。天涯莫謂没知音。楊曾秘訣分明語，道不虛傳只在人。

辨挨星

夫挨星者，乃天元九氣之真訣也。天有九星，地有九宮，以九宮配九星，有貪狼挨至右弼，自一宮挨至九宮，旋轉九星，挨而用之，故曰挨星。人能盡此挨星之用，則造化在手，呼吸通於帝座矣。玄空大卦原出挨星。前之庸師不曉玄空大卦之秘，故楊公云時師不識挨星學，只作天心挨。今之言玄空大卦者，若不知挨星之秘，焉能執方寸羅經，妄談二十四山也哉。蓋挨星為地學之綱領，最尊最貴之秘訣也，故天玉內傳云惟有挨星為最貴，泄漏天机秘。青囊奥語云，劝君再把星辰辨，吉凶禍福如神見。若於時師之稱四加挨，則有一向自有一星万古不易之死例也又何足貴吉凶禍福又何從而見原明不知起星下卦之秘是以胡行亂作有從向上起揆者有從坐山起揆者有從水口起揆者有從八山之下互起貪狼為山山揆貪用者種種不經不法毛無定見且水口起揆九星中惟用貪巨武破輔五星者又果何意也夫揆星只有坤壬乙巨門從頭出一法乃揆星之定局山水之秘要楊公立法更無二门又豈有貪狼子癸與甲申云云為水口五星之起例耶詎不知八卦九星在山在水雖有成規盈之則不能損之則不可焉得山用九星而求

則火之也或者云宗照中有所謂識得五星城门訣立宅安墳大吉昌以是而用五星乎然宗照所謂五星者兇時補救之道城门者當時直塹之机豈水口五星可同年而語哉夫山水一而已挨山則知水挨水則知山正一挨也而山水之或凶或吉皆了然于心所不同者只在五行顛倒顛耳豈有挨山挨水之起法種種之不同者乎吾願世人慎勿惑於其說

挨星真要訣還者是前緣山水誠奇異陰阳实倒顛此于独中妙天机玄又玄會来夫婦媾錯認死生杖諸書皆偽託秘本失真詮寄語庸庸輩相逢莫乱傳

辨乾入坎

夫乾入坎者，乃天心正運也。用先天八卦，查氣用於穴中；後天八卦看形用於蒙外。此蓋自其所已成，反其所由生，以甲其顛倒之用也。何今之時師，反以乾之入坎，乃後天之乾入後天之坎，取先後天之相見為審龍格脈之用乎？嗚呼！不將以楊曾廖賴諸公為不得其真，而輩反其得秘乎？如以諸公為真，則夫輿語青囊，何以不偶一言及葬法龍經，何以不略露一班？此明係無學盲師之所偽造，江湖術士之所捏棫，而毫不計其根底者也。且東卦者，坎坤震巽也；西卦者，乾兌艮爲也乾何時而可入坎乎坎何時而可用乾乎乾可入坎則山脈已不清矣山脈不清則水必可混門路亦可雜東時西時之卦亦不足援試問今之地理家東時而可用東時之水乎否西時而可用西時之水乎否東時而可用西時之門路以通西時之氣西時而可用東時之門路以通東時之氣乎否度必不可鳴呼水與門路不可混而龍又不可雜乎不可雜則天坤壬乙子未卯甲癸申八皆以爲下元剝換之龍局者乎直以爲上元挨星脫煞収生之局也艮丙辛午酉丑寅庚丁八皆以爲上元剝換之龍局也乎直以爲下元挨星脫煞収生之局也則所謂入首有所謂入者在也所謂先後

天之相見，自有先後天之相見者在也。今之言龍法講剝換者，俱皆失卻前人之正宗，背卻先人之雅範，而喪心滅理之甚者也。吾願從事斯道者，其皆痛除此數，而于正道中求至理，莫於偽法中討消息，則幸甚。

辨東西兩卦訣

夫人皆言東卦，而不知何以為東卦；人皆言西卦，而不知何以為西卦。吾何以敢謂其人之不知也？蓋吾自浙江至南省，所見習學堪輿家地理者，紛紛及其講龍脈，言剝換，俱以後天之乾入後天之坎，為審龍格脈之用，八卦俱從此推，故敢言其不知也。嗚呼！傳之不得其真，將先人之本亦失矣。天心正運圖中固有所謂乾入坎并說矣，然此乃先天入後天，發明東西兩卦之宗旨，非後天入後天，混雜東西兩卦之龍脈也。人不知而以為格龍之用，莫不至毫厘千里之差乎？吾自得檀溪先生指點之後，因而發明於是圖之故，乃不畏天律，為之大暢旨曰：東卦者，坤坎震巽也。夫坎坤震巽何以謂之東卦乎？不知雖以坎坤震巽為東卦，其實以乾震坎艮先天四陽卦為東卦。以先天四陽卦為東卦，而乾入坎并卦之義出矣。如後天之坎对先天之乾一，則白當会，即以先天之乾氣入坎為第一故乾入坎也後天之坤对先天之震則二黑當令即以先天之震氣入坤為第二故震入坤也後天之震对先天之坎則三碧當令即以先天之坎氣入震為第三故坎入震也後天之巽对先天之艮則四綠當令即以先天之艮氣入巽為第四故艮入巽也西卦肖乾兑艮离也夫乾兑艮离何以謂之西卦乎不知雖以乾艮兑离為西卦其实以先天兑离巽坤四陰卦為西卦以先天四阴卦為西卦而兑入乾其說之義出焉如後天之乾对先天之兑則六白當令即以先天之兑氣入乾為第六故兑入乾也後天之兑对先天之离則七

亦當令即以先天之离氣入兑為弟七故离入兑也後天之艮対先天之巽則八白當令即以先天之巽氣入艮為弟八故巽入艮也後天之离対先天之坤則九紫當令即以先天之坤氣入离為弟九故坤入离也其相対如此大抵陽卦自長而少故由乾而震而坎而艮陰卦自少而長故由兑而离而巽而坤父母居在兩頭男女邑在中间次弟井然不紊此自然之天毫無人事强者也其所以然者何也誠以先天八卦查氣用於穴中後天八卦看形用於象外以之論方位則必以後天八卦為主以之論氣運則必以先天八卦為宗故取坎坤震巽為東卦者以其得先天乾震坎艮之氣取乾兑艮离

為西卦者以其得先天兌離巽坤之氣也不如是其位置甚至出脈不清而禍福無據地理之道亦無明驗矣弟不識今之學者一見余說其以是為然乎否

排山正掌

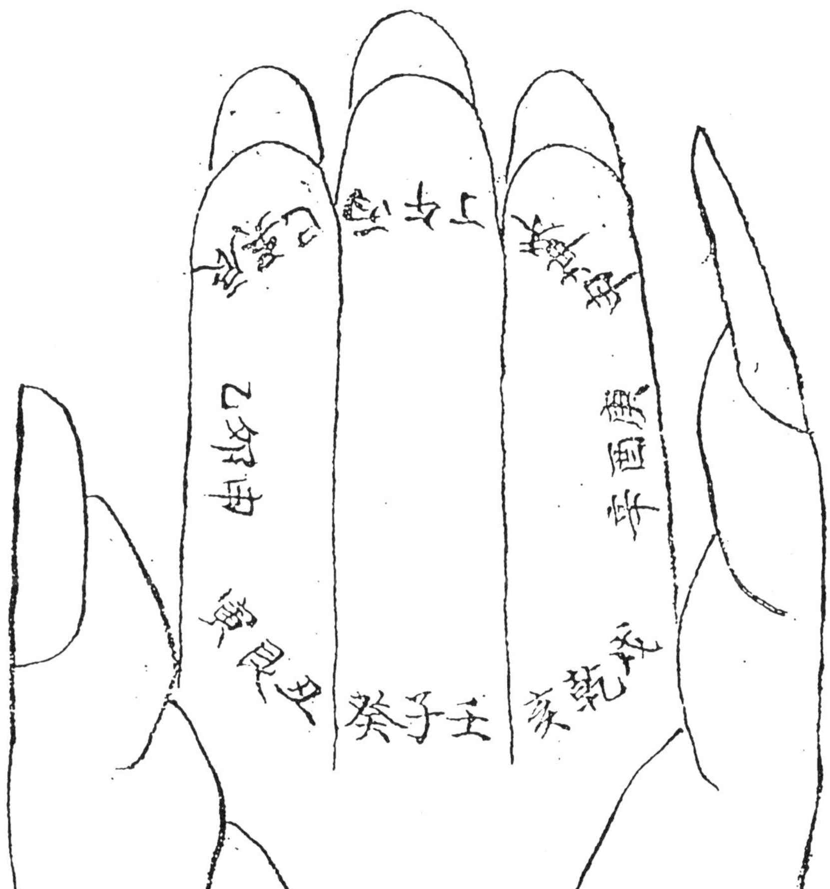

挨星居宫

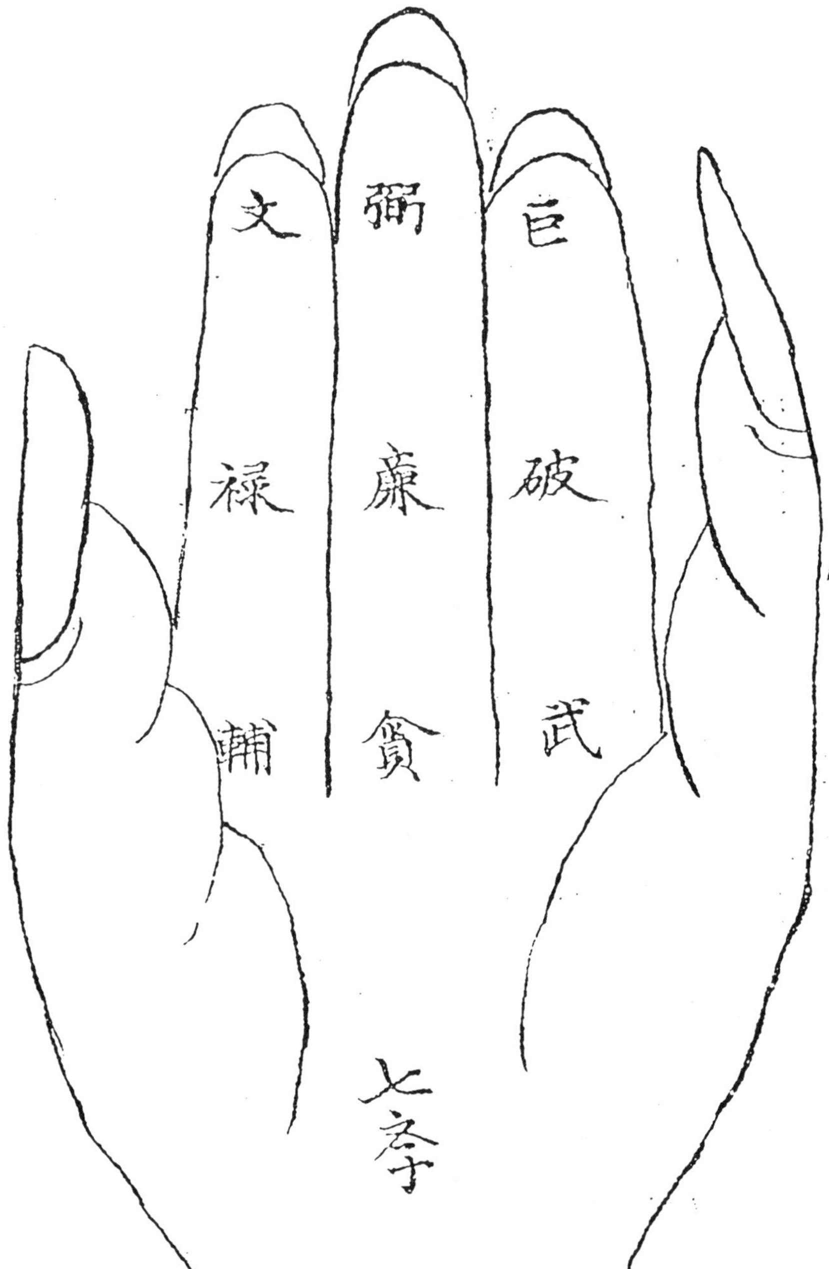

先天八卦

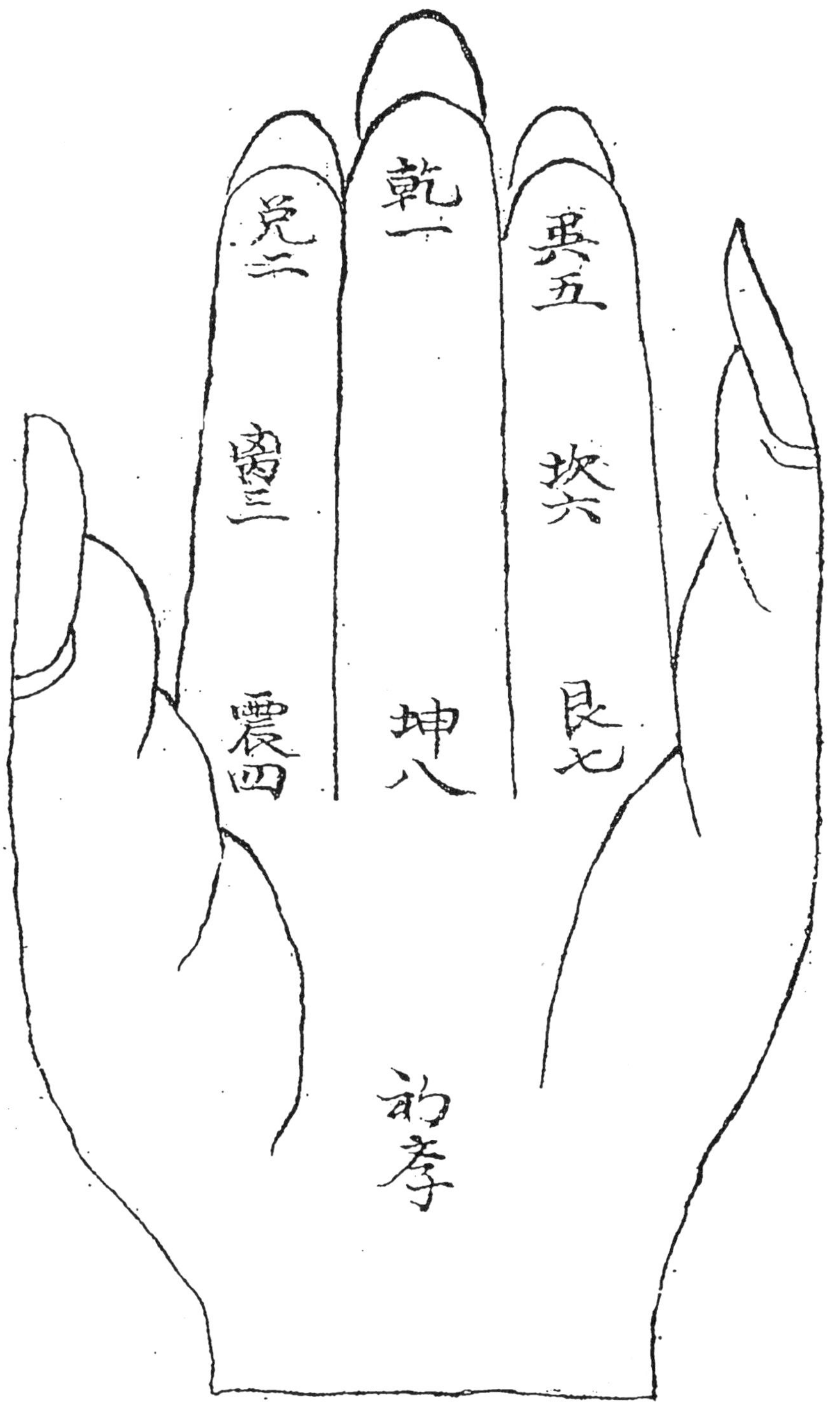

後天八卦

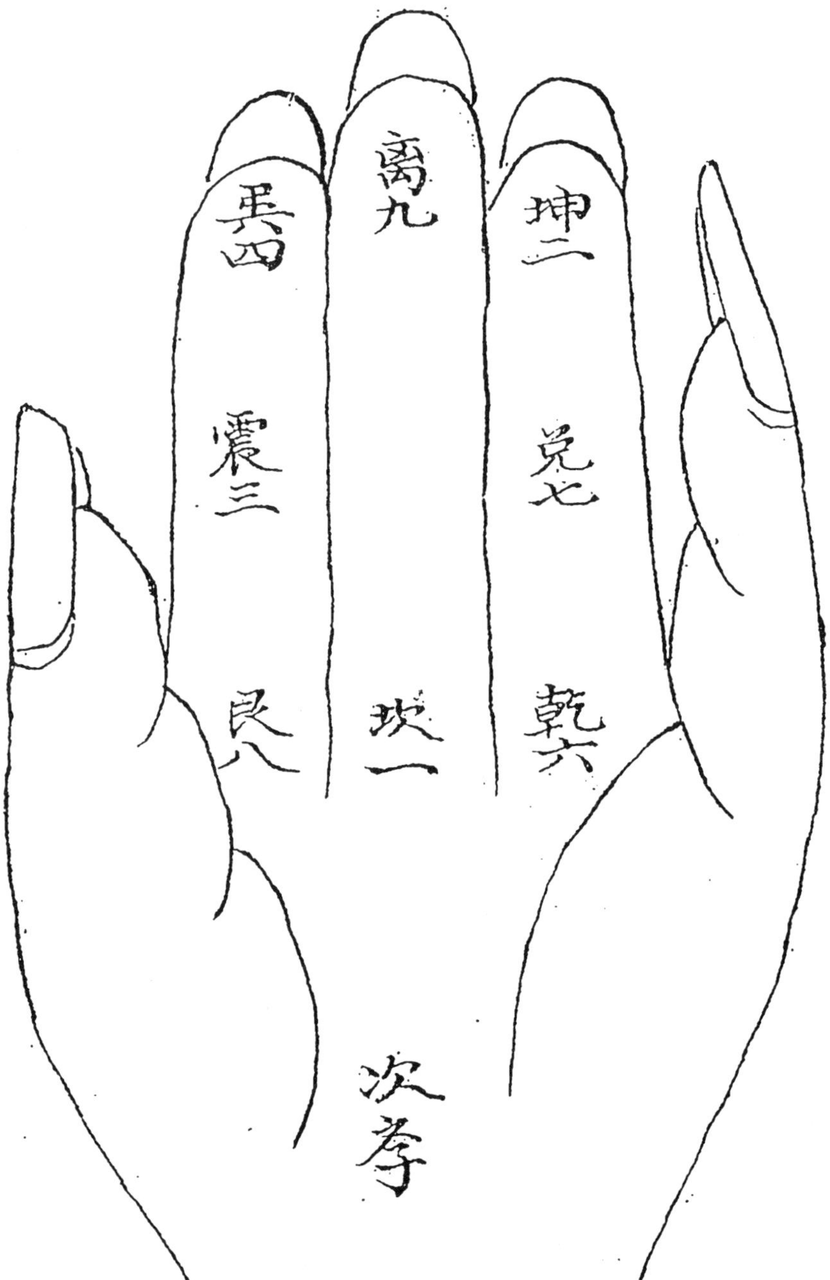

挨星非宮

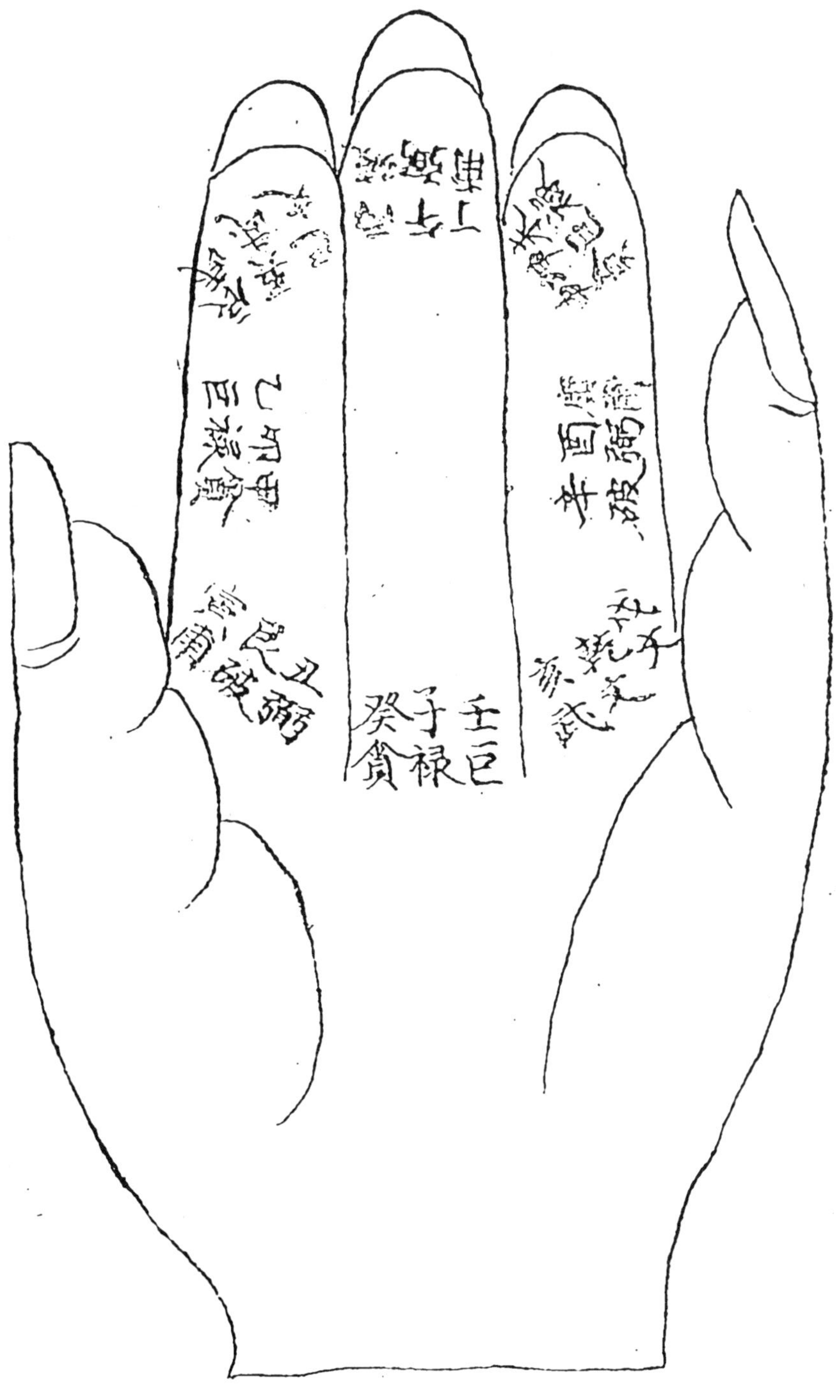

左旋相生成

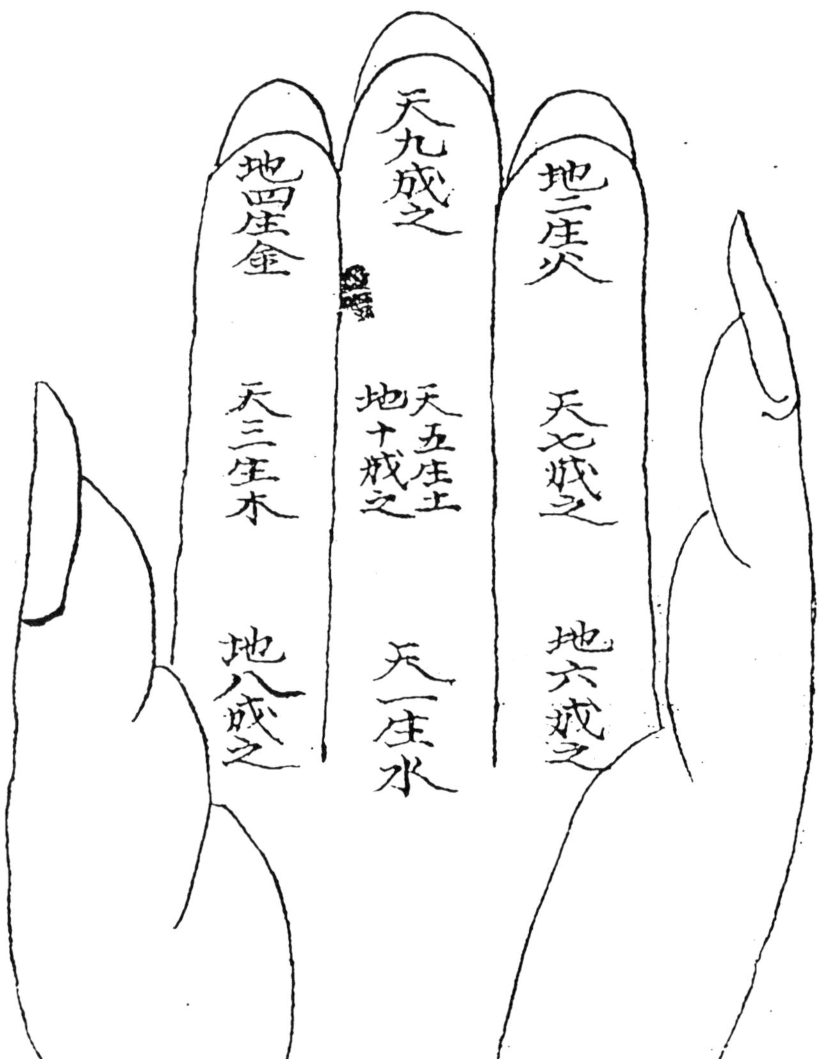

洛書紫白

分位司令

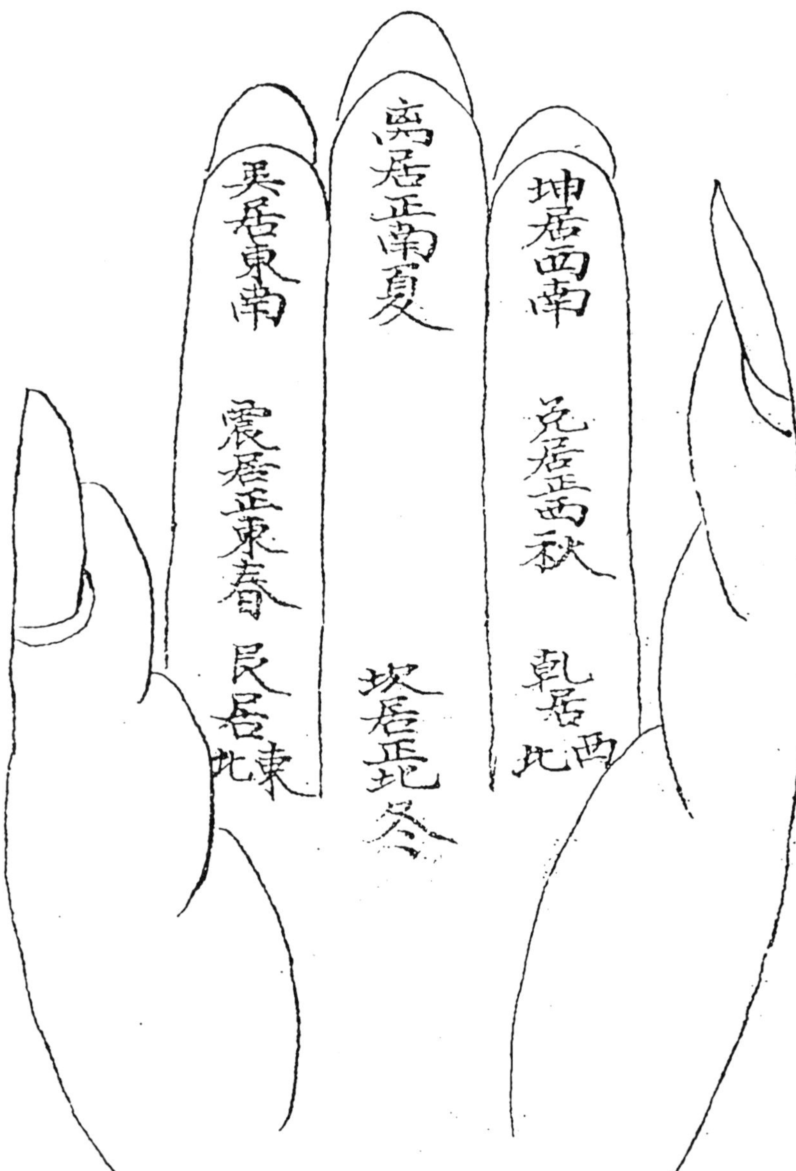

陰陽子息順逆

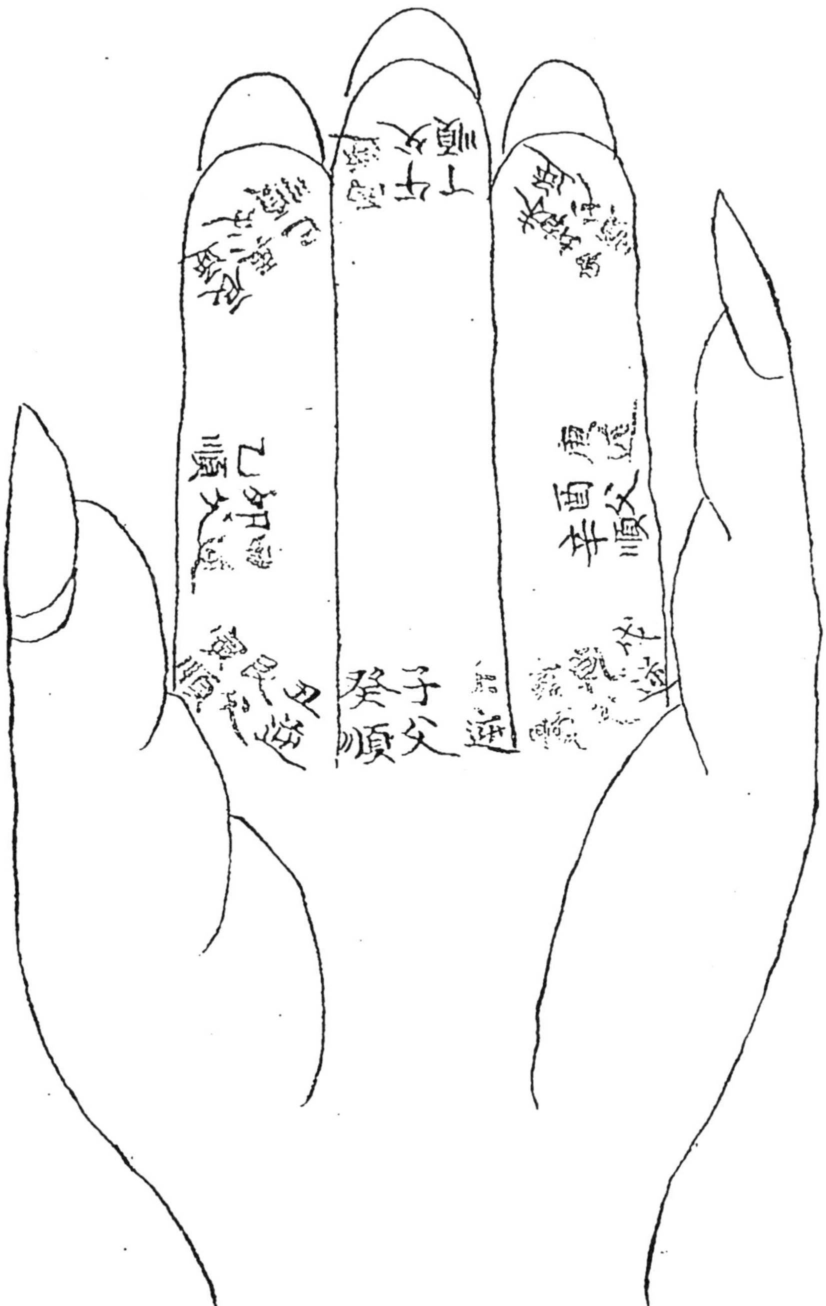

東時正運

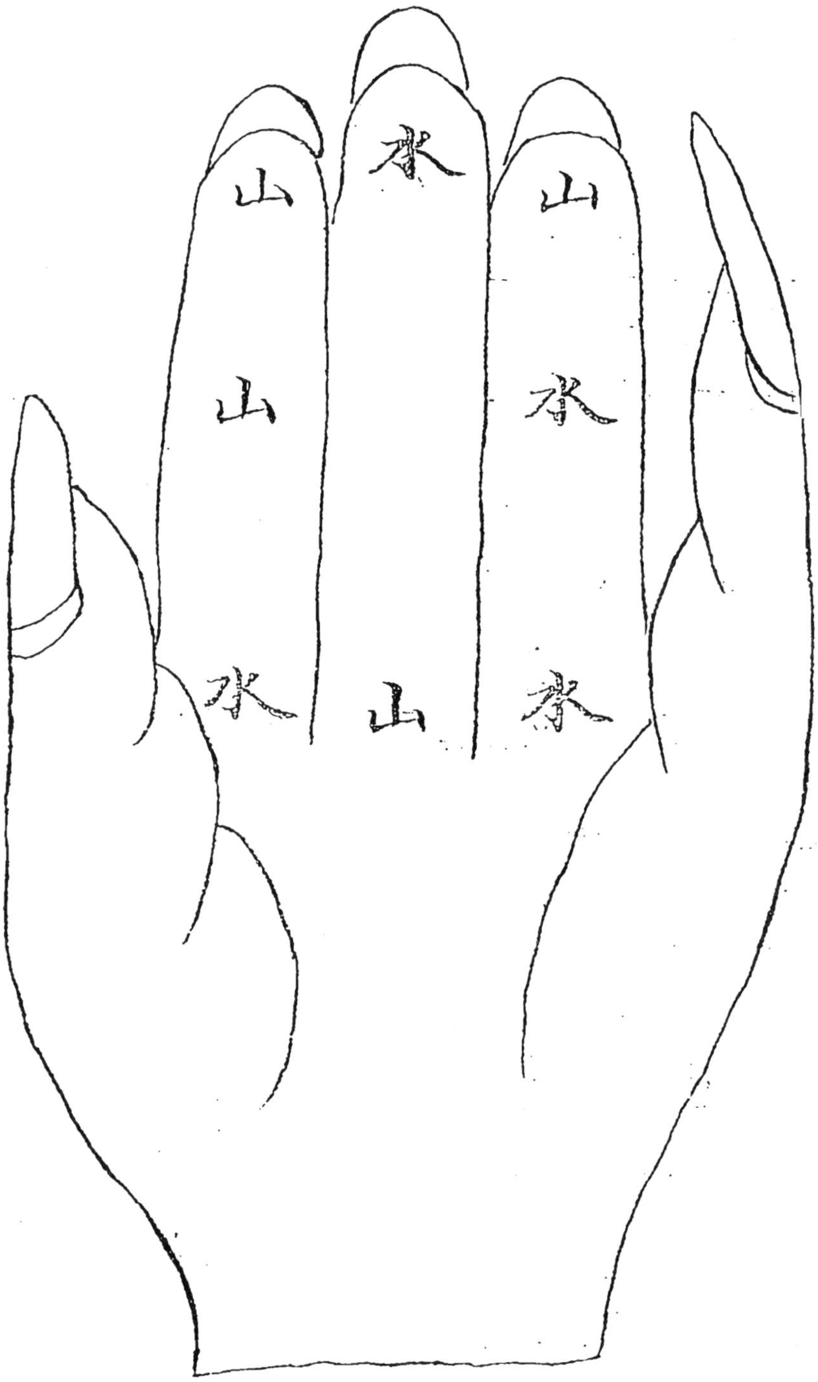

西時正運

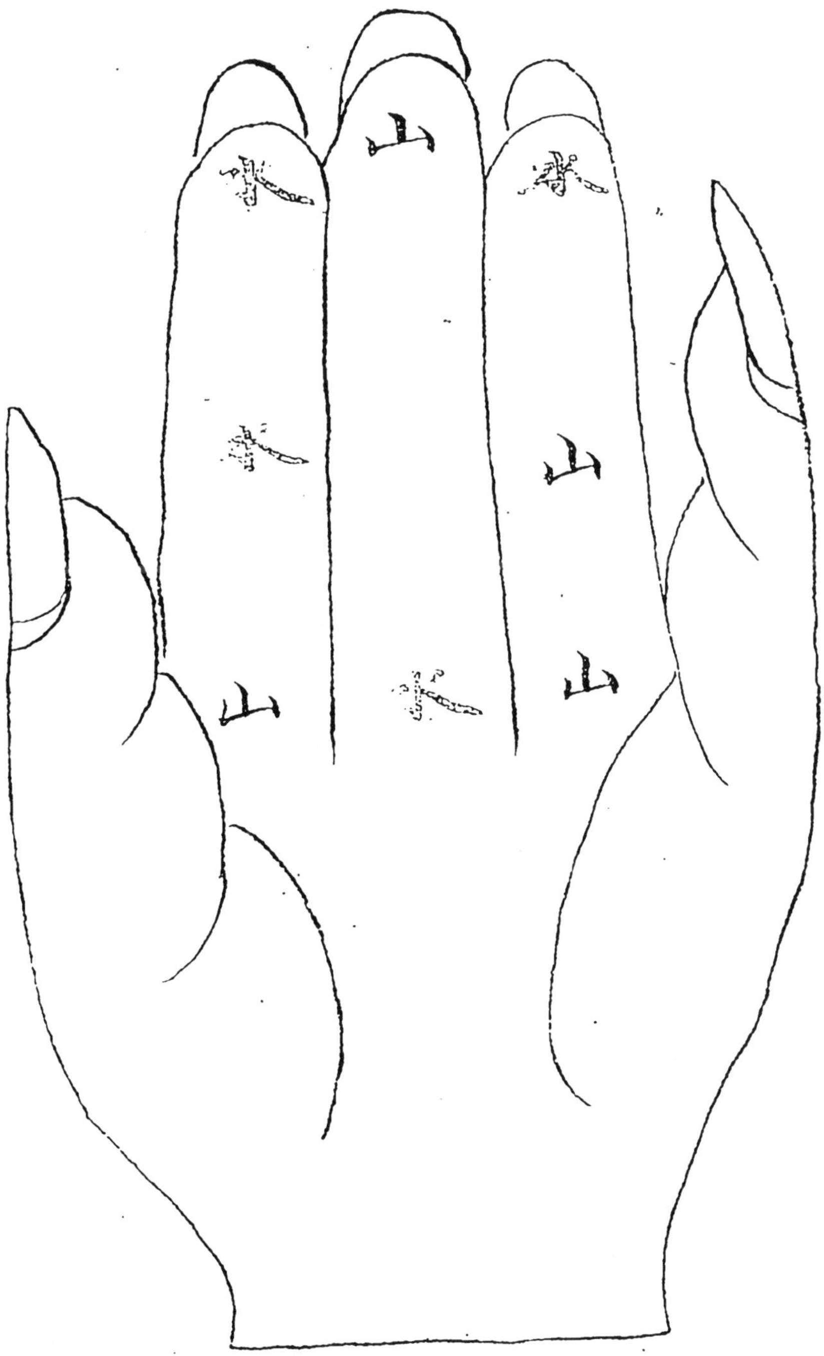

分運論甲

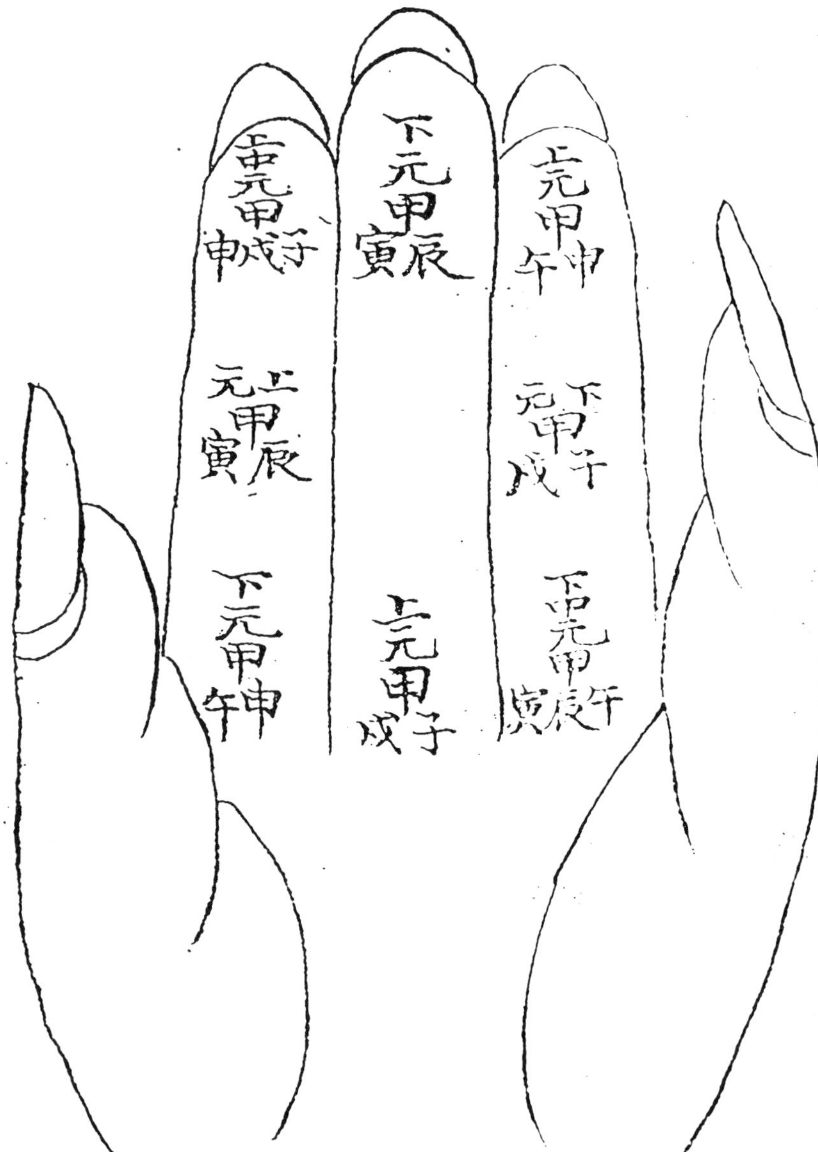

陰陽論

陰陽者為山之大関竅亦感應之机神也夫山而名之以龍取其变化莫測有時非騰迅躍高峰有時潛遊展布為平地而水即寓於其中是龍非水不住水非龍不活故雲之從龍良有以也所以大始之時止有陰陽二氣陽屬火陰屬水水火一交而成夫婦之配有上下之分有化生之道卒本有不本於陰之先動陽之後施而能成孕育者也故先聖之命曰陰陽不曰陽陰誠有以也蓋陽先陰後則天根之精莫從泄而月窟之歸艷空程惟感陰陽施則玄机之戶方啟而衆妙之门乃

合推而至於萬類莫不胥然不得謂陰先陽後而成生已之道乎此陰陽二氣不必相離陰中含陽其一切發生之氣皆陽司之亦皆陰出之者也是雖有陽司陰出之分要其原總一陽氣司之出之也故葬之承者承其陽氣也因陽氣必借土以畜所以有穴之說人能扦之用葬骨得陽氣即是承得生氣斯為葬事首務故葬經云葬者承生氣也是此生氣即陰中之真陽而此真陽化生五氣升則借土以升於九天降則借土以降於九地是以土中有氣土有氣亦即

有形，並有形，即有必陽氣行乎其中，陰氣行乎其中，則萬物有不生發者乎？故引木之華於春、果之芽於室為言者，足見得受陽生所致，亦可見地中有陽生之氣也。人若撥得出真龍，認得出真穴，再無不能承陰生之氣。緣龍即陰生之氣所在，地理家之尋龍格龍者，即是尋陽生之氣。如山有陽生之氣，可尋可格，並真語中金龍動之謂也。陰（如無脈即無陽生之氣，亦並真語金龍不動之謂也）使得有陽生脈見之山，節節步來，清純不雜者，到頭尋穴者，又是尋陽生之氣凝結所在，為藏棺之所也。若捨龍而別言生氣，吾則不敢，吾亦未之信也。吾故曰：陰陽者，乃山水之大關鍵也。

其可忽諸。

点穴十要 此論高山平崗 訣云平地宜陰結，要起突；高山宜陽結，要微窩。

一要主星形体分明，二要生機旺氣豈凝，三要穴前襯褥明堂，四要玄空四應分明，五要稜受動靜相乘，六要合吳界水聚前，七要龍虎高低相應，八要前後案落相當，九要乘金相水不差，十要城門関鎖總要合元合運，察龍之生死，乃可立局也。

点穴八不嫌

一曰平洋不嫌風煞 風口，二曰水口聚交不嫌高 知四十八局，三曰朝水不嫌傾只要合運四曰順水不嫌流立去水向五曰脉急不嫌脫後受六曰脉緩不嫌吞受急七曰罡曜星辰不嫌闊要有脈情性高八曰形勢孤露不嫌隱不露穴情然立向宜認來去水法不外四吉四凶以推求也。

點穴八怕

一山谷怕悶忌有蚊也二平洋怕散漫忌有水無脊三支龍怕石假扁四幹龍怕洩不在此処結穴則然五小巧怕尖地形要粗如犁嘴不可尖六氣厚怕小七山直怕冲八水直怕牽楊公云無論山谷平岡平洋龍不起頂非真龍穴不起頂非真穴。

九星論穴　此論山龍不外九星以尋穴

貪狼作穴是乳頭。巨门作穴窝中求。武曲作穴釵鉗覓。祿廉梳齒犁鏵頭。文曲求穴平裡作。高山亦是掌中落。破軍作穴如戈矛。左右兩邊手皆收。輔星作穴燕窩仰。若在高山掛燈祿。弼星依乎是雞窠。古人望龍知正穴。蓋將識龍尋撲節。識得龍家撲骨星。富貴今人無數藏。

五行論穴

金体圓，扦其虛而突，木体直，扦其芽而節，水体曲，扦其正而靜，火体烈，扦其焰而尽，土体方，扦其肌而薄，乃九星所屬，五行必將此法以

扦之

朝山論穴

案對者取其相應也如賓主之相迎如夫婦之相親情意相投形勢相顧奇峰特秀直中取的星峰清秀拗裡平分取其不高高則不依也脊眉低則應心故曰惟有朝山識倖心朝君高時高處出朝君低時低處扦

明堂論穴 此論穴內之明堂非穴外之明堂不可錯認

結穴處必有小明堂收小界水合入其內看堂正在居中而取偏左穴居右偏右穴居左明堂之轉穴如盤盛珠斷無一偏之堂宜以乘討

水要合元運，龍合向，向合水，水合三吉位，一家骨肉清純，不離六術

時詳之。明堂要水不傾瀉，穴外不要山缺風吹。風不吹，水不劫，斯為全美。

水勢論穴 用五星撥水，方可以收山出煞。穴之高下亦由此而定。

結穴處水到此必灣環澄聚，合成正局。要水不亂灣、要之穴灣宜尋穴。水聚左右，穴歸左右。蓋水者龍之血脈，山行則水隨，水合則山住，故穴以水為的，是水亦可證穴也。

梁山論穴

龍行多曲折，忌犯他此。結穴多不對頂，折以主頂不正。顧穴星後必生一山為梁，揭非穴局。不拘他山本山，只要定穴處坐後對之為應。直來多堅本祖

横坐必是他山衆山不对穴亦不真

官鬼論穴　此論官鬼不可偏廢

横龍須有鬼宜来定逢官結穴処後拖者為鬼亦可以為托前拖者為官亦可以為案若有此二者穴場定要前对官後坐鬼如不对不坐非真穴也又曰無鬼不冨無官不貴之謂也

龍虎論穴

龍逆水穴倚龍虎逆水穴倚虎左单提倚龍右单提倚虎龍虎高穴亦高龍虎低穴亦低龍虎中得穴居正中穴依龍虎高則忌壓塚穴高龍虎低則忌露坟政察龍虎亦可以得穴情

分者裡龍在上面一水涇左右一水涇右来合無謂兩水合襟凝結穴前

左右前後論穴

左右前後取乎四應前後相登左右相稱謂坐不宜偏寀不宜斜夫耳不宜進前退後故立穴処先看穿脖十字前对尖後枕圓左右对脖故曰 要向天心尋十道

分合論穴

上面有分其来明下面有合其住真此小明堂内合水即時術云蝦鬚金魚半角界水是也有合無分来不明有分無合住不真是假穴也

曜氣論穴

龍虎附外盛氣發而為曜亦可以論穴左有曜穴居左右有曜穴居右左右双曜穴居中長而清者為貴短而濶者最孫龍尽方有初中希遇

認氣論穴

龍入首無脉不作窩鉗乳突則穴無證必难扦矣此陽氣盛而鋪術施或輔於巔或鋪於麓或脫主於浪花漾月雪裡飄梅之狀此氣穴也人但知奕星之理而不知奕氣之法高者認頂而扦粘低者認勢而扦量如漾月飄梅者再有無相交之処臨茲而

醮水大約不外此法所謂孚脫脈以就氣者是也認氣之妙難以形容言語所能授受斯亦言其大概耳苟欲深研此理必待明師耳提面命覆驗吉跡始可以與於斯

識土色形象論

五氣行於地中而土色各異金氣凝則白木氣凝則青火土赤黄皆言惟水凝則黑亦言為地師者不可不察

横脈論穴

横脈龍過去脈伏而起起又伏在中間梭肚有泡拚之要前有官

案後有兒托左右龍虎相應方真緩脈多腰受宜進不宜退、又云、橫担橫落、無龍体下、有龍切不可出、出則脫氣、脫氣則不免水蝕、

直脈論穴

直脈者、龍直来扦穴多宜脫出、必須兩手垂之拱揖、城門關氣、方可下之、若眼体出緩閃煞可扦、又云、直送直奔、有穴須安、無氣切不可頂煞、頂煞則損丁、

斷脈論穴

斷脈者、龍行兩頭大、中間小、如折藕之絲、又如眼鏡之中、則浸

細小中認定應架用騎龍斬関扦之又云四獸不顧此成空

漏脉論穴

漏脉者大山之下胎息之旁輕漏一線入于平地或拖起墩阜此真氣旁漏宜就頂扦之何宜合山合局此是漏胎之法也

偷脉論穴

偷脉者是平地中草蛇灰線連帶龜脊起平中詳其尽処依脊扦之前要有明堂後要有纏送方可真

孔脉論穴

非脈者龍行如珠絲馬跡非燕遊絲勢多斜旋擇其衆山圍繞中取其端正者扦之

平脈論穴　此論平崗而言

平脈者平地之龍如四圍田高繞護起來中間低田又起一路高田則低者為水高者為脈低高者為龍虎看水歸正變局認掌心扦之

長脈論穴　此論平洋而言

長脈者龍鋪平出洋悠悠遠去或出或沒或大或小只從氣盡水交堂聚處認此中扦之永吉無凶

短脉論穴

短脉者，正龍不住，只於行龍止落一二節或聚講処落一脉結穴，宜扦中正，不可偏依，此地合元小發，失元大敗，以其正龍當氣不專聚故也。

正脉論穴

正脉者，龍行中出，邐迤軟活，星辰端秀，只看朝对正中，蓋穴扦之急，凶煞扦之硬，脫煞扦之玄武嘴，壓煞扦之玄武頭，屏煞又龍之正者，穴居正，龍之斜者，穴居斜，此乘生氣避煞之法，不

可不辨

三吉論穴

天光下臨。地德上載。藏神合朔。神迎鬼避。一吉也。陰陽沖和。五土四備。二吉也。工力之具。目力之巧。趨全避缺。增高益下。三吉也。

論五不葬

山之不可葬者五。氣以生和。童山不可葬。氣以形來。斷山不可葬。氣以土行。石山不可葬。氣以勢止。過山不可葬。氣以龍會。獨山不可葬。故云。童斷石過獨。生新凶。消已福。

論六凶葬

陰陽差錯為一凶。蔵時乖戾為二凶。力小量大為三凶。凭冒時勢為四凶。僭上逼下為五凶。変應怪見為六凶。経云：地吉塟凶與棄尸同。

論庄水煞（或塘溝圳湖坑港積水不乾生煞）

凡庄煞從对宮照庄。如水從乾来。煞從巽起。水從坤来。煞從艮起。水從子来。煞從午起。水從卯来。煞從酉起。餘類推。

論平洋少煞山地多煞之辨（並煞情性出路）

平地則一望無涯。風無滞碍。且平屬陽。風屬陰。以陰和陽。故無

巢

蚁蠹但平中有山無氣蚁亦间生而水居多也若山谷本陰多又無融結風為山障以陰遇陰故多蚁大抵蚁陰物也原禀風之性蚁因風生亦因水致故蚁性喜藏而惡露露則死藏則生其作窩窠亦必吐泥水以掩其身方能食物其蚁路亦必隨風以為轉移風之直入蚁路亦直風之曲入蚁路亦曲風之旋轉蚁路亦旋聚風之高巅（蚁亦高巅）風之半高蚁亦半高風之就地蚁亦就地是風之性即蚁之性也風本可順而不可逆逆則生焉風浸左入右邊有山林障遏蚁必吃左風浸右入左邊有山林障遏蚁必吃右前後亦然風無路不入如陽宅有隙処其風一入風路阻滞便生蚁害

撓之風即蝕，蝕即風也。其撞遇處以陰遇陰，故蝕即殺焉。此陰杀也，最毒。蝕之夲身柔弱，蝕之嘴如剛鐵，其所食之物皆化而泥水滿腹，其藏而不露，則泥水從下而為糞；其露而欲藏，則泥水口吐而為巢。嘴之微甜似鐵，食物有聲，如蚕食葉之聲。當其吃木將老之候，便生羽翼，盡食木而化，仍还其草木時葉之性，或陰風微雨之時，乘風飛騰而去，是蝕也。因風化而來，因風化而去也。蝕之為害，不可不慎。

臨安于鴻儀誌　係蔣公之门人

八卦原來用不同。個中消息在元龍。三元三卦三宮轉。一山一水一路通。莫向堂前貪富貴。須于壁下問雌雄。有人會得天机秘。造化安排掌握中。

各元九星司令

上元白一二十年。貪狼司令。甲癸申三山吉。二黑二十年。巨门司令。坤壬乙三山吉。三碧二十年。禄存司令。子未卯三山吉

中元四綠三十年。文曲司令。巽辰亥三山吉。六白三十年。武曲司令。戌乾巳三山吉。此中元六十年。分巽宮三十年。列於上元。為東四卦。乾宮三十年。列於下元。為西四卦

下元七赤二十年。破軍司令，艮丙辛三山吉。八白二十年，左輔司令，寅庚丁三山吉。九紫二十年，右弼司令，午酉丑三山吉。

上元自坎一宮起，至巽四宮，同旺九十年。

下元自乾六宮起，至離九宮，同旺九十年。

三元三卦分東西兩卦訣

上元坎坤震三卦六十年，合並中元巽四宮之三十年，共九十年。一家同事，故曰東卦。東四卦旺時，喜見西四卦之水，陰陽兩宅同。

下元兌艮離三卦六十年，合並中元乾六宮之三十年，共九十年。

一家同事，故曰西卦。西卦旺時，喜見東四卦之水，陰陽兩宅同。

總論

東西兩卦各別，不可混用。當東卦之時，必要東四卦之龍，一家骨肉，而來又要收向上西四卦之水，以配其陰陽，謂之不出卦。一雜他卦，則出卦而凶矣。當西四卦之時，必要西四卦之龍，一家骨肉，而來又必要收向上東四卦之水，以配其陰陽，謂之不出卦。一雜他卦，則出卦而凶矣。若水龍則又不然，水龍以水為龍者也，則又宜坐煞而向旺，要乘來水幹中之支灣抱兜收，向上旺氣，不必拘于堅下。或泥或沙，只要坐後水龍活潑生動，向前旺氣凝聚朝對，拱

揖耳。與山龍乘來脈之旺氣。全然相反。而陽宅似之。夫陽宅有
三格。或居城市。或居曠野。或居山村。各各不同。其在城市者。千
戶萬室。車塵馬跡。喧嘩鬧哄。全以街道門路為主。而倚山倚水
為主者少。○其在曠野。則又與山村城市不同。全以形勢寬闊
堂局開展。或大江大湖。瀠洄活動。曲抱有情。為主。加以門路合
式。斯為大局。○其在山村。則又與城市曠野不同。蓋山村則四
望皆山。中間開陽可宅。全以氣口為主。氣口者。四山中水之合聚
出口處也。看出口係何方。即之何時之興廢。門路亦然。○總之

陽宅之與廢，較之陰宅之與廢更切一等。蓋墓氣浸亡者之骨，蔭及生人，力深而緩；宅氣即在本身，力浮而速。往往有朝居而夕驗者矣。爲人子者，固不可以陽而廢陰，亦不可重陰而廢陽也。

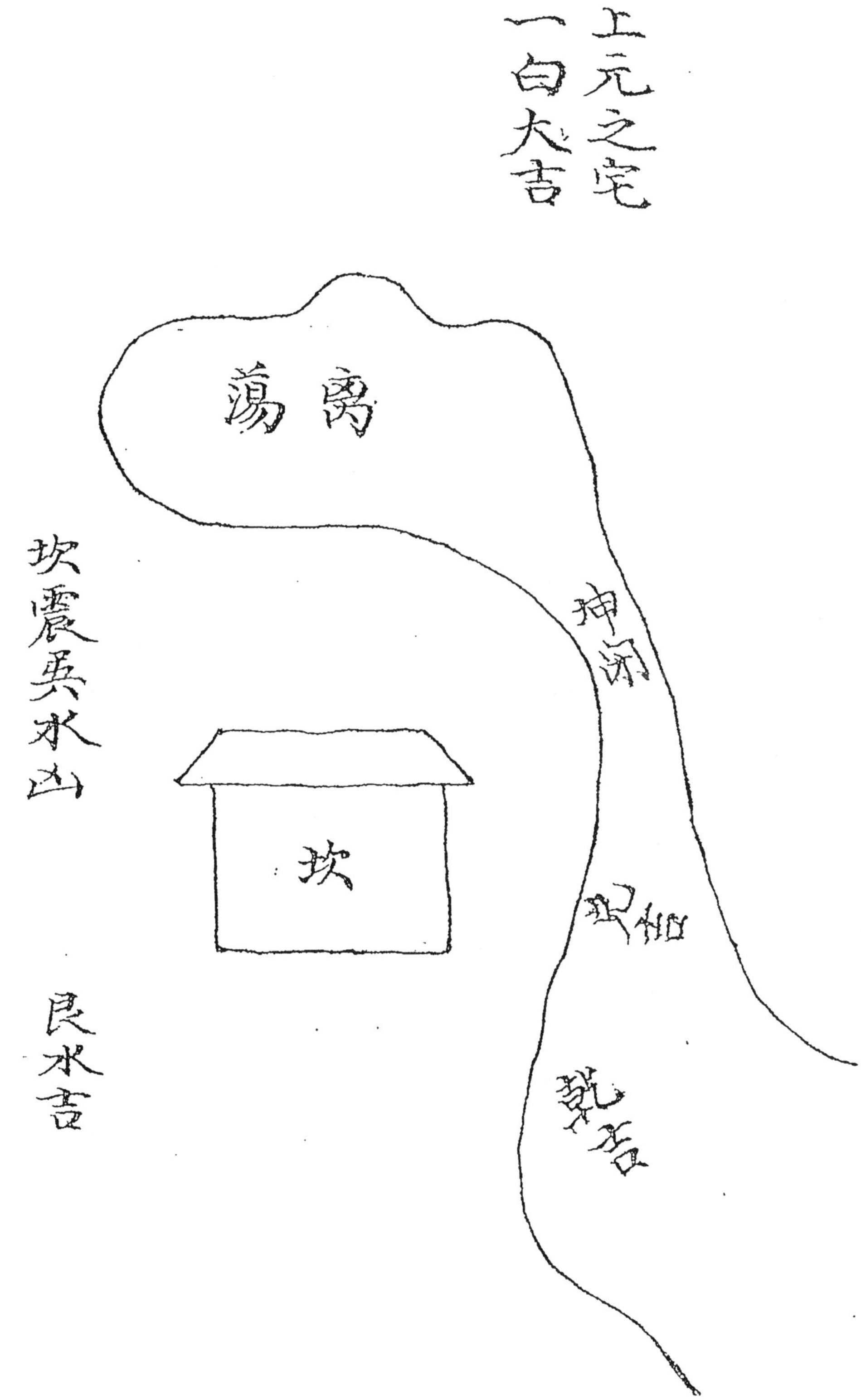
上元之宅
一白大吉
离蕩
坤闭
坎
乾吉
坎震巽水凶
艮水吉

上中之局
二黑大吉

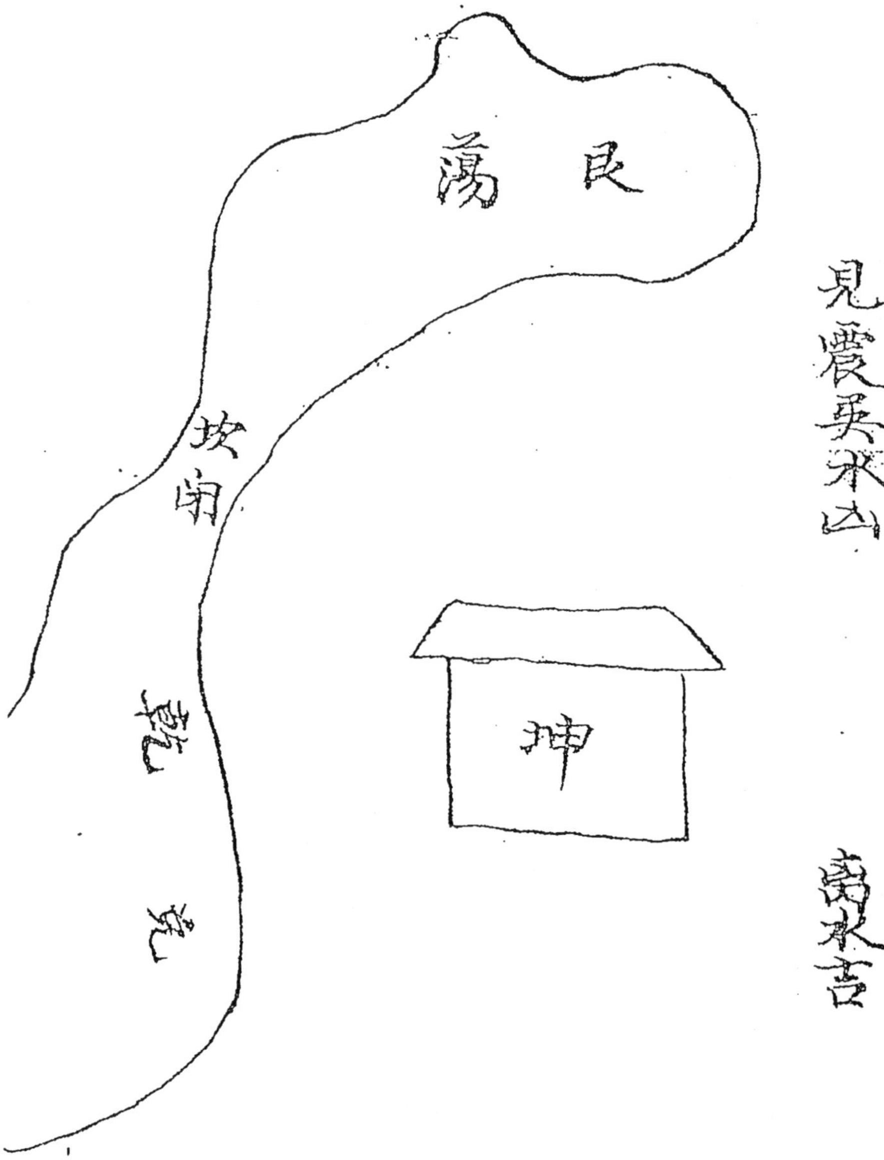

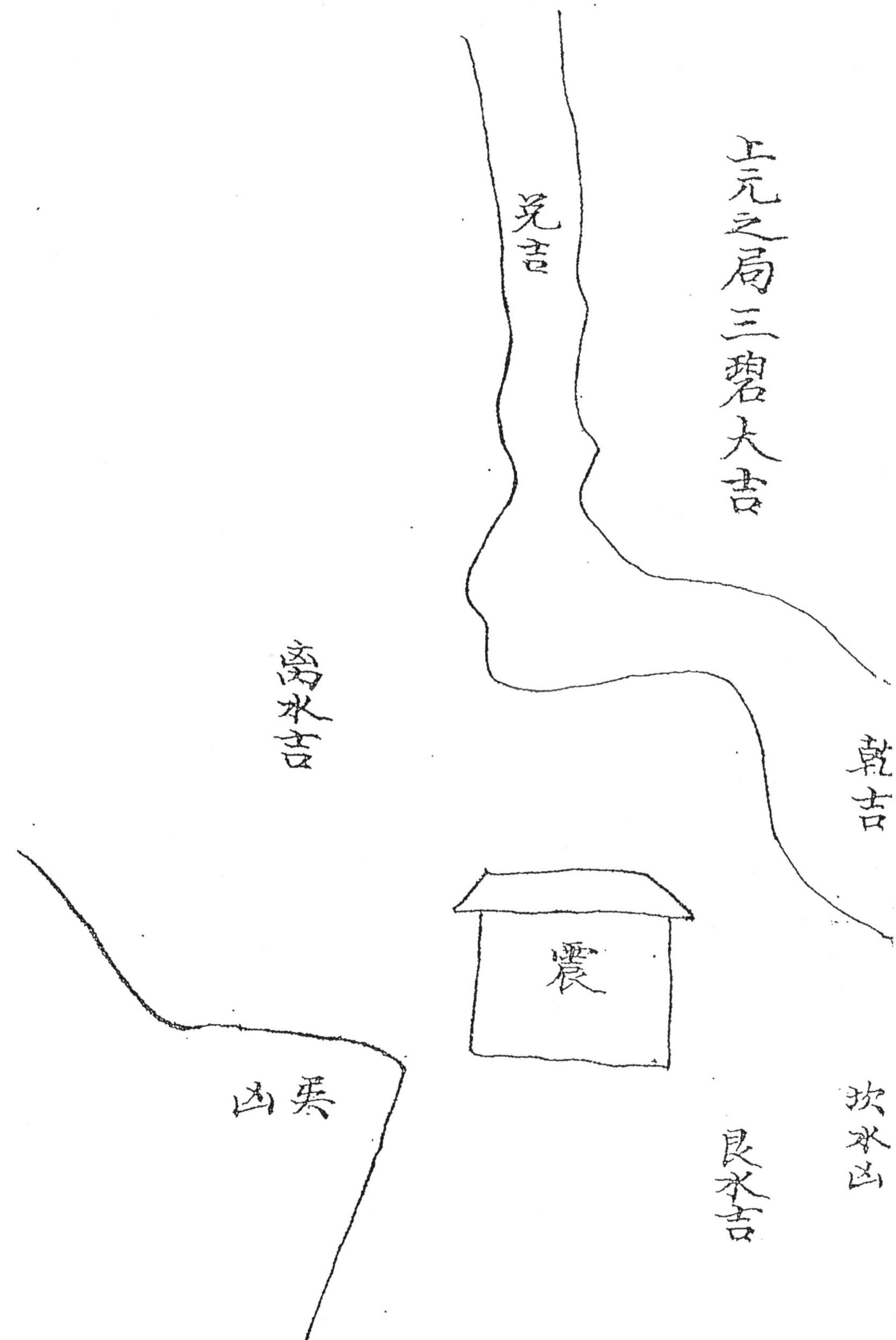
上元之局三碧大吉
兌吉
離水吉
乾吉
震
巽凶
坎水凶
艮水吉

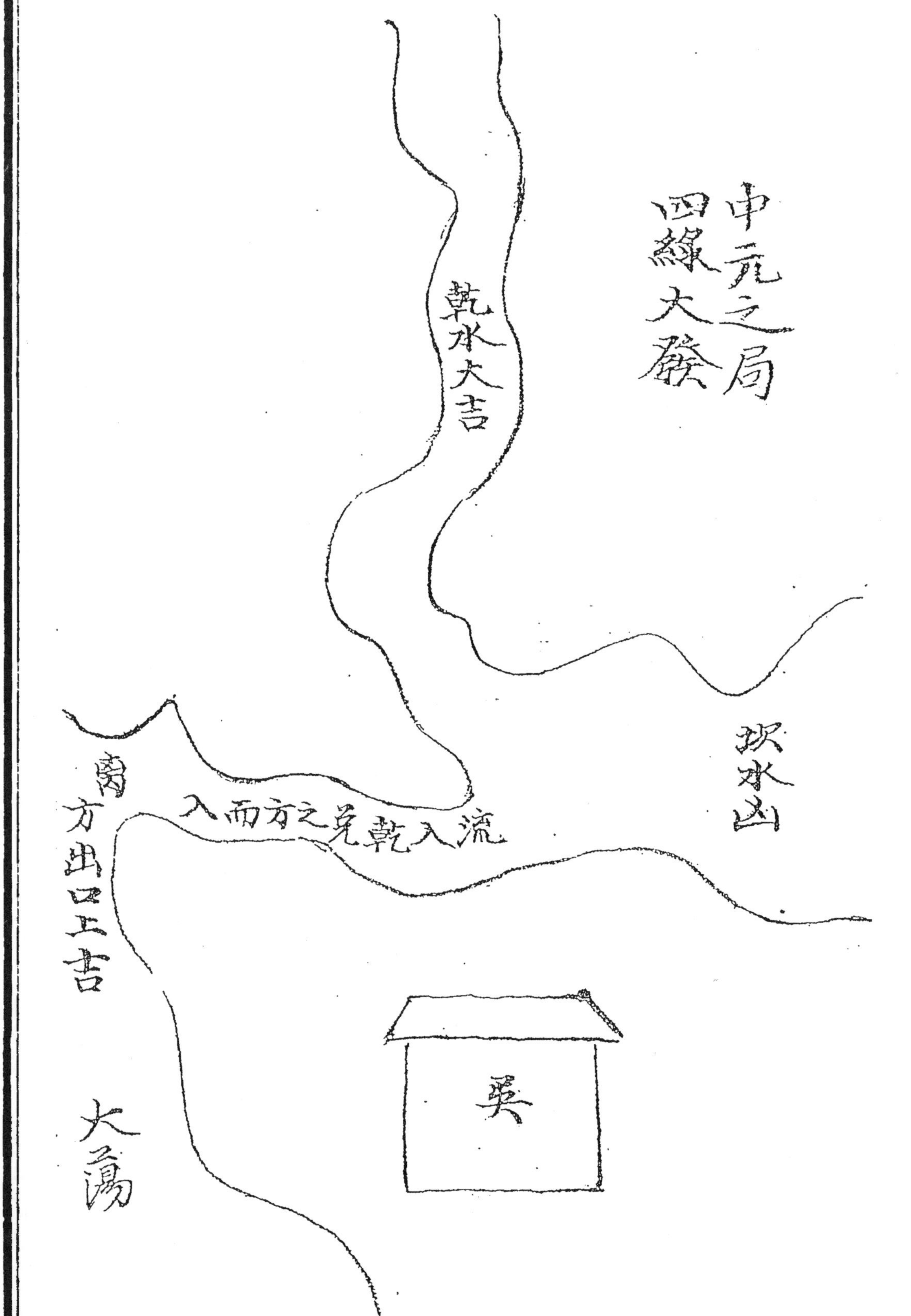
中元之局
四綠大發
乾水大吉
坎水凶
流入乾兌之方而入
离方出口上吉
巽
大蕩

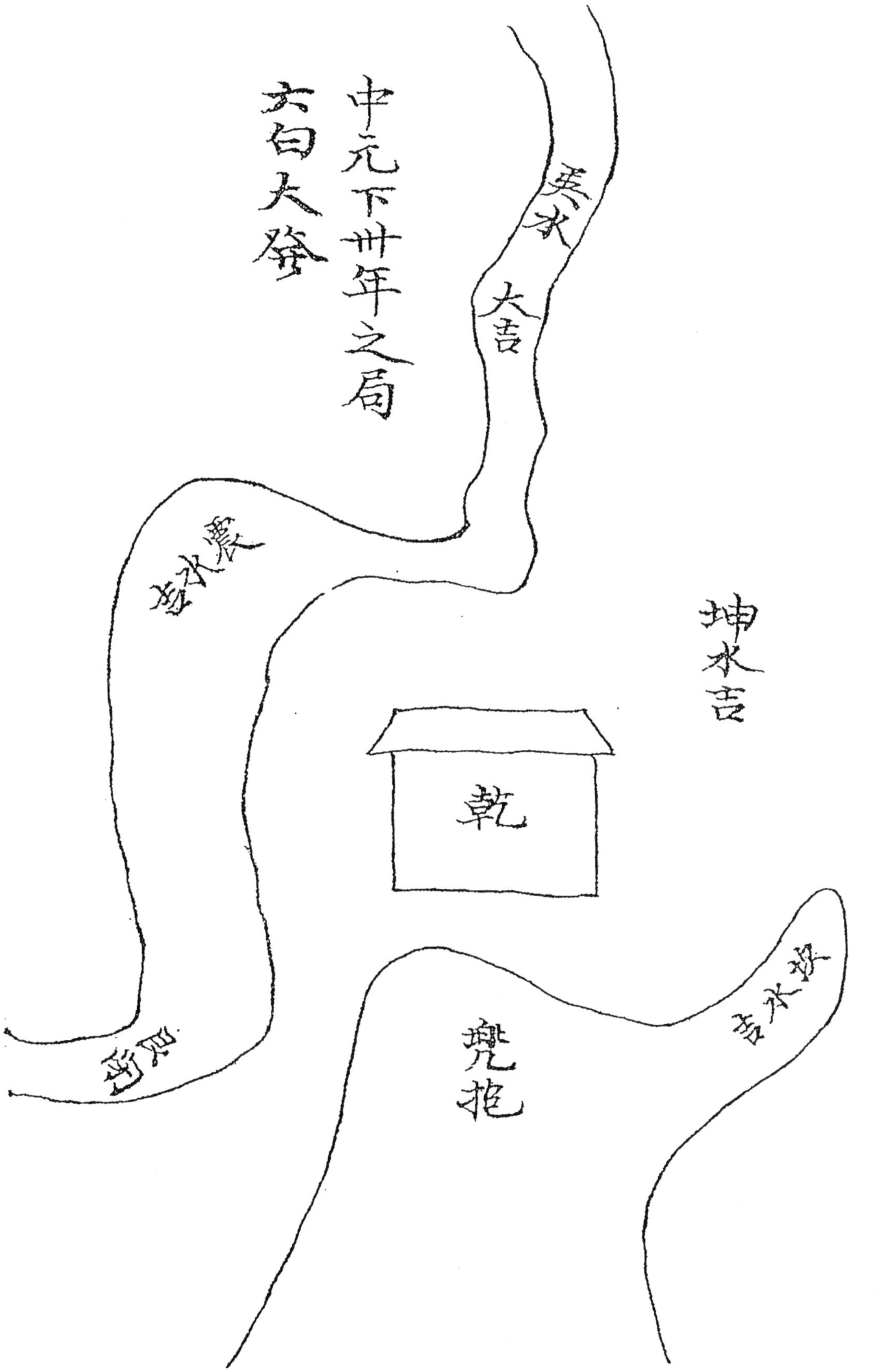
中元下卅年之局
六白大發
巽水大吉
震水吉
坤水吉
乾
坎水吉
兜抱

下元之局
七赤大吉

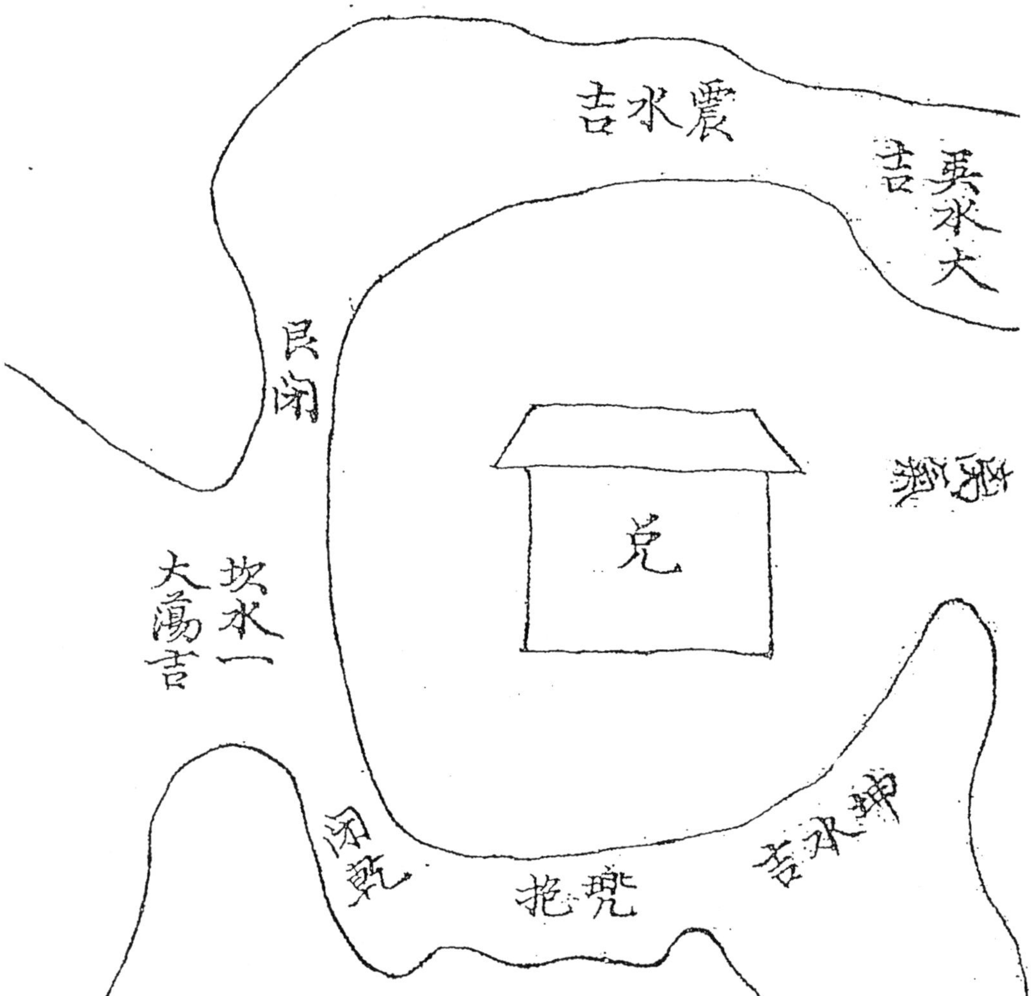

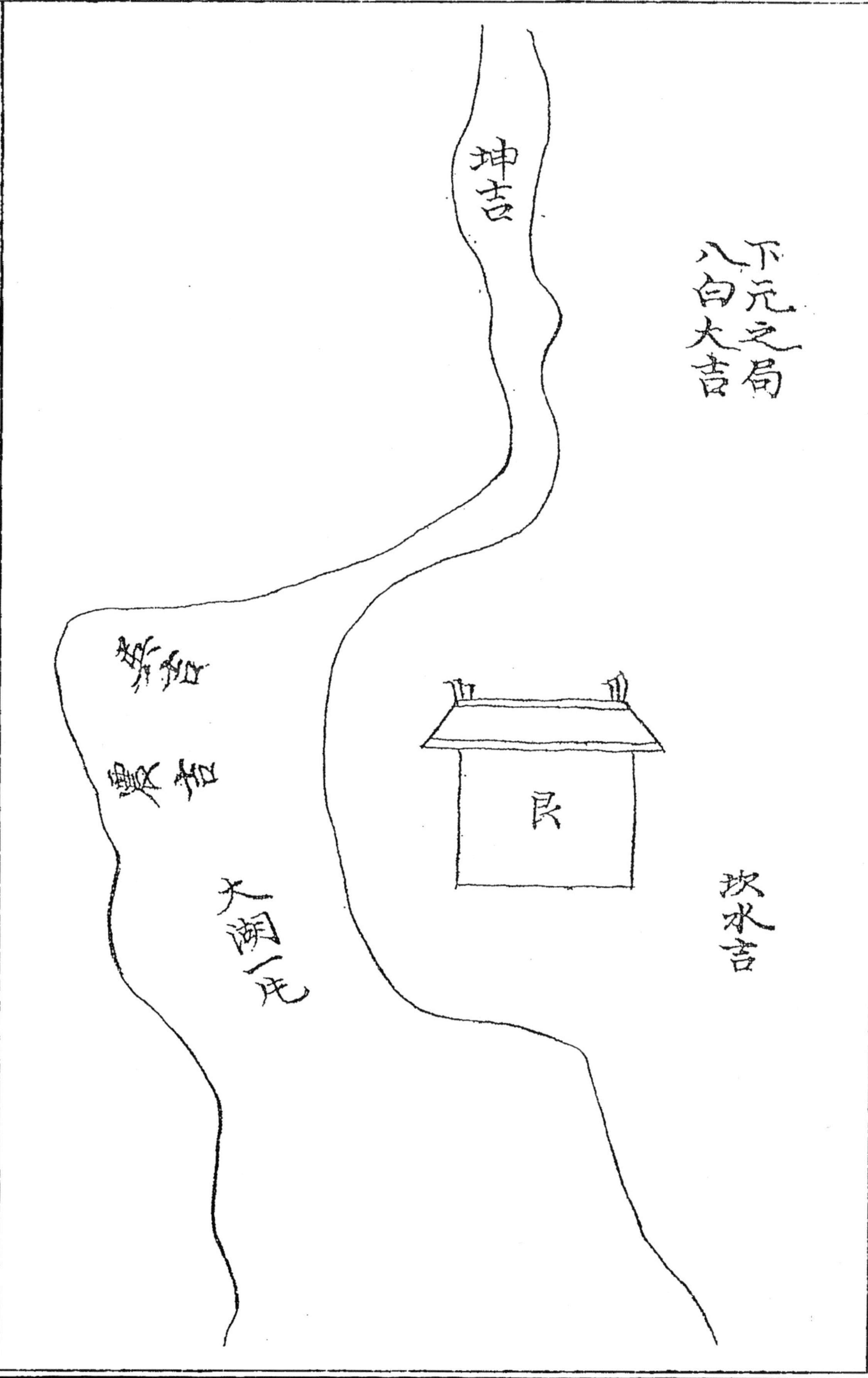
坤吉
下元之局
八白大吉
艮
大湖
坎水吉

以上八宅要晓催官图

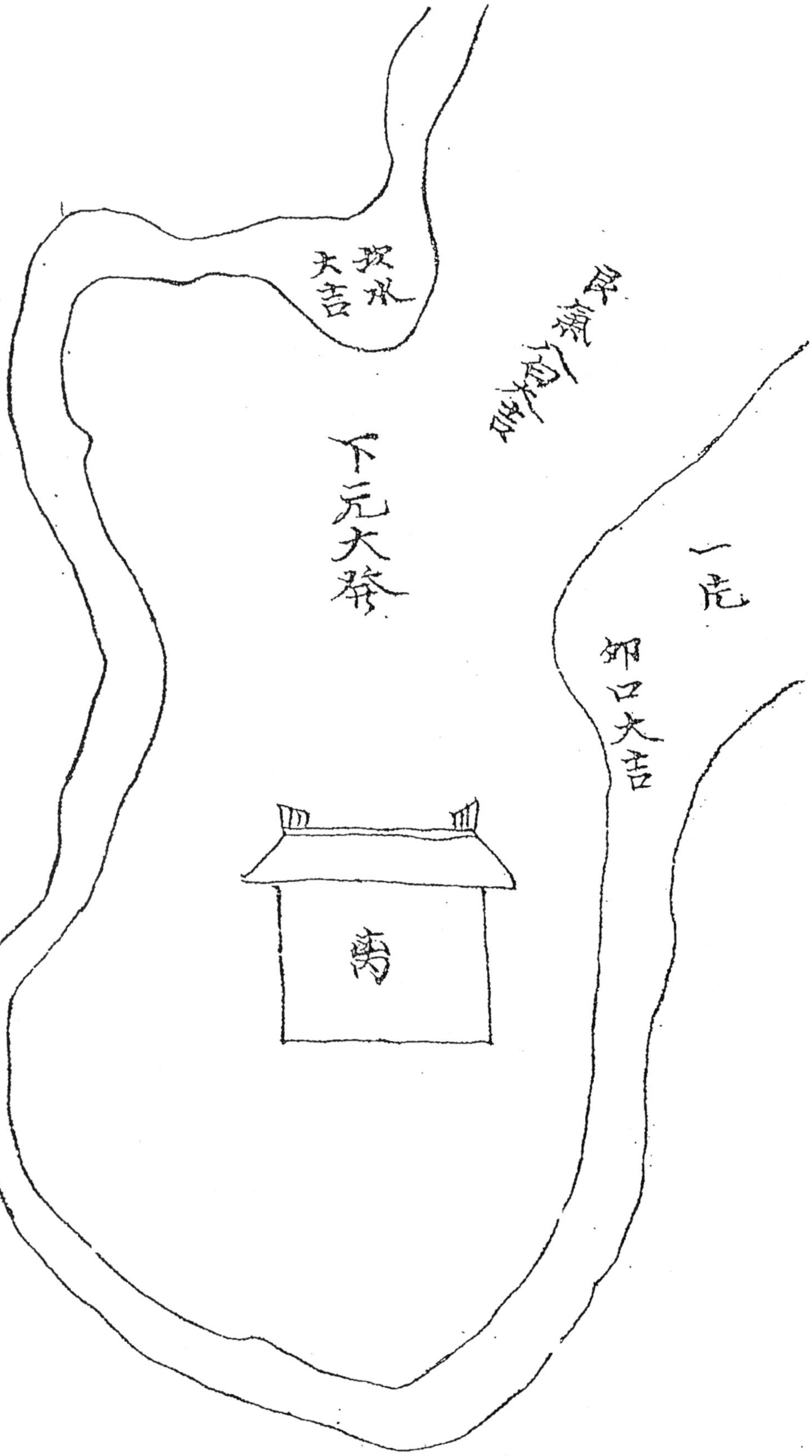

元運篇

天地氣運原自不一生死榮枯隨時而轉故山上龍神水裡龍神亦隨元運以分吉凶夫山水豈有一定之吉凶哉而山水之吉凶又豈關此有定之山水哉蓋天地流行之妙與時相合者則山與水本吉而無有不吉與時相背者則山水不凶而有時偏凶要在乘乎時已耳時乃天運也地理家不知元運衰旺生死即不知山水之用並不知趨生避死更何知陰陽交姤之妙用夫山有山之陰陽水有水之陰陽皆從元運中出來者也通乎此何愁大地不相逢若夫龍脉之雜出用卦之夾帶卦内之可兼不

可無父母子息之宮位。單用雙用之匹配。順子逆子之兩局。天人地元之分。壹一六共宗。二七合道。三八為朋。四九為友。天一天三天五天七天九。地二地四地六地八地十。皆名逆。一明晰。乃不至毫厘千里之差也地理之道既難得其真尤難會其空然真空秘訣終不外河圖洛書先天後天河圖爲先天之体即青囊經所謂天地定位山澤通氣雷風相薄水火不相射是也洛書爲後天之用即青囊經所謂一六共宗二七同道三八爲朋四九爲友是也至五十同途之衆雖建極中五實運貫一九活撥撥地是星卦真機繫乎洛書非宮玄空妙訣全在星辰流轉故山水有順逆之分陰陽成顛倒之用實此圖訣磨厲以須誠体無不具用無不備即青囊序所云楊公養老看雌雄天下諸書對不同晋世景純傳此術演經立義出玄空二十四山分順逆共成四十有八局陽逆左迴圜七轉

陰逆右路轉相通青囊奧語云左爲陽子癸至亥壬右爲陰午丁至巳丙雌與雄交會合玄空雄與雌玄空卦内推明玄空只在五行中知此法顛顛倒順逆行翻天倒地对不同其中秘密在玄空勸君再把星辰辨識得此真篇妙微天玉經云天卦江東掌上尋地画八卦誰能會関天関地定雌雄秘密在玄空二十四山分兩路認取五行主惟有挨星惟最貴漏泄天机秘分定陰陽歸兩路順逆推排去玄空大卦神仙說本是此經訣一個排來千百個莫把星辰錯順逆排來各不同天卦在其中

陰陽順逆不同途九星双起雌雄異辨得陰陽兩路行五星要分明北斗七星去打刼离宫要相合宝照云金鴉掌上起屋(星)類聚裝成為妙訣審龍若依晶訣癸亥空妙訣有因由穴要寓錮脉到宫卻天大卦揔阴阳記取筠松真妙訣更有内陽坐穴法神机出処覓仙方寺義不惟一以貫之而亦昭然若揭矣晶訣附左書紳宝藏特以天心秘密非人勿示有緣者敬而信之當凜先訓幸勿浪洩天机有干造化之忌云爾

此山龍洛書挨星先天後天建極總圖玄空妙訣

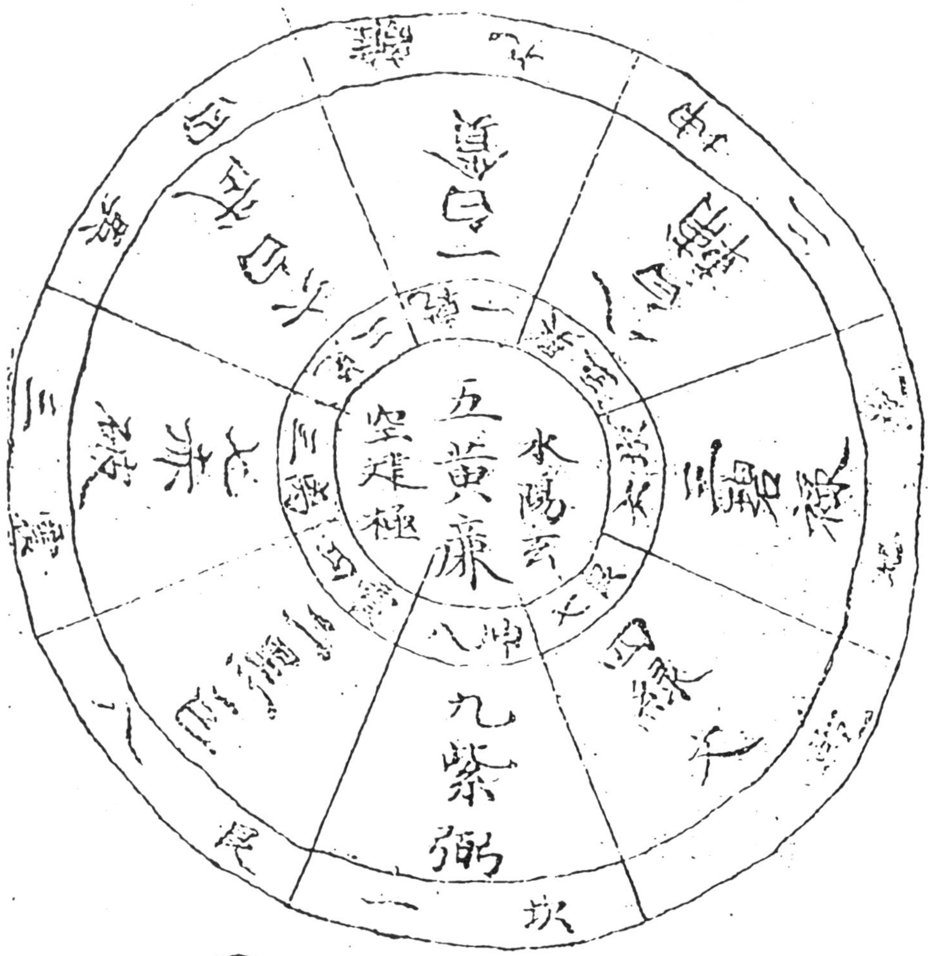

此水龍洛書挨星。先天後天。建極總圖。玄空妙訣。

夫自中五立極而八方位布方因極命極因方靈五黃有定太極無定有定則靜無定必動是故無形之氣即寓於有形之質有質形之質求其正無形之氣察其空辨正所謂太玄空者誠璞中之玉也必待良匠彫琢方名至寶而良匠尤賴刀鋸始成美器可知山水二龍作用全憑紫白挨星二番建極為陰陽之祖根故經曰五行即在此中分祖宗却從陰阳出第山龍元運數雖始於後天坎一而實肇於先天坤八終於後天離九而實止於先天乾一水龍元運數雖始於後天离九而实肇於先天乾一終於後天坎一而實止於先天坤八所謂終而始始而復終也蓋河圖立先天之体洛書成後天之用紫

五〻白以五黃歸中九星亦以廉貞歸中分配九宮者何也因中五〻立極臨制四方便八体弘布于母分施玄窍由此而出乔山水二龍顛倒裝當為四十八局之宗所謂一物一太極也然太極無定故以中元甲申十年寄巽甲午十年寄乾分為東西兩卦如是始得花甲三周以合洛書兩運矣先賢即以洛書帶九星非宮分局裝成妙訣山龍陰逆〻中則數順水龍陽順〻中則數逆山龍坐旺向煞挨右順排則玄空值向水龍坐煞向旺挨左倒排則玄空值坐為山水配合成陰陽交媾以定方古不易之局所謂物〻各有一太極也要而言之〻中五

者八卦託体儲精成形顯用之所也

上元山龍坎卦三局玄空孔宮秘訣

壬子癸三局坐先天坤向先天乾洛書配以一白挨星配以貪狼故後天之坎為上元第一運管甲子甲戌二十年飛宮以一白貪注中五

挨取二黑巨三碧綠四綠文之水七赤破八白輔九紫弼之山此即星辰流轉要相逢也六白武挨定一白貪入先天坤同坐山位雖與山運類推亦即一六共宗也五黃廉貞入先天乾对後天坎此即玄空太卦天地定位也而水之所以取巨祿文者蓋巨入乾乃後天乾配先

天坤既屬天地定位又係一六共宗祿入兑乃先天坎應後天坎原屬一家骨月至文入艮亦同財旺元之水不過稍遜巨祿矣第五黃廉入離值向実玄空秘訣元為扼要在先天卦体則天地定位在後天洛書係合十夫婦此对待陰陽不惟不可少並不可離而山之所以取破輔弼者益破入坤乃後天坤應先天坤亦屬一家骨月輔入震乃先天离配後天坎為水火不相射至弼入巽亦同財旺運之山不過遜破輔矣

上元山龍坤卦三局玄空非宮秘訣

乾卯申三局坐先天巽向先天震洛書配以二黑挨星配以巨門故後天之坤為上元第二運管甲申甲午二十年飛宮以二黑巨注中五挨取三碧綠四綠文六白武之水八白輔九紫弼一白貪之山此即星辰流轉要相逢也七赤破挨定二黑巨入先天坤同坐山位雖而山運類推亦即二七同道也五黃廉飛入先天震对後天坤此即玄空大卦雷風相薄也而水之所以取祿文武者益祿入乾乃後天乾配後天

坤。為天地定位。文入兌。乃二七同道。武入離。乃天先乾配。後天坤。亦為天地定位。此俱是同時旺元之水矣。第五黃廉入艮。值向實玄空秘訣尤為扼要。在先天卦体。則雷風相薄。在後天洛書。係合十夫婦。此对待陰陽。不惟不可少。並不可雜。而山之所以取輔弼貪者。盖輔雖入坤。因破入坎。均屬山運。乃先天坤。應後天坤。亦屬一家骨月。弼入震乃後天震。配先天巽。為雷風相薄。貪入巽。乃後天巽。應先天巽。亦屬一家骨月。此俱是同時旺運之山矣。

上元山龍震卦三局玄空孔宫秘訣

甲夘乙三局坐先天離向先天坎洛書配以三碧挨星配以禄存故後天之震爲上元第三運管甲辰甲寅二十年孔宫以三碧禄注

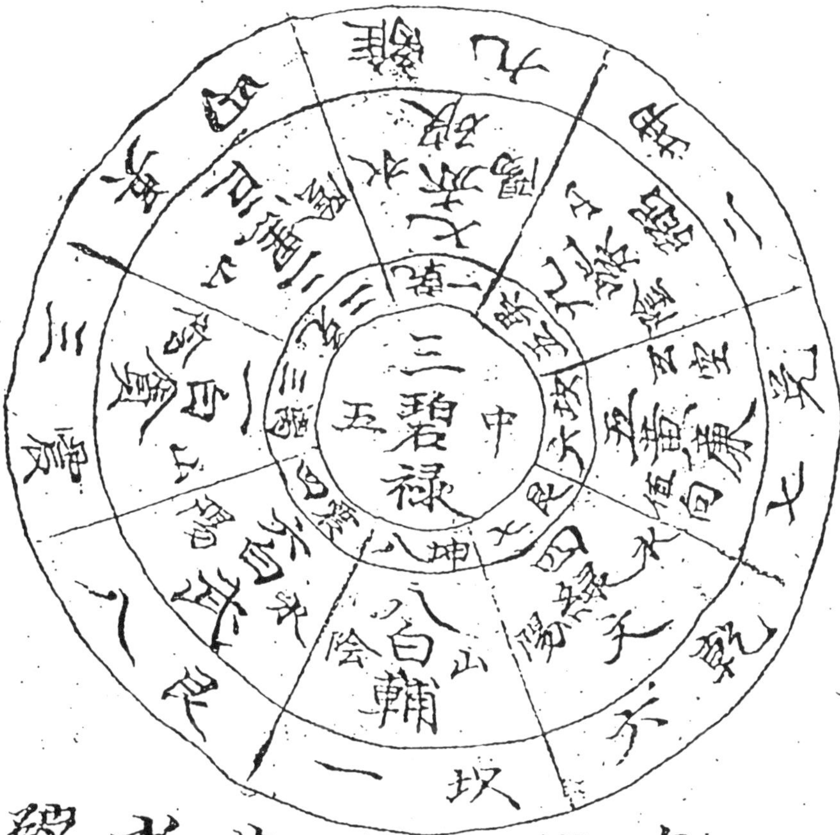

中五挨取四綠文六白武七赤破之水九紫弼一白貪二黑巨之山此即星辰流轉要相逢也八白輔挨定三碧禄入先天坤同坐山從離山運顛推亦即二八爲朋也五黄廉孔入先天坎对後天震此即玄空太卦水火不相射也而水之所以取文武破者盖武入艮乃先天震應後天

震既屬一家骨肉又係三八為朋破入離乃後天離應先天離亦屬一家骨肉至文入乾亦同時旺元之水不過稍遜武破矣第五黃廉入兌值向實玄空秘訣尤為扼要在先天卦体則水火不相射在後天洛書係合十夫婦此對待陰陽不惟不可少並不可雜而山之所以取祿貪巨者蓋祿入坤乃先天巽配後天震為雷風相薄至貪雖入震因輔入坎均屬山運乃後天坎配先天離為水火不相射巨入巽乃後天巽配後天震亦為雷風相薄此眞是同時旺運之山矣

中元山龍巽卦三局玄空飛宮秘訣

辰巽巳三局坐先天兌向先天艮洛書配以四綠挨星配以文曲故後天之巽為上中元第一運管甲子甲戌甲申三十年飛宮以四綠文注中五挨取六白武七赤破八白輔之水九紫弼一白貪二黑巨之山此即星辰流轉要相逢也九紫弼挨定四綠文入先天坤坐位離為山運類推亦即四九為友也五黃廉飛入先天艮对後天巽此即玄空大卦山澤通氣也而水之所以武破輔者蓋武入兌乃後天兌應

先天兑原屬一家骨肉破入艮乃先天震配後天巽為風雷相薄又係後天艮配先天兑為山澤通氣輔入離為四九為友此是同時旺元之水矣第五黄廉入乾值向實玄空秘訣尤為扼要在先天卦体則山澤通氣在後天洛書係合十夫婦此对待陰陽不惟不可少並不可離而山之所以取弼貪巨者盖貪入坤乃先天巽應後天巽亦屬一家骨肉巨入震乃後天震配後天巽為雷風相薄至弼雖入坎因禄入巽均屬山運亦同時旺運之山不過稍遜貪巨矣

中元山龍乾卦三局玄空秘宮秘訣

戌乾亥三局先天艮向先天兑洛書配以六白挨星配以武曲故後天之乾爲下中元第三運管甲午甲辰甲寅三十年秘宮以六白武注中五挨取二黑巨三碧四綠文之水七赤破八白輔九紫弼之山此即星辰流轉要相逢也一白貪挨定六白武入先天乾金坐山位雖非山運類推亦即以一六共宗也五黃廉秘入先天兑對後天乾此即玄空大卦山澤通氣也而水之所以取巨祿文者蓋巨入坎乃先天坤配後天乾爲

天地定位又係一六共宗碧入坤乃後天坤配後天乾亦屬天地定位至文入震亦全時旺元之水不過補遺巨祿矣第五黃廉入巽值向实玄空秘訣尤為扼要在先天卦体則山澤通氣在後天洛書係合十夫婦此对待陰陽不離不可少更不可離而山之所以最破輔弼者盖破雖入乾因貪入離均屬山運乃先天乾應後天乾亦屬一家骨肉輔入兑乃後天兑配先天艮為山澤通氣弼入艮乃後天艮應先天艮亦屬一家骨肉此俱是全時旺運之山矣

下元山龍兌卦三局玄空飛宮秘訣

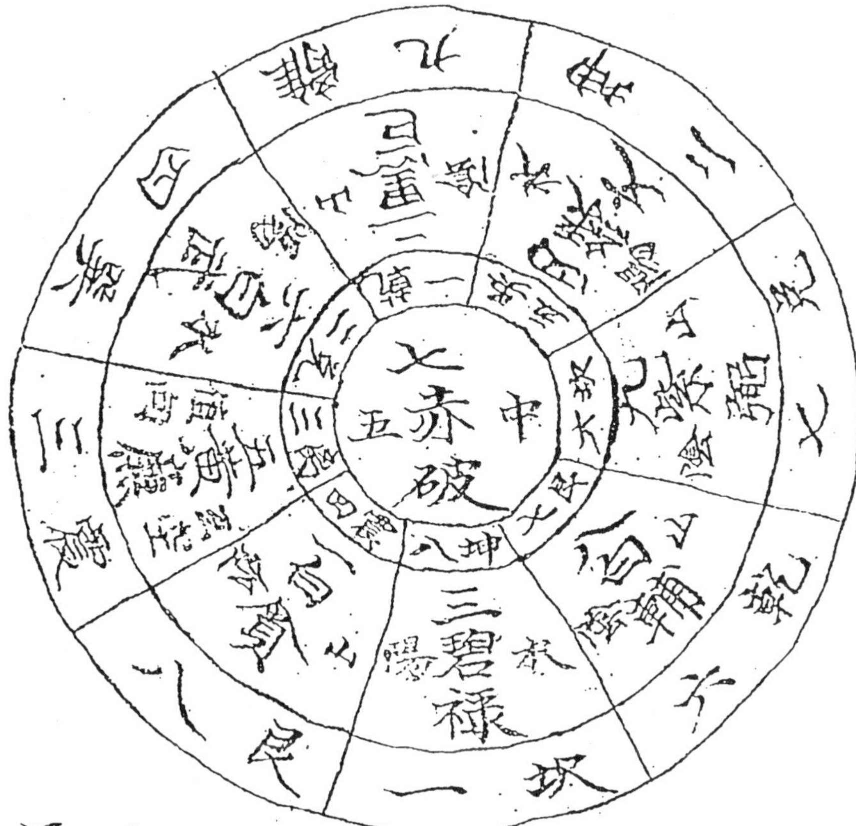

庚酉辛三局坐先天以向先天坎洛書配以七卦挨星配以破軍破後天之兌而下元第一運管甲子甲戌二十年飛宮以七赤破注中五挨取三碧禄四綠文六白武之水八白輔九紫弼一白貪之山此即星辰流轉要相逢也二黑巨挨定七赤破入先天乾金坐山位離向山運類推亦即二七同道也五黄廉飛入先天離對後天兌此即玄空大卦水火不相射也而水之所以取禄文武者盖禄入坎乃後天坎應先天坎原屬一家骨肉

文入坤乃二七同道武入巽乃先天兌應後天兌亦屬一家骨肉此俱是同時旺元之水矣第五黃廉入震值向实玄空秘訣尤為扼要在先天卦体則水火不相射在後天洛書係合十夫婦此对待陰陽不惟不可少並不可離而山之所以取輔弼貪者蓋輔入乾乃先天艮配後天兌為山澤通氣至弼雖入兌因巨入離均屬山運乃後天離配先天坎為水火不相射貪入艮乃後天艮應後天兌為山澤通氣此俱是同時旺運之山矣

下元山龍艮卦三局玄空飛宮秘訣

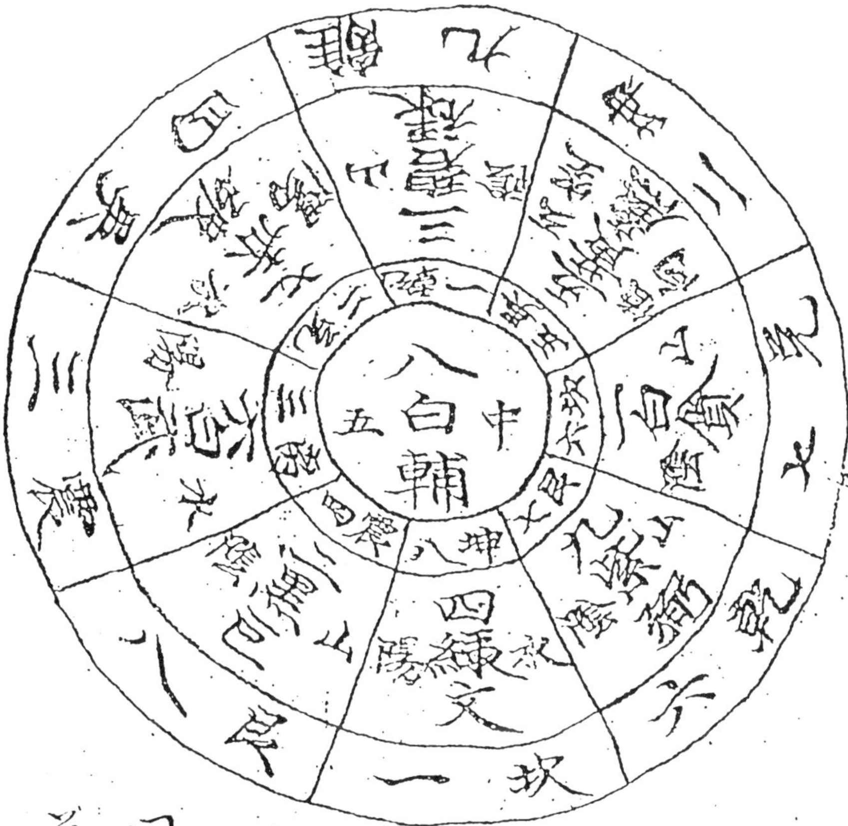

卯艮寅三局里先天震先天巽洛書配以八白挨星配以右弼故後天之艮為下元第二運管甲申甲午二十年飛宮以八白輔注中五挨取四綠文六白武七赤破之水九紫弼一白貪二黑巨之山此即星辰流轉要相逢也三碧祿挨定八白輔入先天乾金坐山位離向山運類推亦即三八為朋也五黃廉飛入先天巽對激天艮此即玄空大卦雷風相薄也而水之所取文武破若蓋武入震乃激天震應先天震既

爲一家骨肉又係三八爲明破入巽乃後天巽配先天震爲雷風相薄先天兌配後天艮又爲山澤通氣至文入坎亦同時旺元之水不過稍遜武曲矣第五黄廉入坤值向實玄空秘訣尤爲扼要在先天卦体則雷風相薄在後天洛書係合十夫婦此对待陰陽不惟不可少並不可離兩山之所以取祿貪巨者盖祿入乾乃先天艮應後天艮亦屬一家骨肉貪入兌乃後天兌配後天艮爲山澤通氣至巨離雖入艮因祿入爲均係山運亦同時旺運之山不過稍遜祿貪矣

下元山龍離卦三局玄空飛宮秘訣

丙午兌三局坐先天乾先天坤洛書配以九振挨星配以右弼故後天之離爲下元第三運管甲辰甲寅二十年飛宮以九紫弼注中五挨取六白武七赤破八白輔之水一白貪二黑巨三碧祿之山此即星辰流轉要相逢也四綠文挨定九紫弼入先天乾金坐山位離西山運頽推亦即四九爲友也五黃廉飛入先天坤對後天離此即玄空大卦天地定位也而水之所以取武破輔者蓋武入坤乃後天坤配先天乾

為天地定位破入震乃先天離應後天離原屬一家骨肉輔入巽乃四九為友此得是同時旺元之水矣第五黃廉入坎值向實玄空秘訣尤為扼要在先天卦体則天地定位在後天洛書係合十夫婦此對待陰陽不雜不可少並不可雜而山之所以取貪巨祿者蓋貪入乾乃後天乾應先天乾亦屬一家骨肉巨入兑乃先天坎配後天離為天地定位至祿入艮亦同時旺運之山不過稍遜貪巨矣

上元水龍離卦三局玄空飛宮秘訣

為午未三局坐南洛書換星俱為山龍下元第二運同例然水龍倒排離卦反為上元第一運管甲子甲戌二十年飛宮以九紫弼注

中五換取六白武七赤破八白輔之水一白貪二黑巨三碧祿之山此即星辰流轉要相逢也四綠文換定九紫弼入先天坤山運為押氣入寄坎水為他時補救亦即四九為友也五黃廉飛入先天乾對後天坎此即玄空大卦天地定位也而水之所以取武破輔者蓋破入兌乃先

天坎配後天离為水火不相射輔入乾乃後天乾應先天乾原屬一家骨肉至武入艮亦同時旺元之水不過稍遜破輔矣弼五黄應入離正值坐合成三叉為當時旺運实玄空秘訣尤為扼要在先天卦亦則天地定位在後天洛書係合十夫婦此对待陰陽不惟不可少並不可離而山之所以取貪巨禄者蓋貪入巽乃四九為友巨入震乃先天离應後天离亦屬一家骨肉禄入坤乃後天坤配先天乾為天地定位此俱是同時旺運之山矣

祉水龍艮卦三局玄空飛宮秘訣

坤艮寅三局坐向以洛書挨星俱爲水龍下元第二運同例然一水龍倒排艮卦反爲上元第二運管甲申甲午二十年飛宮以八白輔注中五挨取四綠文六白武七赤破之九紫弼一白貪二黑巨之山此即星辰流轉要相逢也三碧祿挨定八白輔入先天坤因二黑巨入先天巽同坐山運爲巽氣入艮坤水爲他財補救亦即三八爲朋也五黃廉飛入先天震對後天坤此即玄空大卦雷風相薄也而水之所以取文武破者蓋武入兑乃後天

兑配後天艮為山澤通氣破入乾乃先天艮應後天艮原屬一家骨肉至交入离亦全時旺元之水不過稍遜武後矣第五黄廉入艮值坐合成三叉為當時直運實五空秘訣尤為扼要在先天卦位則雷風相薄在後天洛書係合十夫婦此待陰陽不雌不可少並不可離而山之所以取禄貪巨者蓋禄入巽乃後天巽配先天震為雷風相薄先天兑配後天艮又為山澤通氣貪入震乃後天震應先天震既屬一家骨肉又係三八為朋至巨入坤因禄入坎均坐山位亦全時旺運之山不過稍遜禄貪矣

上元水龍兌卦三局玄空孔宮秘訣

戌酉辛三局坐向以洛書挨星俱無山龍下元第一運同例然水龍例排兌卦反為上元第三運震甲乙甲寅二十年孔宮以七赤破注中五挨取三碧祿四綠文六白武之水八白輔九紫弼一白貪之山此即星辰流轉要相逢也二黑巨挨定七赤破入先天坤因九紫弼入先天兌同坐山運為離氣入兌震水為他時補救亦即二七同道也五黃廉初入先天坎对後天震此即玄空大卦水火不相射也而水之所以取祿文武者

蓋祿入離乃後天離配先天坎為水火不相射文入艮乃後天艮配後天兌為山澤通氣武入乾乃先天艮配後天兌為山澤通氣此俱是合時旺元之水矣第五黃廉入兌值空合成三叉為當時直達矣玄空秘訣所為扼要在先天卦体則水火不相射在後天洛書係合十之夫婦此对待陰陽不惟不可少並不可雜而山之所以取輔弼貪者蓋輔入巽乃先天兌應後天兌亦屬一家骨肉貪入坤乃二七全道至弼入震因巨入坎均坐山位乃後天坎應先天坎一屬一家骨肉此俱是同時旺運之山矣

上元乾卦三局玄空飛宮水龍秘訣

戌乾乾戌三局坐向及洛書挨星俱每山龍上中元第三運同例然水龍倒排乾卦反爲上中元第一運震艮甲子甲戌甲申三十年飛宮以六白武

注中五挨取二黑巨三碧祿四綠文之水七赤破八白輔九紫弼之山此即星辰流轉要相逢也一白貪挨定六白武入先天坤因七赤破入先天兌金坐山運爲兌氣入乾爲水爲他時補救亦即一六共宗也五黃廉飛入先天艮對後天艮此即玄空大卦山澤通氣也而水之所以取巨祿文者蓋巨

入離乃先天離乾應後天乾原屬一家骨肉祿入艮乃後天艮應先天艮亦屬一家骨肉文入兌乃後天兌配先天艮為山澤通氣此俱是同時旺元之水矣第五黄廉入乾值中合成三叉為當時直達实玄空秘訣尤為扼要在先天卦体則山澤通氣在後天洛書係合十夫婦此对待陰陽不惟不可少並不可雜而山之所以取破輔弼者盖破入巽因貪入坎乃先天坤配後天乾既屬天地定位又係一六共宗弼入坤乃後天坤配天後乾為天地定位至輔入震亦同時旺運之山不過稍遜破輔矣

下中元水龍巽卦三局玄空飛宮秘訣

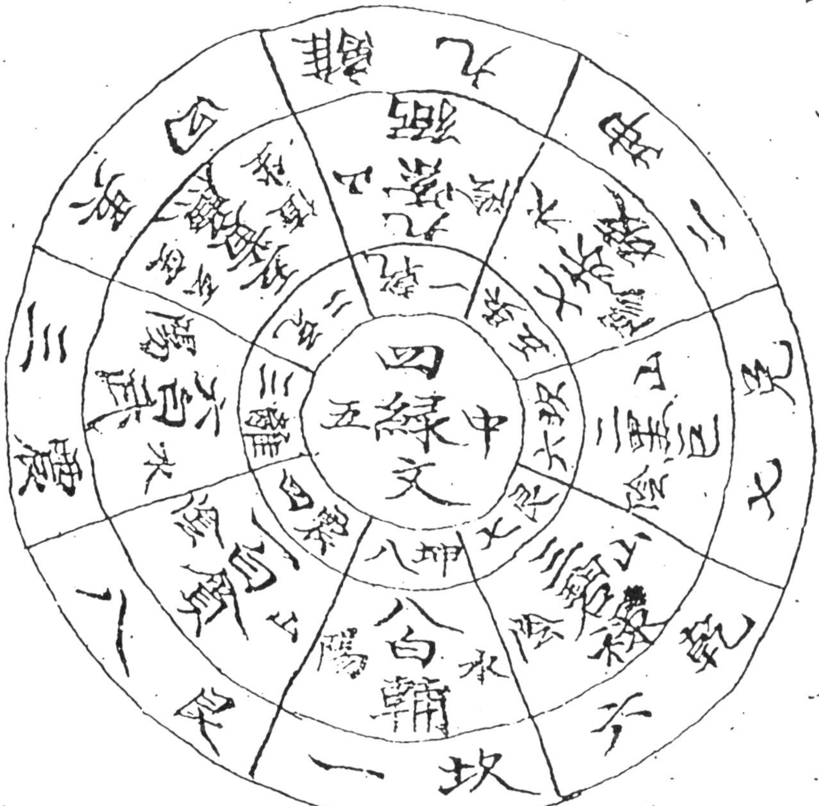

辰巽巳三局坐向及洛書挨星俱爲上中元山龍第一運同例然水龍倒排巽卦反爲下中元第三運震甲午甲辰甲寅二十年飛宮以四綠文注中五挨取六白武七赤破八白輔之水一白貪二黑巨三碧祿之山此即星辰流轉要相逢也九紫弼挨定四綠文入先天乾因三碧祿入先天艮同坐山運爲艮氣入巽乾水爲他時補救亦即四九爲友也五黃廉飛入先天兌對後天乾此即玄空大卦山澤通氣也

而水之所以取武破輔者蓋武入震乃後天震配後天巽為雷風相薄破入坤乃先天巽應後天巽原為一家骨肉至輔入坎亦同時旺元之水不過稍遜武破矣第五黃廉入巽值坐合成二七為當時直達案五宮秘訣尤為扼要在先天卦位則山澤通氣在後天洛書係合十夫婦此陰陽對待不能不可少並不可離而山之所以取貪巨祿者蓋貪入艮乃後天艮配先天兑為山澤通氣先天震配後天巽又為雷風相薄巨入兑乃後天兑應先天兑亦為一家骨肉祿入乾因巽入離既均為山位又係四九為友此俱是同時旺運之山矣

下元水龍震卦三局玄空孔宮秘訣

甲夘乙三局坐向及洛書挨星俱與上元山龍第三運同例然水龍倒排震卦反為下元第一運當甲子甲戌二十年飛宮以三碧禄注中五挨取四綠文六白武七赤破之水九紫弼一白貪二黒巨之山此即星辰流轉要相逢也八白輔挨定三碧禄入先天乾因一白貪入先天坎同坐山運為坎氣入震兌水為他時補救亦即三八為朋也五黄廉飛入先天離对後天兌此即玄空大卦水火不相射而水之所以取文

武破者蓋文入巽乃後巽天配後天震為雷風相薄武入坤乃先天巽配後天震亦為雷風相薄破入坎乃後天坎配先天離為水火不相射此俱是同時旺元之水矣第五黃應入震值坐合成三叉為當時直達實玄空秘訣尤為扼要在先天卦體則水火不相射在後天洛書係合十夫婦此對待陰陽不惟不可少並不可離而山之所以取祿貪巨者蓋祿入艮乃先天震配後天震既屬一家骨肉又係三八為朋貪入兌因輔入離均屬山運乃後天兌配先天離亦屬一家骨肉至巨入乾亦同時旺運之山不過稍遜祿貪矣

下元水龍坤卦三局玄空孔宮秘訣

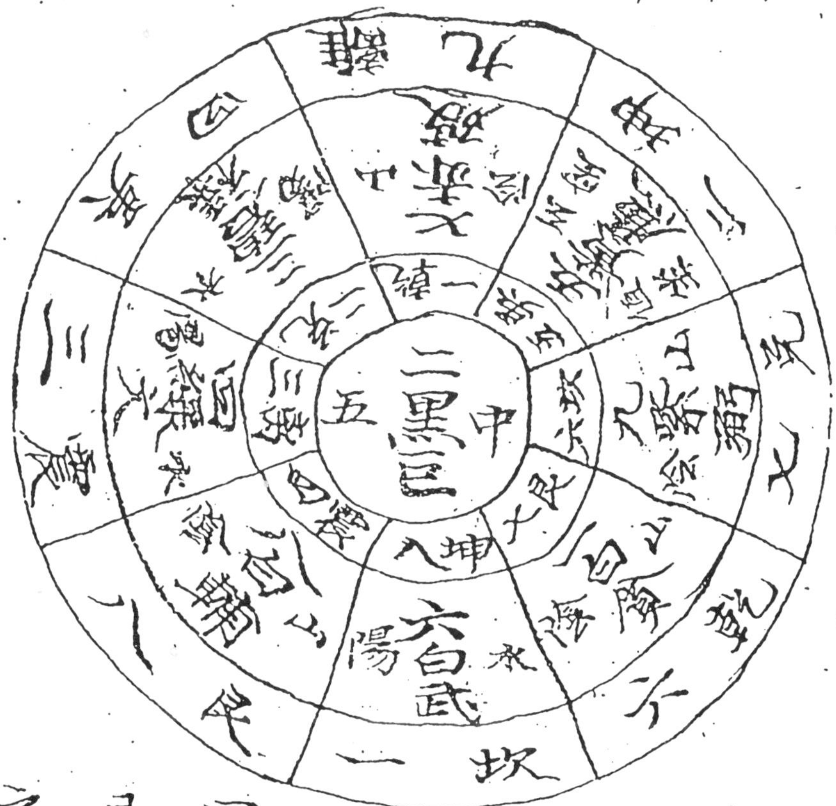

未坤申三局坐向及洛書挨星俱照上元山龍第二運同例然水龍倒排坤卦反為下元第二運震甲申甲午二十年孔宮以黑巨注中五挨取三碧祿四綠文六白武之水八白輔九紫弼一白貪之山此即星辰流轉要相逢也七赤破挨定二黑巨入先天乾因八白輔入先天震同坐山運為震氣入坤艮水為他時補救亦即二七同道也五黃廉孔入先天巽對後天艮此即玄空大卦雷風相薄也而水之所以取祿文武者蓋祿入巽乃後天

巽應先天巽原屬一家骨肉又入震乃後天震配先天巽為雷風相薄武入坎乃先天坤應後天坤亦屬一家骨肉此俱是旺時同元之水矣五黄廉入坤值坐合成三叉為當時真達實玄空秘訣尤為扼要在先天卦体則雷風相薄在後天洛書係合十夫婦此对待陰陽不惟不可少並不可離而山之所以取輔弼貪者蓋輔入艮因破入離均屬山運乃先天乾配後天坤為天地定位弼入兑乃二七同道貪入乾乃後天乾配後天坤亦為天地定位此俱是同時旺運之山矣

下元水龍坎卦三局玄空飛宮秘訣

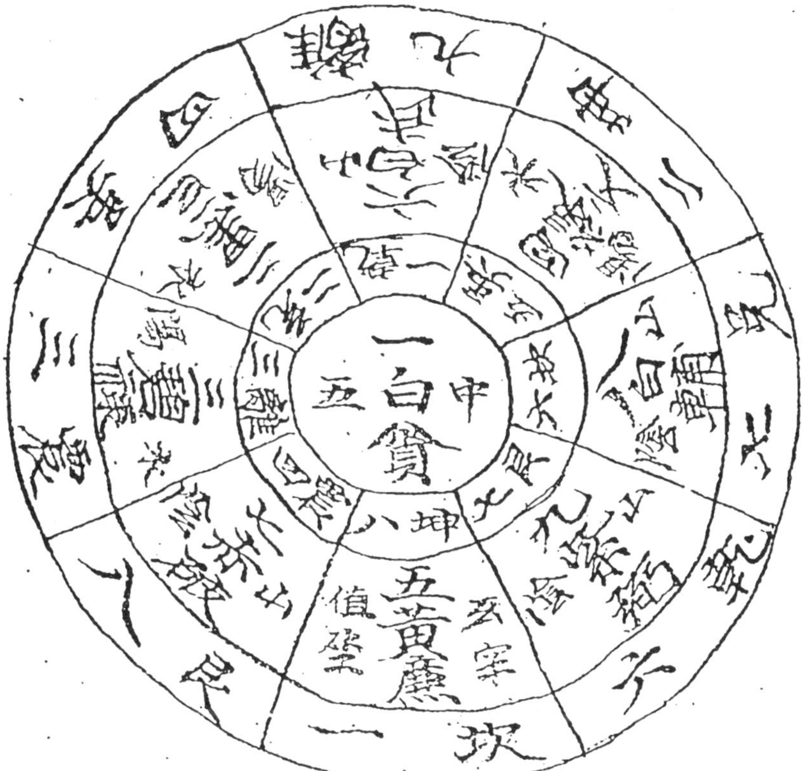

壬子癸三局坐向反洛書挨星俱系上元山龍第一運同例然以水龍倒排坎卦反為下元第三運管甲辰甲寅二十年飛宮以白貪注中五挨取二黑巨三碧祿四綠文之水七赤破八白輔九紫弼之山此即星辰流轉要相逢也六白武挨定入一白貪入先天乾山運為乾氣入坎為水為扼時補救亦即一六共宗也五黃廉飛入先天坤對後天為此即玄空大卦天地定位也而水之所以取巨祿文者蓋祿入震乃先天為應後天坎為水入不

相射文入坤乃後天坤應先天坤原屬一家骨肉至巨入巽亦同時旺元之水不過稍遜文祿是第五黃廉入坎值坐合成三叉為當時直達奧玄空祕訣尤為扼要在先大卦体則天地定位在後天洛書係合十夫婦此对待陰阳不惟不可少並不可離而山之所以取破輔弼者蓋輔入兌乃先天坎應後天坎亦屬一家骨肉弼入乾乃後天乾配先天坤既屬天地定位又係一六共宗至破入艮亦同時旺運之山不過稍遜輔弼矣

山龍詩斷

脫殼出洋要水真葵山坐向（貴）要清純三元妙訣倚庚莫兩卦玄機逐甲輪逐而陰貴旋紫右順行陽氣挨星長青錢萬選裝畜說秘慎密藏書在神

山龍詩斷

倒排夾縮真朦朧乾氣坎收造化工局本星成妙文狩極無位置穿非空一元離合法倚工八卦兩分訣寄中紫右帶飛順逆而天機要附有緣翁

陽宅詩斷

陽宅敷陳倒順推全憑變化巧安排鄉村曠野取山水城市
禪九取路街掌上星辰隨甲運當中宮位與時偕坐宅須識
坐宅訣看察不明法更乖

地學捷旨

圖書總說

夫河圖二七数在南而四九数在西到洛書二七数天居西四九数天居南誠以河圖左旋以相生長若二七数不在南四九数不西在無以成相生長之次第也然洛書右旋相尅以收成若二七数不居西四九数不居南無以成相尅收成之次第也所以一三五数俱未移易而必移易二七四九数者乃變々化々相尅相生之妙運用必要如是故也

河圖說

蓋河圖左旋而相生故北方一六水而生東方三八木東方三八木生南方二七火南方二七火生中五土中五土生西方四九金西方四九金生北方一六水此河圖左旋以相生長之道也然其所以能生成者皆得五中之土以變化而生成也故天一變生水而地六化成之地二化生火而天七變成之天三變生木而地八化成之地四化生金而天九變成之總之一水二火三木四金其所以能成水成火成木成金者俱得五中之土以變化而生成也

故一得五而成六，二得五而成七，三得五而成八，四得五而成九，五得五而成十。由是則得天之氣而生者，必得地之氣而成；得地氣而生者，必得天之氣而成。一生一成，真陰真陽之交道也。然河啚五十五数，天数二十五，即一三五七九，陽数是也；地数三十，即二四六八十，陰数是也。到洛書只有四十五数者，何也？盖河啚相对無十，惟五兩五对，亡五而成十，則河啚多十，地数故也。

河啚辨陰陽之交媾，洛書察甲運之盛衰，故一二三四五六七八九者，古今之積代推移，周而復始者也。

河圖陰陽五行对待為体洛書陰陽五行流行為用此所以地理必用洛書也

河圖左旋相生式

一六共宗
二七同道
三八為朋
四九為友
五十同途
陰陽奇偶

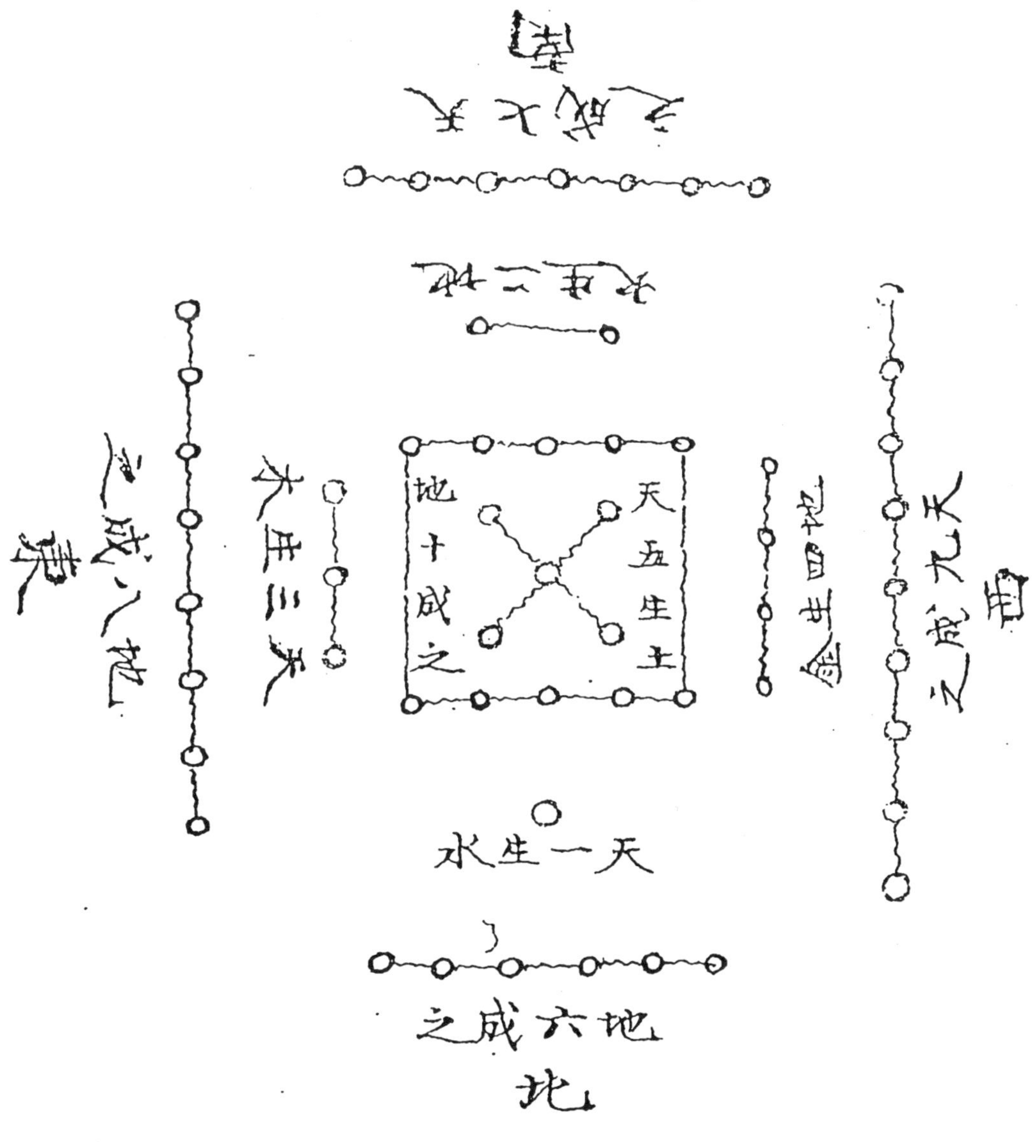

先天八卦式並說

乾三連☰　坤六斷☷

艮覆碗☶　兌上缺☱

震仰盂☳　巽下斷☴

離中虛☲　坎中滿☵

乾為天，坤為地，謂之天地定位。

艮為山，兌為澤，謂之山澤通氣。

震為雷，巽為風，謂之雷風相薄。

坎為水，離為火，謂之水火不相射。

先天八卦式

乾一兌二離三震四

巽五坎六艮七坤八

乾為老父坤為老母

震為長男巽為長女

坎為中男離為中女

艮為少男兌為少女

洛書說

盖洛書右旋而相尅故五中土則尅北方一六水尅南方二七火南方二七火尅西方四九金西方四九金尅東方三八木東方三八木尅中央之五土此洛書右旋相尅非尅不收成之道也然洛書有四十五数天数二十五地数二十其所以少十地数者何也盖洛書相对皆十故一与九对十也三与七对十也二与八对十也四與六对十也中五立極然不言十而十自妙乎其中矣

洛書式

洛書例

戴九履一，左三右七，
二四為肩，六八為足。

又例

背一面九，三七居旁，
二八四六，縱橫紀綱。

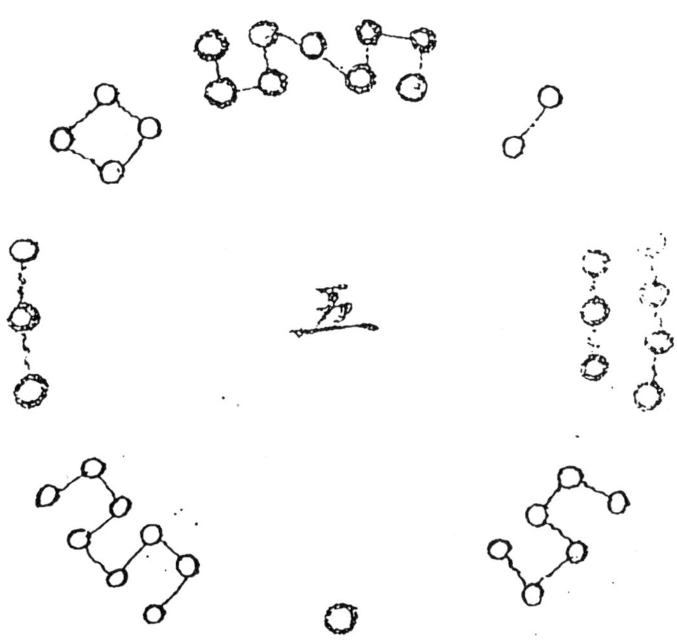

洛書帶紫白式

一白二黑
三碧四绿
五黄
六白七赤
八白九紫

洛書帶後天八卦式

後天八卦例

乾坎艮震

巽離坤兌

又帶例

坎一坤二震三

巽四中五乾六

兌七艮八離九

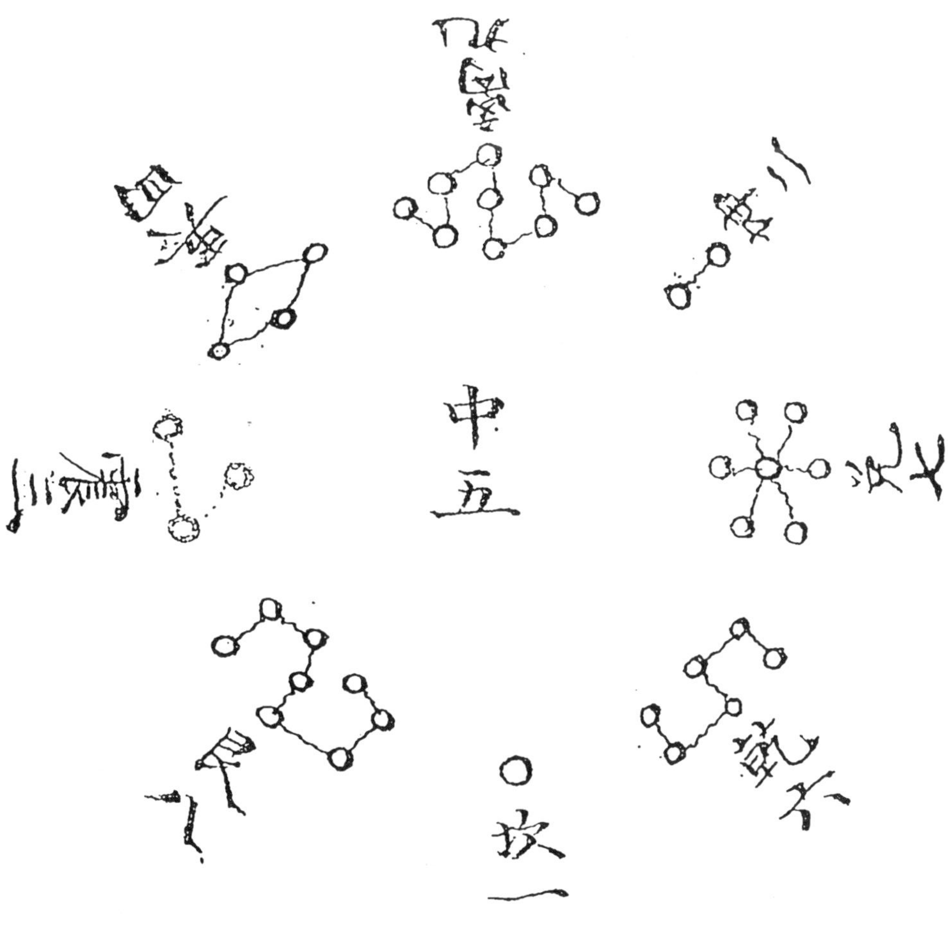

故〻

先後天東西卦義

夫後天之坎對先天之乾則一白當令理先天之乾氣歸後天之坎位為第一故乾曰入坎也後天之坤對先天之震則二黑當令理先天之震氣歸後天之坤位為第二故曰震入坤也後天之震對先天之坎則三碧當令理先天之坎氣歸後天之震位為第三故曰坎入震也後天之巽對先天之艮則四綠當令理先天之艮氣歸後天之巽位為第四故曰艮入巽也此東時四卦乘元得運之用也　後天之乾對先天之兌則六白當令理先天之兌氣歸後天之乾位為第六故曰兌入乾也後天之兌

对先天之离則七亦当令理先天之离氣归後天之兑位為第七故曰离入兑也後天之艮对先天之巽則八白当令理先天之巽氣归後天之艮位為第八故曰巽入艮也後天之离对先天之坤則九紫当令理先天之坤氣归後天之离位為地第九故曰坤入离也此西時四卦乘元得運之用也　揔之先天自長而少乾震坎艮理氣灵後天坎坤震巽方位定此即東四卦也　後天自少而長兑离巽坤理氣灵後天乾兑艮离方位定此即西四卦也　又曰乾父坤母首尾裝包括男女在中央陽順陰逆長少序東西井然妙诀藏

東時天心正運圖

自長而步

乾震水坎艮

後天八卦

坎一坤二山震三巽四

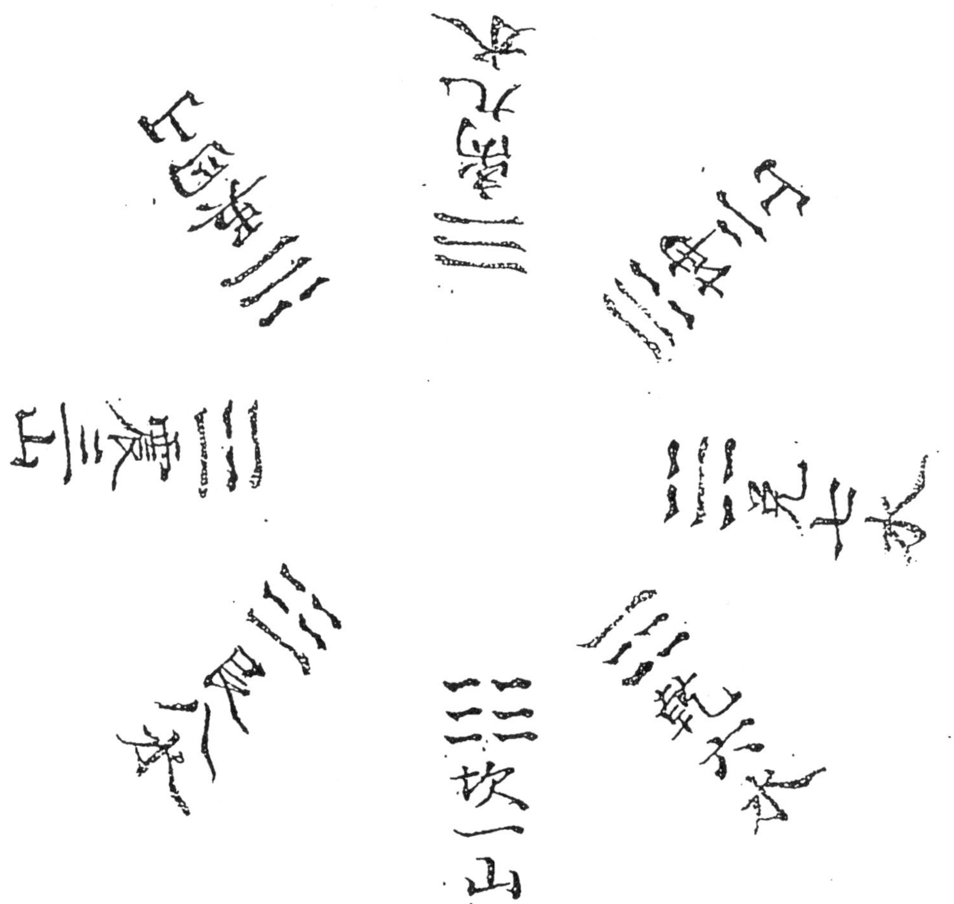

西兌後乾六
自
時離兌七
天少天
心水山
正而巽八艮八
運長
圖坤卦離九

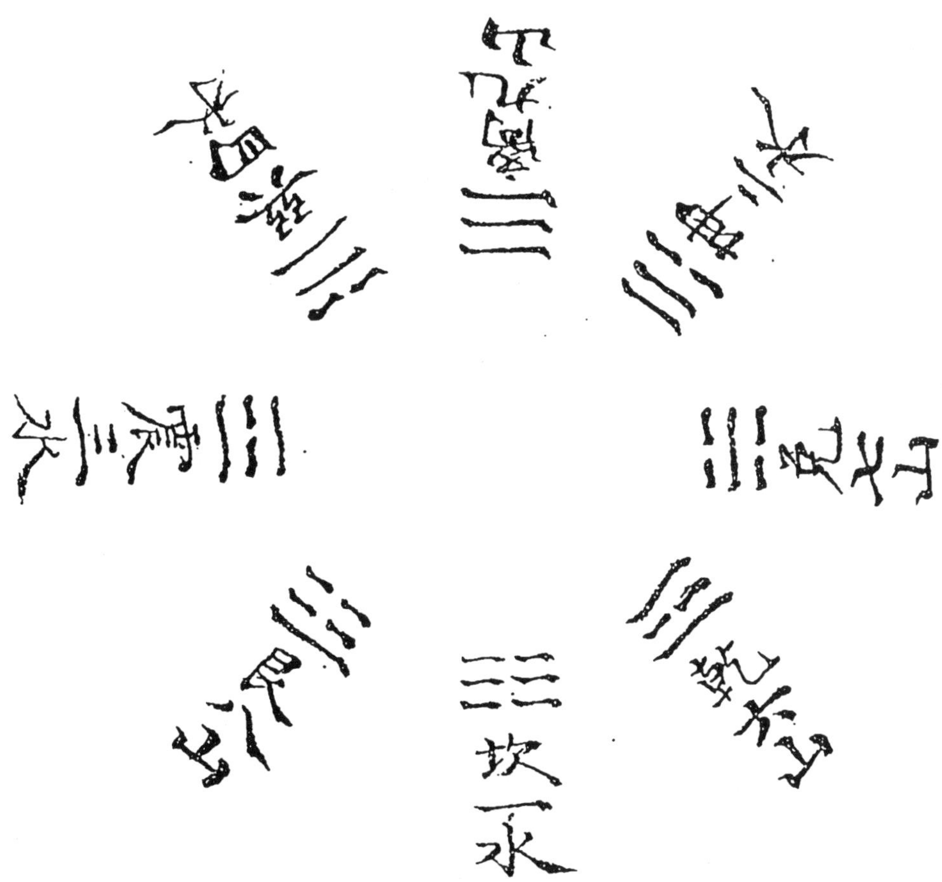

後天八卦五行納甲式

乾金甲子外壬午。
坎水戊寅外戊申。
艮土丙辰外丙戌。
離火己卯己酉尋。
震木庚子外庚午。
巽木辛丑辛未巡。
坤土乙未外癸丑。
兌金丁巳丁亥覓。

二十四山陰陽順逆圖

壬子癸丑艮寅甲卯

乙辰巽巳丙午丁未

坤申庚酉辛戌乾亥

子午卯酉為陰父母

乙辛丁癸為陰順子

辰戌丑未為陰逆子

乾坤艮巽為陽父母

寅申巳亥為陽順子

甲庚壬丙為陽逆子

二十四山挨星图

坤壬乙巨门從頭出
甲癸申貪狼一路行
子未卯一山禄存倒
巽辰亥尽是武曲位
中五立極
戌乾巳文曲古運次
艮丙辛位亡是破軍
午酉丑右弼七八九
寅庚丁以例作輔星

三元九宮分運

上元
一白坎水、貪狼星　管甲子甲戌二十年交
二黑坤土、巨門星　管甲申甲午二十年交
三碧震木　祿存星　管甲辰甲寅二十年交

中元
四綠巽木　文曲星　管甲子甲戌甲申卅年
五黃中土　廉貞星　本宮運分四六宮執掌
六白乾金　武曲星　管甲午甲辰甲寅卅年

下元
七赤兌金　破軍星　管甲子甲戌二十年交
八白艮土　左輔星　管甲申甲午二十年交
九紫離火　右弼星　管甲辰甲寅二十年交

八方元運衰旺定局

上元甲子六十年			中元甲子六十年			下元甲子六十年		
坎		統運	巽		統運	兌		統運
艮	逆	煞	離		生	乾		旺
震		生	坤	刑	死	坎		生
巽		生	兌	逆	煞	艮		敗
離	刑	死	乾	逆	煞	震	刑	死
坤	逆	煞	坎		敗	巽	刑	死
兌		敗	艮	刑	死	離	逆	煞
乾		敗	震		旺	坤		敗

理三元運氣說 陽宅用

元運之机發於洛書以花甲一周曰元洛書飛弔曰運故干支之配洛書必三周花甲而運洛書遍而始齊也故花甲有上中下之分洛書有一四七之運上元甲子坎卦統運氣旺於北重初卦為元運之首逆運六十年而止五黃故中元甲子巽四統運逆運六十止於艮八又下元甲子兌七統運逆命六十止於坤二每歲運又各主氣如上元甲子乃一白坎卦主氣其歲氣旺於北乙丑歲則九紫離卦主氣其歲氣旺於南矣然九紫雖旺奈一白統運

九紫之氣不能伸，故不為旺也。又如中元甲子，四綠統運，其步氣旺於東南，己丑年是三碧主氣，又旺於東矣，若統運同氣，故氣為旺也。又如下元甲子，七赤統運，其步氣旺於西，己丑步是六白主氣，其步氣旺於西北，亦為統運同氣，故為最旺也。舉此數卦，餘可類推。總之流年主氣合於統運者為旺，統運所生者為生氣，生統運者為失氣，為統運所尅者為死氣，尅統運者為煞氣，明此生旺死敗尅煞之理，元運之大旨盡矣，何用多言耶。

主運流年九星加臨吉凶歌

生入煞方尅疾病　煞入生方所死生　死上煞兼動財産
煞臨退位損嫡孫。煞臨關煞穿心害　生入生方處處興。
惟有五方正神煞。八方到處不留情。

此以主氣運星流年星加八局八方斷，如坎局以坤為生氣方，上元甲子二十年，又得七赤生氣加坤，為生入生方。餘倣此。生入生方主進財增産。生見煞主官災得貴人救。煞見煞主火災損人死事不利。煞見生半吉半凶，上半年吉下半年凶，損人口。退見退主禍害疾患。生見退主損六畜小口，後遇貴人。統以本方有道路朝拱，及六事動作方斷也。

衰旺兩方喜忌歌訣

旺方宜阔不宜阻塞，煞方宜阻塞不宜空阔。如旺方為隣家有楼高聳，宜尚我家远，則真旺楼也，主本元大發。若尚我屋比居，則对门旺方之煞氣逼入我宅，謂之迴风返照，虽做旺方，尚煞方無異。

陰陽二宅同断

旺方有水，而煞方乏水，有空缺风吹入旺者（又無门路行走），旺方必生白蚁。

陽宅旺方無水，被屋宇高壁不通风氣者，亦必生白蚁。（阴宅旺方無水，被树木墙圍高壁不通风气者，亦生白蚁。）

而陰宅之旺方或左或右空，而有水冲射者，亦生蚁。

相宅

上元並上中元

坎坤震巽之門宜坎坤震巽之路。並宜乾兑艮离之水。

下中元並下元

乾兑艮离之门。宜乾兑艮离之路。並宜坎坤震巽之水。

此分東西兩卦。隶元得運之用也。

摠之二十四山向。開门放水穿井道路倉灶橺楼一切俱宜得時元運旺相。真為佳也。

天驚訣

河圖精義

坎一為上元龍乾六為上元水
乾為下元龍坎為下元水

河圖為地理之原其實即天運之本生死之互乘於此而定興癈之代謝由是而名蓋天一生水地六成之水在北方故天之一在北即地之六亦在北一生一成相為經緯天一當令為正神即取地六之正神以助之地六當令為正神即取天一之正神以助之而取洛書方位對面之九與四為零神此為一六共宗地二生火天七成之火在南方故地之二在南即天之七亦在南地二當令為正神即以天七之正神以助之天七當令為正神即取地二之正神以助之而取洛書方位對待之八與三為零神此為二七同道天三

生木地八成之木在東方故天之三在東地之八亦在東天三當令為正神即取地八之正神以助之地八當令為正神即取天三之正神以助之而取洛書方位對待之七與二為零神此謂三八為朋地四生金天九成之金在西方故地之四在西天之九亦在西地四當令為正神即取天九之正神以助之天九當令為正神即取地四之正神以助之而取洛書方位對待之六與一為零神此謂四九為友天五生土地十成之土居中央故天之五在中地之十亦在中為皇極而寄旺於四方為樞紐而維繫於八風此為五十同途但河圖有理氣而無方位有体質而無運用至洛書而方位出焉

三元氣運本於河圖以天一地二天三為上元以地四天五地六為中元以天七地八天九為下元至於地十則與天五同在中元其河圖之理一生一成成者為正生即為催生者為正成即為催而凡生成之正運者取其實理正氣入穴非取其河道此所謂顛〻倒〻也

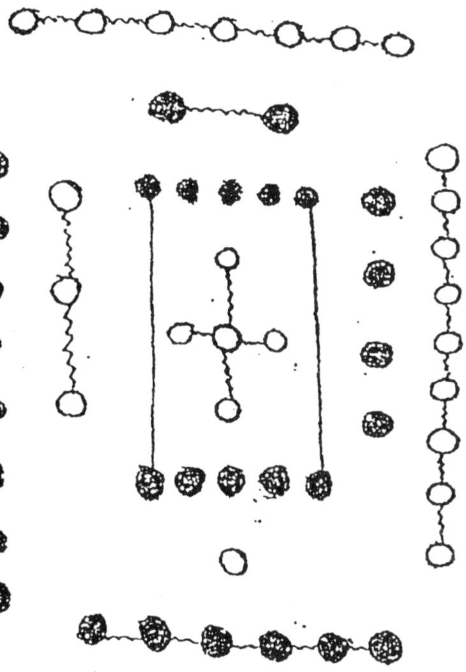

河圖

洛書精義

洛書之文與河圖之數相為表裏有河圖而無洛書則有體而無用有洛書而無河圖則有用而無體蓋論三元氣運本乎河圖而論三元方位則不外於洛書夫洛書之數以一對九為十以二對八為十以三對七為十以四對六為十以天居四正地居四隅一生一成相為經緯一陰一陽相為交媾九疇從此生九宮從此配九星從此挨而洛國經野之道備矣

蓋天一生水故北方之天一為上元首運而必取於南方之水者立向不可有差蓋北方之水不能自生必需南方天九之金以生之又地六成之故西

北之地六即為照神地二生火故西南隅之地二為上元第二運偏取艮方之水者蓋火不能自生必需艮方地八之木以生之又天七成之故西方之天七即為照神天三生木故東方之天三為上元第三運偏取兌方之水者蓋木能生火故用西方天七之火以養之地八成之故東北之地八即為照神地四生金故東南方之地四為中元首運偏取乾方之水者蓋金能生水故用西北地六之水以養之天九成之故南方之天九即為照神五十居中矣是寄旺也不必論地六成之故乾方之地六為中元末運偏取巽方之水者蓋水不能自生必需巽方地四之金以生之天一生水故坎方之天一即為照神天七成之故兌方之天七為下元首運偏取震方之水者蓋

火不能自生必需東方之木以生之地二生火故坤方之地二即爲照神地八成之故艮方之地八爲下元中運偏取坤方之水者蓋木能生火故用西南方地二之火以養之天三生木故東方之天三即爲照神天九成之故南方天九爲下元末運偏取坎方之水者蓋金能生水故用北方天一之水以養之地四生金故東南之地四即爲照神大抵四生如孩兒之恃父母以養如衰老之代子孫深言之爲五行相生之体淺言之即八卦顛倒之用兼乎洛書之義參以先後天之卦配以九星九宮之用約以四吉四凶判以上中下元而堪輿之秘旨盡矣

三元方位本於洛書而洛書之大文不外於河圖河圖之地六陰也右轉而居於西北河圖之地四亦陰也右轉而居於東北即二十四山陰從右轉之理河圖之天七陽也左旋而居於西河圖之天九亦陽也亦左旋而居於南即二十四山陽從左旋之理八卦九宮之方位不外是矣

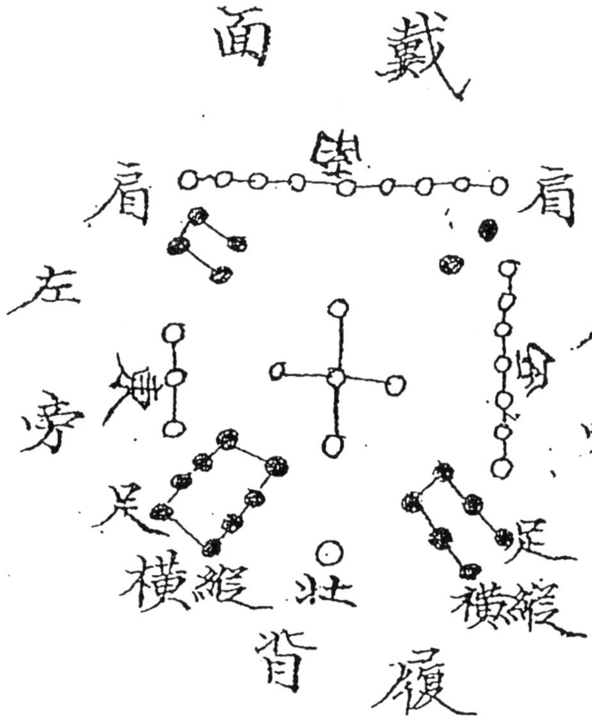

洛書

圖書天心十道穴法

一山向九十成功，二對八分數自終，天三更作天七向，地六還收地四通，四維來扶五十穴，只將九曜旋無窮，合得圖書折一穴，造化生民在掌中。河圖洛書以十為數，故天一來龍，即以天九為向，取金水相生而合成十數；天三來龍，即以天七為向，取木火相生而合成十數；地二來龍，即以地八為向，亦取木火相生而合成十數；地六來龍，即以地四為向，亦取金水相生而合成十數。此圖書天心十道之精蘊也，並言之，即為坐水騎龍之格，相似所謂直節對堂，所謂明堂不可偏，得此妙訣，造物生民，豈不在掌中乎。

先後天八卦精義

先天八卦而河圖有理氣，後天八卦而洛書有方位，要之先後天相需為用，而生死禍福之道出焉。蓋分先天四陽卦為上元，如上元一白坎卦當令，則必需離方水者，離乃先天乾位，乾為父，故為第一，而一六共宗，故六白乾為照神。上元二黑坤卦當令，則必需艮方水者，艮乃先天震位，震為長男，故為第二，而二七同道，故七赤兌為照神。上元三碧震卦當令，則必需兌方水者，兌乃先天坎位，坎為中男，故為第三而三八為朋，故八白艮為照神。中元四綠巽卦當令，則必需乾方水者，乾乃先天艮位，艮為少男，故為第四，而四九為友，故九紫離為照神分先天四陰卦為下元申兌六句乾卦當貪則必需吴奇水着矣乃先天兌位兌為少女故為第六而一六共宗故一白坎為照神下元七赤兌卦當令則必需震方水者震乃先天離位爲中女故爲第七而二七同道故二黑坤卦為照神下元八白艮卦當令而必需坤方水者坤乃先天巽位巽為長女故為第八而三八為朋故三碧震為照神下元九紫離卦當令則必需坎方水者坎乃先天坤位坤為母故為第九而四九為友故四綠巽為照神蓋上元阳卦先長而後少下元阴卦先少而後長以少者屬在五黃故也與古鏡歌卦運循環註参看蓋兌卦先天至而後天不到其效非神後天到而先天不來其驗不應如一白坎卦当

今盡收離水是後天至而先天亦到有離水而坎方實地正神百步不為水溝河道界斷者是先天至而後天亦來餘可例推本元本運為生龍催運為旺龍本元未交催正之運為平龍出元當煞之運為煞龍催煞之運為死龍未來催煞正煞者為囚龍如上一白當令則顛倒論之離水為正吉而以坎水為正煞以一六共宗故仍將四六顛倒論之而以六白乾水為正吉四綠巽水為催煞兌水艮水為平龍坤水震水為囚龍餘以例推大約上元四吉離艮兌乾四位之水四凶坎坤震巽四位之水下元反是

分於繞運者為旺為相連所生者為生氣生繞運者為火氣為統運所尅者為死氣尅統運者為煞氣明此生尅之理元運之大旨盡矣

挨星起例訣

坤壬乙巨门從頭出艮丙辛位位是破軍巽辰亥尽是武曲位甲癸申貪狼一路行午酉丑右弼七八九子未卯一二三祿倒寅庚丁以例作輔星乾戌巳文曲共廉貞□

乾坤艮巽金（内巽是土 乾兼土） 寅申巳亥木

山向神驗撥法甲庚丙壬水（内丙是木 壬兼木） 子午卯酉火

乙辛丁癸水 辰戌丑未土（内戌是火）

此楊公壬子盤之五行法也以山向為主以峯巒砂水為用生比者吉尅泄者凶以乾坤艮巽寅申巳亥山向斷長房以甲庚壬丙子午卯酉山向斷仲房以乙辛丁癸辰戌丑未山向斷季房無有不驗者也

又正尉之辰戌丑未是以當兼參之

蔣大鴻先生著玉函真義天元古鏡歌上卷

先天八卦俱到穴法

六乾離九是朝宗坤宮坎一脉相通天三地八為朋友即震來龍艮作向七金地二氣相從兌龍巽向離九來龍定震向巽龍入脉要坤宮坎水朝時

来至先艮出他八到六宫後天龍取先天向生成值立丑最猷

後天卦氣来龍即以先天卦氣作向其義甚深其訣甚秘如六白乾来龍要立離卦之向離乃先天乾也是非特後天之乾阳巳坎即先天之乾阳亦坎矣阳神豈不坎足乎至於或兼癸丁或兼丙壬則左於九曜之制尅生扶隨地剪裁也

離[乾]龍离向　兑龍巽向　離龍震向　震龍艮向

巽龍坤向　坎龍兑向　艮龍乾向　坤龍坎向

九曜旋飛吉凶還致法

貪狼子癸巽甲申壬卯未坤乙巨门四六巽乾皆武曲酉辛丑艮丙

破軍寅午庚丁四位上右弼四星互次臨將山作主便翻向逆卦逆爻順逆輪貪輪吉凶隨運轉廉貞五位不同輪旋非五位流神忌庚向辛方定位名若有水口來冲到冲破陰陽多受驚

艮寅甲分巽巳丙坤申庚分乾亥壬十二排來陽順行子癸丑分乙卯辰午丁未分酉辛戌十二排來陰是逆九曜旋非之法在平洋則從向上輪起如子山午向則貪在午七是陰位故逆輪巨門在巽上之類是也在山龍則從山上輪起如子山午向則貪狼在子子亦陰位故逆輪巨門在乾上之類是也至於丙位壬位即為穿位最忌流神

甚誠已辭古鏡歌中大則上中下三元外以各元五令臣職在內五
或水上或然上則吉者愈吉凶者非凶也如上元一白二黑三碧則以貪巨
祿為令星下元七赤八白九紫則以破輔弼為令星至於中元四綠則分在
上元中元六白則分在下元故文曲與上元三星同吉武曲與下元三星同吉
而廉貞在中宮不與八星交襍
九曜旋非上翻臨臨字非以山上星辰為宮作向算也翻者不定一处
臨者各宮傳變也知此訣則通神矣此註中多有紕繆之处不合九氣
之法旋非挨屬不灵隨元運挨例此係真天机也

挨九星吉凶訣

貪配一白巨配二黑祿配三碧上元三宮得運即以此三星輪在向上或水上或煞上吉上有此三星吉者愈吉煞上有此三星煞不大害文配四綠廉配五黃居中武配六白中元得運將文曲合在上元三星同吉將武曲合在下元三星同吉蓋穴以廉貞爲主如河洛九宮以中五立極也

下元破輔弼　離艮兑乾下元煞水

坎坤震巽下元吉水

補吉星照臨訣註

此註似是而非青囊序云二十四山分順逆共成四十八局與語雲

左為陽子癸丑亥壬午丁至巳丙明之跟必有陽明々既之有陰蹤奇順蹤々可逆非硬以紅為十二山順行黑為十二山逆行也法當以十二山陽卦加在水上為陽出脈指弍陰卦加在山上為陰出脈俱向左順行以十二陽卦加在山上為陽神出陰脈十二陰卦加在水上為陰神出陽脈俱向右逆行如此輪排好合四十八局真義而陰陽呂配亦自無遺

三元總錄

上元

甲子甲戌二十年一坎當令乾水為催官离水為零神　父

天一生水地六成之
地二生火天七成之

甲申甲午二十年二坤當令兌水為催官艮水為零神　長

甲辰甲寅二十年（天三生木地八成之）三震當令艮水為催官兑水為零神　中

中元

甲子甲戌二十年（地四生金天九成之）四巽當令离水為催官乾水為零神　火

甲申十年歸巽　五十居中即

此五中當令

甲午十年歸乾　謂五十在途

甲辰甲寅二十年（此文所謂一六共宗）六乾當令坎水為催官巽水為零神　火

下元

甲子甲戌二十年（二七同道）七兑當令坤水為催官震水為零神　中

甲申甲午二十年八艮當令四九為友震和為催官坤水為零神 長

甲辰甲寅二十年九離當令要水為催官坎水為零神 母

當運者為正神 宜高拜

退運者為煞氣 宜低限

宜空濶

宜有水

零神有水主富催官有水主貴旺水宜歷煞方宜実旺方不宜他屋

高大恐聞風受煞殺方宜他屋高大能田風受旺

乾宮衰旺斷

巽山　辰山　巳山

乾水當令而陰陽相配則出大富大貴及老康之人如見堆埠圓頂則出名僧仙道如其水乙卯八汉則衰敗而人不端方並出銀匠之類或患頭病如犯陰陽相見不必四九生成則卦不配即其當旺亦有禍來如誤見戌水則女人召喪夫之痛誤見乾水則老而孤不壽以頭痛致死誤見亥水則男不壽乾水不當旺時而水形小尖直射必主吐血之病如形之如刀必斷出頭之禍如形圓則出僧見戌水則女死見乾水則家無長亥水無丁

坎宮衰敗斷

丙山　午山　丁山

坎水當令而又陰陽相見則占大魁富貴出人俊秀如其水乙卯八汉而不大貴免出木匠之輩如非陰陽相見則卦爻不配見壬水則男丁死耳病心病多必亦主血病見子水則仲男死則仲男喪妻無主心耳血病見癸水則女人死於血病此三水誤見則有生監然概

不當令則出盜賊及血病出女淫蕩男作車夫轎夫及犯官刑之類

艮宮衰旺訣　　未山　坤山　申山

艮水當令而陰陽相見出大富貴官則黃門及院且又丁多如其水又濺八議並富不貴假如當令而非陰陽相見則卦文不配見丑水則季男喪妻而絕見艮水則季男殃見寅水則男丁傷此三水誤見俱易手指之病艮水不當令則出壞手足之人而斷終絕且主痼病又出小賊主賣藥藥度日

震宮衰旺訣　　庚山　酉山　辛山

震水當令而陰陽相見則出大富大貴好善樂施車馬富庶如其水又濺八議則富貴不許更多色慾如卦文不配誤見申水則長子不利見卯水長媳不利見乙水則陰人不利均不免男多偉童女多外夫震水不當令出壞目壞足之人及賊匪焉夫男盜女倡終致吐血而亡

巽宮衰旺斷　戌乾亥三山

巽水當令而陰陽相見則出富貴又出高大漢子如其氣七卿八敗則小富貴而已如卦爻陰陽不配見辰水則女人不利見巽水長媳亡夫見巳氣男女俱不利如水繩索則多自縊亦一避豐生長房先絕法場絞罪

離宮衰旺斷　壬子癸三山

離氣當令而陰陽相見則大富貴或官居兵權如其氣七卿八汲則小富貴大腹之人而已如不當旺陰陽不配見丙氣則男不利見午水仲媳喪夫見丁氣陰人不利均出胖矮子及淫污并小子出繼之應若離水不當令則究徒生事貧窮難當閨女作妓及雷聲之應

坤宮衰旺斷　丑艮寅三山

坤氣當令而陰陽相見主大富紙文出古文魁子孫眾多如其氣

乙卯八煞則小富丁戚生監而已如水交當令旺甚陽不配誤見未水則陰人不利見坤水主寡婦持家見申水男丁不利見坤水不當令主寡婦多淫及牛販之徒并販賣鴉之生理終主敗壞

兑宮衰旺訣

甲卯乙三山

兑水當令而陰陽相見出女貴男亦貴又出大卦局出鎮河上之官如其水乙卯八煞必出美女出男亦稍有姿並出女巫之輩如水交旺而陰陽不配誤見庚水主男缺唇見辰水長媳害夫見辛水生女多淫或為人妾如兑水不當令婦則日婦外夫傷水在而絕

巽离兑則陰陽配發福

乾宮水路夷卦

辰巽巳山 若則各占其咎

乾水當令而陰陽相見均主發福見坎水則宅母無夫而醜名外揚亦主腫病腫病死或見艮水則出倖童而長房終絕見震水則出兇徒女人

不利二房敗見坤水老母自縊或因老而絞罪終主長媳喪夫

巽宮水路夹卦訣　乾山戌山亥山　乾坎震入局

巽水当令而陰陽於見可謂吉矣若見坎水或見震水固主發福見坤水陰陽於犯主在下元之首大發怪見离水則宅長無妻必致疾而死見兑水主盜賊主吐血主官刑並女出淫見艮水女出小旦及盜賊並長子死家下常出足疾之灾

坎宮水路夹卦訣　午丙丁山　离巽坤局

坎水当令而阴阳於見右巽見水或見坤水均主發福怪見震水則陰阳不交出寡婦善罵不產男而生女且有血疾大厄見艮水長子無妻少男不育而多傷童或多盜賊見乾水則老夫父多病長男無室長随盜竊見兑水則做賊吐血又犯刑仲子必絶决

離宮水夾卦訣

壬子癸山　坎坤艮局

離水当令左見艮兌右見乾水此皆陰陽交媾之物最能發福發見兌水則陰盛陽衰出寡婦子男丁慣会做賊又出吐血耳聾之人犯官刑心痛而已主二房安遠若見巽水出淫奔敗人為妾奴出女巫道姑匪類見坤水主寡婦掙家不壽見震水主出兇暴之人不利而終

兌宮水路夾卦訣

甲卯乙山　震艮坎離局

兌水当令右見艮水或見乾水則陰陽交媾均主發福見離水主婦人不利發見兌乾出離巳水出兌必主無丁而絕見坤乾則老母当靠長子長媳主淫見坎則仲男死出僧童及膨脹之疾喪辰巽水則長婦作妓或為妾作尼僧終主大敗

震宫水夹卦断 庚酉辛山 兑坤巽局

震水当令右見坤水癸水陰陽相交主發福怪見坎水則仲男受傷見兑离二水則男子多鰥財丁大敗即有現任官員必壞見乾水則老父失子後出駝背之人終絶見兑木出俳童不賤長房必主敗絶

坤宫水路夹卦断 丑艮寅山 艮震坎局

坤水當令左見震水右見坎水陰阳相配能發大福怪見巽木則純阴不化見離水則中女淫而老夫失祟犯頭病見乾水則老婦先死少男亡且出俳童跟官見兑水則少女而老母皆有淫行又血奔之病

艮宮水路夬卦訣

未坤申山　坤兌爲局

艮山當令右見離左見兌皆爲陰陽得配大發其福惟見乾水純陽不化見巽水女娼婦妝主官哭自縊見震山長房寡絶耳出惡棍徒出腫脹痛男女娼盜見坎山破艮亡水破坎主少男仲子招殺而亡

凡山之來去必要陰用陽朝陽用陰亦方爲交媾若純陰孤陽必不能化生而終必敗絶若不當令則愈不宜穿雜至於零神而偏正神則水既不當令詎爲不隨時愈驗此乎今之時師亦爲自柳翊得訣矣推究之山上龍神水裡龍神分用妙法茫然不知其訛傳此正五行生四煞之遁辭耳